Maxi Travaux pratiques

Lightroom 6/CC

Des fondamentaux aux fonctions avancées : 61 TP pour maîtriser Lightroom

Maxi Travaux pratiques

Lightroom 6/CC

Des fondamentaux aux fonctions avancées : 61 TP pour maîtriser Lightroom

Patrick Moll

DUNOD

Toutes les marques citées dans cet ouvrage sont des marques déposées par leurs propriétaires respectifs

Photo de couverture : Patrick Moll
Maquette : ARCLEMAX

5 rue Laromiguière, 75005 Paris
www.dunod.com
ISBN 978-2-10-072687-5

Table des matières

Importer et organiser

Développer et retoucher

Créer et imprimer

Exporter et publier

Optimiser le flux de travail

Éditeurs et modules externes

Avant-propos

Ce recueil de travaux pratiques consacrés à Lightroom 6/CC suit pour l'essentiel la chronologie du flux de production d'images. Les deux premiers chapitres abordent les sujets cruciaux – très singuliers dans Lightroom – de gestion du catalogue, d'importation et d'organisation des photos et des vidéos dans le module Bibliothèque. Le troisième chapitre est consacré au cœur du logiciel : le développement des RAW et la correction des JPEG dans le module Développement. Les deux chapitres suivants font le tour des modules Livres, Diaporama, Impression et Web dans lesquels votre travail sera finalisé, valorisé et diffusé. Le sixième chapitre vous propose d'optimiser votre flux de travail en tirant le meilleur parti des ressources du logiciel. Enfin, le dernier chapitre est consacré aux éditeurs et aux modules externes qui accroissent le potentiel de Lightroom.

Ces 61 travaux pratiques s'adressent aux photographes de tous niveaux. Ils ne délivrent pas de simples recettes, mais tentent de faire comprendre plus intimement le fonctionnement du logiciel afin de vous aider à dépasser la technique et libérer votre créativité.

Convention pour les raccourcis : suivez la ligne blanche si vous êtes sur Mac, la ligne en couleur si vous êtes sur PC.

Les photos et les graphiques figurant dans l'ouvrage sont de l'auteur. Les photos illustrant certains travaux pratiques sont mises à la disposition de tous ceux qui souhaitent se former à Lightroom avec cet ouvrage, que ce soit à titre individuel ou à l'occasion de formations continue ou initiale. Les fichiers sont disponibles sur le CD-Rom inséré dans l'ouvrage.

Remerciements

Je remercie Jean-Baptiste Gugès et les Éditions Dunod pour la confiance qu'ils m'ont renouvelée. Merci à Cécile Rastier pour sa disponibilité et sa bonne humeur, et pour la pertinence de ses suggestions et corrections.

Merci à ma compagne Véronique pour sa patience et son soutien dans un contexte difficile pour elle, et à Volódia pour sa féline présence.

Merci enfin à Francis Azéma et ses Vagabonds pour avoir créé cette magnifique et très visuelle version d'*Andromaque* dont une photo emblématique occupe la couverture de ce livre.

Prise en main

Lightroom 6/CC, conçu pour le photographe

Principales nouveautés de Lightroom 6/CC

L'interface de Lightroom

Bien démarrer avec Lightroom

Lightroom 6/CC, conçu pour le photographe

Depuis sa création, l'ambition de Lightroom est de proposer une haute qualité de traitement dans un environnement unifié, simple et ergonomique, doté des outils complémentaires dont vous avez besoin dans votre flux de production d'images. Sans quitter l'interface du logiciel, vous pouvez ainsi importer vos photos et vos vidéos, les visionner, les cataloguer, les géolocaliser, développer vos fichiers RAW et corriger vos JPEG et vos vidéos. Dans la partie créative de Lightroom, vous créez des diaporamas, des galeries web ou des livres photo, et vous partagez rapidement vos images par mail, sur les réseaux sociaux et sur les galeries web communautaires. Avec ses deux nouvelles fonctions de fusion de photos Panorama et HDR, Lightroom 6/CC poursuit son chemin vers l'autonomie.

Pour autant, le lien entre Lightroom et Photoshop n'est pas rompu. Les deux logiciels partagent le même moteur de développement des RAW et leur synergie favorise un flux de travail combiné. Depuis 2014, ils sont liés dans la formule Creative Cloud pour la Photo que nous décryptons plus loin. Nous examinerons également les différences entre la version 6 en licence perpétuelle et la version CC sur abonnement.

Tous les traitements dans Lightroom sont de type paramétrique et sont enregistrés sous forme de métadonnées. Vos originaux ne sont ainsi jamais modifiés et la chronologie de chacun de vos réglages est mémorisée. Lightroom garantit ainsi un flux de travail non destructif et entièrement réversible. L'enregistrement de votre travail est effectué en temps réel, ce qui le protège des défaillances logicielles ou matérielles.

Si une spécificité forte de Lightroom est le développement des fichiers RAW, les JPEG bénéficient du même traitement non destructif et réversible, même si leur nature bitmap réduit leur potentiel d'amélioration. Vous pouvez ainsi importer, cataloguer et retoucher la totalité de votre photothèque, quels que soient le type et l'origine des fichiers qui la constituent.

L'ensemble modulaire qui structure Lightroom repose sur un catalogue dont la base de données peut gérer les informations d'un nombre illimité de fichiers. Toutefois, le logiciel ne gère pas les originaux, vous laissant libre de les stocker où bon vous semble. Afin d'éviter les risques de désynchronisation entre le catalogue et les orignaux, Lightroom met à votre disposition des outils d'exploration, de création, de déplacement et de renommage des dossiers et des fichiers, et répercute vos interventions dans le catalogue.

Lightroom vous offre donc un univers complet, cohérent et performant, qui prend en charge la totalité de votre flux de production, du vidage de la carte mémoire jusqu'à la diffusion des images finalisées. Il réduit ainsi fortement le besoin de recourir à des outils complémentaires d'édition et de diffusion d'images.

Si Lightroom reste perfectible sur certains points, un reproche que l'on peut faire à Adobe – outre sa politique commerciale discutable – est l'abandon de la compatibilité avec les systèmes d'exploitation un peu anciens, contraignant nombre de photographes à renouveler leur matériel informatique ou à rester sur des versions antérieures du logiciel. Outre le fait qu'ils ne disposeront pas des dernières innovations et améliorations, ils ne bénéficieront pas de la prise en charge des RAW des appareils photo récents, sauf à accepter de les convertir dans le format DNG proposé par Adobe.

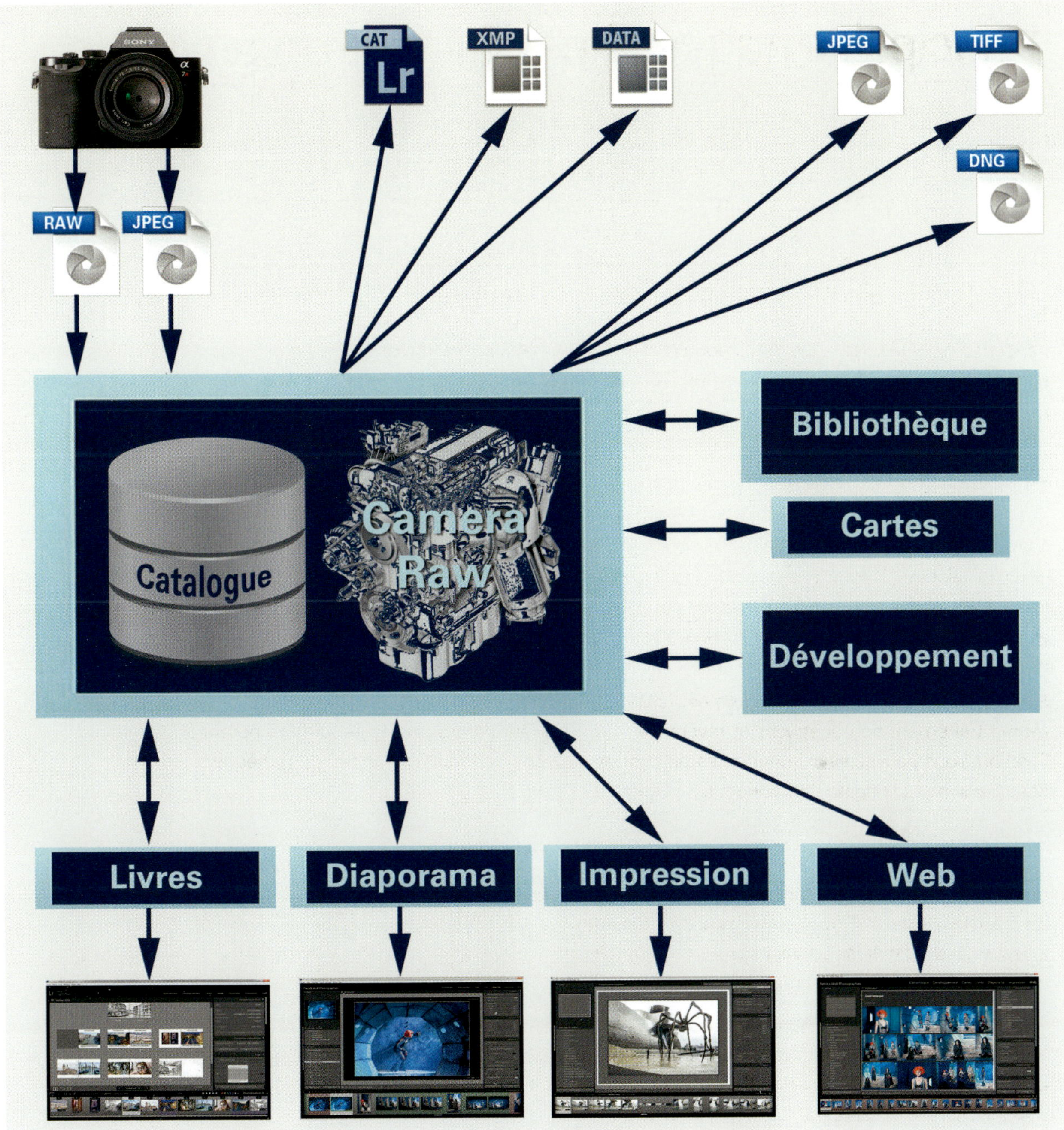

Fonctionnement général de Lightroom

Lightroom est un logiciel modulaire dont le cœur est constitué d'un catalogue et d'un moteur de développement Camera Raw (identique à celui du plug-in de Photoshop). Chaque module est indépendant des autres et dispose d'un plein accès à la base de données et à Camera Raw. Si le flux de travail suit une progression logique, de l'importation des fichiers à leur exportation et leur diffusion, Lightroom n'impose aucune contrainte. Ainsi, vous pouvez créer une galerie web dès que l'importation est achevée, sans passer par le module Développement. Seule exception : les dossiers ne sont accessibles que dans le module Bibliothèque.

Principales nouveautés de Lightroom 6/CC

Le sixième opus de Lightroom arrive avec son lot d'améliorations. En émergent trois nouvelles fonctions très attendues : la reconnaissance des visages qui simplifie et accélère le catalogage, l'assemblage panoramique et la fusion d'expositions HDR. Invisible, mais très perceptible à l'usage, l'optimisation du code pour utiliser l'accélération GPU améliore la fluidité du logiciel. Voici une liste – non exhaustive – des principales améliorations de Lightroom 6/CC.

Importation et module Bibliothèque

- Nouvelle fonction de détection et de reconnaissance des visages.
- Ajout d'une option d'importation dans une collection.
- Présence d'un centre d'activité derrière la Plaque d'identité.
- Les sauvegardes des catalogues sont désormais zippées automatiquement. L'intérêt est double : réduire leur poids et éviter une ouverture involontaire par un double clic.
- Les collections peuvent désormais être filtrées de la même manière que les métadonnées.
- La taille optimale des aperçus est déterminée automatiquement en fonction de la taille de l'écran.

Module Développement

- Deux nouvelles fonctions de fusion de photos Panorama et HDR, performantes et simples à utiliser. Leur intérêt additionnel est de produire un résultat au format DNG que vous pouvez corriger dans le module Développement comme un fichier RAW directement issu de l'appareil.
- Ajout d'un Pinceau de correction de masque dans les outils du Filtre gradué et du Filtre radial.
- Avec le Pinceau de retouche, tracé automatique d'une droite entre deux points en définissant le point d'arrivée par un ⇧ + clic.
- Ajout de l'espace CMJN dans la fonction d'épreuvage à l'écran pour l'impression.

Module Diaporama

- Ajout d'un effet Pan & Zoom, également connu sous le nom de Ken Burns.
- Possibilité d'ajouter plusieurs morceaux de musique, avec synchronisation sur les transitions.
- Prévisualisation avec des ratios d'aspect différents de celui de l'écran d'affichage.

Module Livres

- Gestion automatique des numéros de page.
- Enregistrement en tant que page personnalisée d'un modèle modifié par l'utilisateur.

Module Web

- La principale modification du module Web est liée à l'élimination progressive de la technologie Flash dans les logiciels d'Adobe. Toutes les galeries web en Flash ont été supprimées et remplacées par des galeries codées en HTML5, format d'avenir qui leur assure une pérennité à long terme. Elles sont en *Web Responsive Design*, ce qui signifie qu'elles fonctionnent sur tous les types de périphériques en s'adaptant à la taille de l'écran. L'ancienne *Galerie HTML*, qui ne bénéficie pas d'un *Web Responsive Design*, a été renommée *Galerie classique*.

Performances

- Optimisation du code pour utiliser l'accélération graphique. La configuration minimale est une carte graphique disposant de 1 Go de mémoire et faisant tourner la version 3.3 d'OpenGL. Certains problèmes de compatibilité ont été signalés avec des cartes AMD.

Lightroom 6, Lightroom CC et l'Adobe Creative Cloud

L'annonce simultanée de Lightroom 6 et de Lightroom CC a plongé bien des photographes dans la perplexité, laquelle s'est accentuée à la vue du site d'Adobe qui ne mettait en avant que la version CC. Voici les réponses aux questions les plus fréquemment posées.

Adobe cherche-t-il à forcer la main des photographes en les dirigeant vers l'abonnement ?
Clairement oui. Lightroom 6 en version perpétuelle n'existe que grâce à la mobilisation des photographes qui ont rejeté massivement l'abonnement comme modalité unique d'acquisition. Mais la stratégie commerciale et marketing d'Adobe reste tendue vers le même objectif : convaincre les photographes de souscrire à une formule d'abonnement.

Les versions 6 et CC de Lightroom présentent-elles des différences fonctionnelles ?
Les deux applications de bureau de Lightroom sont à ce jour identiques. En revanche, Adobe a annoncé que la version CC gagnera des fonctionnalités au fil du temps quand la version 6 se contentera de corrections de bugs et de la prise en charge des nouveaux boîtiers (ce qui est le lot commun des logiciels en licence perpétuelle).

Lightroom mobile et Lightroom Web view sont-ils disponibles avec Lightroom 6 ?
Non. L'application mobile et l'application web de Lightroom fonctionnent avec le Cloud d'Adobe et requièrent un abonnement au Creative Cloud.

Que faire pour acquérir (ou mettre à jour) Lightroom 6 en licence perpétuelle ?
Lightroom 6 nécessite un compte Adobe et une activation Internet. Son installation passe obligatoirement par l'application Adobe Creative Cloud et ne diffère pas de celle de Lightroom CC. Adobe détermine automatiquement, en fonction du type de licence enregistrée dans votre compte, si la version à installer est Lightroom 6 ou Lightroom CC.

La formule d'abonnement Creative Cloud pour la Photo est-elle intéressante ?
La réponse dépend de votre intérêt pour Photoshop. Si vous n'envisagez pas d'utiliser l'éditeur d'images d'Adobe, la réponse est non, car il faudra débourser 144 € chaque année contre 129 € pour la licence perpétuelle et 74 € pour la mise à jour. En revanche, si Photoshop vous intéresse, l'abonnement s'avère intéressant financièrement. Avec la formule Creative Cloud pour la Photo à 12 €/mois, le coût résiduel de Photoshop est inférieur à 6 €/mois alors que la formule mono-application s'élève à 24 €/mois et que sa version standard en licence perpétuelle coûtait près de 1 000 € ! Reste à dépasser un éventuel – et bien compréhensible – rejet de principe de l'abonnement...

L'interface de Lightroom

Quel que soit le module appelé, l'interface de Lightroom conserve une même structure, les volets latéraux se chargeant de panneaux différents. Voici un décryptage de l'interface du module Développement, qui est celui dans lequel vous allez assurément passer le plus de temps.

PLAQUE D'IDENTITÉ
Vous pouvez personnaliser la Plaque d'identité en remplaçant celle de Lightroom par votre propre logo.

FENÊTRE DE NAVIGATION
Selon le module, cette fenêtre donne un aperçu de la photo en cours de traitement, prévisualise un effet ou sert de navigateur lorsque la photo est zoomée.

VOLET DE GESTION
Il est essentiellement dédié à la gestion des fichiers, des dossiers et des collections. Il accueille également les panneaux Historique et Paramètres prédéfinis.

BARRE D'OUTILS
Différente dans chaque module, elle propose un accès direct aux outils pertinents pour les actions à réaliser.

FENÊTRE D'AFFICHAGE

Elle accueille l'aperçu du travail en cours de réalisation : photos, vignettes ou composition dans les modules créatifs.

SÉLECTEUR DE MODULE

Il fait basculer d'un module à un autre d'un simple clic.

VOLET DES OUTILS

Il contient les panneaux d'outils, différents pour chacun des modules.

BARRE D'INFORMATION

Elle contient les informations sur l'image en cours de traitement, gère le double écran et offre un accès direct au filtrage des photos par attribut.

FILM FIXE

Il contient les vignettes de toutes les images préalablement sélectionnées dans le module Bibliothèque ou via le choix d'une collection.

Bien démarrer avec Lightroom

Si le paramétrage par défaut des *Préférences* de Lightroom est satisfaisant pour une utilisation standard, il peut être optimisé pour plus d'efficacité. Le logiciel recèle également quelques pièges qu'il convient de connaître pour les déjouer. Les plus dangereux sont liés à la gestion du catalogue, qui fait l'objet du premier chapitre. Pour vous aider à bien démarrer avec Lightroom sans avoir besoin de lire au préalable les 276 pages du livre, nous avons réuni ici les principaux paramétrages du logiciel ainsi que quelques suggestions sur la gestion des fichiers.

Configuration minimale

Sur Mac, un processeur Intel 64 bits avec Mac OS X 10.8 ou ultérieur est obligatoire. Sur PC, vous devez disposer de Windows 7 SP1 ou de Windows 8 en version 64 bits pour installer le logiciel. Lightroom n'a besoin que de 2 Go de RAM, mais disposer de 4 Go est préférable, sur Mac comme sur PC.

Installation

Que vous soyez abonné au Creative Cloud ou détenteur d'une licence perpétuelle, vous devez posséder un compte Adobe pour installer Lightroom via l'application Adobe Creative Cloud. C'est en fonction des paramètres de votre compte qu'Adobe installera la version 6 ou la version CC du logiciel. Si Lightroom ne se lance pas correctement après installation, déconnectez-vous et reconnectez-vous, cela devrait résoudre le problème.

Stockage des fichiers originaux

Si Lightroom se contente de 2 Go d'espace disque, le stockage des fichiers originaux et du catalogue exige beaucoup plus de ressources. Si vous photographiez en RAW, les dizaines voire les centaines de gigaoctets de fichiers vont très vite s'accumuler. Sur un ordinateur portable, les stocker sur le disque principal pourrait saturer rapidement celui-ci. Déplacer l'ensemble de la photothèque n'est pas un problème majeur pour Lightroom qui sait gérer les ruptures de synchronisation, mais autant stocker dès le départ ses fichiers sur un disque dur externe. Sur une unité centrale PC, un Mac Pro ou un iMac, les disques peuvent être très volumineux et le stockage sur le disque principal ou un disque interne secondaire est plus raisonnable.

Stockage et manipulation du catalogue

Le catalogue de Lightroom est assez léger, mais le dossier des aperçus l'est beaucoup moins, surtout si vous prenez la bonne habitude de les créer en taille maximale 1:1. Pour une utilisation fluide du logiciel, il est préférable que le catalogue et les aperçus soient présents sur le disque principal.

Le catalogue est un élément vital de Lightroom car il contient la mémoire de votre travail. Le perdre ou le corrompre reviendrait à tout perdre. Tout, sauf les originaux, car Lightroom vous laisse la responsabilité de gérer leur stockage. C'est là une singularité qui est à l'origine de bien des drames. Pensant que Lightroom a enregistré les fichiers originaux dans le catalogue, certains photographes suppriment ceux-ci de leur disque. Des aperçus ayant été créés, les photos restent affichables dans Lightroom, ce qui peut donner l'illusion que les originaux sont toujours disponibles. Lorsque leur absence est découverte, il est hélas trop tard pour tenter une récupération des fichiers effacés.

En revanche, le déplacement (ou le changement de nom) du catalogue ne pose pas de problème pourvu que l'opération soit faite dans les règles de l'art. Dans le dossier contenant votre catalogue figure le catalogue lui-même qui est un fichier au format lrcat, par exemple *Lightroom 6 Catalog.lrcat*. Au même emplacement se trouve un dossier nommé *Lightroom 6 Catalog Previews.lrdata* qui contient les aperçus de vos photos. Ces deux éléments doivent impérativement figurer dans le même dossier, et donc être déplacés ou renommés de façon cohérente. Pour ouvrir le catalogue déplacé, double-cliquez sur son nom, Lightroom mémorisera son nouvel emplacement.

Préférences du logiciel

Le menu *Édition* donne accès aux *Préférences* du logiciel. Voici les paramètres les plus importants à régler dans la boîte de dialogue, qui comporte cinq onglets :

- Dans l'onglet *Général*, choisissez de charger le catalogue le plus récent, surtout s'il est unique, cela vous fera gagner du temps à l'ouverture. Choisissez également de traiter séparément les fichiers combinés RAW+JPEG si vous avez adopté cette option d'enregistrement. Nous vous suggérons de désactiver l'affichage de la boîte de dialogue d'importation lorsqu'une carte mémoire est détectée, car cela devient vite agaçant.
- Dans l'onglet *Paramètres prédéfinis*, désactivez toutes les options automatiques proposées. L'une d'elles est toutefois à considérer si vous possédez plusieurs boîtiers : la différenciation par appareil des valeurs par défaut des paramètres de développement.
- L'onglet *Édition externe* permet de choisir les logiciels qui seront accessibles dans l'interface de Lightroom, via le menu *Photo | Modifier dans* ou le menu contextuel du clic droit. Lorsque vous invoquez un éditeur externe, par exemple Photoshop, Lightroom exporte la photo choisie et l'ouvre directement dans l'éditeur. Vous pouvez choisir de conserver dans le catalogue la photo exportée en l'empilant avec l'originale.
- Dans l'onglet *Gestion des fichiers*, définissez les paramètres liés au format DNG ainsi que la liste des caractères interdits dans les noms de fichiers. Réglez les paramètres de la mémoire cache de Camera Raw et de la vidéo. Ces paramètres influent sur la fluidité d'utilisation du logiciel. Si vous disposez d'une bonne configuration matérielle, n'hésitez pas à prescrire des valeurs élevées.
- L'onglet *Interface* gère pour l'essentiel l'apparence du logiciel et les options d'affichage du Film fixe.

Paramètres du catalogue

Les paramètres du catalogue sont également accessibles par le menu *Édition*. La boîte de dialogue comporte trois onglets :

- L'onglet *Général* fournit des informations sur le catalogue et définit la fréquence de ses sauvegardes. Cette opération est essentielle : ne la désactivez pas sous prétexte qu'elle prend du temps. Dans l'idéal, sauvegardez à chaque fermeture de Lightroom, ou une fois par jour. Une fois par semaine est une fréquence minimale, surtout si vous utilisez souvent Lightroom.
- L'onglet *Gestion des fichiers* définit la taille et la durée de conservation des aperçus 1:1. Le logiciel détecte automatiquement la taille de votre écran, mais vous pouvez faire un autre choix. Optez pour une qualité élevée et conservez vos aperçus aussi longtemps que votre disque ne proteste pas.
- L'onglet *Métadonnées* propose une option très importante : l'écriture automatique des modifications au format XMP dans les fichiers annexes. Lorsque vous faites un réglage, il est enregistré par Lightroom sous forme paramétrique dans le catalogue. Vous pouvez choisir d'écrire ces informations dans un fichier annexe qui portera le même nom que la photo et aura une extension .xmp. Cette solution permet de sauvegarder les modifications ailleurs que dans le catalogue, mais aussi d'en disposer si vous ouvrez le fichier avec Photoshop. Le plug-in Camera Raw, qui ne peut accéder au catalogue de Lightroom, pourra alors afficher la photo dans le même état de développement que dans Lightroom.

Créer et gérer le catalogue

TP 1 Amorcer Lightroom en créant un nouveau catalogue

TP 2 Convertir un catalogue de Lightroom 5 vers Lightroom 6/CC

TP 3 Comprendre l'importance du catalogue

TP 4 Manipuler un ou plusieurs catalogues

TP 5 Travailler avec un catalogue en réseau

TP 6 Maintenir, sauvegarder et récupérer un catalogue

TP 1

Amorcer Lightroom en créant un nouveau catalogue

Le catalogue, base de données située au cœur du logiciel, constitue l'une des fortes singularités de Lightroom. Au contraire de la plupart des autres logiciels de développement pour lesquels il n'est qu'une option facultative, le catalogue est indispensable à Lightroom. Lors du premier lancement du logiciel, sa création est imposée, sans échappatoire. Ce TP décrit le processus d'amorçage de Lightroom et les accès ultérieurs aux catalogues disponibles. Il s'adresse en particulier à ceux qui débutent avec Lightroom ou qui installent le logiciel sur un nouvel ordinateur. La mise à niveau du catalogue de Lightroom 5 (ou une version antérieure) vers Lightroom 6/CC est décrite dans le TP 2.

1 Lors du premier lancement, Lightroom manifeste son besoin de créer un catalogue. Si le nom et l'emplacement proposés vous conviennent, cliquez simplement sur *Continuer*. Dans le cas contraire, sélectionnez une autre destination, au besoin en créant une arborescence spécifique pour Lightroom. Si la création d'un catalogue est indispensable à Lightroom, son nom et son emplacement ne sont pas figés : nous verrons au TP 4 comment renommer et déplacer le catalogue.

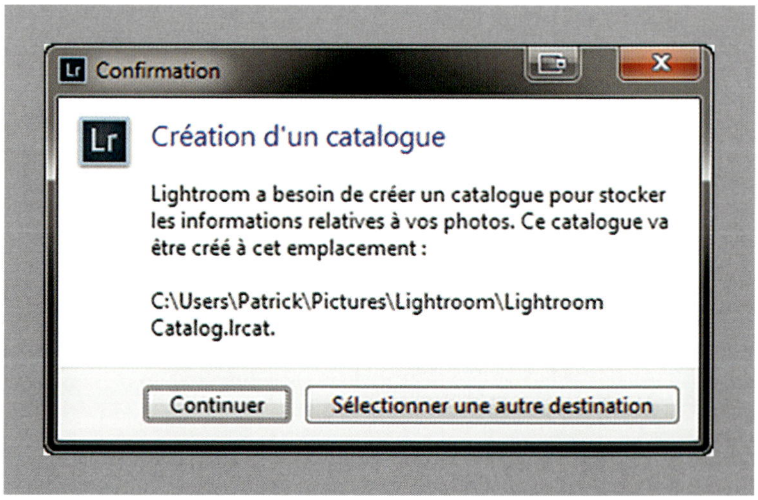

2 Par la suite, Lightroom ouvre le dernier catalogue utilisé. Cela constitue son fonctionnement normal, même si vous avez réparti vos photos dans plusieurs catalogues. Pour ouvrir un autre catalogue lorsque le logiciel est lancé, passez par le menu *Fichier* et choisissez *Ouvrir le catalogue*. Pour aller plus vite, faites appel au raccourci clavier CMD/CTRL + O et indiquez l'emplacement du catalogue. La solution la plus rapide, car elle évite une recherche dans les dossiers, est de demander dans le menu *Fichier* d'ouvrir les catalogues récents, comme sur l'illustration ci-contre.

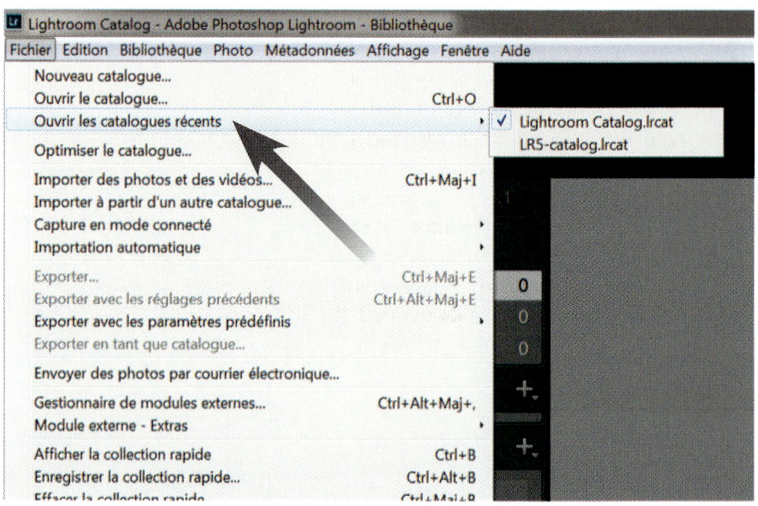

3 Pour choisir un catalogue au moment du lancement du logiciel, maintenez la touche OPT CTRL enfoncée en cliquant (ou double-cliquant) sur son icône. La liste de tous les catalogues répertoriés s'affiche alors avant le lancement de Lightroom, en indiquant leur emplacement physique.
En cours d'utilisation, Lightroom signale dans la barre des titres de son interface le nom du catalogue chargé, mais n'indique pas son emplacement physique. Pour accéder à cette information, ouvrez les *Paramètres du catalogue* dans le menu *Édition*. L'onglet *Général* fournit plusieurs renseignements parmi lesquels figure l'emplacement.

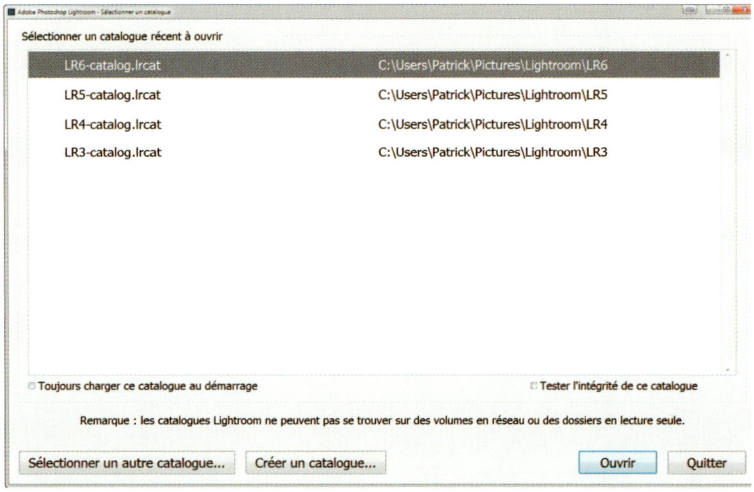

4 Le catalogue est un fichier au format lrcat. Cette extension propriétaire cache en réalité une base de données classique au format SQLite (voir la dernière étape du TP 3). À côté du catalogue figure un dossier (ou un paquet sur Mac) qui porte le même nom avec le suffixe Previews et l'extension .lrdata. Cette annexe du catalogue contient les aperçus des fichiers catalogués, dans leur dernier état de traitement. Ces aperçus, créés lors de la phase d'importation ou ultérieurement, ne sont pas indispensables au fonctionnement de Lightroom, mais ils accélèrent fortement l'affichage initial des fichiers. Nous verrons dans le TP 46 qu'un autre type de données peut être associé au catalogue : les aperçus dynamiques.

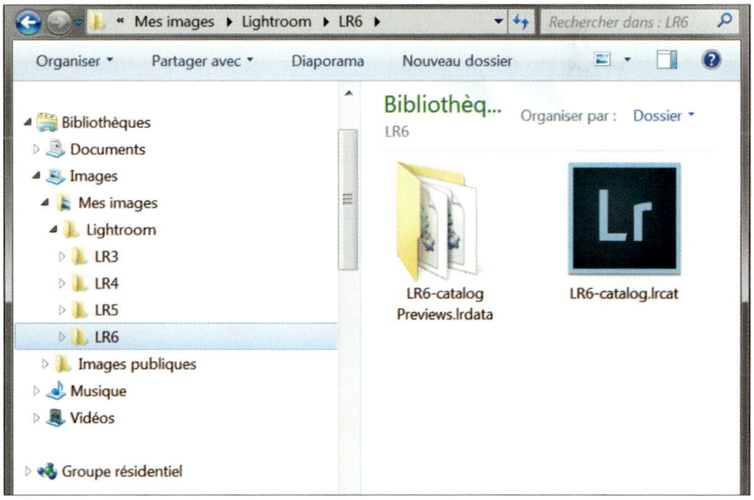

5 Lorsque Lightroom est ouvert, deux autres fichiers s'ajoutent au catalogue et au dossier des aperçus. Le premier possède le nom du catalogue avec le suffixe .lock. Il s'agit d'un verrou protégeant la base d'une corruption par un accès multiple.
Le second fichier possède le suffixe -journal. Il s'agit d'un *buffer* qui contient les informations en instance d'écriture dans la base de données. En cas de plantage du logiciel sans corruption du catalogue, ce dernier pourra finir d'être rempli grâce à ce fichier (qu'il ne faut jamais détruire).

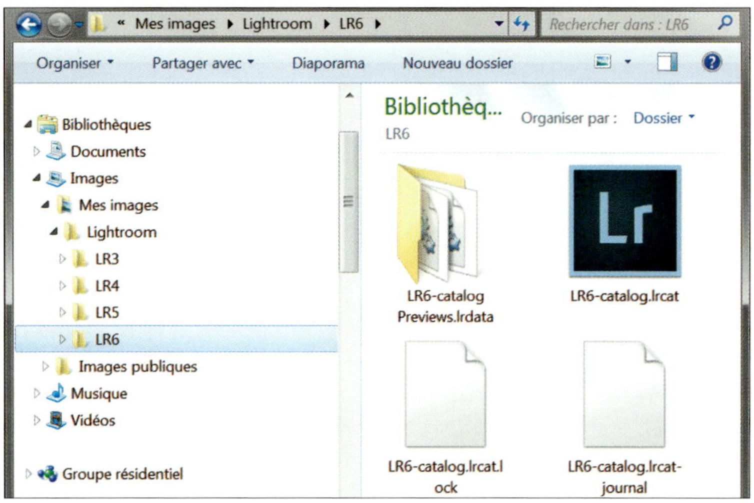

TP 2 Convertir un catalogue de Lightroom 5 vers Lightroom 6/CC

Lors de chaque nouvelle version du logiciel, le catalogue doit impérativement subir une mise à niveau. Essentiellement destinée à adapter le catalogue aux nouvelles fonctionnalités, la conversion n'altère pas le travail réalisé avec les versions antérieures. Sont concernés le catalogue et le contenu du dossier des aperçus. Si le catalogue antérieur n'est pas écrasé par la conversion, les aperçus sont mis à niveau pour le nouveau catalogue et cessent d'être disponibles pour l'ancien. Si vous désirez continuer à utiliser la précédente version de Lightroom en bénéficiant de la fluidité offerte par les aperçus, il existe une alternative à la mise à niveau classique. Ce TP détaille les deux procédures de conversion.

1 Lorsque vous installez une nouvelle version de Lightroom, le logiciel recherche les catalogues disponibles parmi ceux qui ont été ouverts par la version antérieure et il propose de mettre à niveau le dernier utilisé, opération indispensable pour préparer le catalogue à recevoir de nouveaux types de données. C'est le processus le plus simple et le plus naturel pour le photographe. Avant le premier lancement de Lightroom, nous vous suggérons vivement de faire une dernière sauvegarde avec optimisation du catalogue à convertir.

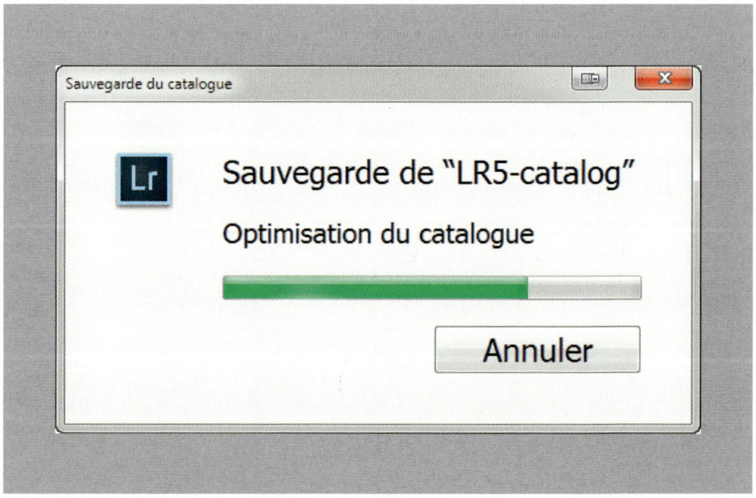

2 Lightroom repère le dernier catalogue utilisé par la version précédente et propose de le mettre à niveau. Aucune option n'est proposée, pas même la dénomination du nouveau catalogue. Ne vous en inquiétez pas, vous verrez au TP 4 comment modifier très simplement son nom et son emplacement.
Si le catalogue choisi par Lightroom n'est pas celui que vous désirez convertir, cliquez sur *Sélectionner un autre catalogue* et faites votre choix dans la liste proposée. Procédez de même si vous préférez partir d'un nouveau catalogue vierge.

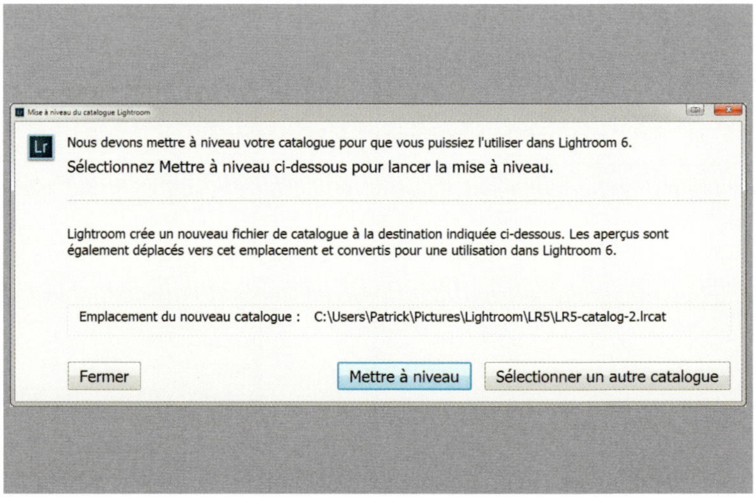

3 La conversion est assez rapide, car Lightroom 6 n'a pas subi de modification structurelle importante. Les photos et les vidéos n'ayant pas besoin d'être réimportées, pas plus que les aperçus, il s'agit d'une simple mise à niveau.

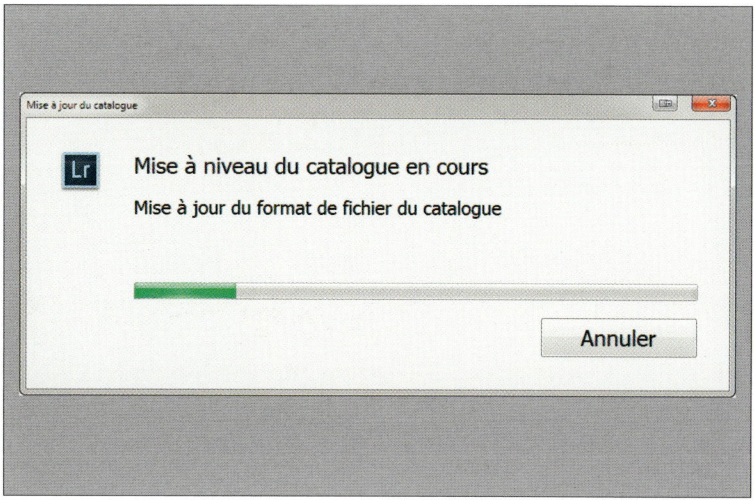

4 Les mauvaises surprises ne peuvent guère venir que des modules externes, dont Lightroom vérifie la compatibilité. Si le schéma du module s'avère inadapté à la nouvelle mouture du logiciel, une fenêtre d'erreur signale chaque échec d'activation. Le cas échéant, vérifiez les mises à jour via le Gestionnaire de modules externes (voir TP 55) ou sur le site des éditeurs.

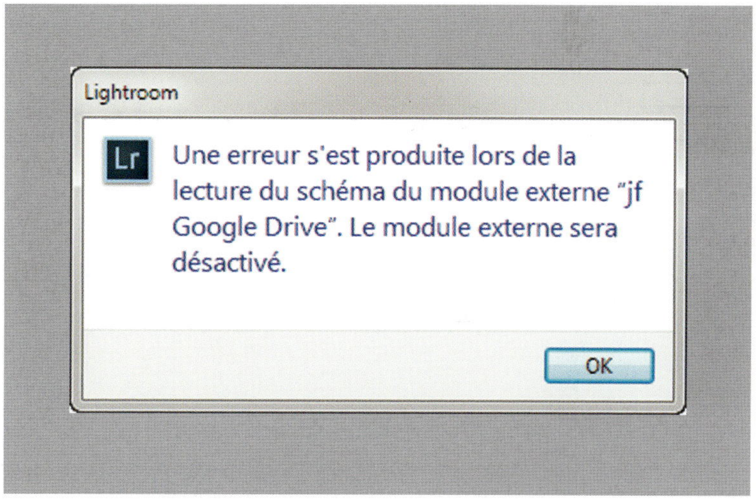

5 L'apparition de la fenêtre ci-contre marque la fin du processus de conversion. Lightroom propose d'activer la synchronisation des collections sur le Cloud afin d'y accéder avec Lightroom mobile et Lightroom Web. Attention, la synchronisation est activée par défaut. Dans un premier temps, cliquez sur *Activer* pour... la désactiver. Nous verrons dans le TP 60 comment tirer le meilleur parti de cette synchronisation.

6 Si la conversion s'est bien passée, vous devriez retrouver votre travail dans l'état exact où vous l'aviez laissé dans Lightroom 5. La technologie Flash ayant été supprimée, vérifiez tout de même que vos créations de type Diaporama ou Web sont accessibles et fonctionnelles.

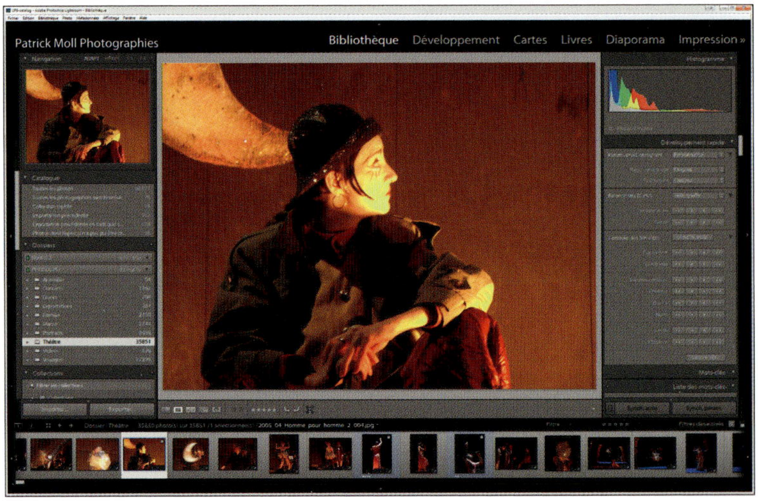

7 La mise à niveau classique que nous venons de voir a un défaut : les aperçus sont convertis et deviennent inaccessibles pour Lightroom 5. Or, vous pourriez avoir besoin de la version précédente du logiciel, par exemple pour utiliser un module externe ou un *template* web incompatible avec Lightroom 6. Pour préserver les aperçus, vous pouvez en faire une copie avant la conversion, ou opter pour une conversion alternative en deux étapes. Créez d'abord un nouveau catalogue puis importez celui de la version antérieure avec la fonction *Importer à partir d'un autre catalogue*.

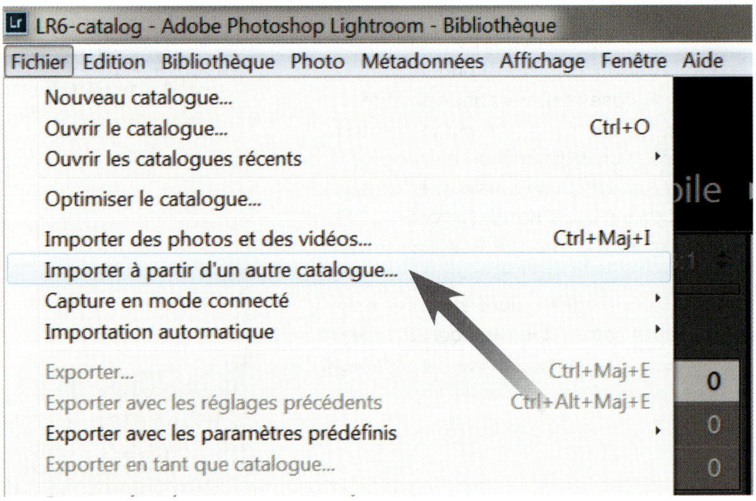

8 Après avoir indiqué l'emplacement du catalogue de Lightroom 5, le logiciel vous indique que celui-ci doit être mis à niveau avant son importation. Il va créer pour cela un catalogue intermédiaire qu'il n'est pas utile d'enregistrer puisqu'il ne servira plus une fois l'importation réalisée. Vous pouvez donc cocher la case *Supprimer le catalogue mis à niveau après l'importation*. Cliquez sur *Commencer la mise à niveau en arrière-plan* pour lancer l'opération.

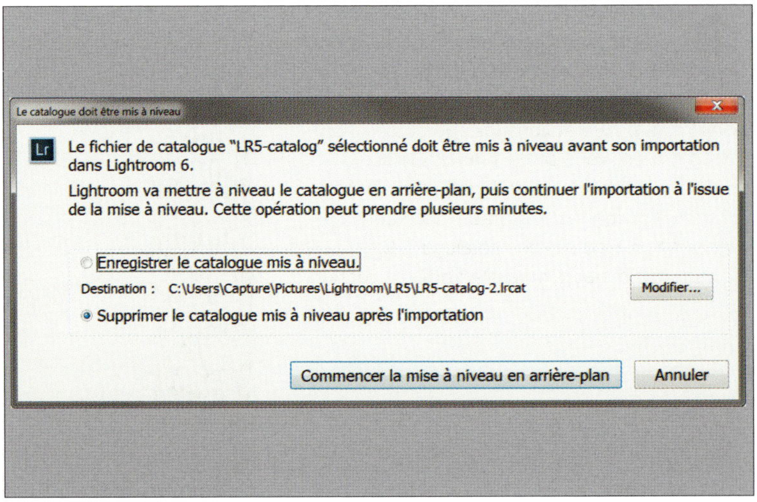

9 La mise à niveau du catalogue est assez rapide. Dès qu'elle est achevée, Lightroom ouvre la boîte de dialogue d'importation dans laquelle vous pourrez désigner les dossiers et les fichiers concernés (voir TP 7). *A priori*, s'agissant d'une conversion, tous les fichiers et tous les dossiers sont à importer. Notez que si vous avez opté pour la suppression du catalogue temporaire, Lightroom le nommera *discardableLRUpgradeCatalog*.

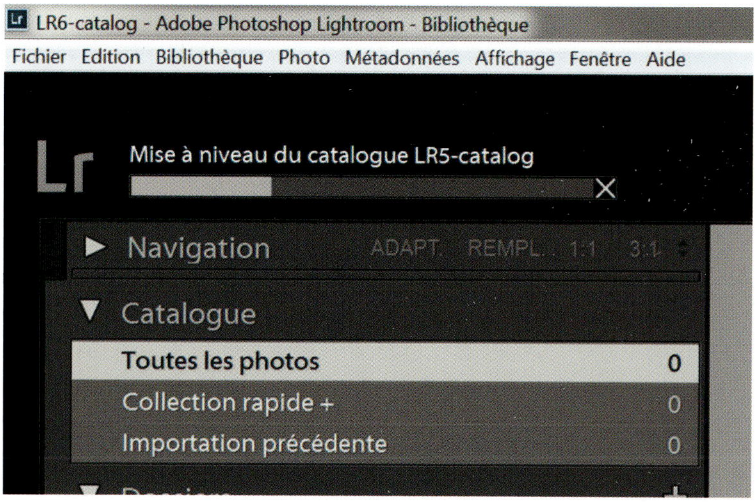

10 Si la mise à niveau du catalogue est brève, l'importation est longue, d'autant plus que la photothèque est volumineuse et que les aperçus sont nombreux. Avec plusieurs dizaines de milliers de photos et un ordinateur peu puissant, l'opération pourra durer plusieurs heures. Ne vous en inquiétez pas et surtout n'interrompez pas le processus. En cas de doute sur le bon fonctionnement de l'importation, ouvrez le dossier contenant le nouveau catalogue et les aperçus. Si sa taille croît, c'est que tout se déroule normalement.

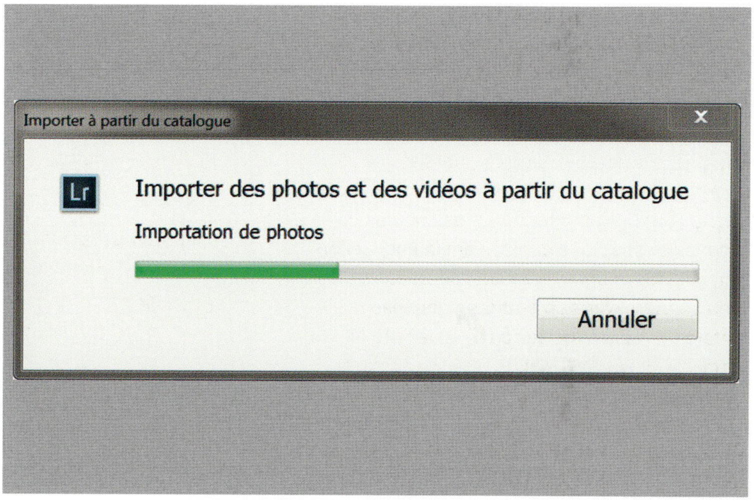

11 À la fin de l'importation, faites une première optimisation de votre nouveau catalogue. La solution par importation a l'avantage de faire du « ménage » dans le catalogue et dans les aperçus. Après l'optimisation, vous serez sans doute surpris par la grande réactivité de Lightroom 6 avec le nouveau catalogue comparée à celle de Lightroom 5 avec l'ancien catalogue. C'est l'un des progrès majeurs de cette nouvelle version.

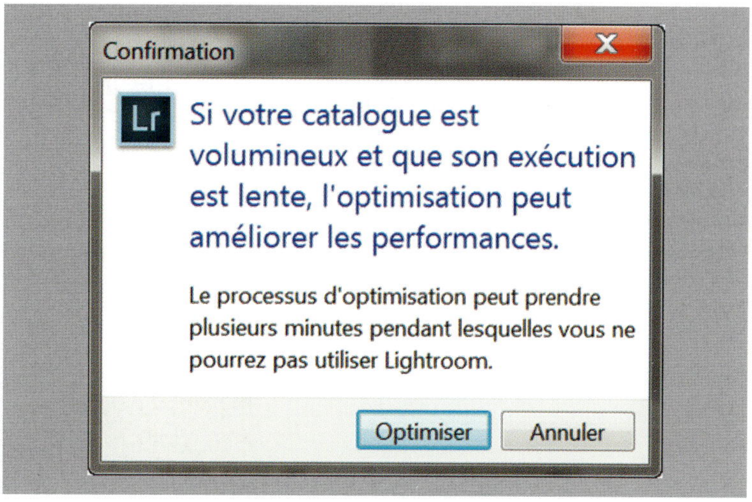

TP 3 Comprendre l'importance du catalogue

Si le catalogue est un constituant aussi essentiel de Lightroom, c'est que tout y est enregistré, jusqu'à l'historique complet de vos réglages successifs qui deviennent, grâce à cela, réversibles à tout moment. Vous devez donc en prendre soin et le manipuler avec précaution en faisant des choix de gestion adéquats. Avant d'aborder dans les TP suivants les principales opérations de gestion, de manipulation et de maintenance du catalogue, nous explorons dans ce TP le contenu du catalogue et ses implications dans le flux de travail, avant de nous plonger dans ses entrailles. Même si vous êtes pressé de jouer avec Lightroom, ne négligez pas la lecture de ce qui suit, car altérer votre catalogue reviendrait à perdre l'ensemble de votre travail !

1 Commençons par évoquer ce que le catalogue ne contient pas : les fichiers originaux. Cela peut sembler surprenant dans la mesure où Lightroom impose une importation préalable des médias, images ou vidéos. En réalité, si le logiciel propose une option de copie ou de déplacement des originaux lors de l'importation, comme on le voit ci-contre, il laisse le photographe libre d'organiser sa photothèque comme il l'entend. Dans le catalogue ne figurent que des informations sur les fichiers, comme le nom, l'extension ou l'emplacement sur le disque.

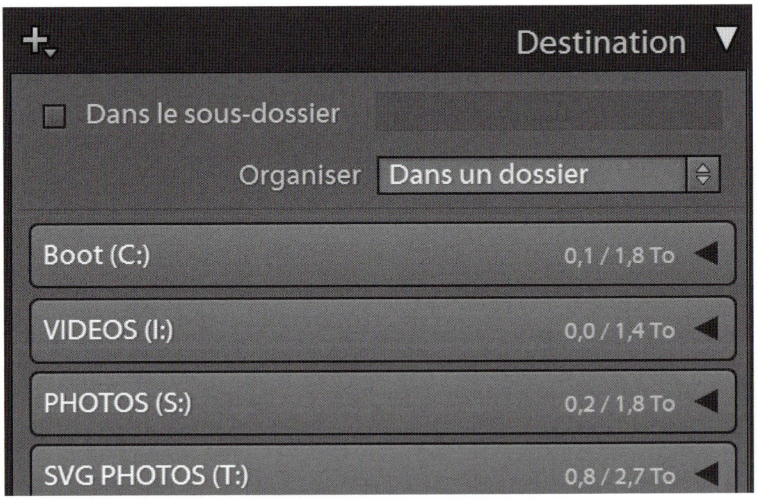

2 À chaque fichier catalogué est associé un vaste ensemble de métadonnées : informations intrinsèques (dimensions, données de prise de vue, géolocalisation, caractéristiques du matériel utilisé, etc.) ou produites par le photographe lors de la phase de catalogage (mots clés, notation, champs IPTC, etc.). Le catalogue contient également l'historique complet des réglages effectués. On peut voir ci-contre un exemple de codage paramétrique tel qu'il figure dans le fichier de métadonnées au format XMP, lisible par un simple éditeur de texte.

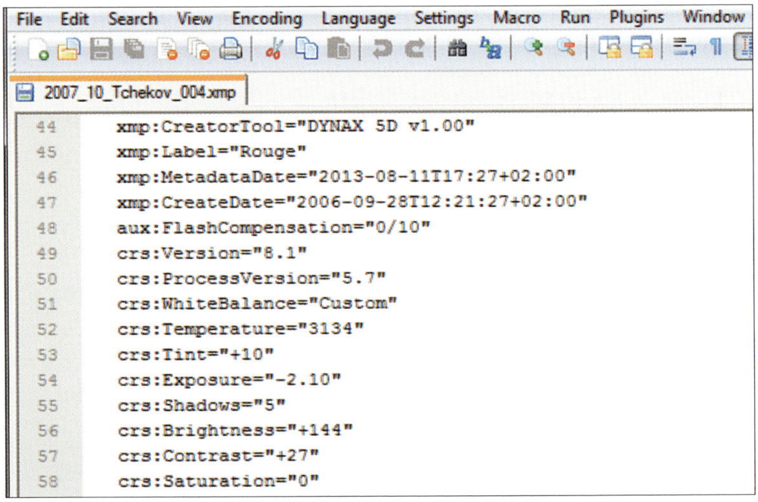

3 Les informations rassemblées dans le catalogue constituent un intérêt majeur pour la recherche d'images. Alors qu'un simple classement hiérarchique ou thématique dans une arborescence du disque oblige à explorer de nombreux dossiers, les métadonnées offrent un accès très rapide grâce au Filtre de bibliothèque (voir TP 14). Lorsqu'une photothèque ne contient que quelques centaines d'images, cela peut ne pas sembler indispensable, mais à l'heure du numérique, c'est par milliers ou dizaines de milliers que les photos s'accumulent sur le disque. Qu'il s'agisse de RAW, de JPEG ou de vidéos, le catalogage de Lightroom devient alors précieux.

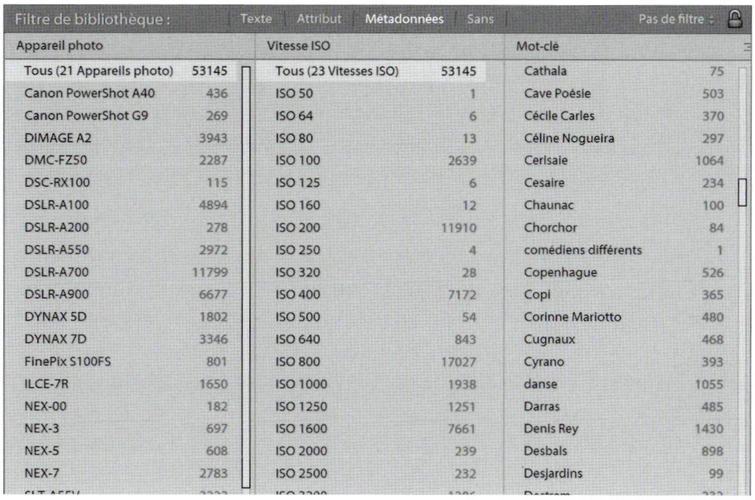

4 Enfin, comme Lightroom est un logiciel qui ne s'arrête pas au développement des RAW, le catalogue contient (également sous forme paramétrique) l'enregistrement du travail de finalisation et de diffusion des images : diaporamas, livres photo, services de publication, galeries web, etc. Tout est mémorisé et, à chaque ouverture du logiciel, vous retrouvez votre travail dans l'état où vous l'avez laissé. L'intégration de toutes les fonctionnalités dans une interface unique évite la dispersion du travail entre plusieurs logiciels incompatibles et la production de nombreux fichiers intermédiaires.

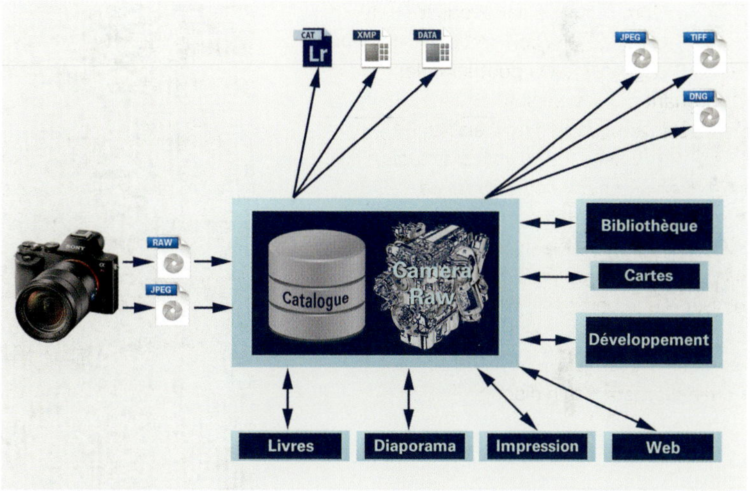

5 Si vous êtes curieux et avez envie d'examiner les entrailles d'un catalogue, il suffit d'installer sur votre ordinateur le logiciel SQLite Manager. Encore plus simple, certains navigateurs embarquent des extensions qui s'installent en un clic, comme SQLite Manager pour Firefox, que l'on voit ci-contre. Le gestionnaire de base de données se lance par le menu *Outils*. Lorsque l'emplacement du catalogue lui est indiqué, il reconnaît une base de type SQLite et peut l'ouvrir. Gardez-vous bien de la modifier, mais n'hésitez pas à explorer ses différentes tables.

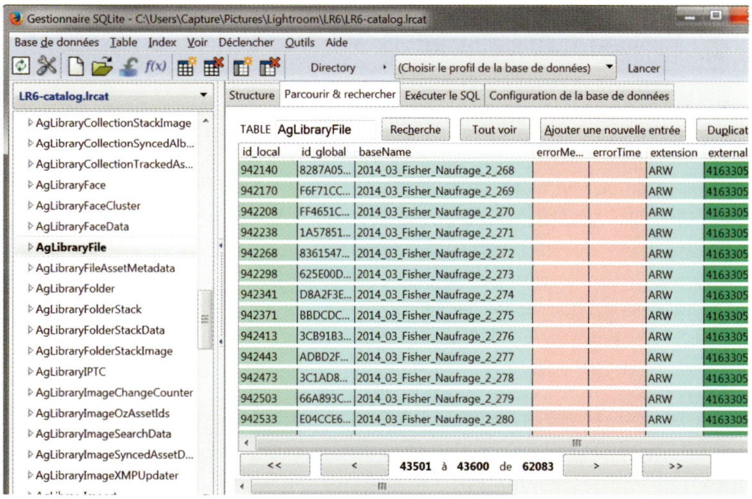

TP 4 Manipuler un ou plusieurs catalogues

Faut-il importer ses photos dans un catalogue unique ou les multiplier selon un principe thématique ou chronologique ? La question pouvait se poser avec les premières versions de Lightroom qui avaient tendance à peiner avec de trop gros catalogues. Ce n'est désormais plus le cas, sauf à posséder un matériel ancien ou manquant de puissance. Avoir un seul catalogue permet d'utiliser le Filtre de bibliothèque sur l'ensemble des photos, ce qui est impossible en cas de dispersion dans plusieurs catalogues (Lightroom ne sait pas en ouvrir plusieurs simultanément). Pour autant, il faut savoir créer un catalogue pour un besoin ponctuel, passer de l'un à l'autre, fusionner deux catalogues ou au contraire extraire une partie des photos en tant que catalogue.

1 Les raisons de copier ou déplacer un catalogue ne manquent pas : réorganisation des dossiers, changement d'ordinateur ou de disque dur, restauration d'une sauvegarde, etc. Fort heureusement, le nom du catalogue n'est pas une métadonnée sensible. Il peut être modifié à volonté pourvu que l'extension .lrcat soit préservée (il n'est pas indispensable que le mot *catalog* y figure). En revanche, le nom du dossier des aperçus et celui du catalogue sont liés. Si ce dernier est nommé *moncatalogue.lrcat*, le dossier des aperçus doit impérativement avoir pour nom *moncatalogue Previews.lrdata*.

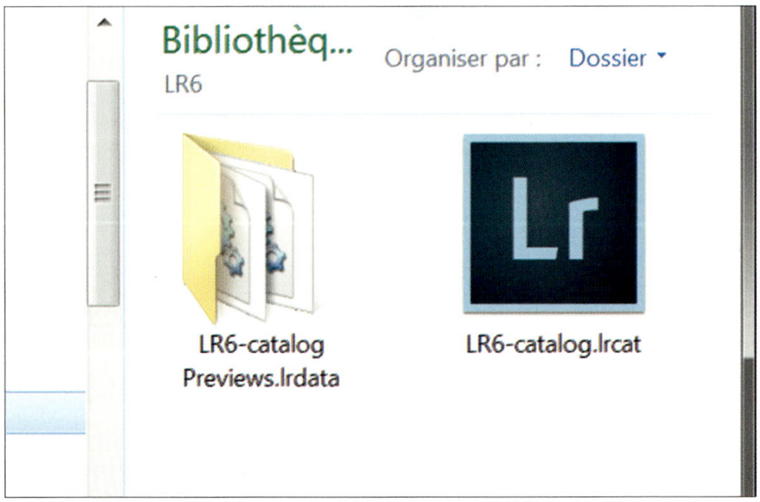

2 Bien qu'il s'agisse d'une base de données, le catalogue se présente comme un simple fichier, comme toute base de données de type SQLite. Cela simplifie grandement les opérations de copie et de déplacement. Ainsi, copier un catalogue se fait par un simple cliquer/glisser, en maintenant la touche CMD/CTRL enfoncée pour éviter de faire un déplacement. Le menu contextuel du clic droit permet également de copier, puis de coller. Veillez à copier également le dossier *Previews* si vous désirez avoir accès aux aperçus. Pour déplacer un catalogue, faites une copie et vérifiez impérativement son intégrité avant de le supprimer de son emplacement original.

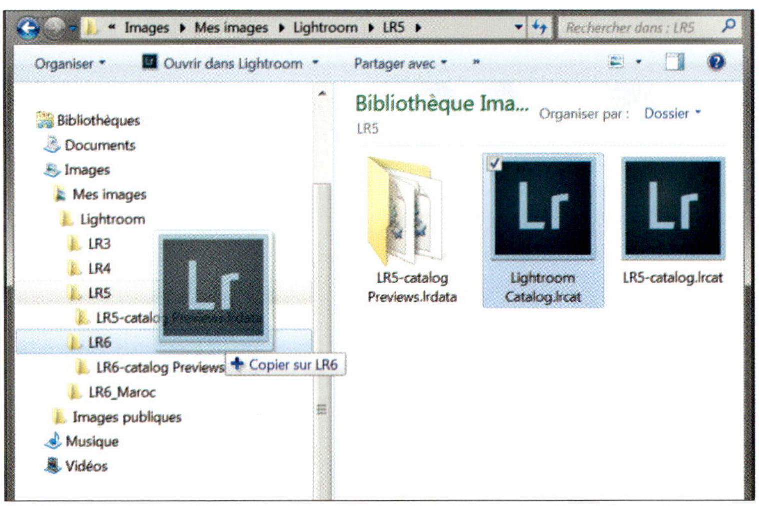

3 S'il vaut mieux travailler avec un catalogue unique, il est important de pouvoir traiter ses photos hors de ses bases. C'est notamment le cas en vacances et dans toutes les circonstances où le catalogue principal n'est pas disponible. Examinons le cas d'une prise de vue en déplacement, les photos ayant été développées sur place sur un ordinateur portable. Dans l'optique d'un transfert ultérieur des photos et du travail de développement, le catalogue et les originaux devront être copiés sur une clé USB ou un disque dur externe.

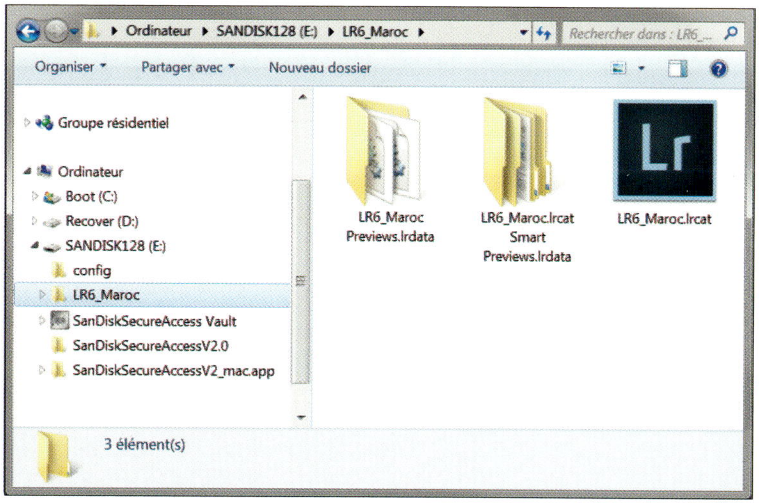

4 Une fois de retour sur l'ordinateur qui gère le catalogue principal, ouvrez celui-ci après avoir connecté le périphérique externe. Dans le menu *Fichier*, choisissez l'option *Importer à partir d'un autre catalogue*. Dans l'explorateur de fichiers qui s'ouvre alors, désignez le catalogue à fusionner (LR6_Maroc.lrcat dans notre exemple) et cliquez sur *Ouvrir*.

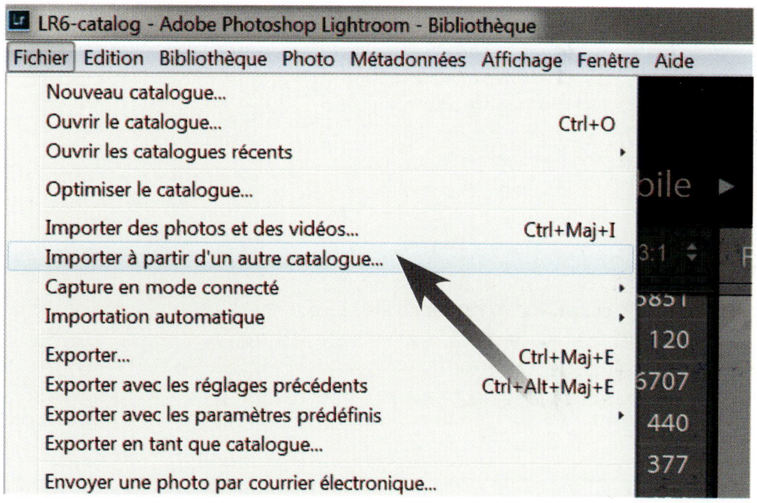

5 La boîte de dialogue d'importation signale tous les dossiers contenus dans le catalogue à importer. Choisissez l'option *Copier les nouvelles photos dans un nouvel emplacement et les importer* et sélectionnez le dossier de destination des photos. Si certaines photos ont déjà été importées, Lightroom les signale et demande s'il faut mettre à jour les métadonnées, les paramètres de développement et les fichiers négatifs. Le cas échéant, le logiciel propose de conserver les anciens paramètres sous forme de copie virtuelle.

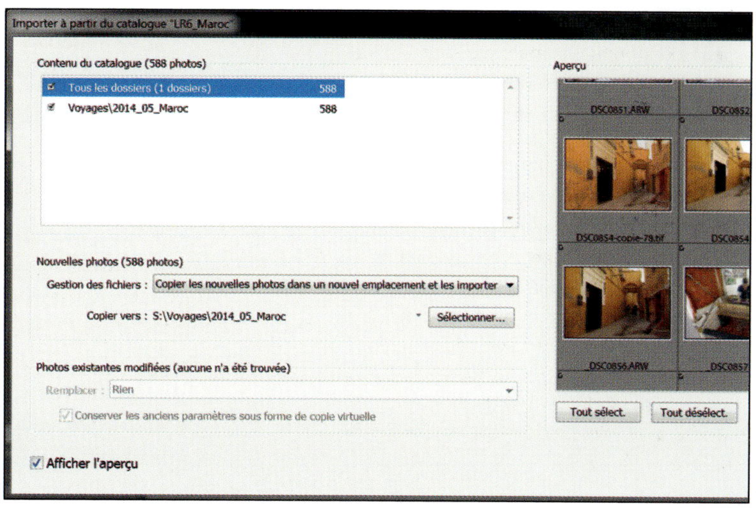

6 Lightroom importe alors les photos et les paramètres de développement et de catalogage. Dans le dossier de destination, le logiciel copie les dossiers présents sur le périphérique externe. Les aperçus sont également fusionnés et les collections sont préservées. À la fin de l'importation, votre catalogue principal est identique à ce qu'il aurait été si vous y aviez directement importé et traité les photos.

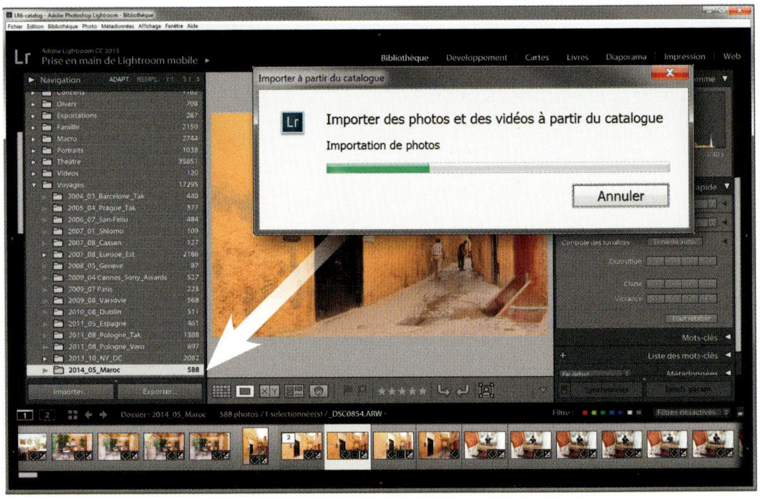

7 Si vous n'avez pas activé l'option de copie des photos lors de l'importation, le logiciel n'y aura plus accès une fois le disque dur externe déconnecté et le signale en grisant le nom du dossier. Pour corriger ce problème, vous n'aurez pas à refaire l'importation. Il suffira de copier manuellement les photos à l'emplacement qui leur est destiné, à faire un clic droit au-dessus du nom du dossier et à cliquer sur *Rechercher le dossier manquant* (voir étape 6 du TP 9).

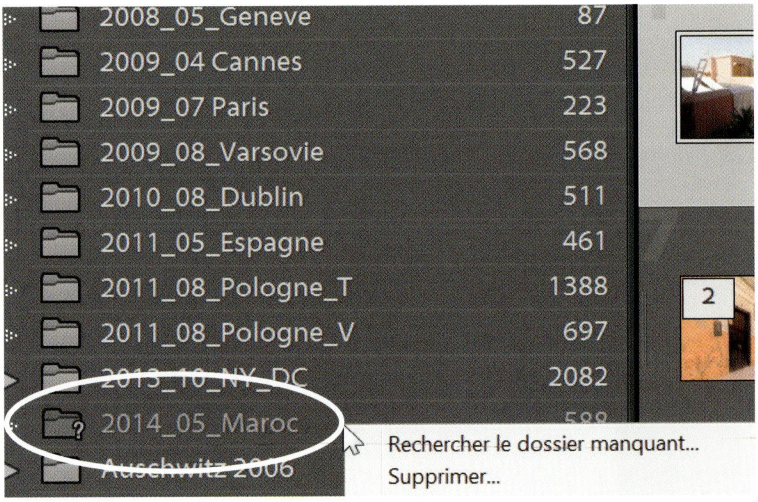

8 À l'inverse, il peut s'avérer utile d'extraire du catalogue principal une partie de son contenu sous forme de catalogue. Pour rester dans le contexte de notre exemple, imaginons que vous vouliez rassembler tout ou partie de vos photos de voyage. Pour ce faire, sélectionnez les photos et/ou les dossiers dans le module Bibliothèque et choisissez l'option *Exporter en tant que catalogue* dans le menu *Fichier*.

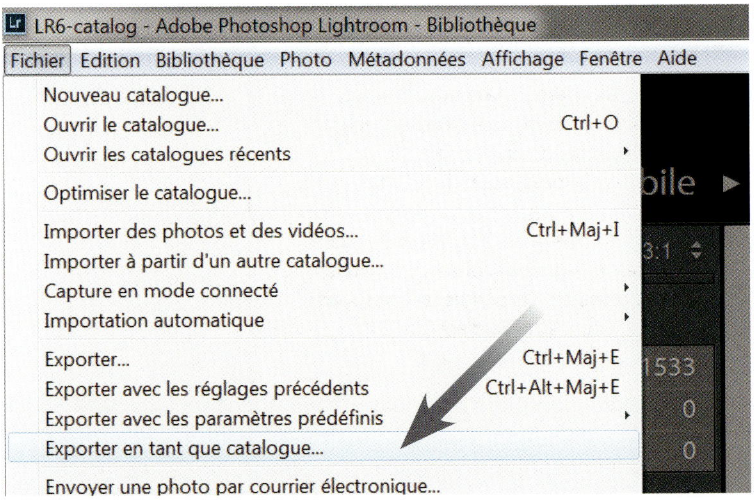

9 Indiquez alors le dossier du disque sur lequel le catalogue exporté doit être écrit et donnez un nom au catalogue. Si vous avez sélectionné les photos sur la base de mots clés plutôt que des dossiers entiers, cochez la case *Exporter les photos sélectionnées uniquement* au bas de la boîte de dialogue. Outre les métadonnées et les paramètres de développement, Lightroom peut exporter les fichiers originaux et les aperçus. Le cas échéant, cochez les cases correspondantes, puis cliquez sur *Enregistrer.*

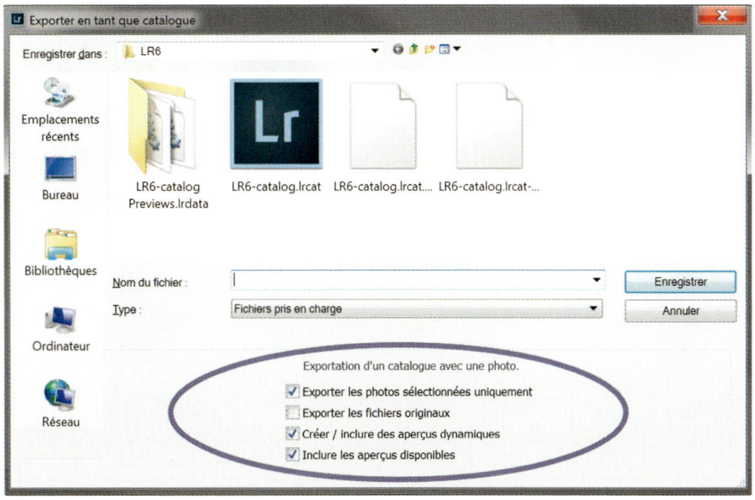

10 L'état d'avancement de l'exportation est indiqué dans le coin supérieur gauche de Lightroom. Si vous avez choisi d'exporter les fichiers originaux et, plus encore s'il s'agit de fichiers RAW, l'exportation sera assez longue. Il en ira de même pour le dossier *Previews* si vous avez opté pour des aperçus 1:1 dans vos paramètres d'importation.

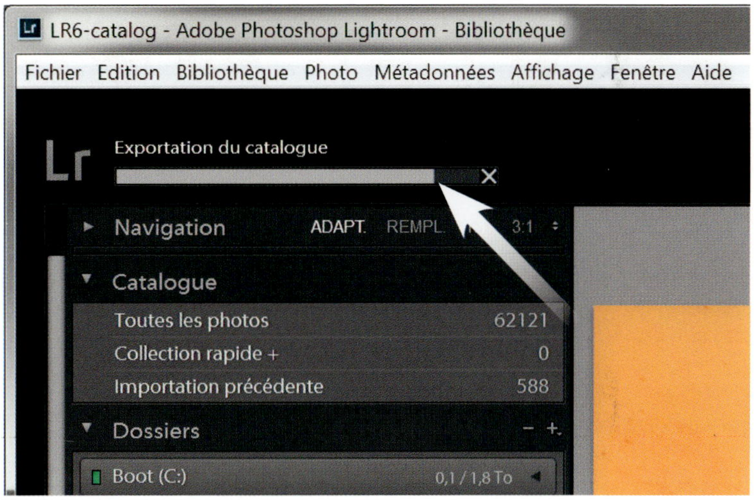

11 Une fois l'exportation achevée, vous disposez d'un catalogue à part entière associé (si vous l'avez demandé) aux originaux et aux aperçus. Les dossiers des fichiers originaux reproduisent l'arborescence du disque d'origine, ce que ne fait pas nécessairement le processus d'importation classique.
On le voit, qu'il s'agisse de fusion ou d'extraction, les catalogues de Lightroom offrent une grande souplesse d'utilisation qui compense, au moins partiellement, l'impossibilité d'accéder à plusieurs catalogues simultanément.

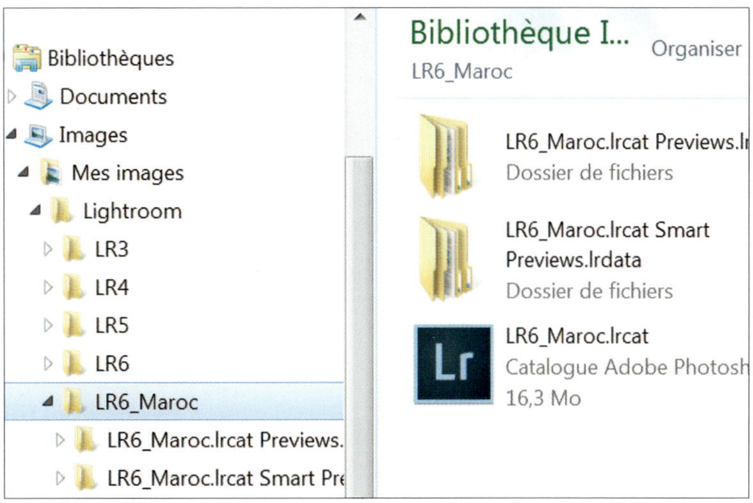

Travailler avec un catalogue en réseau

TP 5

Adobe n'autorise pas la création ni même l'ouverture d'un catalogue placé sur un disque en réseau. La raison principale est un risque de corruption des données sensiblement plus important qu'avec un disque classique. Il serait possible de sécuriser un catalogue en réseau, mais cela demanderait de lourds et coûteux développements qui ne sont envisageables que pour des produits professionnels conçus pour une utilisation principale en réseau, ce qui n'est pas le cas de Lightroom. Pour autant, il existe des stratégies de contournement qui permettent le partage en réseau d'un même catalogue, y compris avec des stockages Cloud comme Dropbox, mais il faut en user avec une extrême précaution et leur associer une haute fréquence de sauvegarde.

1 Créer ou lire un catalogue Lightroom sur un disque en réseau n'est pas autorisé par Adobe, car le type de bases de données utilisées n'est pas adapté aux accès multiples et n'est pas aussi sécurisé qu'une base de données SQL pour serveur. Nous allons pourtant tenter de contourner cette interdiction en installant un catalogue dans un dossier du disque d'un NAS (disque en réseau), ce que vous pouvez faire de façon identique sur le disque dur de votre box Internet. La première idée est de créer une connexion réseau en espérant que le subterfuge la fera passer pour un disque standard. Las. Lightroom ne s'est pas laissé prendre.

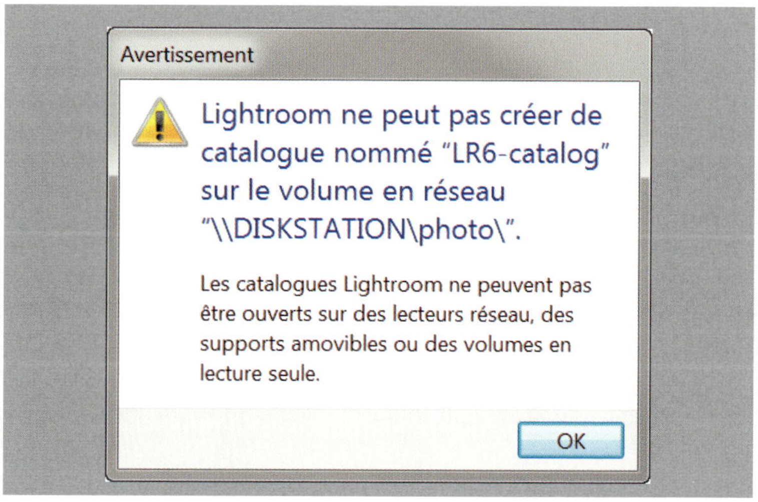

2 Pour masquer la nature réseau du disque, il faut parvenir à créer un lien symbolique entre un dossier d'un disque « autorisé » et le dossier du disque réseau contenant le catalogue Lightroom. Sur Windows, il est possible de créer une jonction entre deux dossiers au moyen de la commande *mklink* dans la console de commandes. Hélas, les liens de type jonction ne sont autorisés que pour des disques locaux. Il faut donc créer un lien symbolique d'une autre nature.

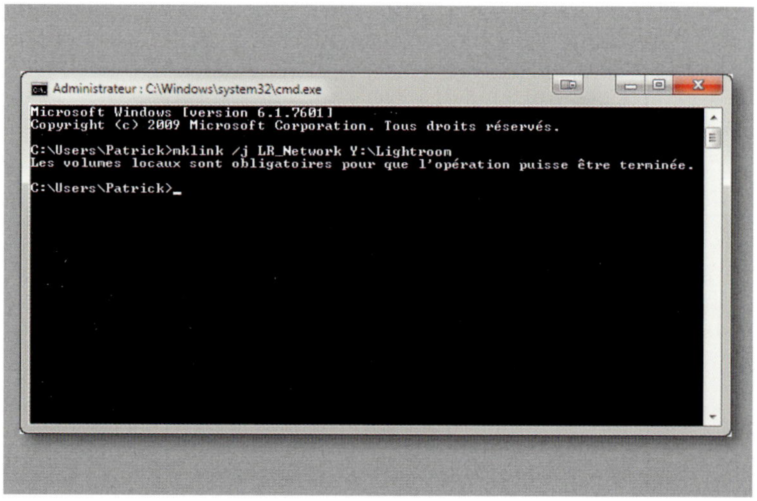

3 La solution la plus simple, qui évite l'emploi rébarbatif de lignes de commande, est de passer par un utilitaire doté d'une interface utilisateur. Sur Windows, l'utilitaire gratuit Symbolic Link Creator fait très bien l'affaire. Il est même inutile de créer une connexion réseau comme à l'étape 1, l'explorateur de fichiers permettant de spécifier directement un disque réseau (ici celui du NAS). Lors de la création du catalogue Lightroom, on désigne le dossier virtuel du disque dur local lié de façon symbolique avec le disque en réseau.

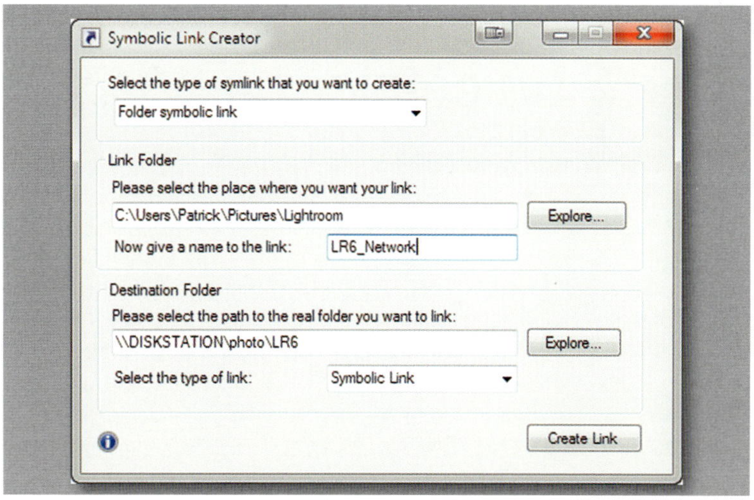

4 On constate sur cette capture d'écran qu'un catalogue a bien été créé sur le disque du NAS. Cela permet à plusieurs ordinateurs d'y accéder, à condition de créer sur chacun d'eux le même type de lien symbolique. Notez que si Lightroom interdit les catalogues en réseau, les photos en réseau sont autorisées.
Avant de vous lancer dans l'aventure, n'oubliez pas qu'un accès réseau est beaucoup plus lent qu'un accès disque, ce qui peut pénaliser fortement la fluidité du travail en présence de lourds fichiers RAW. Les aperçus dynamiques constituent alors une alternative intéressante (voir TP 46).

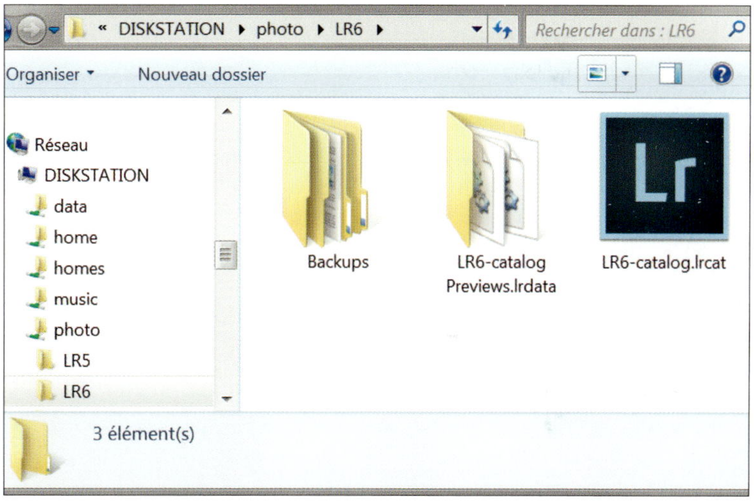

5 Sur Mac, le même type de lien symbolique peut être créé avec des utilitaires gratuits comme SymbolicLinker. Son installation est toutefois plus délicate que sur Windows. Lisez attentivement le fichier *Installation Instructions* (en anglais).
Quel que soit votre système d'exploitation, soyez extrêmement prudent avec cette solution de contournement qui ne doit être utilisée qu'en cas de réelle nécessité et faites une sauvegarde du catalogue à l'issue de chaque session de travail.

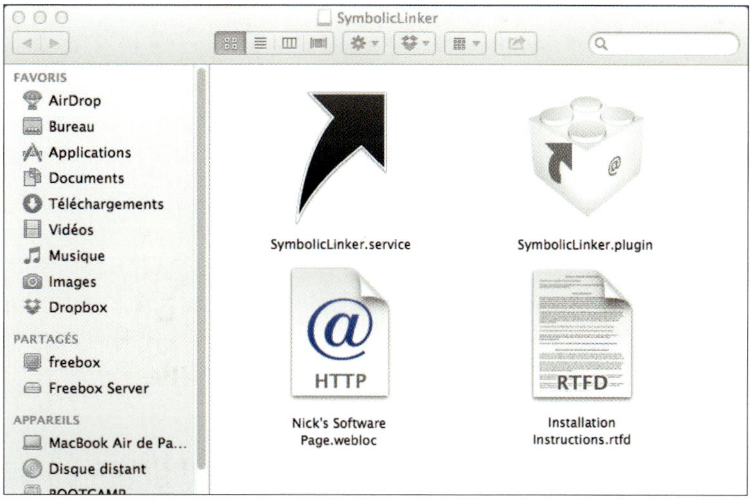

Maintenir, sauvegarder et récupérer un catalogue

TP 6

Le catalogue est l'élément vital de Lightroom qui contient la mémoire de votre travail. Il est donc essentiel de lui prodiguer tous les soins qu'il requiert. Dans ce TP, nous allons voir comment organiser une maintenance et des sauvegardes régulières. Le fait qu'il s'agisse d'une base de données ne doit pas vous effrayer, car jamais vous n'aurez à intervenir avec d'autres outils que ceux que le logiciel met à votre disposition. Seules les corruptions désespérées nécessitent une intervention à l'aide d'un gestionnaire de base de données, mais c'est un travail de spécialiste qui excède le cadre de ce livre. Rassurez-vous, si vous suivez nos recommandations, pareille mésaventure ne devrait pas vous arriver.

1 Avec ses paramètres par défaut, Lightroom vous suggère chaque semaine, lors de sa fermeture, de sauvegarder votre catalogue. Cette opération, prise en charge par le logiciel, consiste en une simple copie du catalogue, préalablement compressé au format ZIP, dans un dossier de sauvegarde nommé *Backups* (dont l'emplacement est laissé au choix du photographe). Le logiciel propose également de tester l'intégrité du catalogue avant la sauvegarde, puis de l'optimiser une fois la sauvegarde effectuée. Nous vous conseillons vivement de cocher ces options.

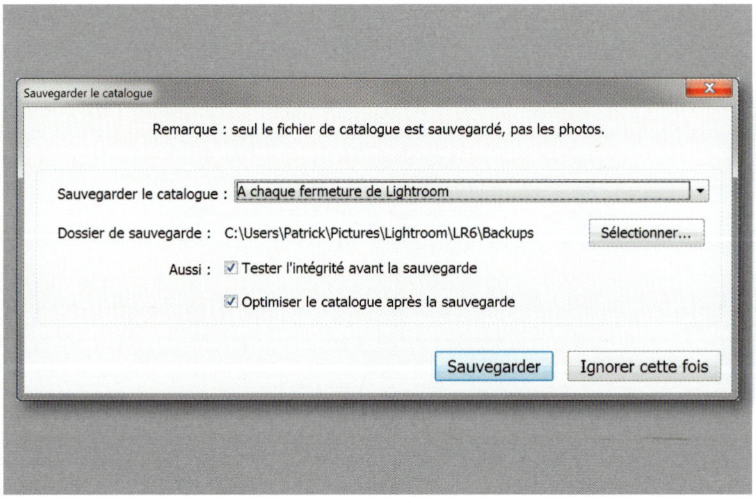

2 La fréquence hebdomadaire fixée par défaut pour la sauvegarde ne correspond pas nécessairement à votre rythme de travail, qu'elle présuppose régulier. Vous pouvez modifier cette fréquence dans la boîte de dialogue *Paramètres du catalogue*, logée dans le menu *Édition*. Parmi les options proposées, la meilleure est *À chaque fermeture de Lightroom*. Ainsi, l'intégralité de votre travail sera sauvegardée en permanence, et si vous estimez qu'une session ne mérite pas une sauvegarde, il vous suffit de cliquer sur *Ignorer cette fois* (voir l'illustration de l'étape précédente).

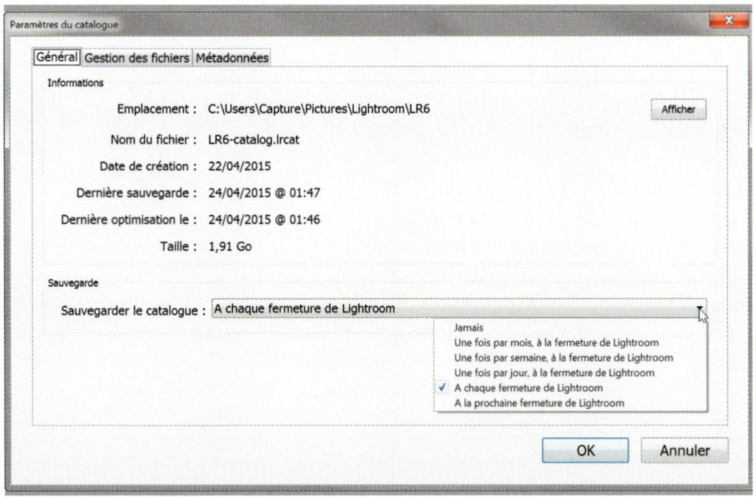

3 Le dossier *Backups* contenant les sauvegardes est créé par défaut dans le dossier contenant le catalogue. Si cette option n'est pas déraisonnable, elle ne vous prémunit pas contre un crash de votre disque qui vous ferait perdre à la fois le catalogue et ses sauvegardes. Si votre disque de travail n'est pas sauvegardé automatiquement, nous vous conseillons de choisir un emplacement sur un autre disque pour le dossier *Backups*. Il n'est pas nécessaire qu'il s'agisse d'un disque interne, un disque externe faisant très bien l'affaire.

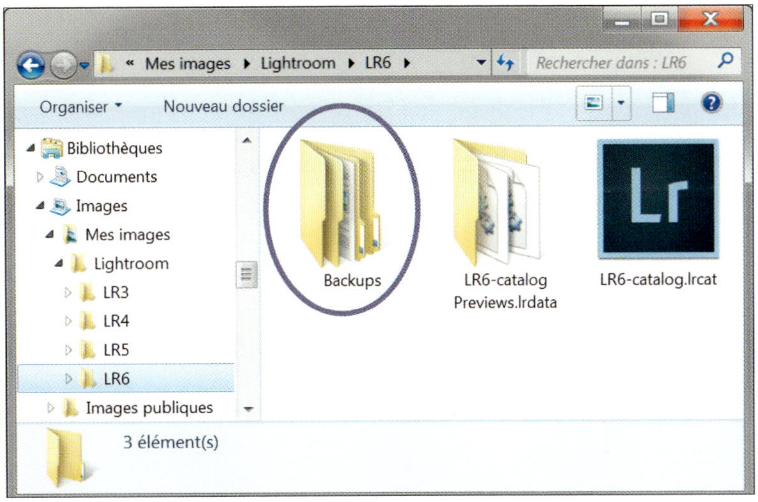

4 Chaque sauvegarde du dossier *Backups* est constituée d'un dossier ayant pour nom la date et l'heure et contenant une copie du catalogue. Avec une sauvegarde à chaque utilisation substantielle du logiciel, le volume total devient vite problématique surtout si votre catalogue référence beaucoup de photos. En conserver une dizaine suffit amplement.

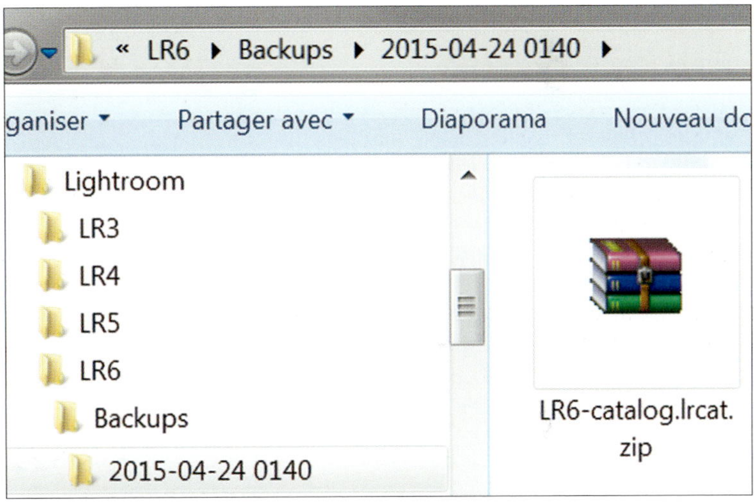

5 Au contraire du catalogue, le dossier *Previews* contenant les aperçus n'est pas sauvegardé. Si vous avez choisi de créer des aperçus 1:1 en les conservant de manière permanente, ce que nous vous conseillons vivement pour assurer une fluidité maximale à votre travail, le dossier *Previews* va très vite grossir (jusqu'à atteindre 400 Go, comme on le voit ci-contre). Il n'est pas imaginable de le sauvegarder à la même fréquence que le catalogue, mais il serait dommage de devoir recréer tous vos aperçus en cas de crash de votre disque. Libre à vous d'en faire une sauvegarde manuelle par simple copier, en n'en conservant qu'une seule.

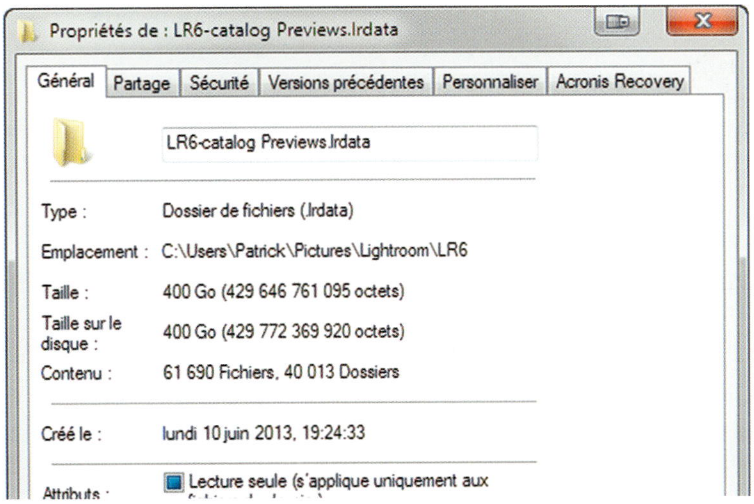

6 Si vous préférez opter pour une fréquence de sauvegarde moins grande ou si vous décochez l'option d'optimisation du catalogue (elle ralentit la fermeture du logiciel), vous pouvez demander une optimisation ponctuelle du catalogue via le menu *Fichier*. Lorsque le catalogue grossit, l'optimisation est susceptible d'accélérer sensiblement la fluidité d'utilisation du logiciel. Aussi, n'hésitez pas à y recourir, surtout si votre matériel informatique n'est plus dans sa prime jeunesse.

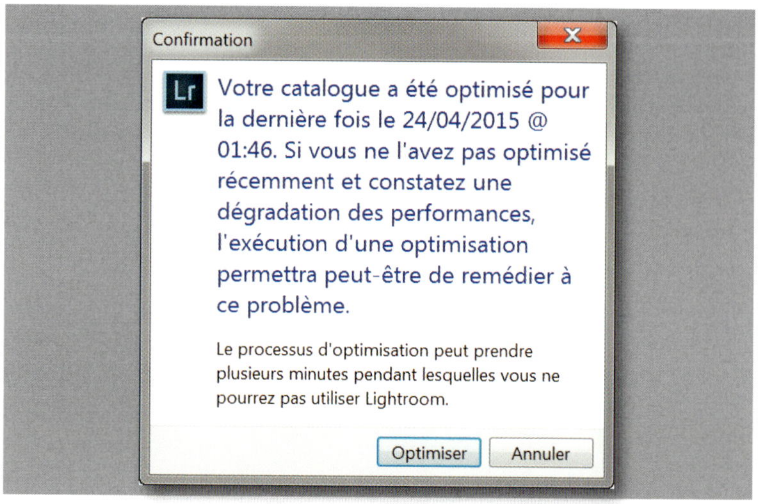

7 Si vous prenez soin de votre catalogue, vous ne devriez pas rencontrer de problèmes de corruption. Les plus fréquents sont liés aux catalogues utilisés en réseau ou hébergés sur des disques externes. Une rupture de connexion, même brève, peut provoquer un dysfonctionnement du logiciel qui affiche alors un avertissement avant de se fermer, en signalant qu'il tentera une récupération lors du prochain lancement.

8 Le plus souvent, la récupération se passe sans encombre grâce, notamment, au stockage en continu des dernières modifications dans le fichier *Journal*. Après l'avertissement initial, le logiciel met à jour le catalogue et vérifie son intégrité. S'il s'ouvre ensuite normalement, c'est que tout s'est bien déroulé. Dans le pire des cas, vous aurez alors perdu les toutes dernières opérations réalisées avant que ne survienne le problème.

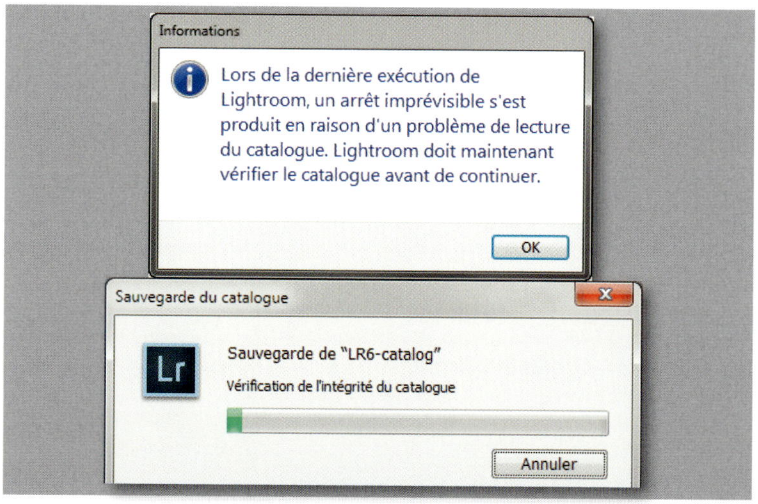

9 Dans des cas plus rares, notamment si la coupure réseau ou le débranchement du disque externe est long, le logiciel signalera une erreur d'accès au catalogue. Le message indiquant que la base de données ou le disque sont pleins est le plus souvent dû à un problème d'accès au catalogue. Efforcez-vous de le corriger au plus vite. Ce type de message d'erreur est généralement suivi par une fermeture forcée du même type que celle de l'étape 7, avec la même modalité de résolution ou avec un avertissement indiquant que le catalogue doit être restauré.

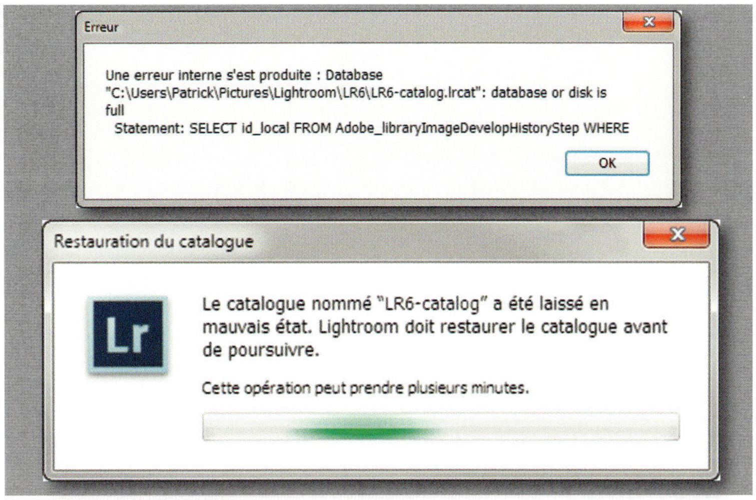

10 Si la plupart des problèmes trouvent une solution heureuse, il arrive malheureusement qu'un incident soit plus grave, notamment lors d'une extinction brutale de l'ordinateur alors que le logiciel est en cours d'écriture dans la base de données. Si, lors du démarrage suivant, il ne parvient pas à réparer le catalogue, Lightroom affiche un message qui ne laisse que peu d'espoir de résolution, même pour un spécialiste des bases de données. La mésaventure est heureusement fort rare.

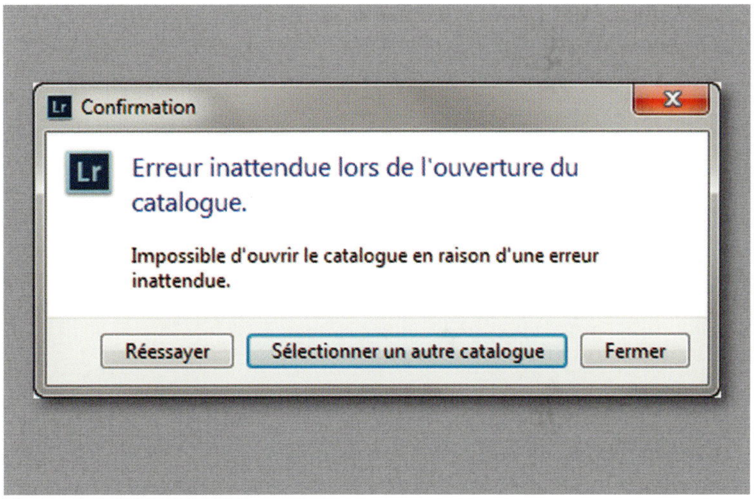

11 Lorsque le dernier espoir de résolution du problème de corruption s'est évanoui, il ne reste plus qu'à faire appel aux sauvegardes. Supprimez le catalogue corrompu, remplacez-le par le plus récent figurant dans le dossier *Backups* et dézippez-le. Il y a de bonnes chances que le dossier *Previews* contenant les aperçus soit sain et utilisable avec le catalogue sauvegardé. Si vous avez adopté une fréquence de sauvegarde élevée, vous n'aurez alors perdu que le travail effectué lors de la dernière session.

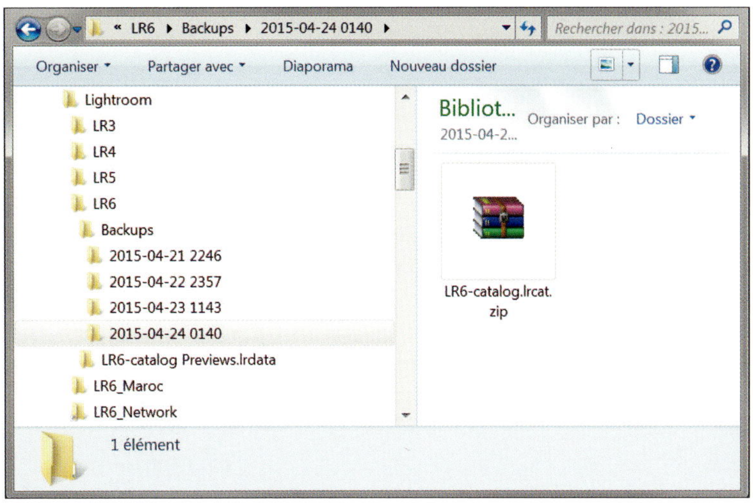

SHAKER

Importer et organiser

TP 7

Importer des photos et des vidéos

L'importation des photos et des vidéos dispose d'une interface spécifique qui a la particularité de ne pas être un module comme Bibliothèque ou Développement. Elle se comporte comme un plug-in qui se superpose à la fenêtre principale du logiciel, quel que soit le module en cours d'utilisation.

Lightroom ne dispose pas d'explorateur de fichiers, ce qui peut surprendre lors de la prise en main du logiciel. L'importation préalable des photos dans le catalogue est un impératif, donc une contrainte. Cependant, elle présente de nombreux avantages, notamment lorsqu'elle est réalisée directement à partir d'une carte mémoire ou de l'appareil photo connecté à l'ordinateur. Peuvent alors être réalisés en une seule manipulation le transfert physique des photos et des vidéos et leur importation dans le catalogue Lightroom. La conversion automatique des RAW en DNG, le renommage des fichiers, l'affectation de mots clés globaux et l'option de sauvegarde initiale achèvent de rendre cette solution très séduisante. Pour des photos déjà présentes sur disque, l'importation est très simple à paramétrer du fait d'options moins nombreuses.

1 L'importation n'est pas un module à part entière, mais fonctionne à la manière d'un plug-in. Pour lancer une importation depuis n'importe quel module de Lightroom, ouvrez le menu *Fichier* et choisissez *Importer des photos et des vidéos*, ou utilisez le raccourci OPT/ALT + ⇧ + I.
Le module Bibliothèque possède également un bouton d'accès direct au bas du volet latéral gauche.
Avec le paramétrage par défaut, le module d'importation s'ouvre automatiquement dès qu'une carte ou un appareil photo est connecté à l'ordinateur. Ce comportement, pas toujours souhaitable, se désactive dans le menu *Général* des *Préférences* du logiciel.

2 Lorsqu'un périphérique (carte mémoire ou appareil photo) est connecté, il apparaît en haut de la liste des sources. Les vignettes des photos et les vidéos qu'il contient s'affichent automatiquement dans la fenêtre centrale, Lightroom considérant que cette source est à privilégier. Notez que le périphérique apparaît également en tant que disque, repéré par sa lettre et son nom.
Si vous avez déjà transféré vos fichiers sur un disque, déroulez l'explorateur de dossiers jusqu'à atteindre celui qui les contient.

3 La fenêtre centrale affiche non seulement les vignettes des photos et des vidéos contenues dans le dossier spécifié, mais aussi celles des sous-dossiers. Si votre appareil photo crée des dossiers par dates de prise de vue, Lightroom saura les détecter et afficher tous les fichiers présents sur la carte.
Si vous redimensionnez l'interface de Lightroom, les dimensions du module d'importation s'adapteront. Pour modifier le nombre et la taille des vignettes, faites glisser le curseur situé au bas de la fenêtre principale.

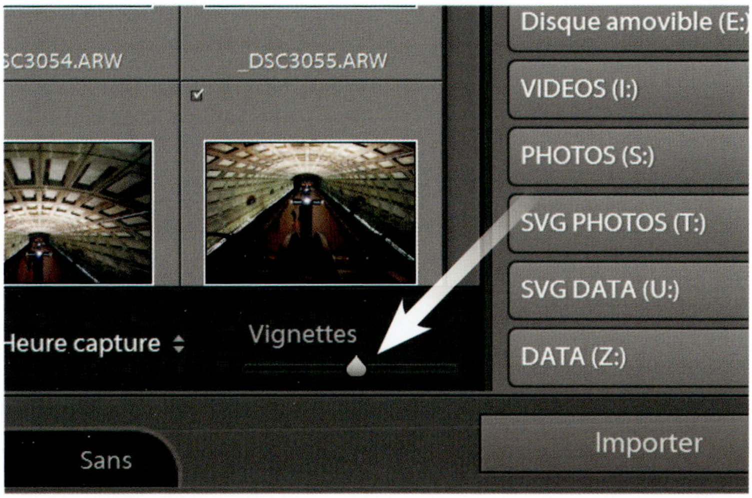

4 Chaque vignette présente une coche dans le coin supérieur gauche. Si la photo n'a pas déjà été importée, elle est cochée par défaut. Dans le cas contraire, qui peut survenir si vous avez réalisé une importation sans supprimer de la carte les fichiers transférés, les images et les vidéos déjà présentes dans le dossier de destination sont décochées et les vignettes assombries. Une option au-dessus de la fenêtre principale vous propose de n'afficher que les nouvelles photos, ce qui évite d'encombrer inutilement l'espace de visualisation.

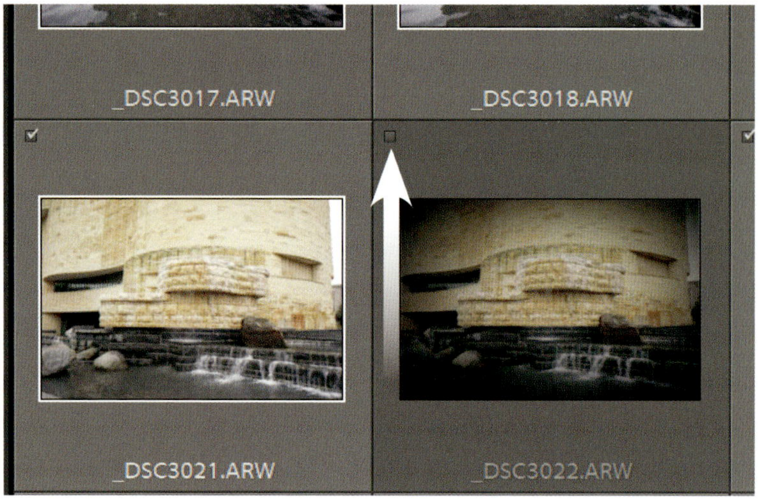

5 L'affichage des images n'est pas limité à de simples vignettes juxtaposées en mode Grille. Le mode Loupe, qui s'active par double clic sur la vignette ou en appuyant sur l'icône située sous la fenêtre principale, affiche une seule image en totalité avec des dimensions adaptées à celles de la fenêtre. Un clic sur l'image l'affiche en zoom 100 %, la zone pouvant être déplacée avec un clic maintenu. Un second clic remet l'image en mode de visualisation complète. En mode Loupe, le curseur d'ajustement de la taille des vignettes est transformé en gestionnaire de zoom (entre 1:16 et 11:1). Dans ce mode, le visionnage séquentiel des images se fait à l'aide des touches ← et → du clavier.

6 Les vidéos sont repérées par un pictogramme situé dans le coin inférieur gauche de la vignette. Lightroom est en mesure de les importer et de les cataloguer, mais ne propose pas d'option de visionnage dans l'interface d'importation. Si vous désirez faire un tri initial de vos films, un clic droit sur la vignette en mode Grille donne un accès rapide au dossier qui la contient. Vous pouvez alors l'ouvrir avec votre logiciel habituel. L'édition et la retouche des vidéos se déroulent dans le module Bibliothèque (voir TP 27).

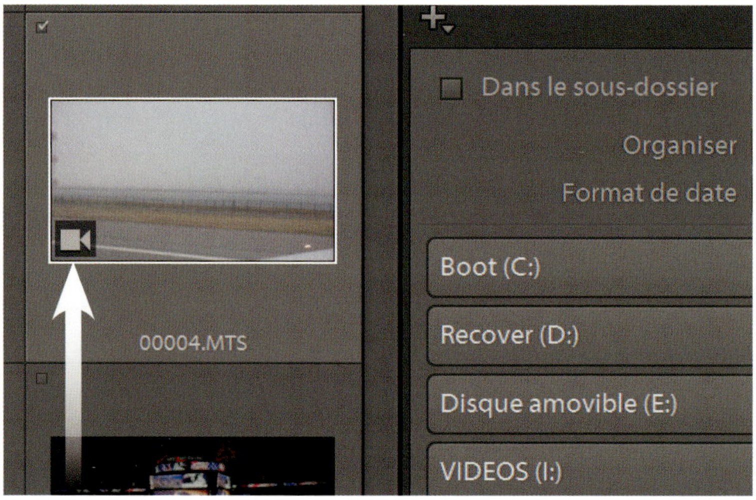

7 Une fois vos images sélectionnées pour l'importation, vous devez paramétrer celle-ci. En premier lieu, choisissez le mode de transfert des images de la carte mémoire vers son dossier de destination. Une copie simple est proposée par défaut. La seconde option est une copie au format DNG, qui est le format RAW à vocation universelle proposé par Adobe (voir TP 45). Les fichiers originaux sont alors convertis en DNG selon les modalités définies dans les *Préférences*.
Si vos photos sont déjà présentes sur le disque, deux autres options sont disponibles : un déplacement des images ou un simple ajout au catalogue sans déplacement.

8 Lors de l'importation, Lightroom génère des aperçus JPEG des fichiers RAW en vue de leur affichage dans les différents modules. De la qualité de ces aperçus dépend la fluidité du travail ultérieur, notamment le tri, la sélection et la notation des images. Si vous optez pour une qualité maximale, soit 1:1, l'affichage d'un zoom à 100 % dans l'image se fera alors sans délai. À l'inverse, un aperçu minimum contraint le logiciel à générer une image plus détaillée en cas de zoom, ce qui occasionne une attente et une rupture de fluidité. Le prix à payer pour bénéficier d'aperçus 1:1 est une durée d'importation beaucoup plus longue et une consommation importante d'espace disque.

9 Si vous désirez que le logiciel fasse une recherche de doublons au moment de l'importation, cochez la case *Ne pas importer les éventuels doublons*. Si vous avez l'habitude de supprimer les fichiers de votre carte une fois l'importation achevée, considérez avec attention l'option *Créer une seconde copie sur*. Même provisoire, elle vous prémunira contre une erreur de copie sur le disque principal. Choisissez de préférence un autre disque physique afin d'optimiser le niveau de sécurité. Vous pouvez également ajouter les photos importées à une collection et créer dès l'importation des aperçus dynamiques pour développer vos fichiers RAW hors de la présence des originaux (voir TP 46).

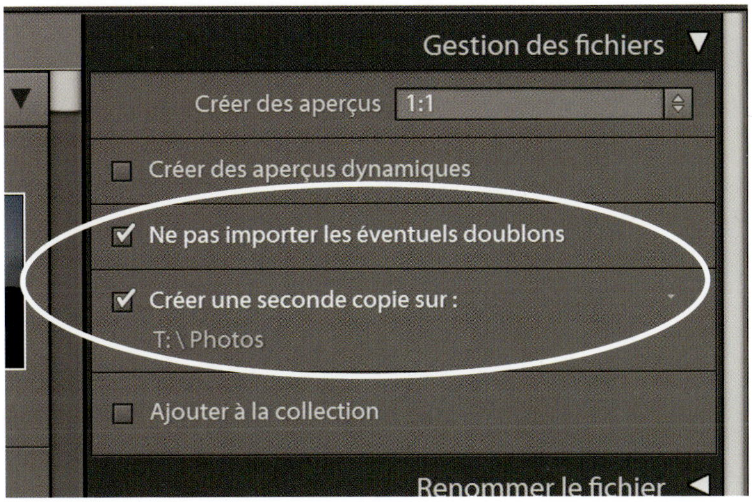

10 Attribuer un nouveau nom aux fichiers importés n'est pas indispensable. Toutefois, comme pour la structure des dossiers physiques, mieux vaut donner aux images des noms explicites afin de rendre la photothèque accessible indépendamment du catalogage de Lightroom. Le logiciel propose un outil de renommage aux fonctionnalités très étendues. Outre des noms personnalisés et des numéros de séquence, vous pouvez agglomérer de nombreux types de données comme la date, le nom de l'appareil photo et même certaines informations issues de la prise de vue (ouverture, vitesse d'obturation, etc.). Cet outil est étudié dans le TP 50.

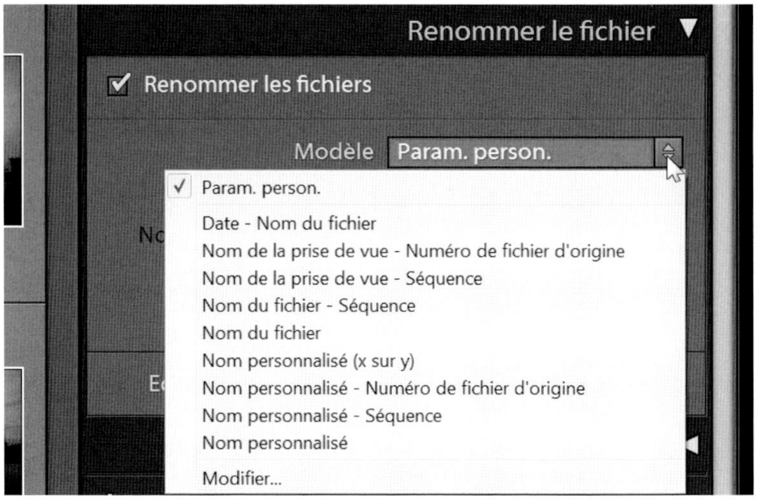

11 Les fichiers RAW doivent être convertis pour être affichés. Comme de nombreuses caractéristiques de l'image ne sont pas fixées dans le RAW, cette conversion est également une interprétation. L'aperçu généré par Lightroom lors de l'importation est l'interprétation par défaut proposée par le logiciel. Libre à vous d'en choisir une autre. Dans le menu déroulant des paramètres de développement prédéfinis, un vaste choix vous est proposé, auquel vous pourrez ajouter les vôtres à partir du module Développement. Cette option est précieuse, car choisir les paramètres les plus adaptés aux spécificités de la série de photos importée fait gagner du temps lors des phases ultérieures du flux de travail.

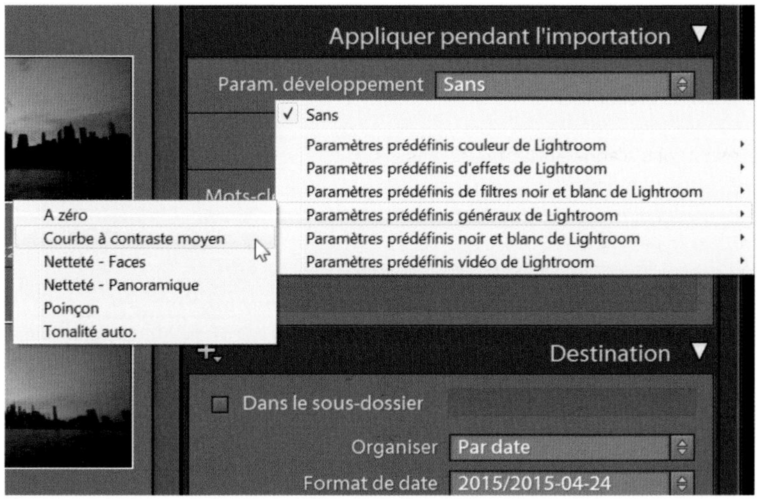

12 Les métadonnées sont des descripteurs d'une image. Certaines sont déterminées automatiquement (informations sur l'appareil photo ou données de prise de vue), d'autres sont définies par le photographe. Si le module Bibliothèque est le lieu prévu pour ajouter ou modifier des métadonnées (voir TP 11), certaines sont partagées par toutes les photos et peuvent alors être renseignées dès l'importation. Le copyright est typiquement le jeu de métadonnées que vous pouvez renseigner dès l'importation. Pour le créer, appuyez sur *Nouveau* et remplissez les champs pertinents de la zone *Copyright IPTC*.

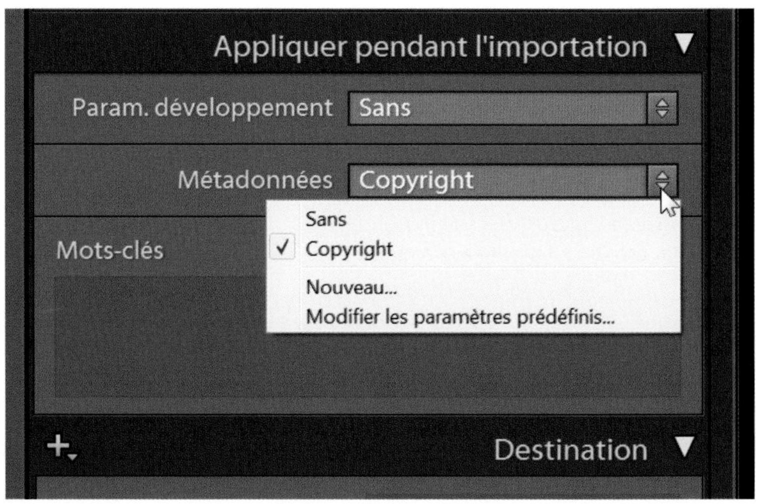

13 Une partie des mots clés, qui sont également des métadonnées, peut être choisie dès l'importation. Renseignez dans le champ *Mots clés* tous les termes caractérisant l'ensemble des images importées. Si votre carte contient des photos et des vidéos issues de plusieurs prises de vue sans lien entre elles, vous ferez cette opération par lots dans le module Bibliothèque.

14 Pour achever le paramétrage de l'importation, il reste à choisir le dossier de destination. Si vos images sont déjà présentes sur le disque et que vous avez adopté la modalité d'importation *Ajouter*, ces options n'apparaissent pas dans les panneaux de droite.
Dans les autres cas, la liste des disques susceptibles de recevoir les photos et les vidéos s'affiche. Déroulez les dossiers du disque de destination jusqu'à atteindre le sous-dossier choisi. S'il n'est pas déjà présent dans la liste, cochez l'option *Dans le sous-dossier* et nommez-le.

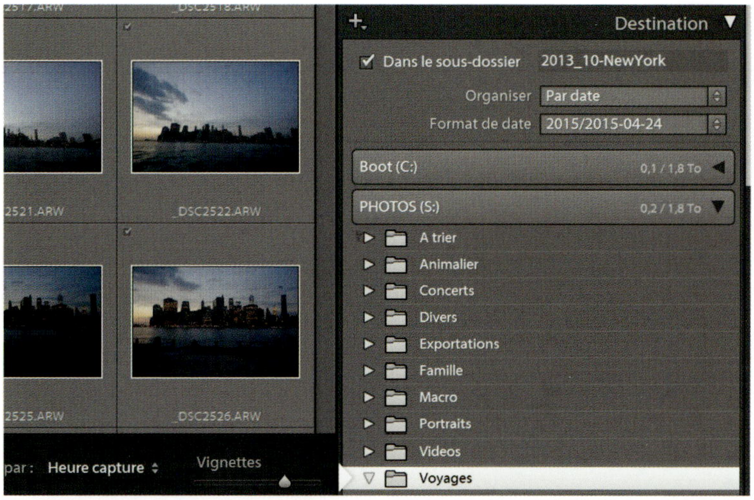

15 Si le rangement physique des images par dossiers ne vous convient pas, Lightroom propose une option de rangement par dates de prise de vue. Sélectionnez le dossier de destination puis choisissez un format de date. Cette option rend toutefois délicate la recherche de photos à l'extérieur de Lightroom. Il est plus pertinent de donner un nom informatif aux dossiers.

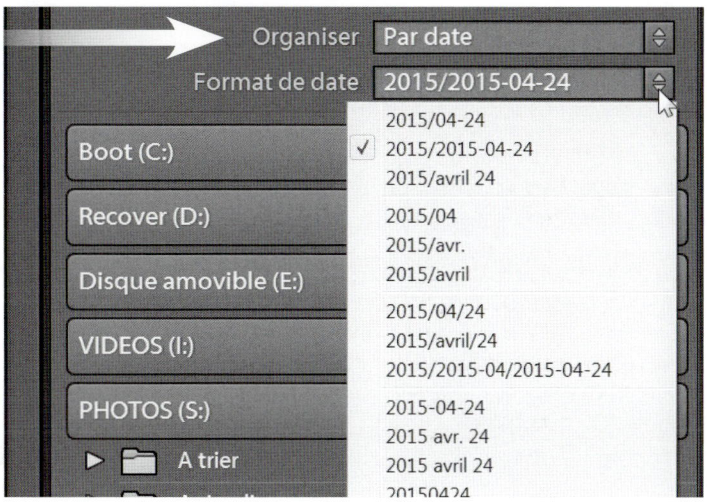

TP 8

Maîtriser l'interface du module Bibliothèque

La Bibliothèque est le module clé de Lightroom, la rampe de lancement d'où partent tous les traitements. Seule autorisée à accéder aux dossiers, elle est un passage obligé pour sélectionner les photos à envoyer aux autres modules. Il est donc important de bien maîtriser son interface.

Adobe a choisi de structurer fortement l'interface de Lightroom en laissant peu d'options de personnalisation. Quel que soit le module, l'interface se présente toujours avec deux volets de panneaux latéraux et un Film fixe qui entourent l'espace central. Derrière cette rigidité apparente se cachent de nombreuses options qui permettent en un clic d'adapter l'affichage aux contraintes imposées par la taille de l'écran ou aux besoins spécifiques de l'outil utilisé. Nous allons voir dans ce TP comment passer simplement d'un mode d'affichage à un autre à l'aide de boutons dédiés ou de raccourcis clavier, faire disparaître partiellement ou totalement les panneaux et les barres d'outils, ou encore afficher en incrustation une grille ou un repère.

1 Le format d'écran 16:9 étant devenu la norme, l'espace de travail est réduit dans le sens de la hauteur. Le cas échéant, l'option de redimensionnement du Film fixe est particulièrement bienvenue, et se fait simplement en tirant la poignée située à la frontière avec la barre d'outils. Il en va de même pour les panneaux latéraux, qui ont toutefois une taille minimale assez importante au contraire du Film fixe. Si l'option de réduction ne suffit pas, faites complètement disparaître (et réapparaître) le Film fixe avec le raccourci clavier F6, ou appuyez sur le petit triangle gris situé sous le Film fixe.

2 Plusieurs options sont disponibles pour masquer les panneaux latéraux. Chacun dispose d'un petit triangle gris pour un masquage individuel. Un clic droit sur ces triangles fait apparaître une boîte de dialogue dans laquelle se définit le comportement du masquage : automatique, manuel ou synchronisé avec le panneau opposé.
Plus simples encore sont les raccourcis clavier, le plus utile étant sans doute TAB qui masque les deux panneaux simultanément. Pour masquer seulement l'un des deux panneaux, faites F7 pour celui de gauche et F8 pour celui de droite. Ces raccourcis fonctionnent sur un principe de va-et-vient.

3 Pour masquer le sélecteur de module situé dans la partie haute de l'interface, faites F5. Si vous désirez laisser une place maximale à l'image en ne conservant que la barre d'outils, faites ⇧+TAB. Cette option est très indiquée lors du tri sélectif et de la notation des images, en n'affichant que l'essentiel dans l'espace disponible. Pour gagner encore un peu de place en hauteur, faites ⇧+F. Un premier clic masque le cadre de l'application et un second clic masque également la barre de menu et l'habillage extérieur de l'interface de Lightroom.

4 Les outils de la barre d'outils située sous la fenêtre centrale peuvent n'être affichés que partiellement. Pour sélectionner ceux qui vous sont utiles et masquer les autres, appuyez sur le triangle à droite de la barre d'outils pour ouvrir le sélecteur. Pour masquer la barre d'outils, appuyez sur la touche T.

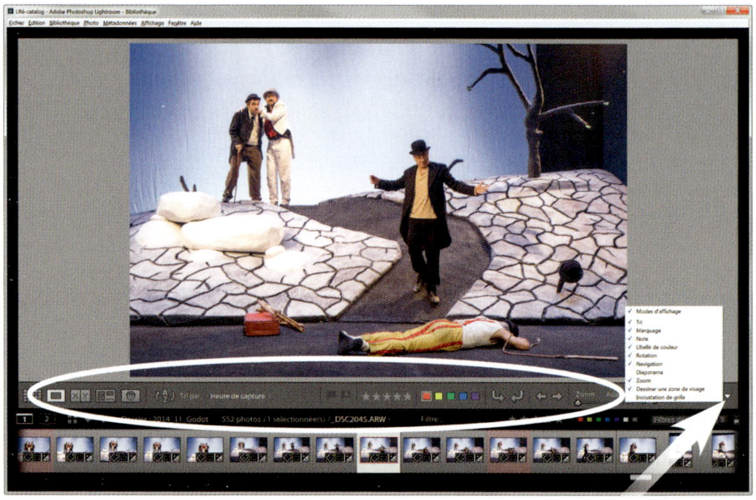

5 À gauche de la barre d'outils figurent les deux boutons d'accès au mode Grille et au mode Loupe, déjà présents dans l'interface d'importation. On retrouve également le curseur pilotant la taille des vignettes en mode Grille. Si vous êtes adepte du raccourci clavier, notez que la touche G bascule l'affichage en mode Grille, la touche E affichant la photo sélectionnée en mode Loupe.

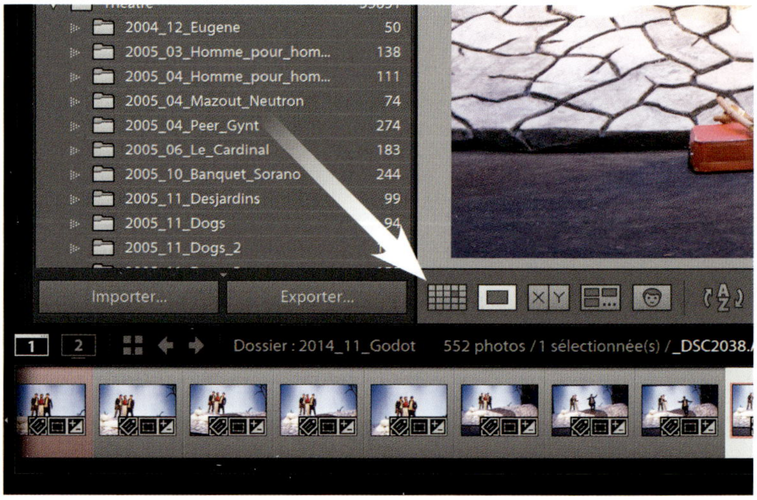

6 Le mode Comparaison (troisième bouton de la barre d'outils) affiche deux photos simultanément, celle de gauche étant dite « sélectionnée », celle de droite étant la « candidate ». Pour comparer une autre photo avec la candidate, déplacez-vous séquentiellement à l'aide des flèches de la barre d'outils ou avec celles de votre clavier. À votre disposition également des outils complémentaires de permutation et de sélection. Ce mode de comparaison est particulièrement adapté au choix d'une image parmi plusieurs très proches dans le temps ou dans leur composition (une prise de vue en rafale par exemple). L'accès direct à ce mode est assuré par la touche C.

7 Le mode Ensemble, accessible par le quatrième bouton ou par le raccourci N, permet un affichage simultané de plusieurs images. Leur nombre n'est pas limité, mais elles ne peuvent s'afficher simultanément qu'en visualisation entière. Sauf à disposer d'un écran de très grande taille, ce mode semble moins intéressant que la Comparaison pour faire un choix de photos. En revanche, il donne une idée d'ensemble d'un lot d'images destinées à un diaporama ou une galerie web.

8 L'affichage en surimpression d'informations décrivant l'image peut faire gagner du temps, notamment dans le module Développement où les métadonnées ne sont pas directement accessibles. Pour choisir les informations à afficher, ouvrez les *Options d'affichage* en mode Loupe logées dans le menu *Affichage*, ou faites CMD/CTRL+J. Deux jeux de paramètres sont disponibles. Leur affichage s'active de façon alternative à l'aide de la touche I du clavier.

9 Enfin, si vous désirez voir votre photo sans être perturbé par l'interface de Lightroom, appuyez une première fois sur L pour estomper l'extérieur de la photo, comme sur notre exemple, et une seconde fois pour le rendre totalement noir et ne laisser visible que la photo. Pour voir celle-ci en plus grand format, faites au préalable un ⇧+TAB qui masquera la presque totalité des panneaux.

10 Si la taille de l'image reste trop petite, le raccourci F affichera l'image, et elle seule, en plein écran. Comme les photos ne sont généralement pas en 16:9 ou en 16:10, elles s'affichent avec des bandes latérales. Celles-ci sont noires par défaut, mais un clic droit dans l'image fait apparaître un sélecteur de nuances de gris. Optez de préférence pour un gris moyen qui assure une perception correcte des contrastes de l'image.

11 Lightroom propose l'affichage d'une grille (voir ci-contre) ou de repères en surimpression. L'activation de ces deux options, qui ne sont pas exclusives l'une de l'autre, se fait par le menu *Affichage*, puis *Incrustation de loupe*.
Le raccourci clavier CMD/CTRL + OPT/ALT + O affiche en va-et-vient la dernière modalité d'incrustation.

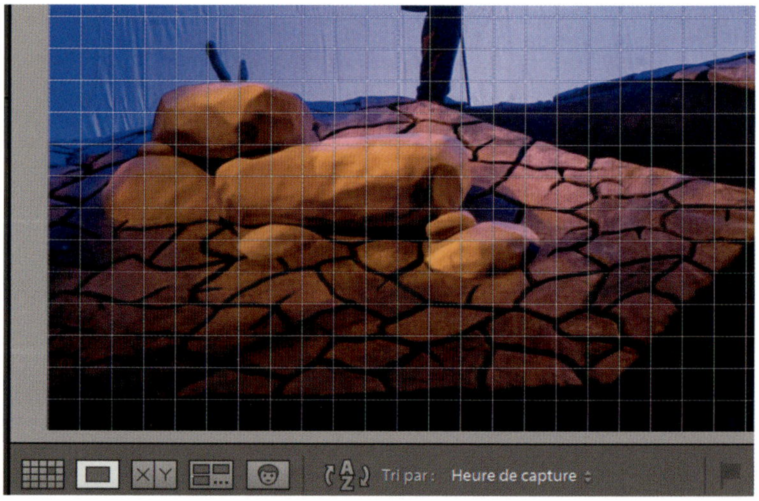

12 La taille des cellules de la grille et son niveau d'opacité sont réglables. Pour cela, maintenez appuyée la touche CMD/CTRL, ce qui fait apparaître un sélecteur sur la partie haute de l'image. Pour modifier les valeurs, cliquez sur *Taille* ou sur *Opacité*, maintenez le clic et faites glisser la souris vers la droite ou vers la gauche.

13 Les repères, qui s'activent par le menu *Affichage*, puis *Incrustation de loupe*, sont constitués d'une ligne verticale et d'une ligne horizontale. Pour déplacer ces lignes, maintenez appuyée la touche CMD/CTRL, cliquez sur l'une d'entre elles et déplacez-la. Plus rapide, cliquez sur le petit cercle situé à l'intersection des lignes et déplacez-le.

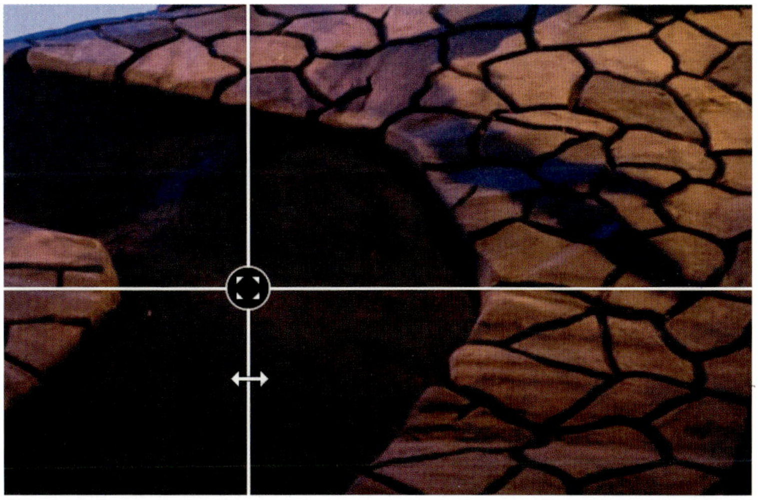

14 Faisons une courte parenthèse pour signaler les options d'affichage très originales de l'outil de recadrage (disponible dans le module Développement). Par le menu *Outils*, puis *Grilles*, vous disposez de plusieurs modalités d'incrustation comme un quadrillage par tiers, le rectangle d'or ou la spirale d'or que l'on voit ci-contre. Grâce à ces aides à la composition, vous ajustez finement le cadrage de votre photo.

15 À noter enfin le verrouillage de la position du zoom lors du passage d'une image à une autre. Passez par le menu *Affichage* ou faites appel au raccourci clavier ⇧+CMD/CTRL+=. C'est une option intéressante quand on compare la netteté de photos prises en rafale afin de choisir la plus réussie techniquement.

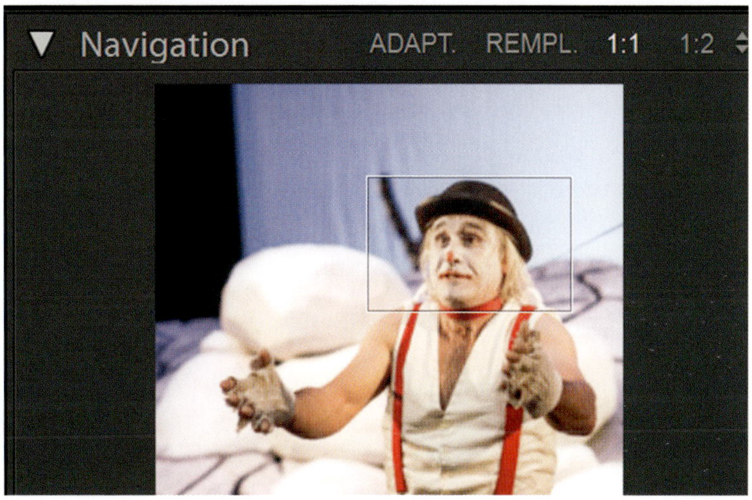

TP 9

Organiser et gérer les dossiers

Si Lightroom gère de façon interne le catalogue, il laisse au photographe la responsabilité de l'organisation des photos et des vidéos sur le disque. Cela présente l'avantage de conserver un accès simple et complet aux fichiers, mais aussi des risques de désynchronisation entre les informations enregistrées dans la base de données de Lightroom et la réalité physique du stockage. Pour éviter cet écueil, le logiciel offre des outils de gestion des dossiers qui permettent de s'affranchir de toute manipulation avec l'explorateur ou le Finder. Nous vous conseillons vivement de les adopter. Nous verrons aussi dans ce TP qu'en cas de problèmes de synchronisation, Lightroom propose des solutions simples et rapides pour les résoudre.

1 Adopter une organisation rationnelle des dossiers sur le disque est primordial. Nous suggérons une modalité de classement à la fois thématique et chronologique dans un catalogue unique, et l'attribution de noms explicites aux dossiers afin de faciliter l'accès aux photos et aux vidéos à l'extérieur de Lightroom. Malgré la puissance des mots clés et des outils de filtrage, préserver l'indépendance de sa photothèque est une nécessité.

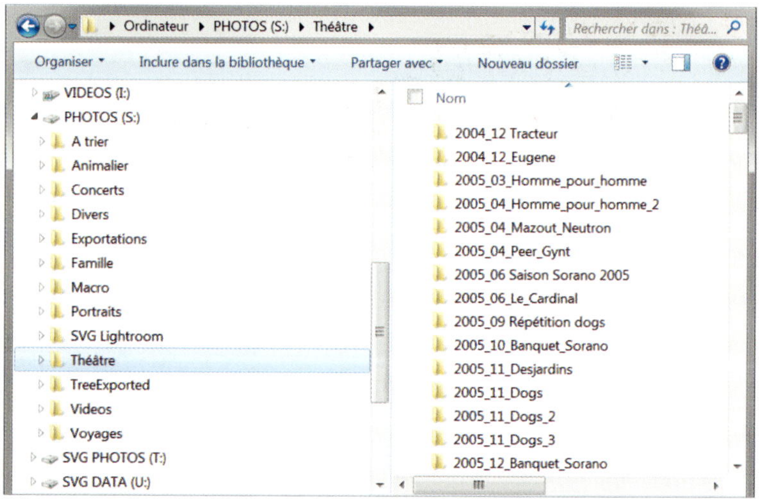

2 Dans le volet de gauche de Lightroom sont affichés tous les disques, connectés ou non, qui ont fait l'objet d'une importation de photos ou de vidéos. La structure apparente est identique à celle des disques. En revanche, il n'est pas obligatoire d'afficher l'intégralité de l'arborescence : les dossiers parents ne comportant pas de fichiers importés peuvent être masqués. Pour cela, faites un clic droit sur le nom du dossier, *Théâtre* dans notre exemple, et choisissez *Masquer ce parent*. À l'inverse, *Afficher le dossier parent* le fait apparaître. Cette option est précieuse pour masquer partiellement les arborescences très profondes.

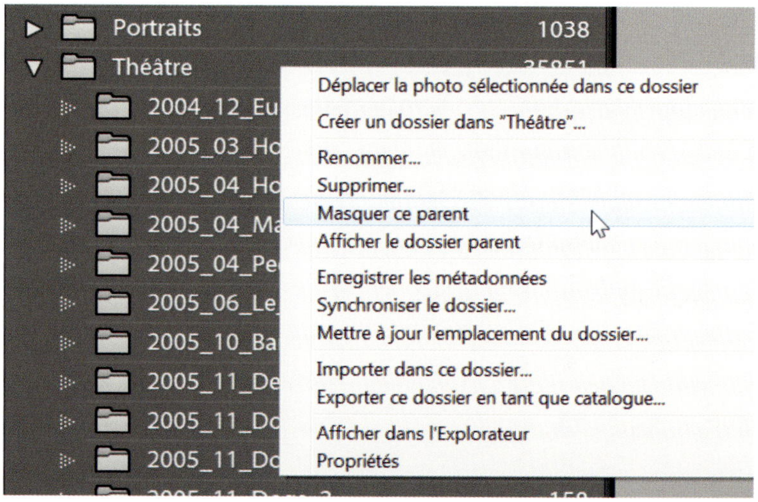

3 Lorsque le triangle situé à gauche du nom du dossier est gris clair, il indique la présence de sous-dossiers. Pour en dérouler la liste, il faut appuyer sur le triangle et non sur le nom du dossier, sous peine de voir s'afficher toutes les photos que lui et ses sous-dossiers contiennent !

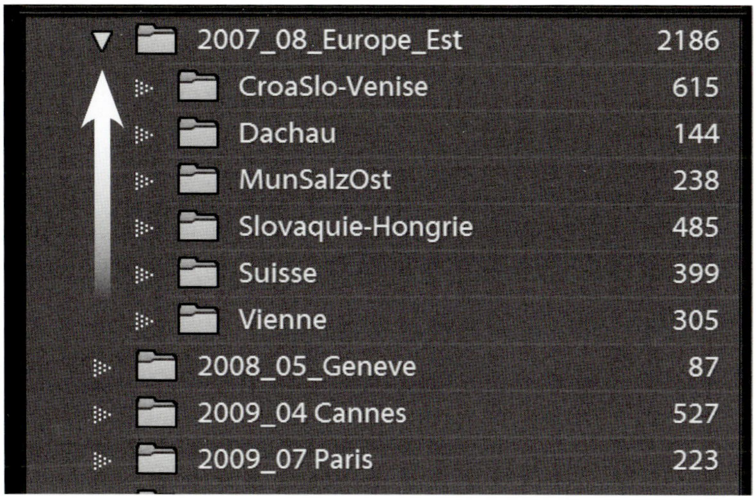

4 Si vous avez modifié le nom ou l'emplacement d'un dossier physique de photos précédemment importées, il apparaît en grisé avec un point d'interrogation. S'il s'agit d'un disque externe non connecté, tous les dossiers et les sous-dossiers sont dans ce cas, et le point vert situé à gauche du nom du disque est éteint. Lorsque vous le reconnectez, tout rentre immédiatement dans l'ordre sans intervention de votre part.

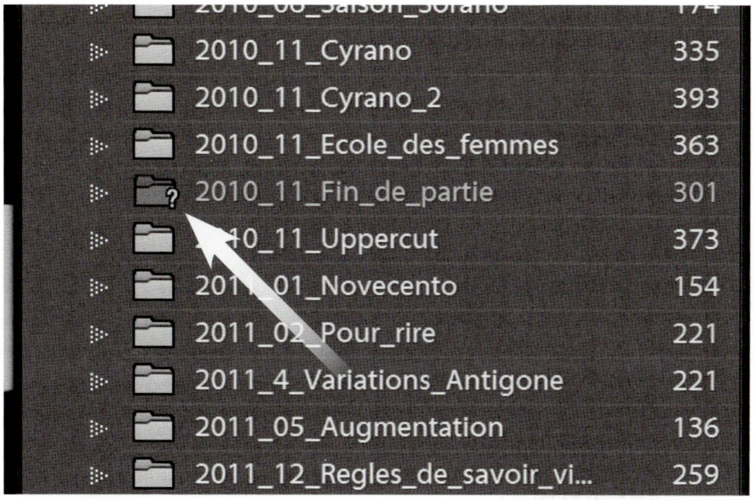

5 L'un des avantages du système de catalogage de Lightroom est la disponibilité des aperçus lorsque les disques ne sont pas connectés. Vous n'êtes pas autorisé à faire des retouches, mais toutes les actions qui ne nécessitent pas la présence des originaux peuvent être accomplies : visualisation, tri, catalogage, etc. Un point d'interrogation sur les vignettes en mode Grille et un message sur les images en mode Loupe signalent l'absence de l'original. Dans ce contexte non connecté, la disponibilité d'aperçus 1:1 est particulièrement bienvenue, car elle donne accès à une visualisation de haute qualité.

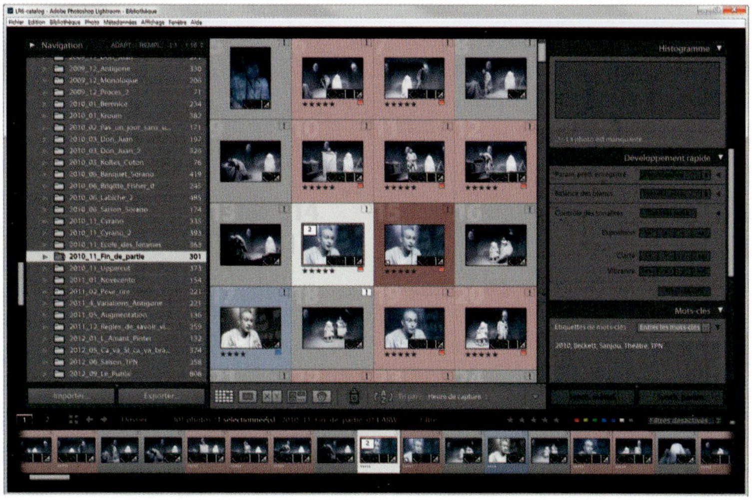

6 Pour synchroniser un dossier catalogué avec son emplacement physique sur le disque, faites un clic droit sur son nom et choisissez l'option *Rechercher le dossier manquant*. Repérez et sélectionnez le dossier à l'aide de l'explorateur ou du Finder. Le catalogue se mettra automatiquement à jour. Dans le cas d'un déplacement d'un groupe de dossiers, synchroniser l'un d'eux suffit à les synchroniser tous. Il en va de même avec d'éventuelles photos manquantes dans un dossier.

7 Pour éviter les désagréments dont nous venons d'évoquer quelques remèdes, il est vivement conseillé de procéder à toutes les manipulations de fichiers et de dossiers dans l'interface de Lightroom. Renommer dans l'explorateur ou le Finder est l'erreur la plus courante, qui oblige à synchroniser les éléments modifiés un à un. S'agissant d'un dossier, faites simplement un clic droit sur son nom et choisissez *Renommer*. Le changement de nom sera effectif dans le catalogue, mais aussi sur le disque. Nous verrons à la fin du TP 50 comment renommer des photos ou des vidéos.

8 Le déplacement d'un dossier (avec tous ses sous-dossiers) est aussi simple que dans l'explorateur ou le Finder : cliquez sur son nom en maintenant le clic, déplacez-le jusqu'à son dossier de destination et relâchez le clic. S'il doit être placé à la racine d'un disque, déposez-le sur le nom de ce dernier. Comme pour son changement de nom, le déplacement d'un dossier se répercute sur le disque afin de maintenir une parfaite synchronisation.

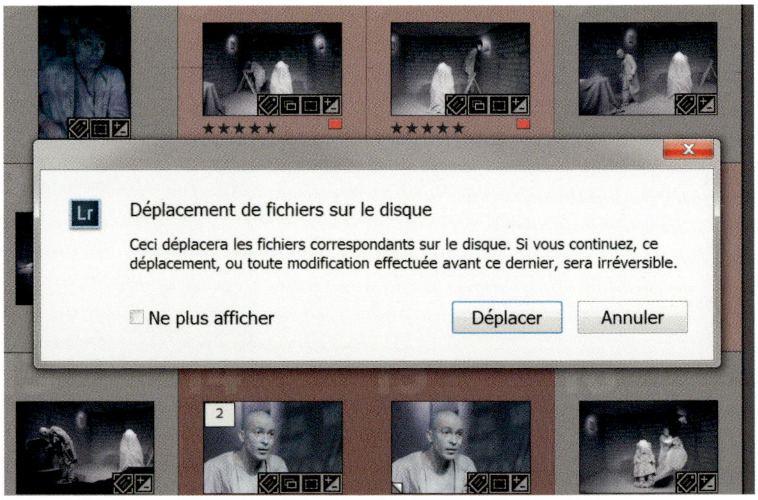

9 Supprimer un dossier de Lightroom affecte le catalogue sans modifier les originaux. C'est la limite des interventions sur le disque que s'autorise Lightroom. Ce choix est sécurisant, car la destruction accidentelle de tout le contenu d'un dossier serait catastrophique. Mais il est aussi très logique : supprimer un dossier revient à annuler son importation et son catalogage, mais pas la prise de vue. Seules des photos peuvent être physiquement supprimées, individuellement ou par lots.

10 Si votre choix d'organisation vous conduit à ajouter des photos dans des dossiers dont le contenu a déjà été importé, vous pouvez demander par un clic droit sur un dossier de synchroniser son contenu avec celui du dossier physique (ainsi que tous ses sous-dossiers). Si vous avez procédé à des destructions de fichiers sur le disque, Lightroom vous propose de les supprimer également dans le catalogue.

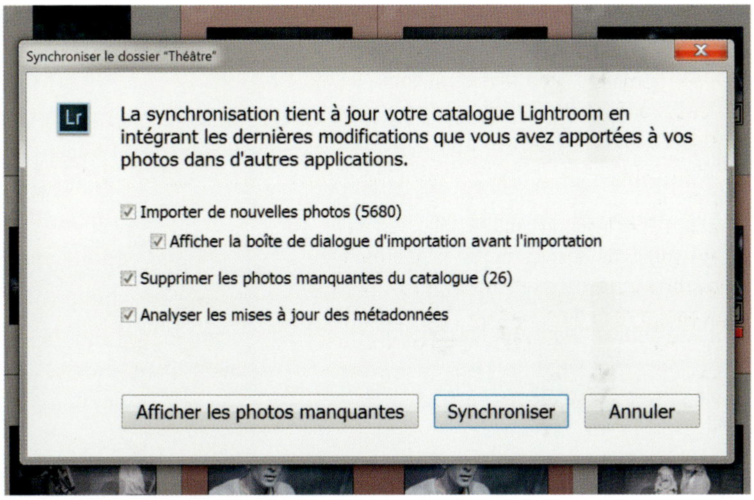

11 Si vous avez besoin d'un niveau d'arborescence supplémentaire, placez-vous sur le dossier parent, appuyez sur le + situé dans le coin supérieur droit du panneau Dossiers et choisissez *Ajouter un sous-dossier*. Cette opération se traduira par la création concomitante d'un dossier sur le disque. Lightroom offre ainsi les outils nécessaires à une organisation complète des dossiers sans recourir à des outils externes.

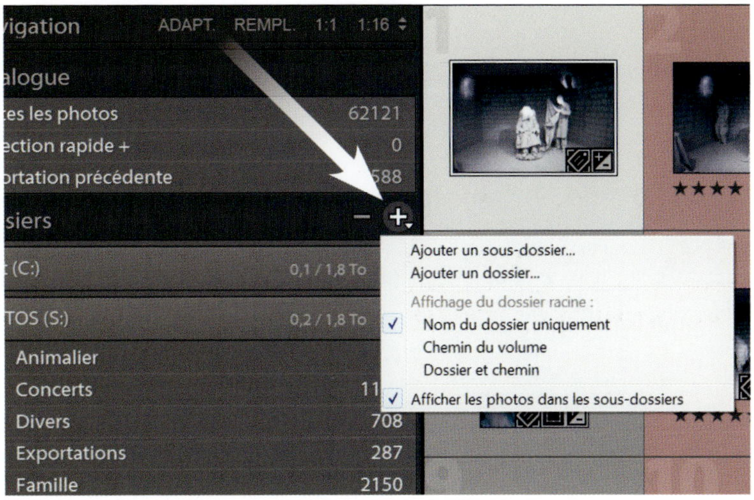

TP 10

Tri, sélection et notation

Le tri sélectif des photos, souvent appelé *editing*, est une étape majeure du flux de production photographique. Elle est également la plus douloureuse, car il s'agit notamment d'envoyer à la corbeille les photos ratées. Il faut souvent de longues années de pratique pour acquérir la lucidité (ou la résignation) nécessaire à un tri sans concession. Celui-ci peut s'effectuer par étapes successives en s'appuyant sur les outils de marquage et de notation disponibles dans Lightroom. Comme les mots clés, ces outils constituent de précieuses métadonnées pour la recherche d'image et la constitution de collections. C'est donc une étape que vous devez exécuter soigneusement, avant même de songer à développer ou à retoucher vos photos.

1 Pour réaliser le premier tri de vos photos, inutile d'encombrer l'interface de Lightroom. Une fois positionné sur le dossier à examiner, entrez ⇧+TAB, ce qui fera tout disparaître à l'exception de l'espace central et de la barre d'outils. Que ce soit en mode Grille ou en mode Loupe, passez d'une photo à la suivante à l'aide des flèches du clavier ou de la molette de la souris si le pointeur est au-dessus de l'image. Si vous désirez tout de même disposer du Film fixe pour vérifier que l'ajout d'une note ou d'un libellé a bien été pris en compte, faites F6 ou cliquez sur le triangle gris situé au bas de l'interface du logiciel.

2 Trois jeux d'outils sont disponibles pour réaliser le tri des images. Le premier est un système de drapeaux au fonctionnement binaire : drapeau blanc si la photo est retenue et drapeau noir si elle est rejetée. Viennent ensuite une notation en nombre d'étoiles et des libellés de couleur. Reste à définir une stratégie d'utilisation de ces outils. Comme il en existe autant que de photographes, nous vous en proposons une, que vous adapterez en fonction des spécificités de votre flux de travail.

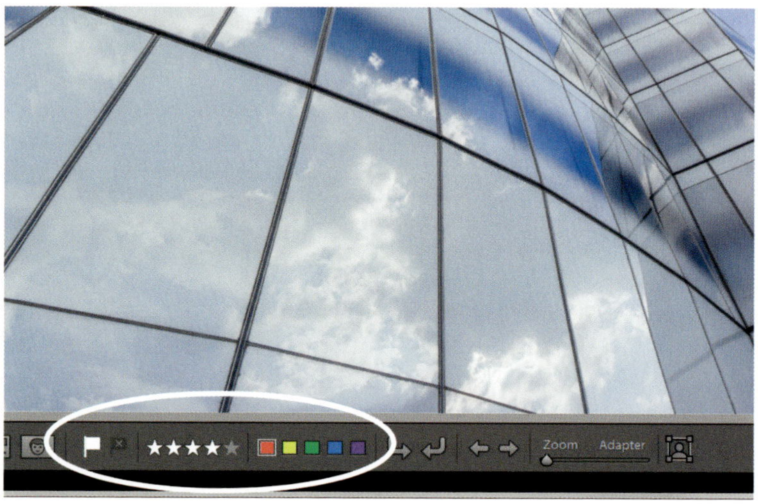

3 Dans la première phase du tri, passez en revue toutes les photos en mode Loupe en leur attribuant un marqueur : rejetée ou retenue. L'objectif est d'identifier les photos d'évidence réussies ou ratées. Dans le doute, n'attribuez pas de marqueur. Un drapeau s'affiche dans le coin supérieur gauche des vignettes marquées, dans le Film fixe ou en mode Grille, celles rejetées étant légèrement estompées pour être facilement repérées.

4 Pour évaluer la qualité de la mise au point, double-cliquez dans l'image en mode Loupe pour accéder à un zoom 100 %. L'affichage sera très rapide si vous avez créé des aperçus 1:1 lors de l'importation. Déplacez l'extrait d'image affiché par cliquer-glisser. N'exigez toutefois pas la perfection, car un tel niveau de zoom à l'écran n'a que peu de rapport avec la netteté de l'image imprimée ou visualisée dans son ensemble. Cela pourrait vous conduire à rejeter des photos qui seraient parfaites pour le Web ou pour une impression dans un format inférieur au A4. Cette recommandation est d'autant plus vraie que votre appareil photo aura un capteur de forte définition.

5 Même si sa netteté est bonne, il est parfois difficile de déterminer si une photo est réussie ou ratée. C'est notamment le cas de celles qui n'ont pas bénéficié d'une exposition ou d'une balance des blancs parfaite. Si votre fichier est un RAW, il n'y a là rien d'irréversible, surtout pour la balance des blancs qui doit être fixée dans le logiciel (sa valeur par défaut n'est qu'indicative). Pour débrouiller rapidement ce genre de situation, Lightroom propose un panneau Développement rapide dans lequel les principaux paramètres sont ajustables à l'aide de boutons fléchés. Usez-en autant que de besoin pour décider du sort des photos délicates à juger.

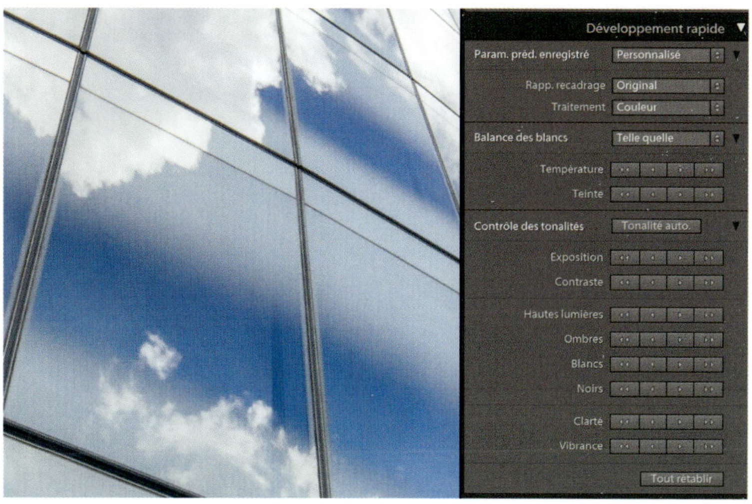

6 Une fois achevé le tri initial, il reste à évaluer la qualité des photos retenues à l'aide du système de notation. Refaites un examen systématique en n'hésitant pas à utiliser toute l'amplitude de la notation en nombre d'étoiles. Puisque toutes les photos ratées ont été éliminées, il ne reste que des photos techniquement bonnes, ou qui possèdent une valeur particulière pour vous. Attribuer une seule étoile n'est alors pas infamant, et indique seulement que la photo présente peu d'intérêt ou une forte redondance avec d'autres meilleures qu'elle (d'un point de vue technique ou artistique). Les étoiles peuvent être attribuées avec les touches du pavé numérique : 1 pour une étoile, etc.

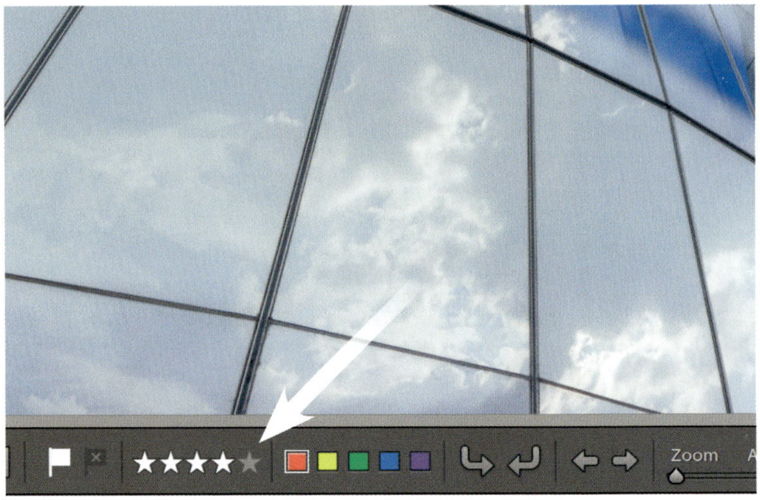

7 La redondance est un cas difficile à traiter, car il faut différencier la notation d'une série de photos objectivement bonnes en valorisant les meilleures d'entre elles. Pour vous y aider, Lightroom propose un mode Comparaison de deux images (voir TP 8, étape 6). Le zoom et le déplacement de la portion examinée s'appliquent simultanément aux deux images, ce qui permet une comparaison à tous les niveaux de détail.

8 Les libellés de couleur peuvent également être adoptés pour noter la qualité des images, mais nous vous suggérons de les employer pour désigner leur média de destination : impression grand format ou petit format, galerie web, diaporama, etc. La limitation de ce système est qu'une photo ne peut se voir affecter qu'une seule couleur. Créer des collections est alors une bonne solution alternative, une photo pouvant appartenir à plusieurs collections différentes. Nous traitons ces sujets dans les TP 13 et 14, et nous les évoquons également dans le chapitre Exporter et publier, car c'est en général à l'issue du développement et des retouches que l'on choisit la destination de ses photos.

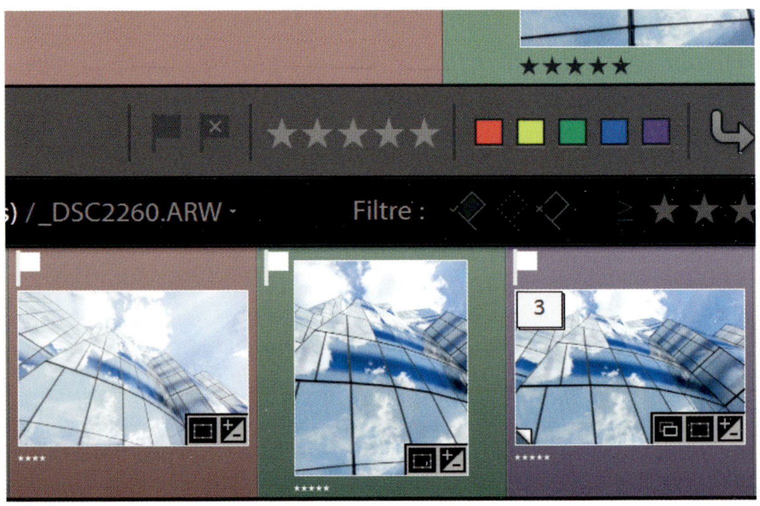

9 Lorsque le tri sélectif et la notation des photos sont achevés, celles marquées comme rejetées peuvent être supprimées. Inutile en effet d'encombrer son catalogue et son disque dur avec des photos ratées. Pour rassembler celles-ci, faites apparaître le Filtre de bibliothèque avec le raccourci $ et cliquez sur *Attribut*. Choisissez de filtrer les photos rejetées en cliquant sur le troisième drapeau. Dans le Film fixe ou en mode Grille, seules les vignettes des photos rejetées s'affichent, légèrement estompées.

10 Pour les supprimer, marquez-les à l'aide d'un CMD/CTRL+A et cliquez sur la touche ← (ou passez par le menu *Photo*). Lightroom vous propose deux options : supprimer les photos du disque ou seulement les effacer du catalogue. La première solution est préférable, mais définitive. La seconde est plus prudente, mais conduit à un remplissage excessif et inutile du disque.
Notez que le raccourci clavier CMD/CTRL+← accélère ce processus en évitant de filtrer et de marquer au préalable les images à supprimer.

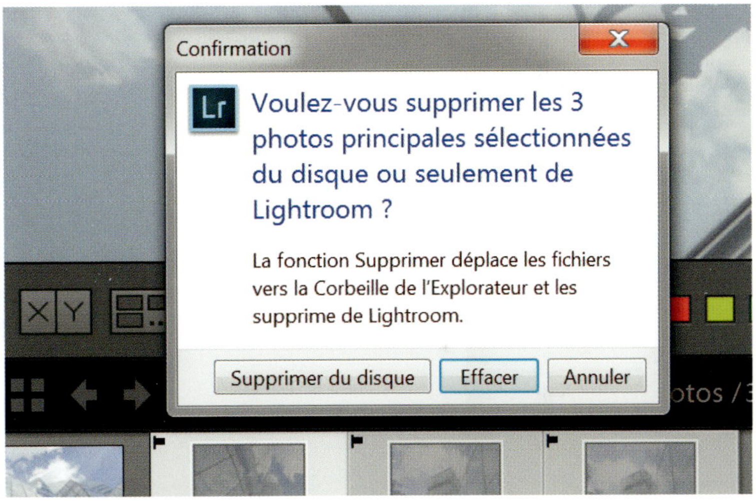

11 Ce n'est qu'après la suppression des photos ratées qu'il est pertinent de renommer les photos, surtout si vous choisissez d'insérer dans le nom un numéro de séquence. En faisant cette opération trop tôt, vous vous retrouveriez avec une série trouée. Ce ne serait pas un drame, mais autant l'éviter.
Pour renommer les photos d'un dossier, marquez-les toutes à l'aide d'un CMD/CTRL+A, ouvrez le menu *Bibliothèque* et cliquez sur *Renommer les photos* (raccourci F2). Choisissez *Modifier* dans la première boîte de dialogue pour accéder aux options et composez le nom. Vous pouvez y intégrer un vaste choix d'informations parmi lesquelles de nombreuses métadonnées.

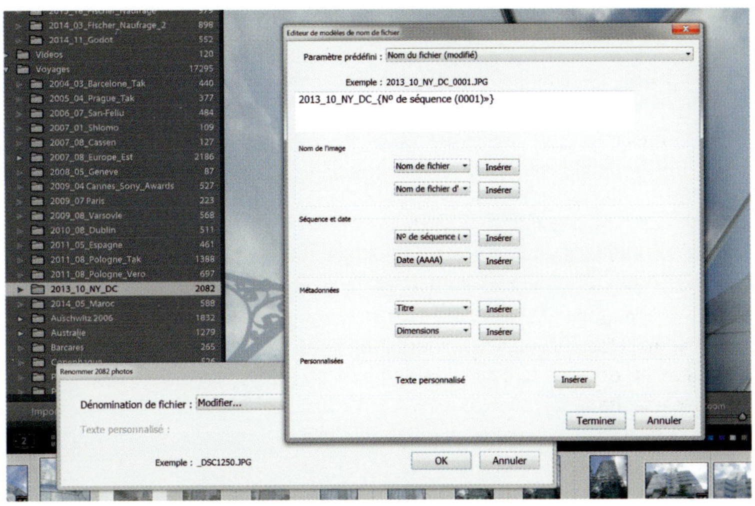

TP 11 Mots clés et autres métadonnées

Nous avons déjà évoqué les métadonnées et les mots clés dans le TP 7 sur l'importation des images. Il s'agissait alors de renseigner les champs communs à toutes les photos : mots clés et informations sur l'auteur. Le titre de ce TP souligne l'importance des mots clés parmi l'ensemble des métadonnées que peut – et doit – renseigner le photographe. Pour autant, ce dernier ne doit pas négliger les champs IPTC qui reçoivent notamment le descriptif du contenu des images. Comme nous le verrons dans le TP 14, le Filtre de bibliothèque est en mesure de repérer n'importe quel mot ou groupe de caractères dans les champs alphanumériques des métadonnées. Cela doit constituer une source de motivation pour les remplir avec soin, malgré l'aspect rébarbatif de ce travail.

1 Les panneaux de droite du module Bibliothèque sont presque entièrement dédiés à la gestion des métadonnées. Mots clés, Listes de mots clés et Métadonnées sont les trois panneaux dédiés au catalogage des images. L'ordre de présentation des panneaux indique l'importance accordée aux mots clés, qui sont un atout majeur pour les recherches, filtrages et regroupements en collections de photos. Le travail à accomplir peut sembler fastidieux, mais Lightroom propose plusieurs types d'aide à l'affectation des mots clés.

2 Prenons l'exemple de cette photo prise à Paris sur le Parvis de la Défense. Lors de l'importation, aucun mot clé global n'a pu être affecté à la série de photos, car elles avaient été prises dans des lieux différents. Le logiciel fournit une suggestion de neuf mots clés issus d'une analyse des métadonnées déjà renseignées. Le mot clé Paris est pertinent et il suffirait de le cliquer pour l'affecter à la photo, mais nous aimerions préciser l'emplacement géographique.

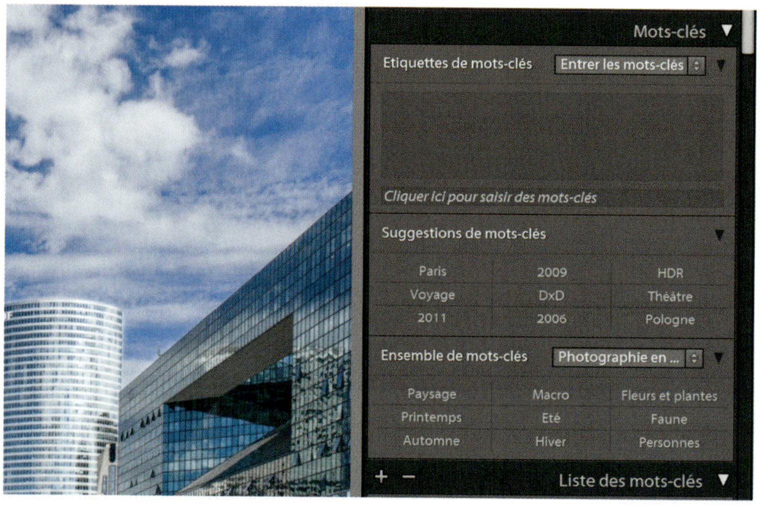

3 La méthode la plus simple pour entrer des mots clés additionnels est de les taper en les séparant par des virgules. Pour faciliter ce travail fastidieux, Lightroom puise dans les mots clés déjà enregistrés et fait des suggestions en mode semi-automatique en fonction des premières lettres tapées. On voit ci-contre la liste des propositions après avoir entré la seule lettre P. C'est une option précieuse qui accélère d'autant plus la saisie que votre banque de mots clés est étoffée.

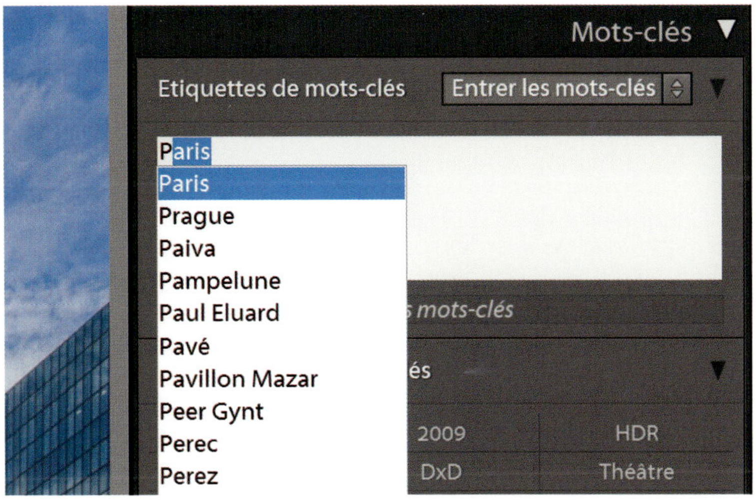

4 Il peut être intéressant de lier certains mots clés dans une structure hiérarchique allant du général au particulier. Dans notre exemple, le Parvis de la Défense étant à Paris (au sens large), nous pouvons créer une relation en entrant Paris > Parvis de la Défense, ce qui crée automatiquement une structure hiérarchique dans la liste des mots clés. Nous aurions pu affiner la description du lieu en entrant par exemple Europe > France > Paris > Quartier > Parvis de la Défense.

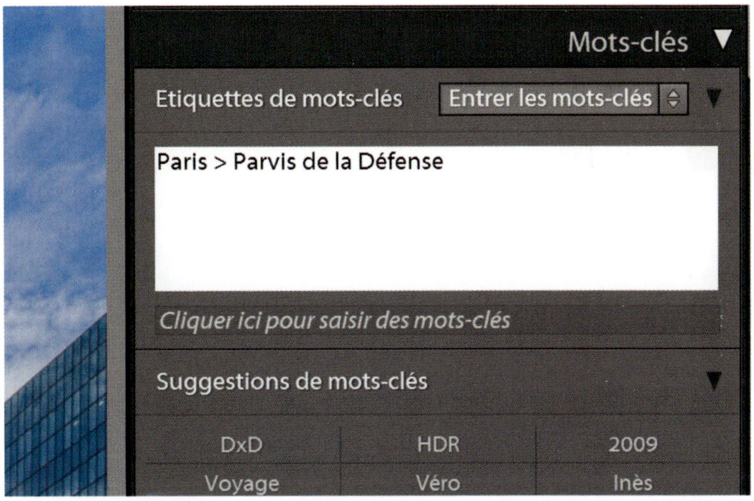

5 Après validation, on voit que les informations s'inscrivent de façon inversée dans le champ des étiquettes de mots clés. Libre à vous d'entrer directement les mots clés hiérarchiques dans cet ordre s'il vous convient mieux. Vous choisirez la profondeur des mots clés en fonction de votre pratique photo et du type de recherche que vous imaginez faire ultérieurement.

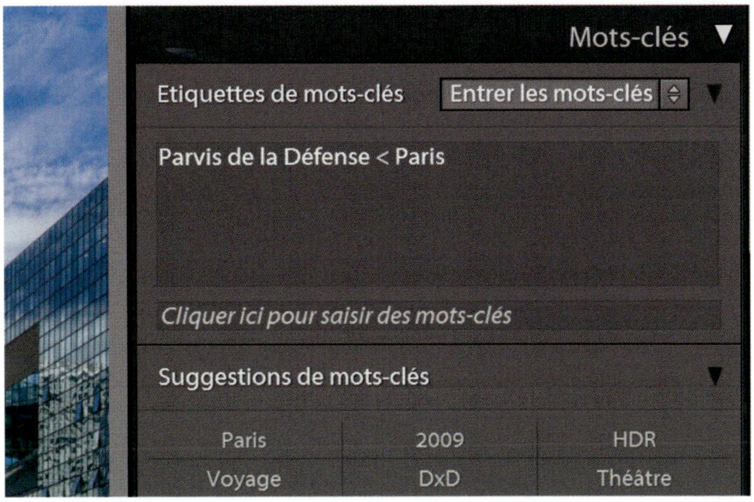

6 Dans la liste des mots clés enregistrés, on vérifie que l'étiquette Parvis de la Défense a bien été créée et placée sous l'étiquette Paris.

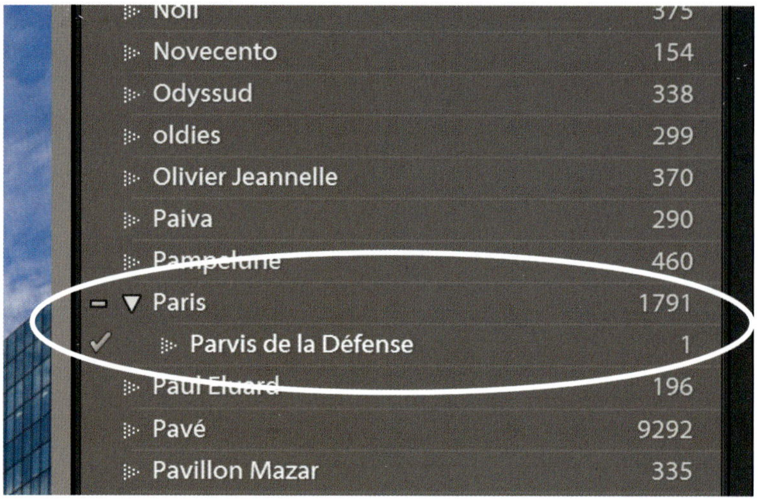

7 Les mots clés peuvent être préparés indépendamment des photos à renseigner. Pour créer un nouveau mot clé, appuyez sur le bouton + situé dans le coin supérieur gauche du panneau Liste des mots clés et entrez son nom dans le premier champ de la boîte de dialogue. Autre solution pour ajouter le mot clé Parvis de la Défense de façon hiérarchique, faites un clic droit au-dessus de l'étiquette du mot clé Paris, choisissez *Créer Étiquette de mot clé* puis dans les options de création, cochez *Placer dans "Paris"*.

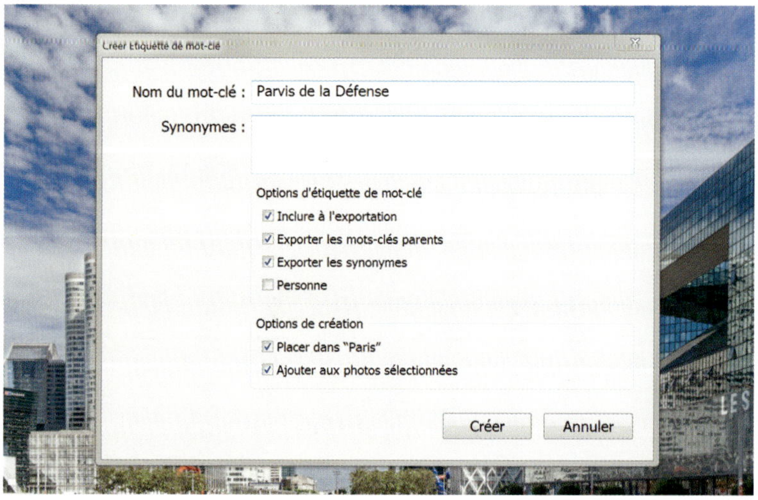

8 Créer un corpus de mots clés est une tâche assez laborieuse. Il existe de nombreux thésaurus en anglais, certains comportant plus de 10 000 mots, mais ils sont en anglais. Dans la langue de Molière, on ne dispose que de quelques thésaurus thématiques proposés gratuitement par de valeureux et altruistes photographes. S'agissant de Paris, les créateurs du site *www.mariejulien.com* ont conçu un thésaurus assez fascinant de plus de 8 000 entrées, et recensent ce qui est disponible par ailleurs sur le Web. Pour importer ces thésaurus, déroulez le menu *Métadonnées* et choisissez *Importer les mots clés*.

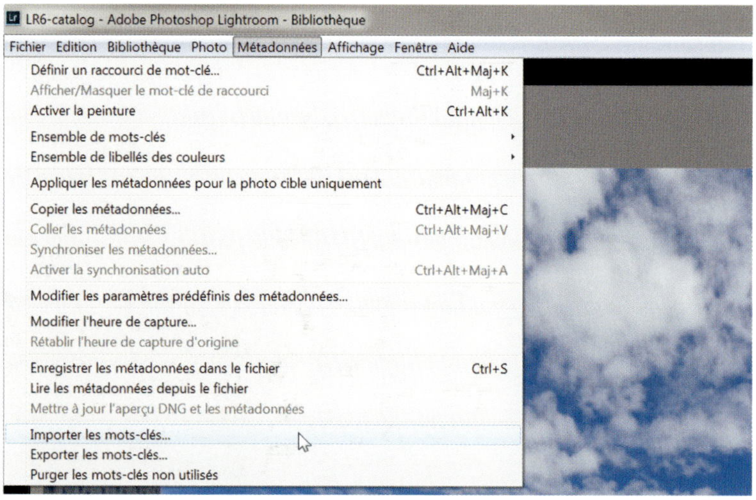

9 On voit ci-contre un extrait de la classification choisie par les auteurs. Le Parvis de la Défense a été rangé selon la hiérarchie Paris > Site renommé > Parvis de la Défense. D'autres choix auraient été possibles, mais le Parvis étant situé hors de Paris intra-muros, c'est déjà bien de le trouver dans le thésaurus Paris. Comme pour tous les mots clés hiérarchiques, il suffit de sélectionner Parvis de la Défense pour que les autres mots clés de la hiérarchie soient automatiquement affectés aux images sélectionnées.

10 Par défaut dans Lightroom, seul le mot clé le plus profond apparaît dans le champ *Étiquettes de mots clés*. Ne vous en inquiétez pas, tous les autres sont bien présents, mais de façon implicite. Lors de l'exportation des photos, tous les mots clés seront inscrits dans les métadonnées du JPEG ou du TIFF.

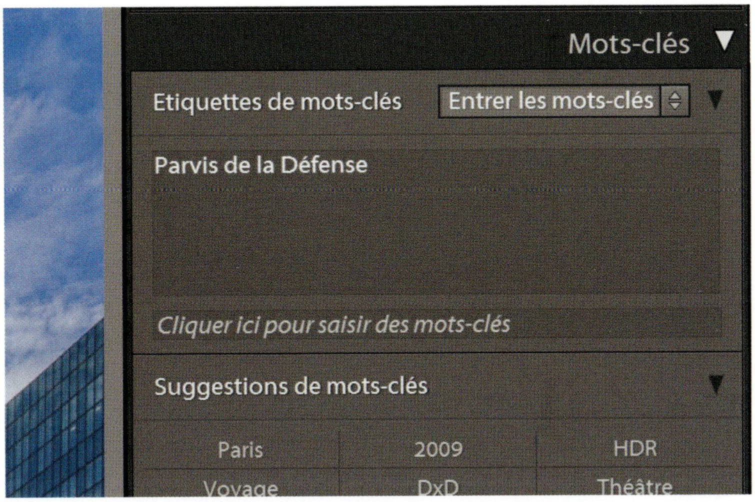

11 Si vous préférez voir tous les mots clés hiérarchiques, sélectionnez l'option *Mots clés et mots clés parents* dans le menu déroulant indiqué par la flèche ci-contre. Ils n'apparaîtront pas séparés par le signe > ou <, mais par une virgule, et classés par ordre alphabétique.

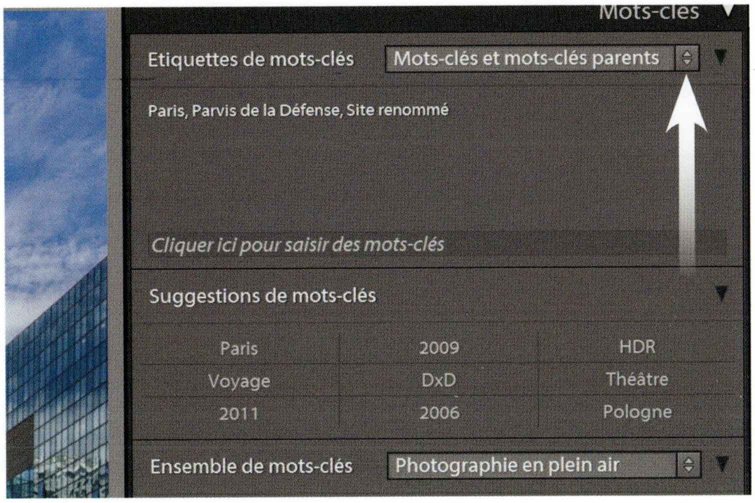

12 Comme il n'est pas imaginable d'entrer les mots clés manuellement pour chacune des photos, Lightroom propose plusieurs méthodes pour réaliser des affectations par lots d'images. La première fait appel à la synchronisation des métadonnées après avoir sélectionné toutes les photos concernées. Dans la boîte de dialogue qui s'ouvre lorsque vous appuyez sur le bouton *Synchroniser*, cochez la section *Mots clés*, entrez les mots clés et validez en appuyant sur *Synchroniser*. Le même jeu de mots clés est alors affecté à toutes les photos sélectionnées.

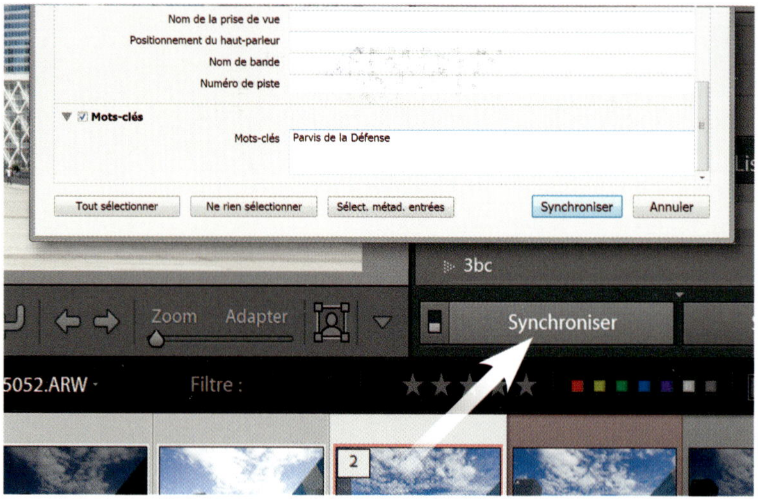

13 La seconde méthode de synchronisation est plus ludique. Elle fait appel à la bombe de peinture présente dans les outils sous la fenêtre centrale. Inscrivez la liste des mots clés que vous désirez affecter à d'autres images, puis emparez-vous de la bombe de peinture. En mode d'affichage Grille, « bombez » les vignettes des photos devant partager ce même jeu de mots clés. S'il s'agit de nombreuses photos consécutives, vous pouvez appliquer la « peinture » sans précaution en laissant le clic appuyé. Lorsque les images sont éparses, une synchronisation après sélection est sans doute plus indiquée.

14 Pour les pratiques photo faisant souvent appel aux mêmes jeux de mots clés, créer des ensembles de mots clés est très intéressant. Il s'agit en effet de constituer des groupes de 9 mots qui, une fois affichés, s'ajoutent en un clic dans les mots clés des photos sélectionnées. Si vous êtes photographe animalier, vous pouvez créer quelques ensembles thématiques contenant le nom des animaux que vous shootez le plus souvent. Cela vous évitera de dérouler la longue liste des mots clés pour renseigner chacune de vos photos. À titre d'exemple, Lightroom fournit deux ensembles parmi lesquels Photographie en plein air que l'on voit ci-contre.

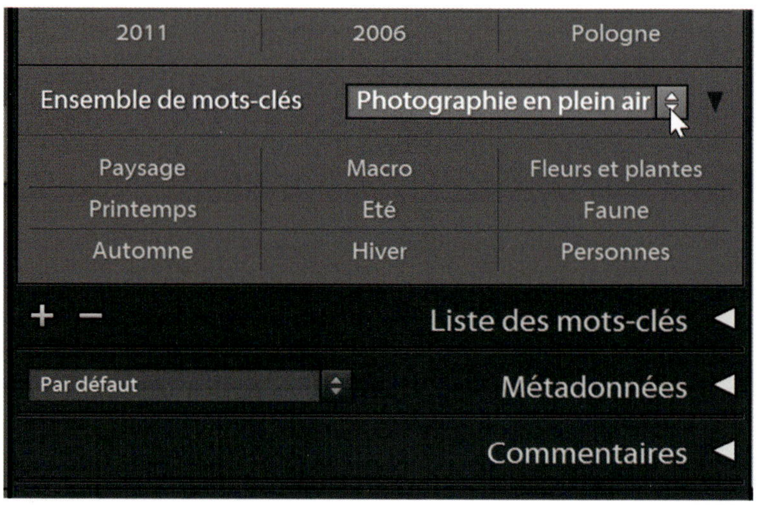

15 Si vous avez perdu la mémoire du nom des lieux, le module Cartes peut être d'une grande aide. Nous anticipons sur le TP 15 consacré à la géolocalisation des photos afin d'examiner l'un de ses intérêts : les indications d'emplacement issues du géocodage inversé. Si votre image ne dispose pas de données GPS, positionnez-la manuellement comme indiqué dans le TP 15 (étape 8). Le logiciel affiche sur la carte une indication d'emplacement plus ou moins détaillée correspondant au point central de la carte. Pour visualiser celles affectées à la photo, choisissez l'option d'affichage des métadonnées d'emplacement.

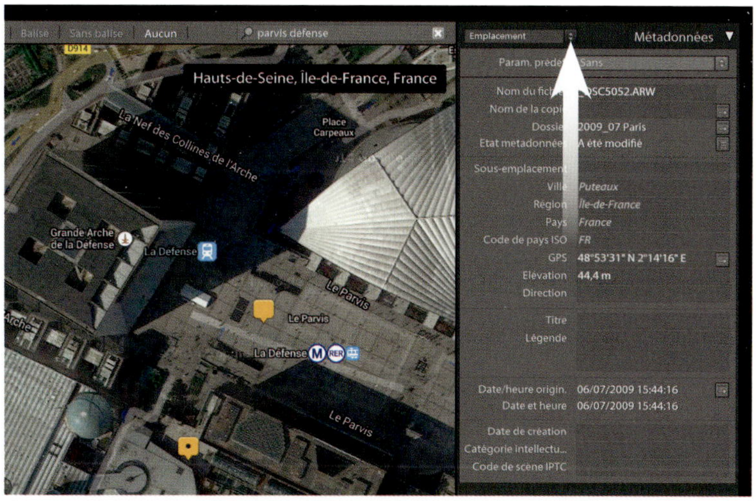

16 Lightroom, assisté de Google Maps, a trouvé trois niveaux d'information : le pays, la région et la ville. Cette dernière n'est logiquement pas Paris, mais Puteaux. Le sous-emplacement n'ayant pas été déterminé, il vous revient de l'ajouter manuellement. Cela rappelle que le géocodage inversé n'est pas toujours complet.
Muni de cet ensemble d'informations, vous pouvez retourner dans le module Bibliothèque pour les intégrer en tant que mots clés.

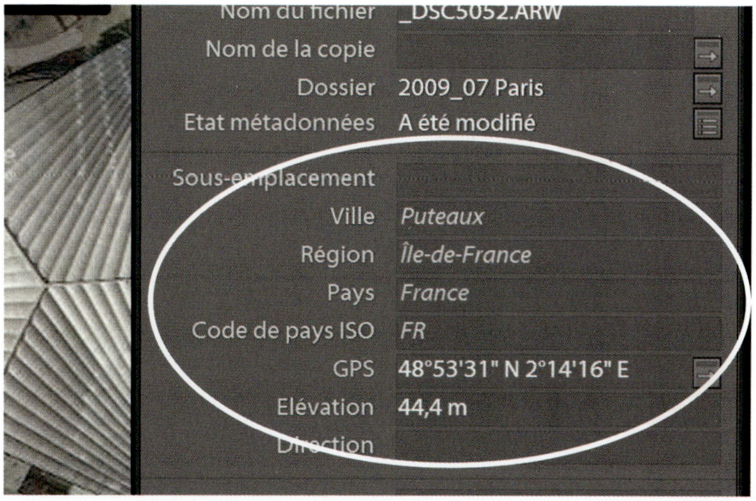

17 Avant cela, il convient de valider les indications d'emplacement qui ne sont que des propositions (elles apparaissent en grisé dans les métadonnées de l'étape précédente). Pour cela, cliquez sur l'intitulé des champs. S'ouvre une fenêtre proposant le nom du lieu reconnu, que vous pouvez choisir s'il vous satisfait.
Notez que ces champs de métadonnées d'emplacement sont également disponibles dans le module Bibliothèque, mais sans l'appui visuel de la carte géographique.

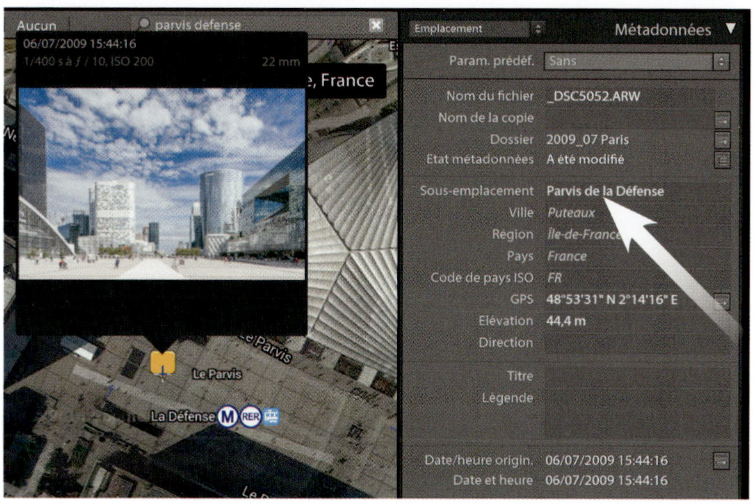

TP 12

Détection et reconnaissance des visages

Le module Bibliothèque s'est enrichi d'une vue Personnes, poste de pilotage de la détection et de la reconnaissance des visages. Si vous doutez de l'efficacité ou de l'utilité de cette fonctionnalité, un essai sur une série de photos vous fera – à n'en pas douter – changer d'avis !

La reconnaissance des visages est une fonctionnalité qui fait l'objet d'une demande récurrente depuis la première version de Lightroom. Anecdotique pour ceux qui font peu de portraits ou de photos de famille, cette fonctionnalité est salvatrice pour tous les photographes qui ont accumulé des milliers – voire des dizaines de milliers – de photos sans trouver le courage de les cataloguer de façon systématique et exhaustive. En un clic, Lightroom fera ce travail pour eux avec un taux de succès élevé. Leur travail consistera simplement à vérifier et à valider le résultat de l'indexation dans la nouvelle vue Personnes. En un clic dans la liste des mots clés ou via le Filtre de bibliothèque, on accède alors à l'ensemble des photos où figure la personne sélectionnée !

1 La vue Personnes est un univers à part dans Lightroom. On y accède en cliquant sur le bouton Personnes représenté par un visage, ou avec le raccourci clavier O. Prenez garde : lorsque vous pénétrez dans la vue Personnes, vous activez automatiquement la détection des visages sur l'ensemble des photos présentes dans le Film fixe. Pour la prise en main initiale de cette fonctionnalité, choisissez de préférence un dossier pertinent et peu volumineux.

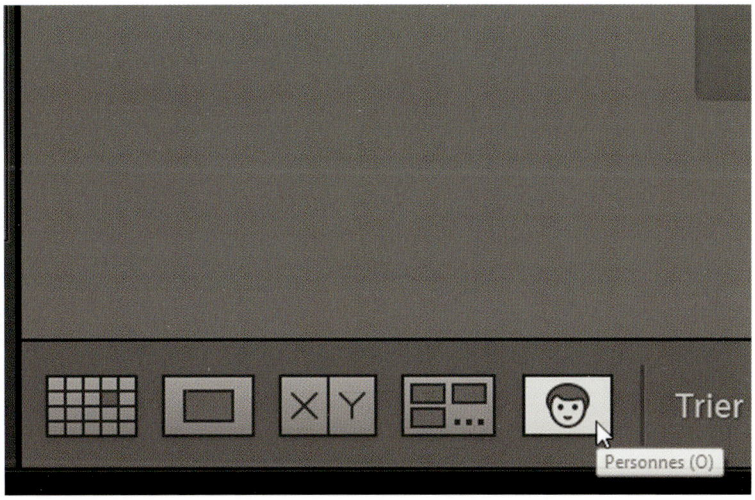

2 Lors du premier accès à la vue Personnes, Lightroom vous souhaite la bienvenue et vous donne le choix entre deux modalités de fonctionnement de la détection des visages : indexer en arrière-plan le catalogue entier ou limiter la recherche aux seuls dossiers sélectionnés. Si votre photothèque est encore peu garnie, vous pouvez oser la première option en sachant que l'indexation initiale sera longue. Sinon, préférez une détection des visages contrôlée et progressive, au fil de vos besoins. Ce choix n'est en rien définitif, comme nous allons le voir.

3 La Détection des visages a rejoint les options accessibles en cliquant sur la Plaque d'identité. Elle pilote la première option d'indexation en arrière-plan. Vous pouvez ainsi l'interrompre si elle consomme trop de ressources, ou l'activer si vous aviez initialement choisi la prudence.

4 L'indexation en arrière-plan est silencieuse. Seul indice, le bruit du ventilateur de votre processeur que cette opération met à rude épreuve. En revanche, lorsque vous lancez une indexation en cliquant sur le bouton Personnes (voir étape 1), Lightroom affiche une barre de progression à l'emplacement de la Plaque d'identité.

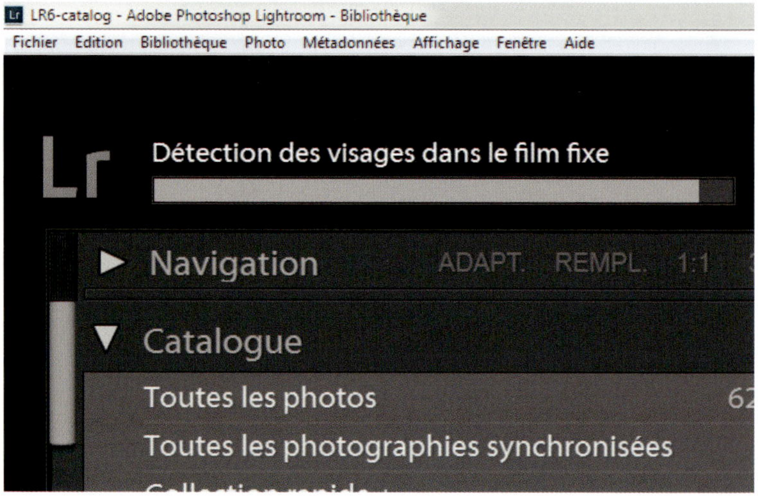

5 Lightroom affiche les visages au fur et à mesure de leur détection, en les regroupant lorsqu'il reconnaît des personnes déjà identifiées. À l'issue de l'opération, vous obtiendrez beaucoup plus de groupes que de personnes présentes sur les photos, le logiciel n'effectuant un regroupement qu'au-delà d'un niveau assez élevé de ressemblance. Il vous revient de valider les regroupements et de nommer les personnes détectées.

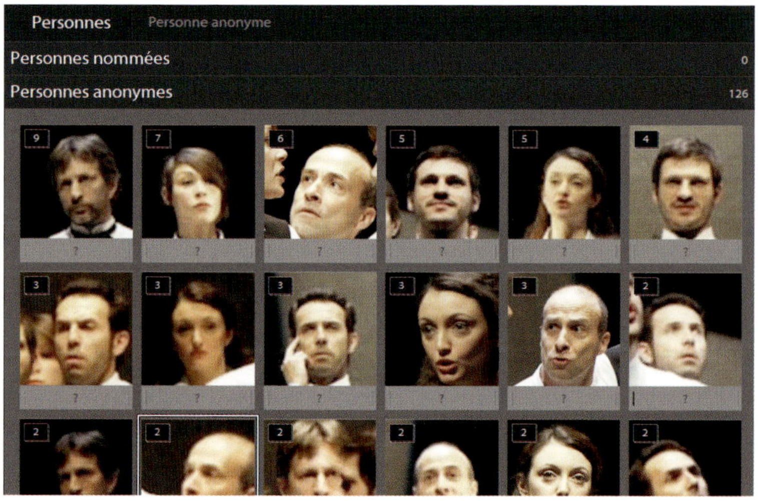

6 La validation des regroupements est une phase qu'il ne faut pas négliger, même si Lightroom commet peu d'erreurs. Pour examiner le contenu d'une pile de visages, cliquez sur leur nombre inscrit dans le coin supérieur gauche de la vignette. Ne faites aucun regroupement de piles avant d'avoir validé leur contenu. Pour recréer la pile, cliquez de nouveau dans le coin supérieur gauche de la première vignette, ou dans le coin inférieur droit de la dernière vignette.

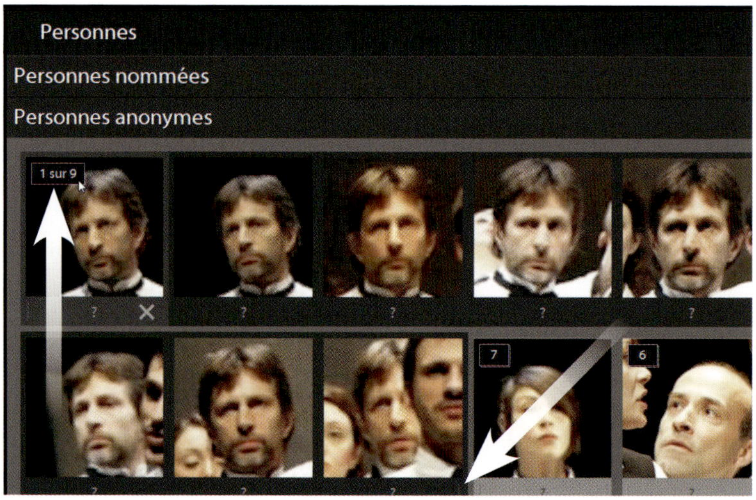

7 Si une vignette a été mal identifiée par Lightroom, éliminez-la de la pile en cliquant sur la croix blanche qui apparaît lors du survol par la souris.
Ne cherchez pas le bouton de validation : la préservation d'un visage dans la pile vaut acceptation.
Vous noterez que la qualité des vignettes n'est pas exceptionnelle. Adobe a choisi d'effectuer la détection sur des aperçus de résolution modeste afin de ne pas alourdir l'opération en temps de calcul et en espace disque. Ne vous en inquiétez pas : la qualité est largement suffisante pour vous permettre de reconnaître les visages.

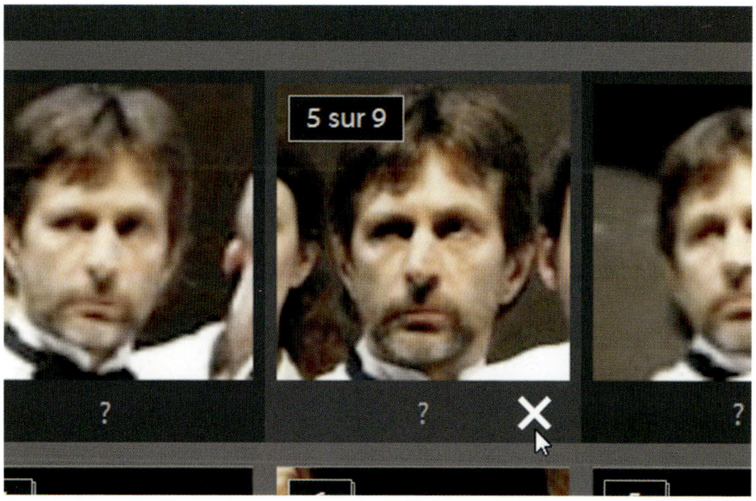

8 Lorsque le contenu d'une pile a été validé, il vous reste à nommer la personne. Pour cela, cliquez sur le point d'interrogation pour faire apparaître le champ idoine. Choisissez bien vos noms, l'exemple ci-contre étant plutôt à considérer comme un contre-exemple : la probabilité de connaître plusieurs Jean-Luc n'est pas négligeable. En matière de nommage, mieux vaut être trop précis que pas assez. Pensez également que ces noms deviendront des mots clés que vous pourrez rechercher dans le Filtre de bibliothèque (voir TP 14).

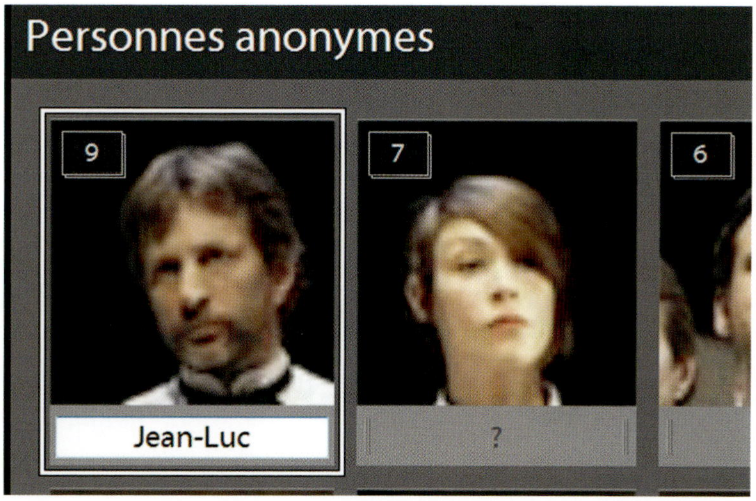

9 Lorsqu'une pile (ou une vignette isolée) a été nommée, elle cesse d'être anonyme et rejoint le groupe des Personnes nommées dans la partie supérieure de la vue Personnes.

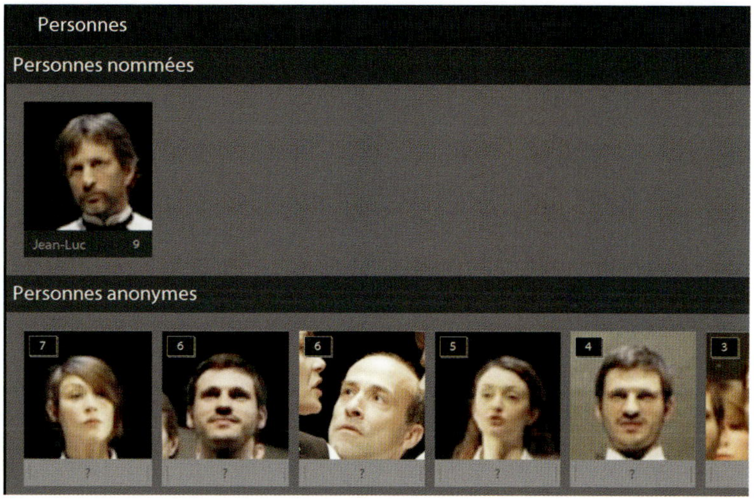

10 Dès qu'une nouvelle personne est nommée, Lightroom signale dans le groupe Personnes anonymes toutes les vignettes similaires, mais qui ne l'étaient pas assez pour rejoindre la pile principale lors de l'analyse automatique. Le nom de la personne apparaît alors, suivi d'un point d'interrogation.

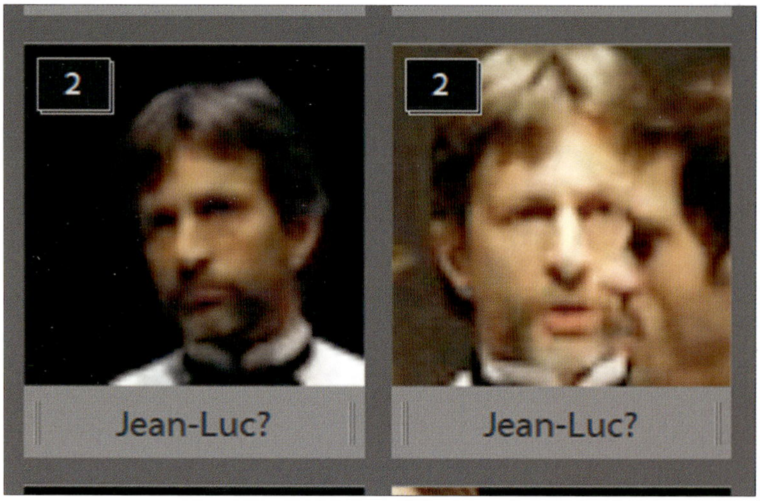

11 Si la proposition du logiciel est exacte, validez en cliquant sur la coche qui apparaît à gauche lors du survol par la souris. Sinon, cliquez sur le sens interdit à droite. Dans tous les cas, contrôlez le contenu de la pile afin de vérifier qu'il n'est pas hétérogène. Reconnaître la vignette représentative de la pile n'est pas suffisant !

12 Lorsque la proposition du logiciel est inexacte ou absente, vous pouvez entrer le nom de la personne pour ajouter la pile anonyme à celle déjà nommée. Autre solution plus ergonomique, le glisser-déposer comme le montre l'illustration ci-contre.

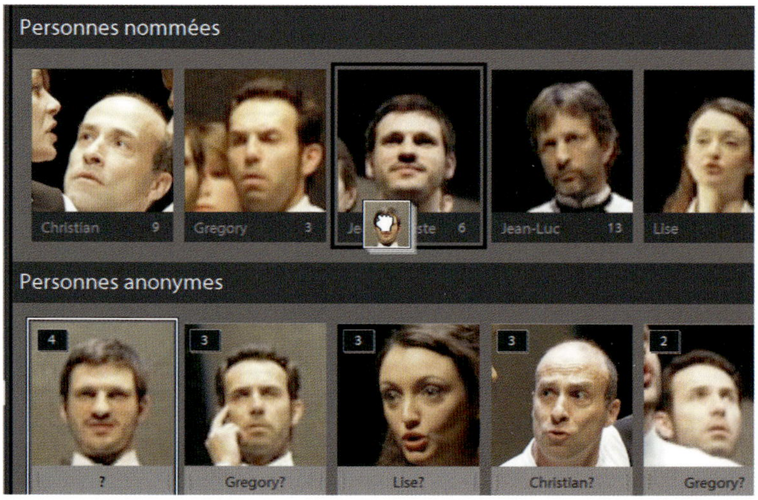

13 Le taux d'erreurs est bas, mais Lightroom en commet tout de même. Soyez indulgent, car la physionomie des visages change beaucoup selon son orientation et son expression. Seul un cerveau humain peut avoir la certitude que les trois visages ci-contre sont ceux d'une seule et même personne !

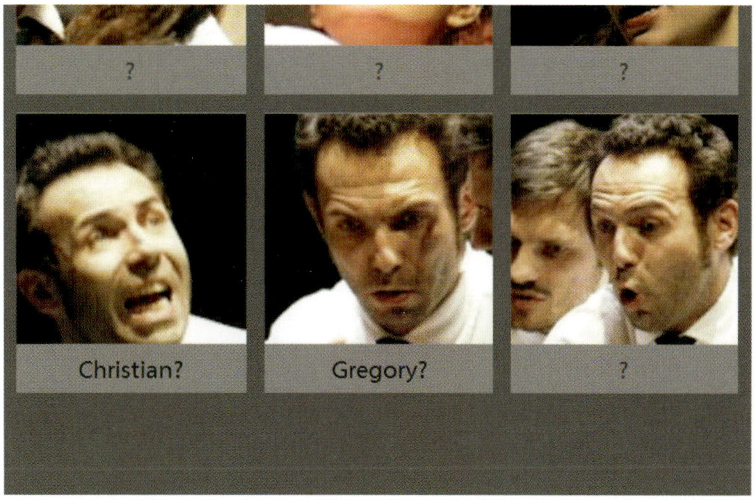

14 Pour vérifier que vous n'avez pas fait d'erreur de reconnaissance ou pour achever les regroupements selon une modalité alternative, double-cliquez sur la pile d'une personne nommée. S'afficheront alors tous les Visages confirmés ainsi que les Visages similaires. Sélectionnez toutes les propositions exactes et déposez-les dans la zone supérieure des Visages confirmés. Si un visage a été confirmé par erreur, cliquez sur sa vignette et supprimez-le (ou effacez son nom).

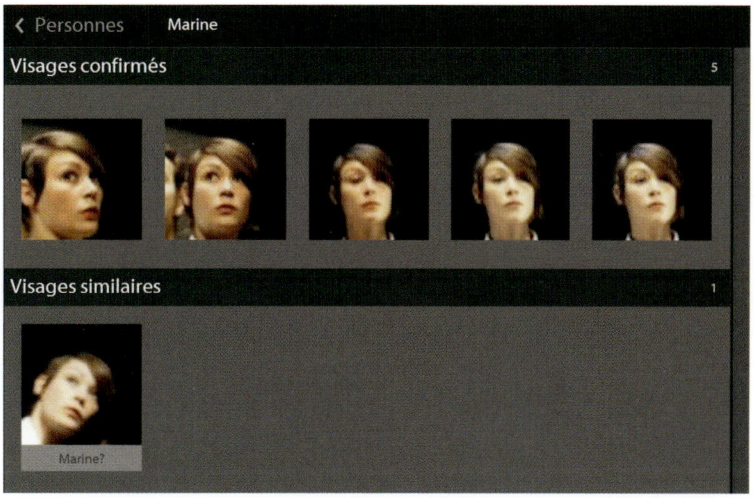

15 *In fine*, vous ne devriez plus avoir que le groupe Personnes nommées, à moins que vous ayez renoncé à nommer la totalité des personnes repérées par le logiciel. Cela n'a rien de déraisonnable, l'exhaustivité dans la reconnaissance des personnes n'étant pas une obligation, pas plus que ne l'est le remplissage des mots clés pour la totalité des photos cataloguées dans Lightroom.

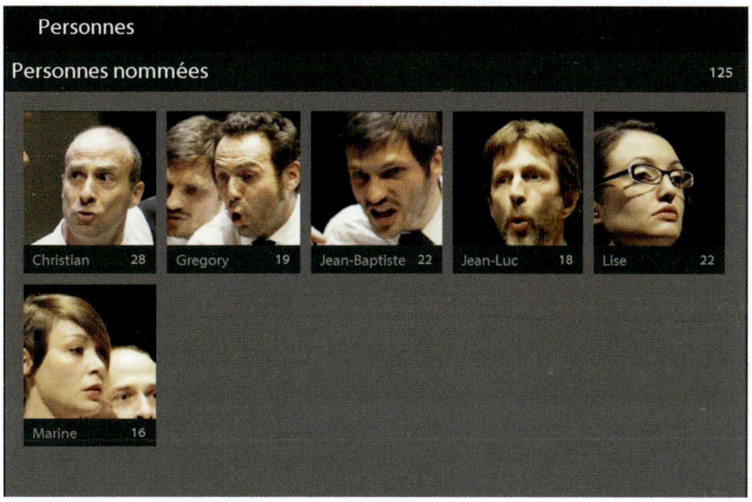

16 Sur les photos où figurent des visages reconnus, les noms apparaissent dans des cadres gris, comme on le voit ci-contre. C'est fonctionnel, à défaut d'être très élégant...

17 Si un visage n'a pas été repéré lors de la détection initiale, libre à vous de l'ajouter. Tracez pour cela un cadre autour du visage par cliquer-glisser sur l'image. À l'inverse, tous les cadres peuvent être supprimés ou leur nom modifié. C'est donc une visualisation active qui est proposée.

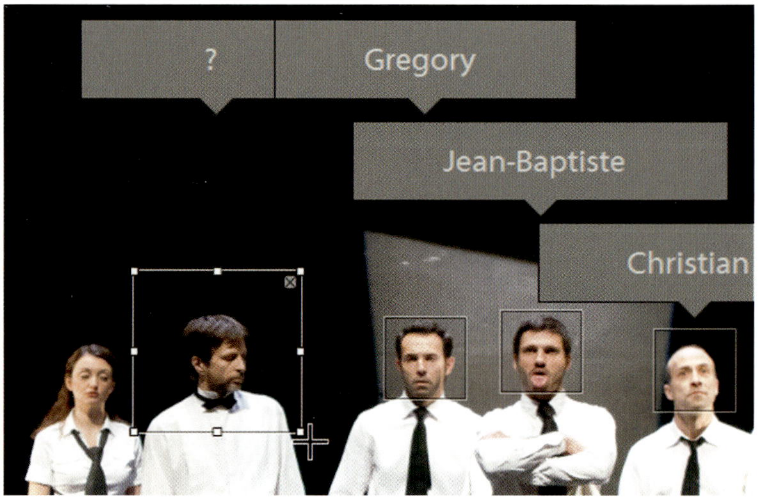

18 Pour entrer ou modifier un nom, double-cliquez sur le point d'interrogation ou sur le nom erroné. Dès la première lettre tapée, Lightroom vous propose une liste de noms déjà enregistrés. Le cas échéant, sélectionnez le bon et validez.

19 La visualisation des noms s'active et se désactive en cliquant sur le petit cadre situé sous l'image. Lorsque des visages reconnus sont présents, le nom des personnes est indiqué explicitement (pour peu que leur nombre ne dépasse pas 4). Notez que l'activation et la désactivation s'appliquent à toutes les photos, pas seulement à celle affichée.

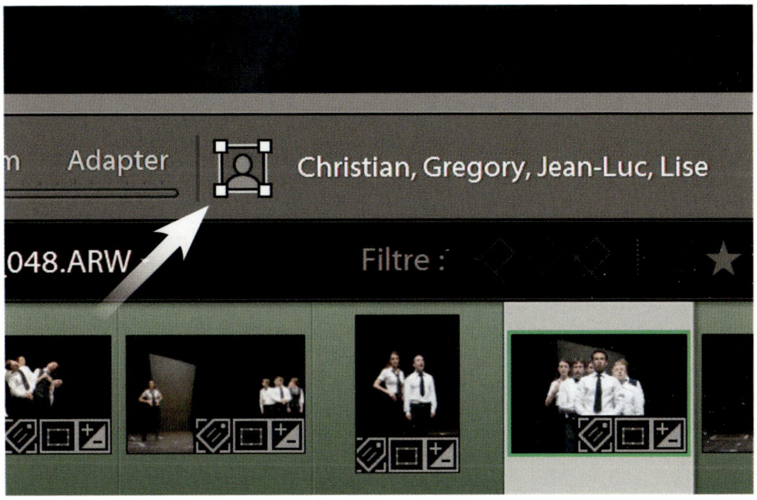

20 Tous les noms des personnes reconnues sont enregistrés comme mots clés. Dans le panneau Liste des mots clés, un filtrage vous permet de n'afficher que les personnes. Pour accéder à toutes les photos où figure une personne listée, cliquez sur la petite flèche qui apparaît à droite du nombre de photos lors du survol par la souris.

21 Respectez l'anonymat des personnes qui figurent sur vos photos. Lors de l'exportation, surtout en vue d'une publication sur un réseau social, veillez à cocher l'option de suppression des informations de personne afin que ces données ne soient accessibles que par vous-même au travers de Lightroom.

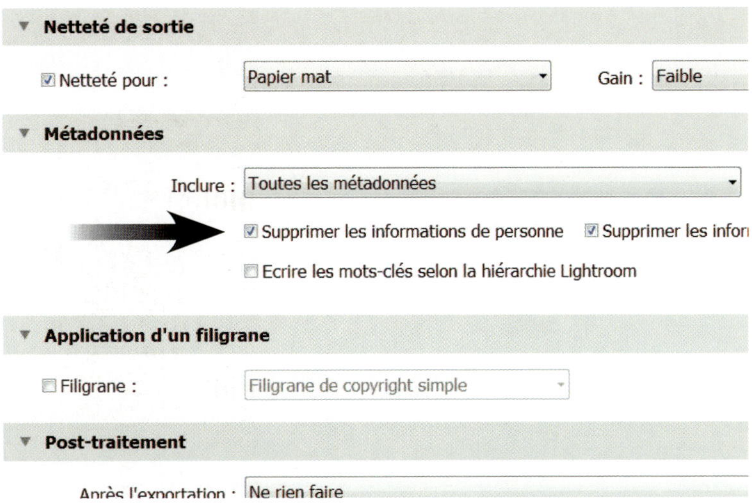

TP 13

Collections statiques et collections rapides

Si l'architecture des dossiers est calquée sur celle du disque où sont stockées les photos, Lightroom propose des modalités d'organisation plus souples : les collections. Elles sont de trois types : statiques, rapides et dynamiques. Leur principe est de regrouper des photos éventuellement issues de plusieurs dossiers différents, sans déplacement physique des fichiers originaux. Ce sont donc de simples regroupements logiques qui sont ainsi constitués, modifiés ou supprimés sans conséquence sur le contenu des dossiers. Ce TP présente la variété statique, nommée simplement *Collection* dans Lightroom, avec une évocation de la collection rapide qui est une collection statique unique non destinée à être pérennisée.

1 Une collection permet de s'affranchir de la rigidité de l'organisation par dossiers en regroupant des photos de façon transversale. Elle peut également contenir une simple sous-partie d'un dossier que l'on veut traiter spécifiquement lors de la phase de développement ou, plus couramment, que l'on destine à une utilisation dans un module de sortie (diaporama, galerie web, impression, etc.). Dans ce TP, nous allons créer une collection rassemblant les images à publier sur une galerie web. Commencez par sélectionner des images dans le Film fixe ou en mode Grille. Faites CMD/CTRL+clic pour ajouter une photo à celles déjà sélectionnées.

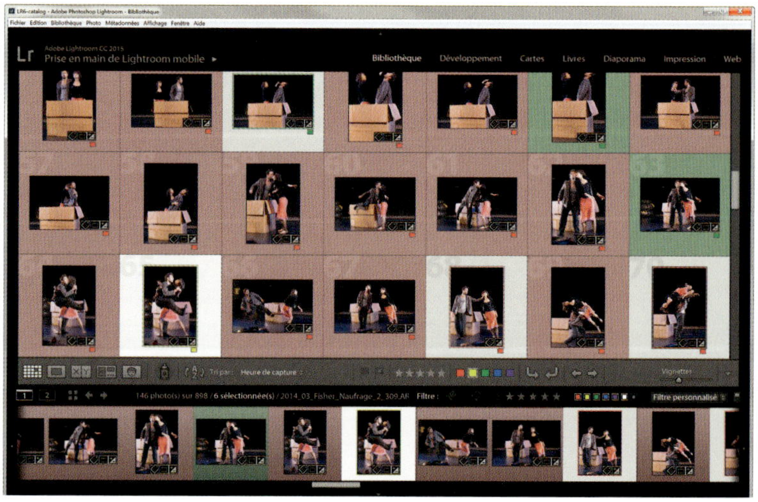

2 Pour créer une collection, appuyez sur le bouton situé dans le coin supérieur droit du panneau Collections. S'ouvre un menu dans lequel vous choisissez *Créer une collection*. Dans la boîte de dialogue, nommez la collection et cochez l'option *Inclure les photos sélectionnées*, puis validez en appuyant sur le bouton *Créer*.

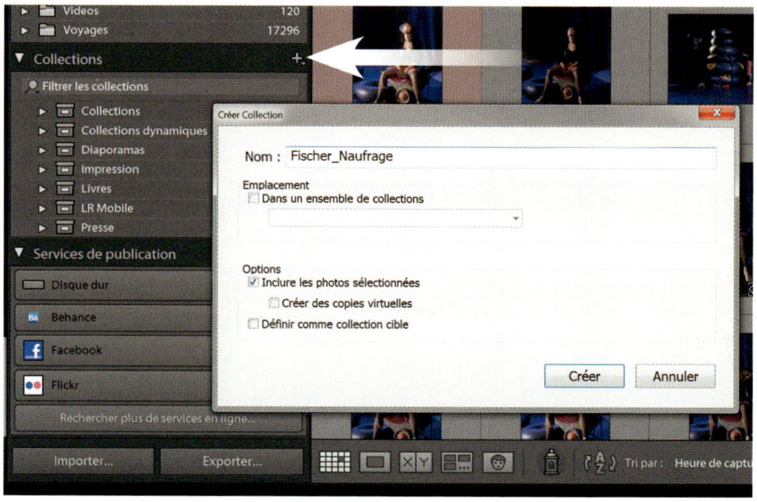

3 Dans notre exemple, la collection *Fischer_Naufrage* a bien été créée en tant que collection générique à la racine du panneau. Si vous regrettez de ne pas l'avoir placée à l'intérieur d'un ensemble thématique *Galeries Web*, il n'est pas trop tard pour le faire. Appuyez de nouveau sur le bouton situé dans le coin supérieur droit du panneau Collections, choisissez *Créer un ensemble de collections* et nommez-le *Galeries Web*.

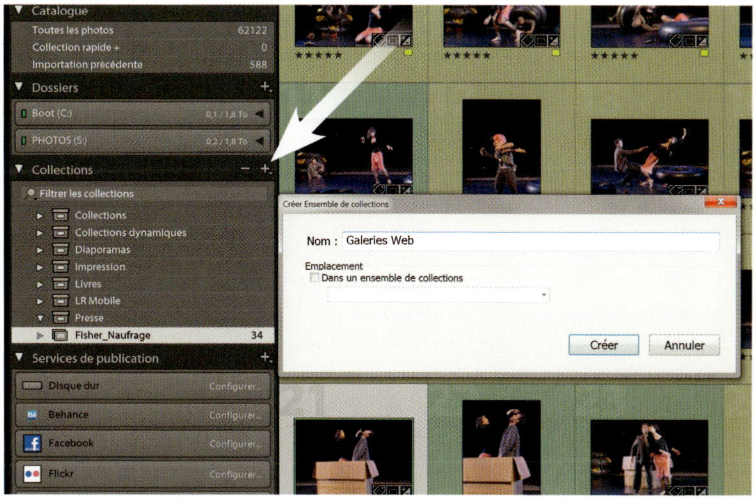

4 L'ensemble de collections *Galeries Web* a été créé au même niveau que la collection *Fischer_Naufrage*. Nous voudrions que cette dernière soit intégrée à l'ensemble que nous venons de créer. Il suffit pour cela de faire un glisser-déposer de la collection dans l'ensemble. Notez qu'une collection ne peut jouer le rôle d'ensemble de collections.
Tester ce type de manipulation dans tous les contextes qui vous seront proposés vous fera gagner un temps appréciable. En cas de dysfonctionnement, un CMD/CTRL + Z vous replacera dans la situation antérieure.

5 Une collection peut être définie comme collection cible via le menu contextuel du clic droit. Pour ajouter directement une photo à cette collection, sélectionnez-la et tapez le raccourci B.
Pour une action ponctuelle sans pérennisation, la collection rapide est un bon candidat. Une photo s'ajoute à cette collection par clic droit ou en cliquant sur le petit cercle situé dans le coin supérieur droit de sa vignette.
La collection rapide est accessible dans le panneau Catalogue (voir flèche).

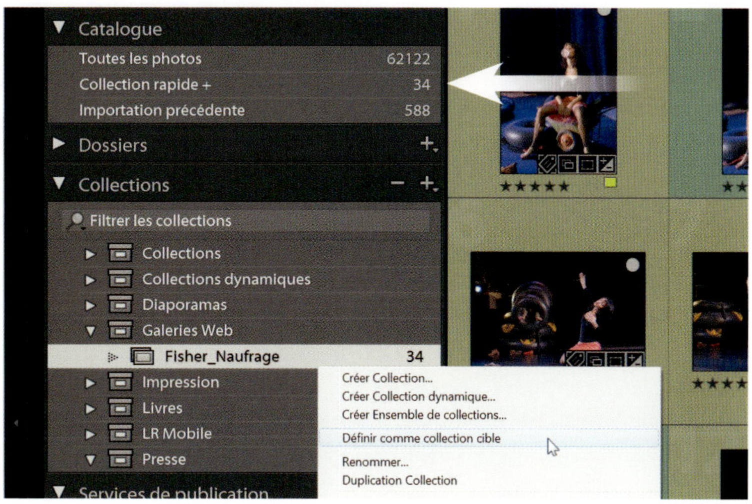

TP 14

Filtre de bibliothèque et collections dynamiques

Le Filtre de bibliothèque est un constituant essentiel de Lightroom. Cet outil de recherche est un bénéfice direct du catalogage des photos décrites par une grande variété de métadonnées. Qu'elles soient intrinsèques à la prise de vue ou renseignées par le photographe, les métadonnées peuvent être utilisées pour rechercher et rassembler les photos ayant en commun le même jeu d'informations. La collection dynamique fonctionne également sur un principe de partage d'une série de métadonnées, à ceci près qu'elle est pérennisée et accessible en un clic. Les nouvelles photos arrivant dans le catalogue lui sont automatiquement ajoutées dès lors qu'elles partagent les mêmes caractéristiques.

1 Dans le TP 11, nous avons vu qu'une grande variété de métadonnées sert à décrire les photos. Tout l'intérêt du catalogage est de pouvoir utiliser ces métadonnées comme critères de recherche pour accéder simplement et rapidement à une ou plusieurs photos. C'est au Filtre de bibliothèque que revient cette tâche. Il est situé au-dessus de la fenêtre principale, mais n'est pas activé par défaut. Pour le rendre visible, appuyez sur la touche $ de votre clavier. Le même raccourci le fera disparaître une fois la recherche effectuée.

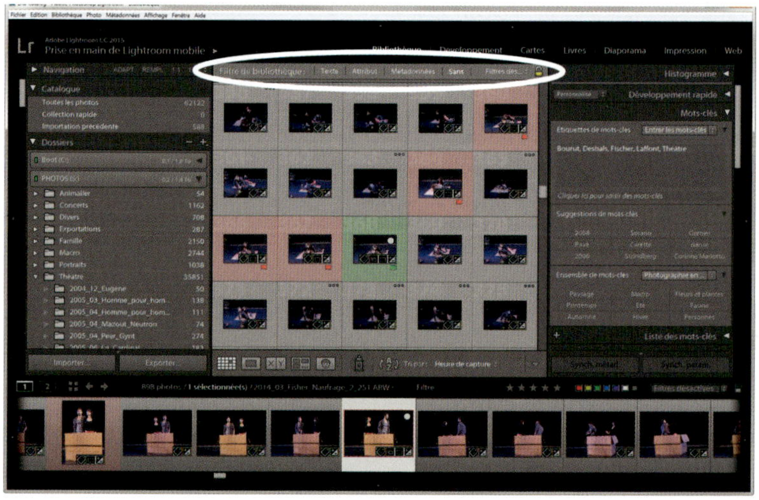

2 Le Filtre de bibliothèque est composé de trois sortes de critères : Texte, Attribut et Métadonnées. S'ajoute à leur droite un sélecteur de paramètres prédéfinis destinés à enregistrer vos critères personnels. Ces trois sortes de critères ne sont pas exclusives les unes des autres : elles peuvent être combinées.

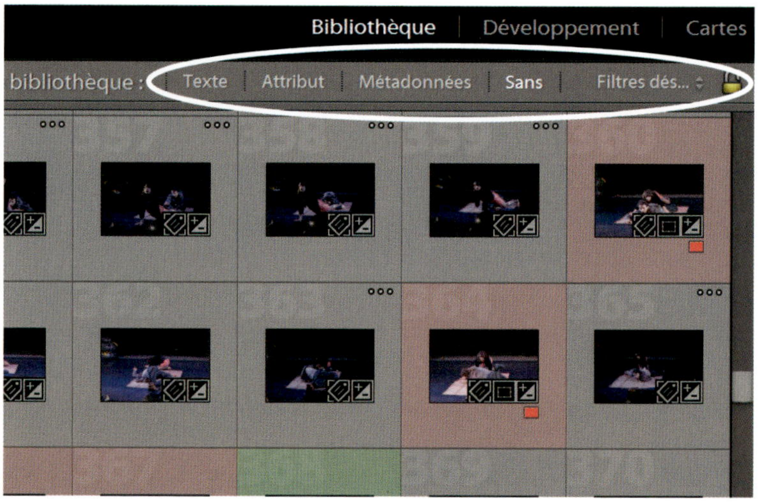

3 Le filtre Texte a un potentiel très important dans la mesure où il permet la recherche d'un mot ou, plus généralement, d'un groupe de caractères alphanumériques dans l'ensemble des métadonnées accessibles. Mieux vaut toutefois l'utiliser de façon plus restreinte en désignant le champ ou l'ensemble de champs dans lequel les caractères doivent être cherchés. Si vous tapez 60, vous accédez à une avalanche de photos ayant ces caractères dans une métadonnée : vitesse d'obturation, sensibilité ISO, date de prise de vue, coordonnées GPS, numéro de la photo, etc. Comme pour une recherche sur le Web, il convient de choisir des critères et des champs de recherche pertinents.

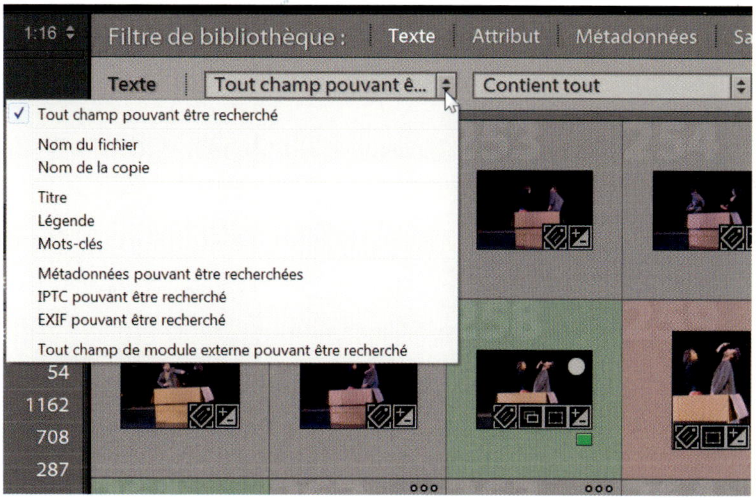

4 Le filtre Attribut se concentre sur les informations issues du tri et de la notation des photos : état du marqueur, note, libellé de couleur et type de fichier (photos principales, copies virtuelles ou vidéos). Vous pouvez naturellement combiner ces critères pour restreindre la sélection. Notez que ce filtre Attribut est également disponible au-dessus des vignettes du Film fixe, sans le critère de type de fichier. Si l'état du marqueur, la note et la couleur vous suffisent pour rechercher des photos, il est inutile de recourir au Filtre de bibliothèque.

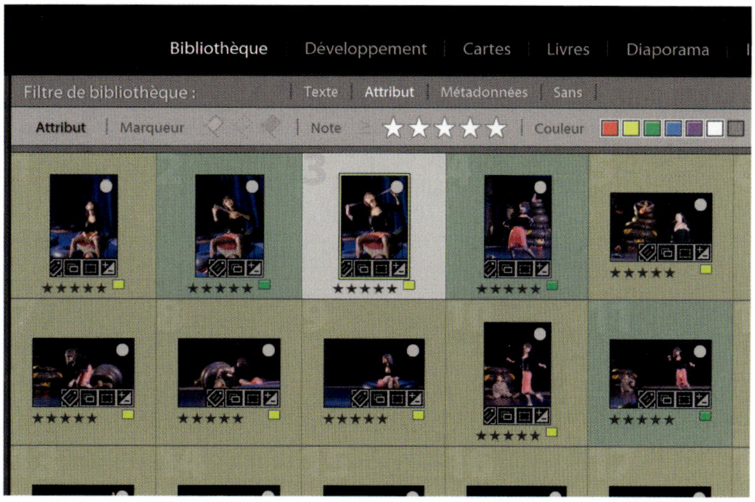

5 Le filtre Métadonnées est moins simple à mettre en œuvre, mais il permet de combiner plusieurs critères en bénéficiant pour chacun d'entre eux de la liste exhaustive des informations relevées dans l'ensemble des photos du dossier exploré. Par défaut, le filtre affiche quatre colonnes listant les dates de prise de vue, l'appareil photo utilisé, le modèle d'objectif et le libellé de couleur. Devant chaque information est indiqué son nombre d'occurrences. Le nombre de colonnes est modifiable, de même que les critères de sélection.

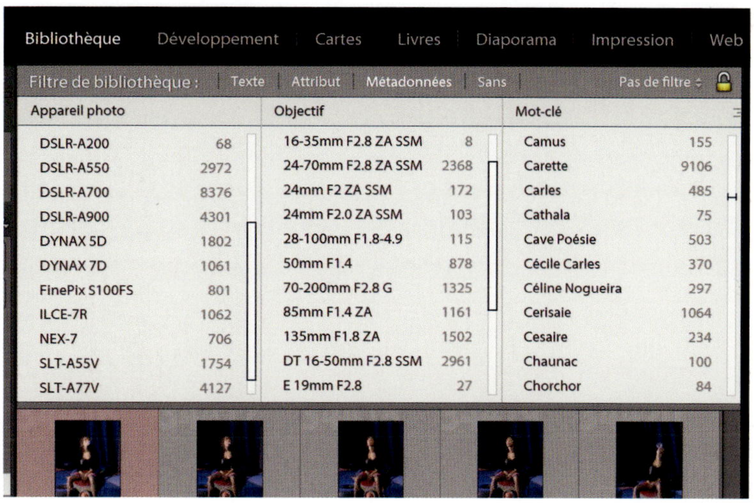

6 Pour modifier un critère, appuyez sur le bouton qui apparaît à la droite de l'intitulé de la colonne lors de son survol par le pointeur de la souris. La liste des critères disponibles est si longue que vous n'en voyez ci-contre qu'un extrait. Elle est composée de métadonnées de tous types : mots clés, données de prise de vue, informations sur l'image, sur l'emplacement et sur l'auteur, etc. Autant de critères qui, additionnés sur plusieurs colonnes, permettent de cerner avec précision les photos recherchées.

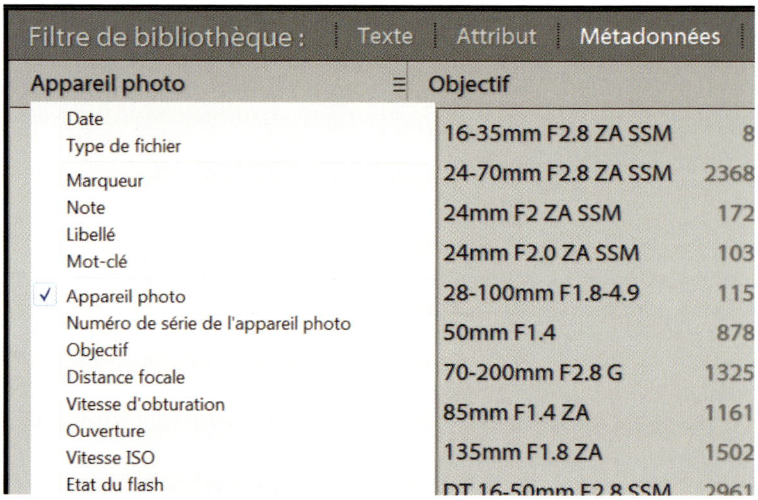

7 Appuyer dans le coin supérieur droit d'une colonne donne accès à un menu qui permet de la supprimer ou d'en ajouter une nouvelle. Selon le type de critère affiché dans la colonne, des options contextuelles de tri et d'affichage sont proposées. Le nombre maximum de colonnes est fixé à 8, ce qui est en général suffisant pour parvenir à un filtrage précis.

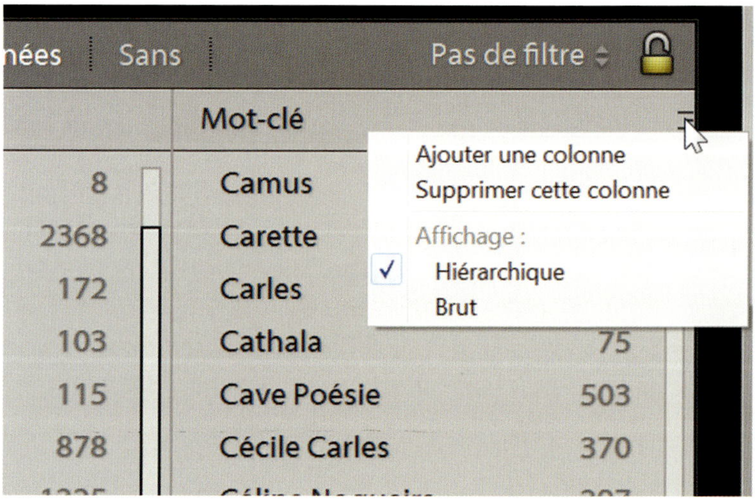

8 Si vous pensez que le filtre ainsi créé mérite d'être pérennisé, Lightroom vous propose de l'enregistrer en tant que paramètre prédéfini. Il vient alors s'ajouter à ceux déjà disponibles. Notez que le logiciel mémorise le dernier état des paramètres, qui devient le réglage par défaut lors de l'appel suivant du Filtre de bibliothèque.

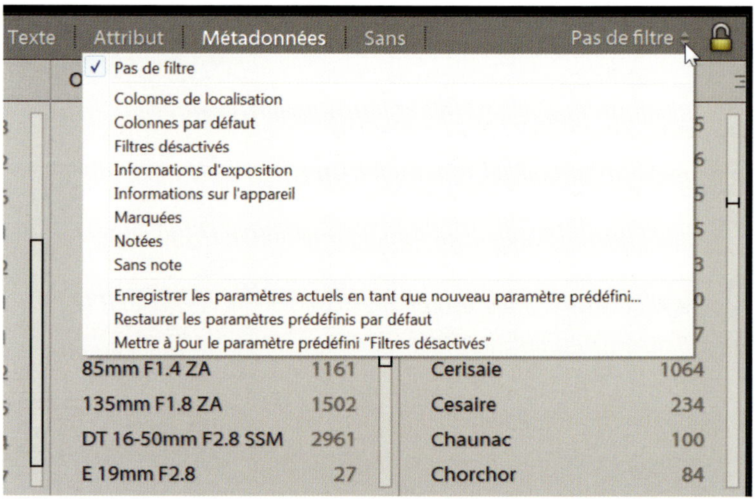

9 Les collections dynamiques fonctionnent selon le même principe de combinaison de critères de recherche. On peut ainsi les considérer comme des raccourcis de filtres de bibliothèque. Au contraire des collections statiques présentées dans le TP 13, les collections dynamiques grandissent au fil de l'arrivée de nouvelles photos dans le catalogue, en accueillant celles qui remplissent leurs critères. C'est en cela qu'elles sont dynamiques. Pour créer une collection dynamique, appuyez sur le + situé dans le coin supérieur droit du panneau Collections et choisissez *Créer Collection dynamique*.

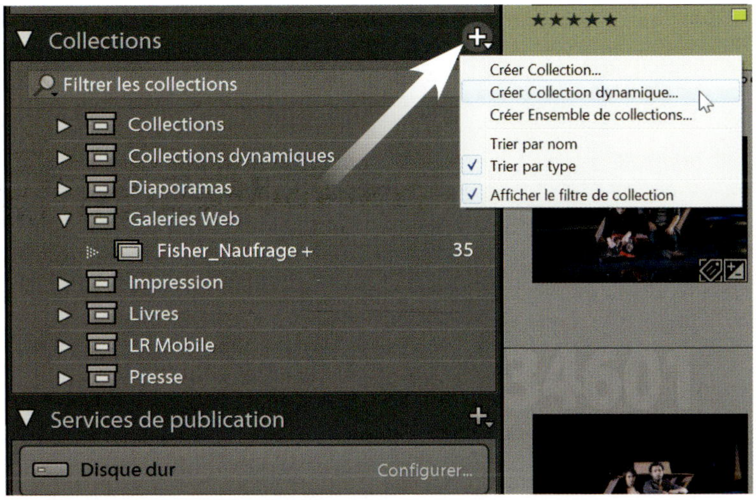

10 La boîte de dialogue destinée à créer la collection présente de fortes ressemblances fonctionnelles avec le Filtre de bibliothèque. Il s'agit de choisir plusieurs critères dans une très longue liste de métadonnées en formant des phrases articulées autour d'opérateurs logiques (« est supérieur à », « contient », « est », etc.). Cet ensemble de règles très précises est redoutable d'efficacité. De plus, au contraire du Filtre de bibliothèque, le nombre de critères n'est pas limité.

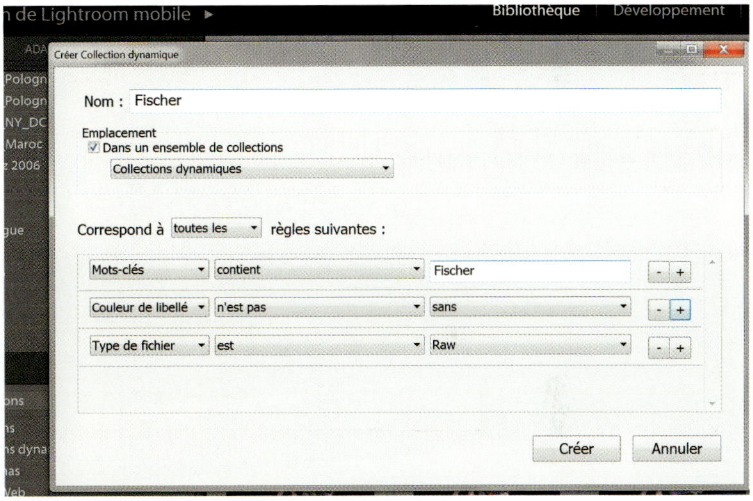

11 Dans cet exemple, nous avons recherché des photos de spectacles de la chorégraphe Brigitte Fischer. Nous avons restreint le choix à celles dotées d'un libellé et prises en RAW. En cliquant sur le nom de la collection dynamique, les 1 653 photos concernées s'affichent et leur nombre augmentera automatiquement à chaque nouvelle prise de vue si des photos répondent aux critères choisis. Il ne s'agit toutefois là que d'un exemple, le potentiel de cet outil ne le limitant pas aux regroupements complexes. N'hésitez pas à l'utiliser avec un seul critère, typiquement un mot clé (un lieu, une personne, etc.), une note ou un libellé.

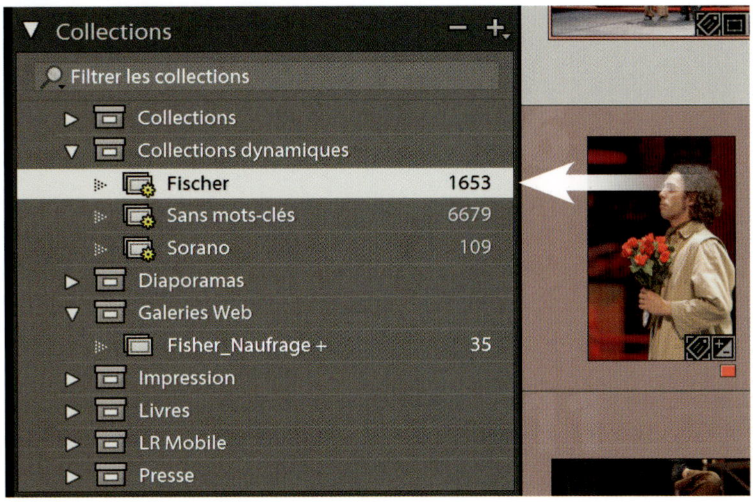

TP 15

Géolocalisation des photos dans le module Cartes

Les coordonnées géographiques sont une variété intéressante de métadonnées. Le module Cartes offre un remarquable outil de visualisation basé sur la cartographie de Google, mais aussi de géolocalisation manuelle qui permet de positionner les photos n'ayant pas été localisées automatiquement.

De plus en plus d'appareils photo embarquent une puce GPS qui renseigne en temps réel les métadonnées des photos avec les coordonnées géographiques précises des lieux de prise de vue. Le module Cartes, arrivé avec la version 4 de Lightroom, positionne automatiquement les photos sur une carte Google Maps intégrée au logiciel (mais nécessitant une connexion Internet). Loin d'être anecdotique, ce module ajoute une corde à l'arc des filtres de bibliothèque et facilite les opérations de recherche. De plus, grâce à un procédé d'une grande simplicité, les photos n'ayant pas bénéficié d'un relevé automatique de leurs coordonnées peuvent être positionnées manuellement sur une carte.

1 Si votre appareil photo intègre une puce GPS, les coordonnées géographiques de vos images apparaissent dans le champ GPS des métadonnées EXIF. Elles sont visibles dans le volet de droite du module Bibliothèque. Vous pouvez restreindre l'affichage aux seules informations de géolocalisation en choisissant *Emplacement* dans le menu déroulant du panneau Métadonnées.

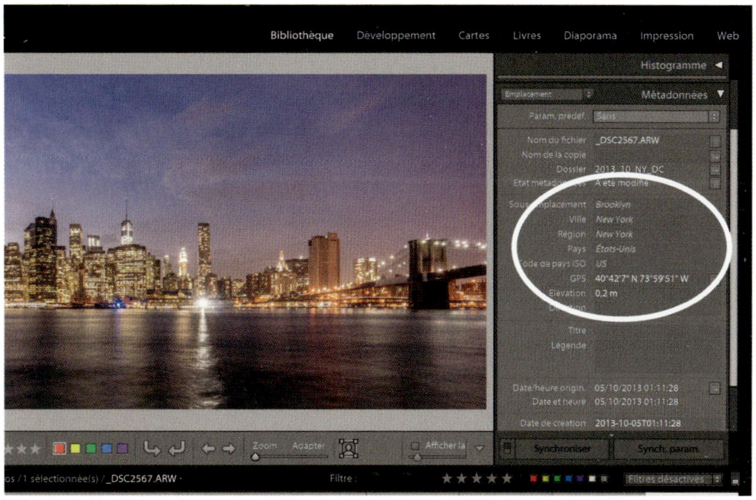

2 Il n'est pas indispensable d'examiner le contenu du panneau de métadonnées pour savoir si une photo a été géolocalisée. Que ce soit dans le Film fixe ou en mode Grille, les vignettes des photos concernées sont pourvues d'un petit visuel représentant une étiquette. Une autre façon de les repérer est de les filtrer à l'aide d'un Filtre de bibliothèque, ou de créer une collection dynamique avec comme seul critère la présence de coordonnées GPS.

3 Une modalité simple pour visualiser l'emplacement d'une photo dans le module Cartes est de cliquer sur la petite étiquette présente sur sa vignette. Sont positionnées toutes les photos présentes dans le Film fixe. Les photos sélectionnées sont indiquées en jaune et les autres en orange, tandis que le fond de carte est centré sur la photo principale. Dans le panneau de gauche, une vue plus large permet de mieux situer la zone affichée (voir illustration en page de gauche).

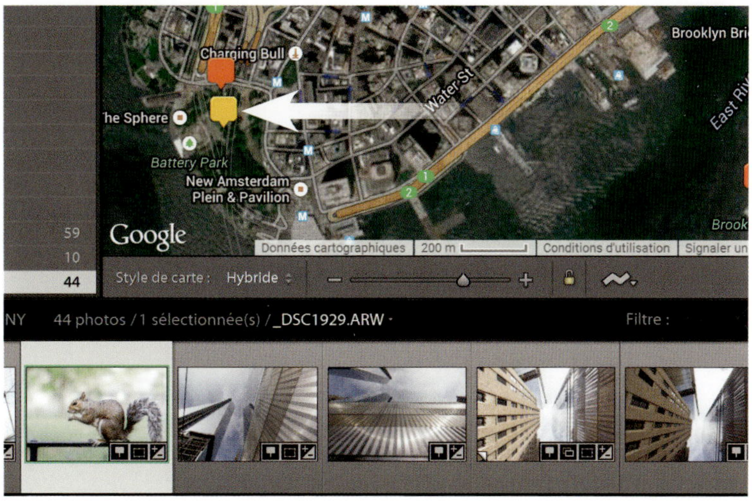

4 Le survol d'une étiquette déclenche l'affichage d'une grande miniature de la photo concernée. Lorsque plusieurs photos ont été prises au même endroit, vous passez de l'une à l'autre à l'aide des flèches de déplacement vers la gauche et vers la droite. Notez que Lightroom, associé à Google Maps, reconnaît le nom de l'emplacement, qu'il décrit avec quatre niveaux de profondeur : quartier (ou sous-emplacement), ville, région et pays.

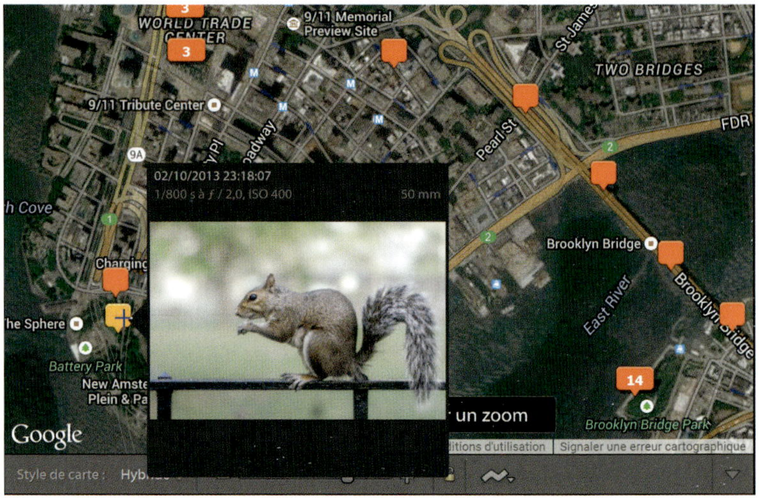

5 Les emplacements peuvent être enregistrés. Appuyer sur le + fait apparaître une zone circulaire dont le rayon est exprimé en km. Il n'est pas nécessaire qu'une photo géolocalisée soit présente pour définir un emplacement. À la manière des collections dynamiques, toute photo ajoutée au catalogue est automatiquement reconnue comme appartenant à un emplacement pour peu qu'elle ait bénéficié d'une géolocalisation. Pour afficher un emplacement sur la carte, cliquez sur le bouton situé à droite de son nom dans le panneau Emplacements enregistrés.

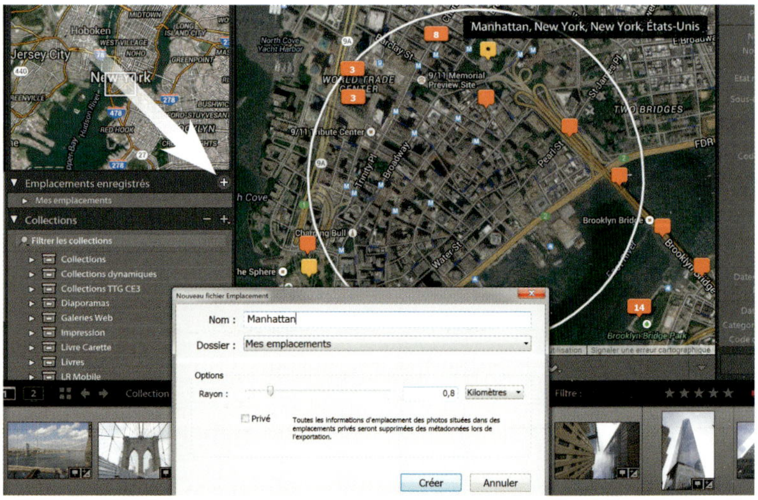

6 Malheureusement, tous les appareils photo n'embarquent pas une puce GPS. Quand bien même ce serait le cas du vôtre, il est probable que votre photothèque comporte de nombreuses photos dénuées d'informations GPS. Le champ GPS des données EXIF est alors vide, et les vignettes des images n'affichent pas d'étiquette. Lightroom a anticipé ce problème en offrant une modalité de géolocalisation manuelle.

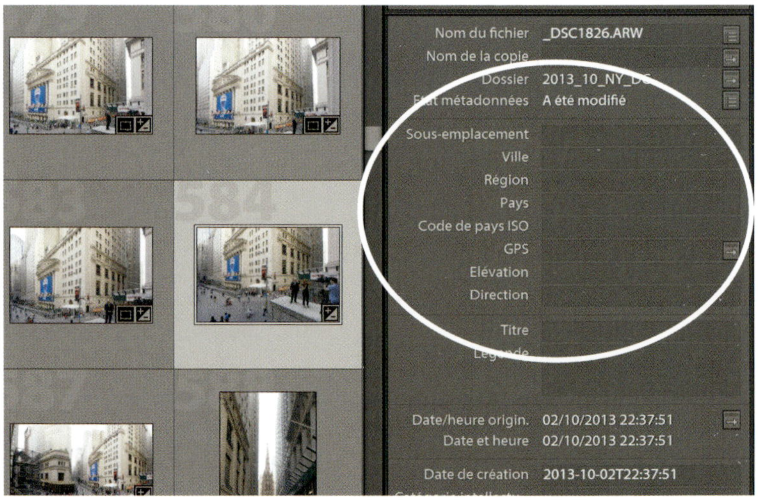

7 Encore faut-il avoir conservé la mémoire de l'emplacement précis où la photo a été prise. Pour accélérer l'affichage du lieu, entrez les éléments d'information dont vous disposez dans le champ de recherche situé au-dessus de la fenêtre centrale. Pour rendre visible la barre des filtres, appuyez sur la touche [$] de votre clavier. Le logiciel vous aidera avec l'efficacité dont fait montre Google Maps. N'hésitez pas à fournir une adresse précise si vous la connaissez, vous gagnerez beaucoup de temps.

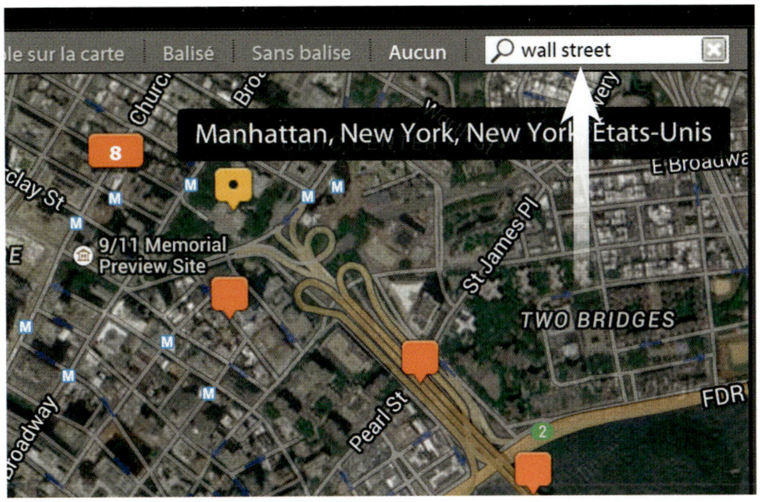

8 Dans notre exemple, nous recherchons la Bourse de Wall Street, à New York. Lightroom a immédiatement trouvé l'emplacement de Wall Street. Il nous est simplement revenu de rechercher et de trouver l'endroit précis où la photo a été prise.
Pour positionner la photo (ou le groupe de photos sélectionnées), faites simplement un glisser-déposer sur l'emplacement repéré. Remarquez que lors du survol de la carte, le curseur de la souris s'est transformé en vignette de la photo témoin du lot sélectionné, accompagnée d'une étiquette orange.

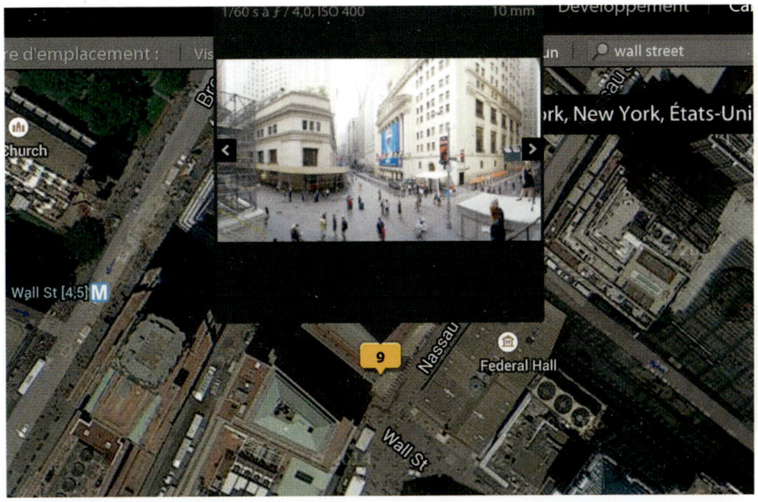

9 Une fois cette opération manuelle réalisée, on peut vérifier que les coordonnées GPS de l'emplacement désigné ont bien été ajoutées dans le champ GPS des métadonnées EXIF. La photo est désormais géolocalisée, et sera considérée comme telle par les outils de filtrage.
Si d'autres photos ont été prises au même endroit, sélectionnez-les et faites un cliquer-glisser vers leur emplacement sur la carte.

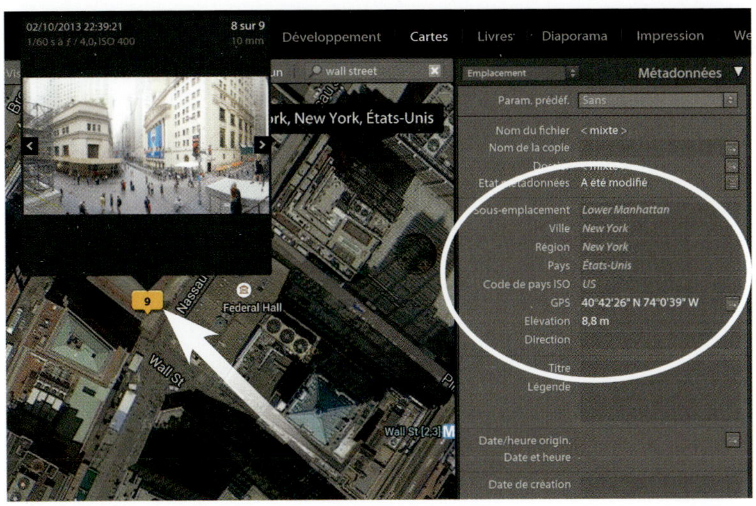

Développer et retoucher

TP 16

Fixer la balance des blancs

Dans ce TP, vous allez explorer les solutions pour prescrire une bonne balance des blancs sur un fichier RAW. Vous ferez de même avec le JPEG afin de percevoir l'une des différences fondamentales entre ces deux types d'enregistrement.
Fichiers : LR6_TP16.ARW et LR6_TP16.jpg

Le réglage de la balance des blancs consiste à neutraliser l'illuminant principal de la scène photographiée. La vision humaine est capable de réaliser cette opération automatiquement, ce qui nous permet de voir un mur blanc quelle que soit la source lumineuse qui l'éclaire. Le boîtier possède également une fonction d'analyse automatique, mais moins performante : mieux vaut régler la balance des blancs manuellement ou en prescrivant une valeur prédéfinie. Ne vous inquiétez pas trop si vous avez raté votre réglage en RAW, car il n'est qu'indicatif. En revanche, si vous avez choisi le JPEG, votre photo en sortira rarement indemne, comme nous allons le voir dans ce TP. Dans tous les cas, la balance des blancs est le premier traitement à réaliser, car la température de couleur a un impact sur les tonalités.

1 Avant de commencer véritablement le TP, examinons la différence de traitement entre un RAW et un JPEG. Dans un RAW, la colorimétrie n'est pas fixée. Une balance des blancs erronée n'a donc aucune importance puisque c'est dans le logiciel qu'on la prescrit. Il s'agit bien de la fixer et non de la corriger, comme pour un JPEG dont la colorimétrie a été appliquée de façon irréversible par le boîtier. Cette différence fondamentale est visible dans le panneau Réglages de base du module Développement : la température de couleur est définie par une valeur en Kelvins lorsqu'il s'agit d'un RAW (illustration du haut), alors que pour un JPEG, elle ne peut qu'être corrigée (illustration du bas).

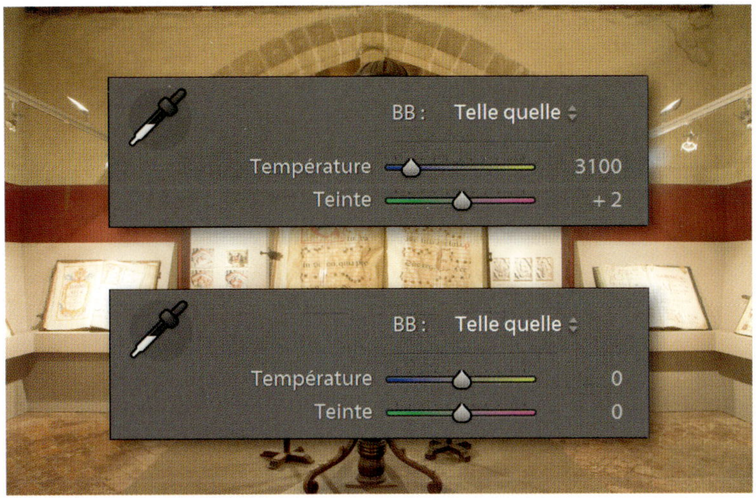

2 Cette photo est entachée d'une erreur manifeste de balance des blancs due à une mauvaise évaluation par l'automatisme du boîtier. On voit sur l'histogramme un excès de rouge et de jaune dans les hautes lumières (partie droite), signe d'une température de couleur trop élevée.

3 Intéressons-nous dans un premier temps au RAW. La première solution que vous pouvez tester est de prescrire une température prédéfinie, comme celles qui apparaissent dans les réglages de votre appareil. Pour cela, déroulez le menu BB indiqué par la flèche. Par défaut, la température de couleur indique *Telle quelle*, qui signifie que la valeur prescrite par le boîtier est utilisée. Commencez par tester le réglage *Fluorescente*, qui correspond souvent aux éclairages des musées. Le résultat est pire, avec une accentuation de la dominante.

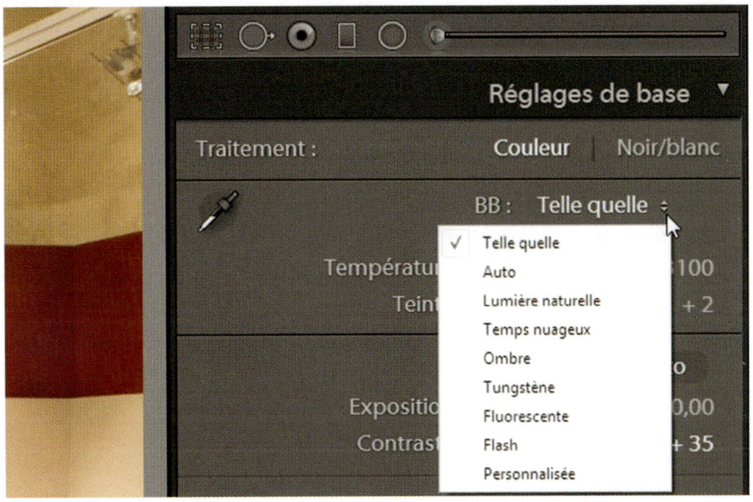

4 L'option *Tungstène* produit un résultat plaisant, mais qui reste un peu chaud. Il est tout à fait loisible de conserver ce paramètre s'il correspond à ce que vos yeux ont perçu, ou à l'impression globale ressentie à la vue de cette scène. N'oubliez pas que vous n'êtes pas à la recherche d'une (très hypothétique) vérité : vous êtes le seul maître à bord de votre logiciel. C'est un avantage du RAW sur le JPEG, et il serait dommage de vous priver de la liberté créative qui vous est offerte.

5 Pour neutraliser complètement l'illuminant, recourir au sélecteur de couleur neutre est plus efficace que tâtonner en tirant les curseurs de température de couleur et de décalage de teinte sur l'axe vert-magenta. Pour l'utiliser, cliquez sur la pipette située à l'emplacement de la flèche blanche. Il faut rechercher une zone de couleur neutre. La tentation est forte de cliquer sur une partie blanche de la photo, comme l'ampoule de la lampe indiquée par la flèche noire. Mais Lightroom proteste en signalant que la zone est vraiment trop blanche et suggère de trouver une zone neutre plus sombre.

6 Choisissez une zone de prélèvement sur une page de l'un des livres exposés, qui semble blanche sans l'être trop. Cliquez, et c'est le drame : l'image se colore en vert. En cause, l'erreur méthodologique qui consiste à chercher une zone blanche sur l'image non neutralisée, alors qu'il aurait fallu chercher une zone objectivement neutre, c'est-à-dire dont la véritable couleur est un niveau de gris. Le terme « balance des blancs » induit souvent cette erreur. La recherche d'une zone neutre est le Graal de la balance des blancs, mais toutes les scènes n'en contiennent pas. Il est ainsi difficile d'en déceler dans un paysage, et il faut alors se résigner à tirer les curseurs.

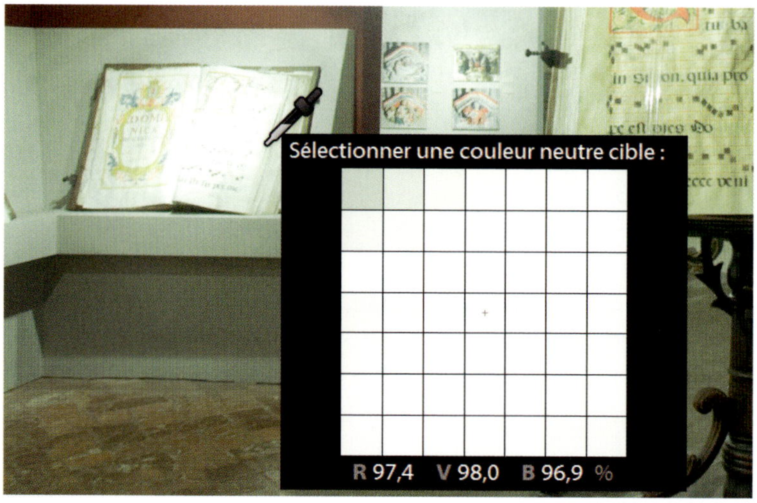

7 Ici, nous sommes chanceux : les présentoirs et le panneau arrière semblent gris clair. Cliquez sur l'une de ces zones : la dominante est instantanément neutralisée. L'image résultante semble très satisfaisante. Il reste à affiner les tonalités, mais nous verrons cela dans les TP 17 et 18. Notez que si vous trouvez trop froid ce rendu neutre, libre à vous de réchauffer un peu l'image en augmentant la température de couleur. La neutralité n'est en rien un dogme : la seule vérité est celle que vous avez perçue, la vision humaine ne corrigeant pas nécessairement la totalité de la dominante.

8 Tentez à présent la même opération, au même endroit de prélèvement, avec le JPEG. Le comportement de Lightroom n'est pas le même, car la correction de la température de couleur et de la teinte s'accompagne d'une modification de la luminosité de la scène. Pour ramener celle-ci au niveau de celle du résultat obtenu avec le RAW, placez le curseur *Exposition* sur –0,35. À première vue, le résultat semble satisfaisant, avec une dominante neutralisée. C'est en examinant les détails, les couleurs et les textures que l'on constate des différences.

9 Voici un zoom sur une portion de l'image. En haut figure le résultat obtenu avec le RAW, en bas celui obtenu avec le JPEG. On peut voir que les nuances orangées de l'image du haut ont été altérées et semblent verdâtres sur l'image du bas. Il en va de même pour toutes les nuances de l'image proches de la couleur de la dominante.
Cette possibilité de fixer la balance des blancs au lieu de tenter de la corriger, avec les dégâts collatéraux que l'on vient de constater, est l'un des avantages majeurs du format RAW, et une raison suffisante pour l'adopter. Nous verrons qu'il en existe d'autres encore.

TP 17

Ajuster les tonalités avec les réglages de base

Dans ce TP, vous allez faire sortir de l'ombre une photo exposée pour les hautes lumières. Vous invoquerez pour cela l'ensemble des outils de réglage des tonalités présents dans le panneau Réglages de base du module Développement.

Fichier : LR6_TP17.ARW

Les tonalités constituent un ingrédient majeur de la personnalité d'une photo, mais ne sont pas le point fort des capteurs des appareils photo dont la plage dynamique est limitée. Le processus de capture de la lumière est linéaire (le signal est proportionnel au nombre de photons reçus) alors que la vision humaine est capable de s'adapter aux éclairements extrêmes. On se trouve ainsi fréquemment dans des situations où les hautes et les basses lumières sont en danger d'écrêtage. La réserve de dynamique contenue dans les 12 ou 14 bits du RAW, combinée aux algorithmes de Lightroom, est capable de réaliser de petits miracles, impossibles avec le JPEG. L'importance du sujet est telle que nous lui consacrons ce long TP, suivi d'un autre consacré à un outil très puissant et complémentaire aux réglages de base : la Courbe des tonalités.

1 Le panneau Réglages de base de Lightroom contient les réglages des tonalités. Dans le processus 2012 apparu avec Lightroom 5 et maintenu dans Lightroom 6, les six curseurs sont rangés en deux groupes, dans un ordre qu'il convient de suivre pour aboutir à un résultat optimal en limitant les tâtonnements. Les curseurs, tous à 0 par défaut, peuvent prendre des valeurs positives ou négatives.

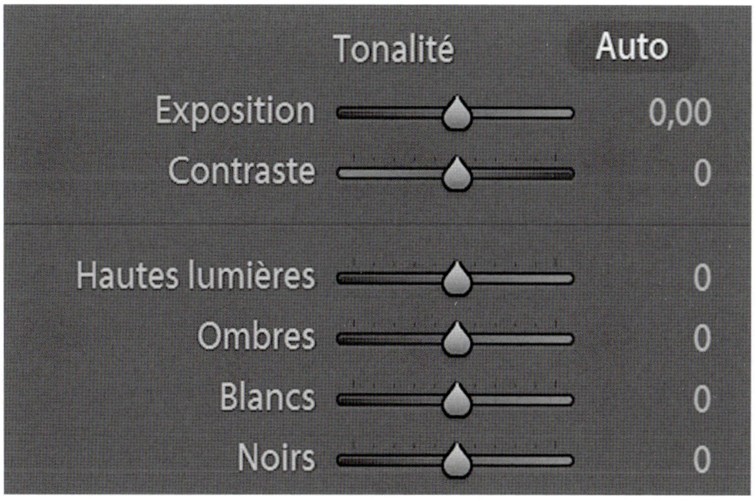

2 Avant de tirer le moindre curseur, il est important d'observer l'image afin de repérer les problèmes et d'imaginer des solutions adaptées. Ici, c'est aussi évident que classique : la photo a été exposée pour les hautes lumières afin d'éviter de brûler les nuages. L'objectif est donc de sortir de l'ombre le pylône en préservant les hautes lumières.

3 L'examen de l'histogramme peut également donner de précieuses indications. On constate qu'aucune tonalité n'est écrêtée, ce qui est en soi une excellente nouvelle. En revanche, l'histogramme est caricaturalement bimodal avec un double groupe de tonalités dans les hautes et les basses lumières, et une absence quasi complète de tons moyens. Il faut parvenir à transférer une partie des tons clairs et des tons sombres vers les tons moyens, sans trop faire chuter le contraste de l'image.

4 La première tentation face à une photo présentant un différentiel d'exposition est de faire appel à l'analyse automatique du logiciel en cliquant sur le bouton *Auto* situé dans le coin supérieur droit des réglages des tonalités. La qualité du résultat dépend beaucoup du type d'images. Ici, l'automatisme s'en est plutôt bien sorti, mais nous allons essayer de faire mieux.

5 Quand le mode *Auto* produit un bon résultat, il est toujours intéressant d'examiner les choix faits par le logiciel. C'est même un excellent exercice d'apprentissage du comportement du panneau Tonalité. On constate que l'*Exposition* a été accrue de manière sensible pour déplacer en bloc les tonalités vers la droite, avec une récupération corrélative des *Hautes lumières* pour éviter l'écrêtage. Le *Contraste* a été légèrement réduit et les *Ombres* ont été éclaircies.

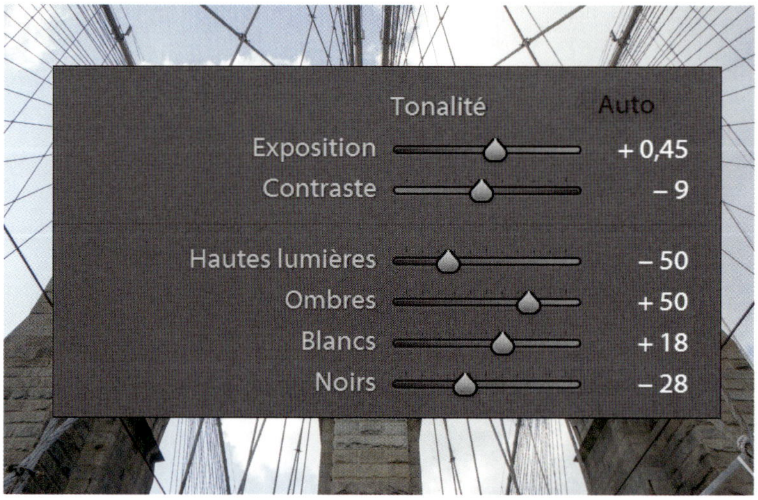

6 La comparaison des histogrammes avant/après confirme l'impression visuelle : la cloche des basses lumières a été aplatie et étendue vers les tons moyens. Il faut aller plus loin dans cette direction en veillant à ne pas affadir l'image par un défaut de contraste.

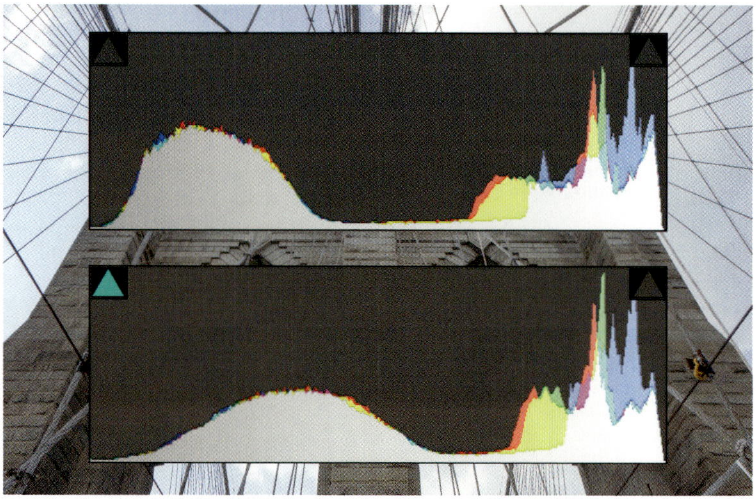

7 Le curseur *Exposition* a un fonctionnement hybride : il gère à la fois le calage de l'exposition, donc l'écrêtage, et la luminosité des tons moyens. De plus, il n'a pas un comportement linéaire : quand l'histogramme se rapproche d'un extrême, le logiciel « freine » sa progression en accumulant les tonalités à la limite de l'écrêtage. Puis il se résigne à dépasser ladite limite et retrouve un comportement classique de réglage d'exposition par déplacement en bloc des tonalités.
En faisant abstraction du ciel, il faudrait pousser l'exposition de +2 IL pour que la luminosité du pylône soit satisfaisante, comme ci-contre. Hélas, les hautes lumières ne seraient plus récupérables.

8 Pour évaluer l'accroissement maximal de l'exposition, une méthode consiste à tirer à –100 le curseur *Hautes lumières* et pousser celui d'*Exposition* jusqu'à la limite de l'écrêtage. Pour notre photo, +1,40 IL serait autorisé, mais la récupération des hautes lumières à son maximum ne produit pas toujours un résultat heureux. Augmentons donc prudemment l'*Exposition* de +1,20 IL, quitte à y revenir si une marge de manœuvre se dégage à la suite des autres réglages.

9 Augmenter le *Contraste* a pour effet d'assombrir la moitié sombre et d'éclaircir la moitié claire des tonalités. Cela repousse les tons moyens vers les bords et augmente l'impression de contraste global. C'est l'effet inverse que nous recherchons pour notre photo. Avec une réduction du *Contraste* de –50, le résultat peut sembler décevant, mais il est transitoire.

10 Nous arrivons à présent au second groupe de curseurs, en commençant par celui des *Hautes lumières*. Ce curseur n'a d'effet que sur les tonalités les plus claires, laissant quasiment inchangées les autres. En comprimant les tons clairs, il fait appel à la grande profondeur de codage du RAW, à la manière du *Tone mapping* des logiciels de HDR. La valeur –80 est le dosage satisfaisant qui fait disparaître l'écrêtage apparent occasionné par la forte augmentation de l'exposition. Notez qu'à l'aide du raccourci J, vous affichez en rouge et bleu les zones écrêtées.

11 Le curseur *Ombres* fait un travail du même type, cette fois dans les basses lumières qu'il pousse vers les tons moyens. L'effet de la valeur +80 choisie ici est spectaculaire, mais l'image manque de tonus. En zoom 1:1, on n'observe pas de dégradation des zones initialement sombres de l'image.

12 Les deux derniers curseurs *Blancs* et *Noirs* vont nous permettre de redonner à l'image un peu de dynamique. Ici, c'est le curseur *Noirs* qui est important, car il va permettre d'assombrir les tons les plus sombres et redonner du contraste sans altérer l'effet des réglages précédents. Les valeurs –20 pour les *Blancs* et –40 pour les *Noirs* conviennent.

13 Le bilan est satisfaisant, avec un rendu bien meilleur que celui proposé par le mode *Auto* à l'étape 4. L'histogramme est conforme à ce que nous espérions, avec des tons sombres qui ont été décalés vers les tons moyens et des tons clairs sans écrêtage. C'est sans doute ce que nous pouvons obtenir de mieux à l'aide des six curseurs de réglage des tonalités. Mais Lightroom possède une botte secrète : la *Clarté*.

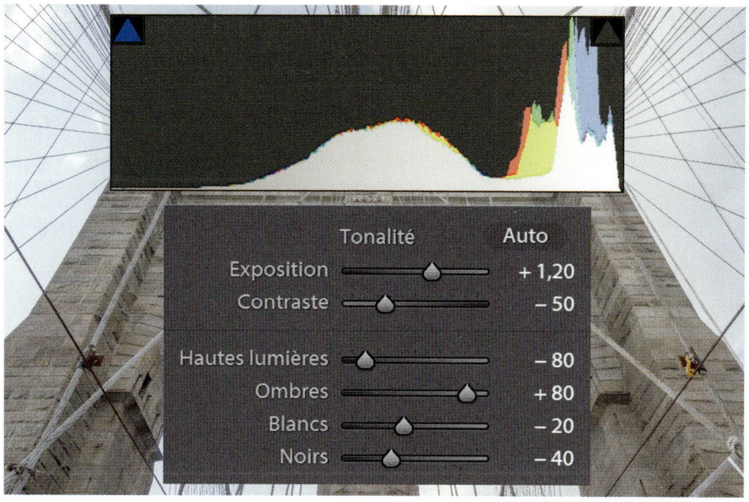

14 Dans le groupe *Présence*, le curseur *Clarté* est destiné à ajouter du contraste local à l'image. Très puissant depuis sa modification radicale dans la version 4 de Lightroom, seul le bon sens limite l'utilisation de cet outil. Nous allons tirer le curseur jusqu'à la valeur +70 afin de tonifier l'image sans la dénaturer. L'effet est impressionnant, comme si un voile avait été retiré. Le seul désagrément est une très légère perte de saturation des couleurs.

15 Pour rehausser les couleurs de l'image, nous allons faire appel au curseur *Vibrance* plutôt qu'à celui de *Saturation*, car elle protège mieux les couleurs. Une dose modérée de +30 suffit ici. L'image finale est globalement claire, mais l'ajout de *Clarté* lui a donné un bon tonus.

TP 18 Maîtriser le fonctionnement de la Courbe des tonalités

La Courbe des tonalités est un outil très puissant souvent laissé de côté par les photographes qui lui préfèrent la simplicité et l'efficacité des curseurs du panneau Réglages de base. La Courbe présente pourtant l'avantage de pouvoir intervenir sur des gammes de tonalités très ciblées, quand les curseurs simples ne savent travailler que globalement ou sur de larges portions de l'histogramme. Pour réduire son aspect intimidant et simplifier son utilisation, Adobe a créé une courbe paramétrique dotée d'un découpage des tonalités en quatre plages ajustables, chacune associée à un curseur. Si la liberté n'est plus totale, le risque d'erreur s'en voit fortement réduit. Les plus aguerris choisiront la classique Courbe à points, identique à celle de Photoshop.

1 La Courbe des tonalités se présente sous la forme d'un diagramme représentant, sur ses deux axes, la répartition des tonalités de l'image. L'axe horizontal correspond aux tonalités d'entrée, l'axe vertical, aux tonalités de sortie. Avant toute intervention, la courbe est une droite, les tonalités de sortie étant identiques à celles d'entrée. Lorsque la courbe est modifiée, cela signifie qu'une tranche de tonalités est déplacée vers une zone plus claire ou plus sombre. Grisé en arrière-plan, on aperçoit l'histogramme qui indique la répartition des tonalités de l'image, du noir à gauche au blanc à droite. Les tonalités de sortie vont du noir en bas au blanc en haut.

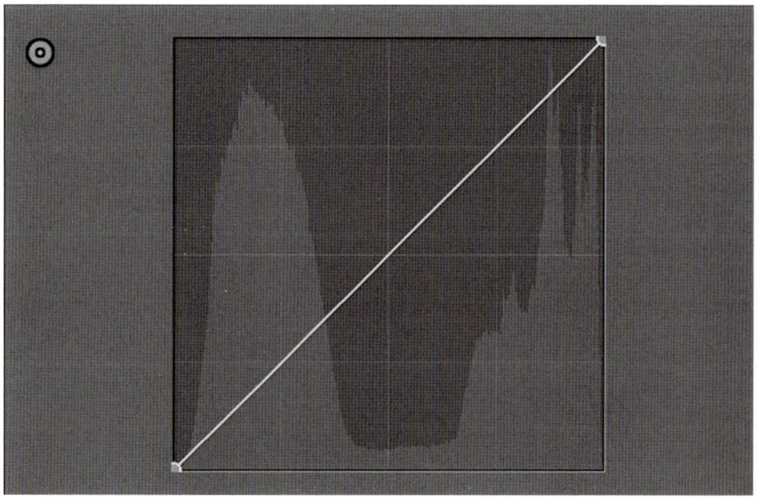

2 La Courbe de Lightroom recèle deux variantes complémentaires : une courbe paramétrique et une courbe à points. La courbe paramétrique, activée par défaut, divise les tonalités en quatre plages ajustables, mais non indépendantes, le logiciel indiquant en gris clair le champ d'intervention autorisé. Les corrections peuvent s'effectuer à l'aide des curseurs ou par glissement sur le diagramme. Dans le coin supérieur gauche, Lightroom indique pour la tonalité en cours de correction la valeur d'entrée et celle de sortie. Pour plus de lisibilité, Adobe a choisi d'exprimer en pourcentage la valeur des tonalités, 0 % correspondant au noir, 100 % au blanc.

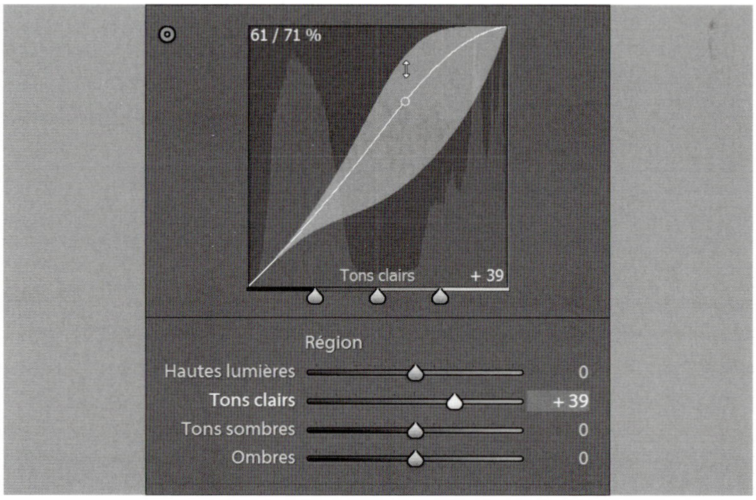

3 L'étendue des quatre plages de tonalités est réglable au moyen des trois boutons placés sur l'axe horizontal. Cela permet d'adapter l'intervention à la répartition des tonalités de l'image, mais malgré cette souplesse l'exercice reste très contraint. On voit ci-contre qu'une correction des tons sombres affecte également les autres plages de tonalités. Impossible avec la Courbe paramétrique de réaliser une correction réellement ciblée. Pour cela, il faut recourir à la Courbe à points que nous abordons plus loin.

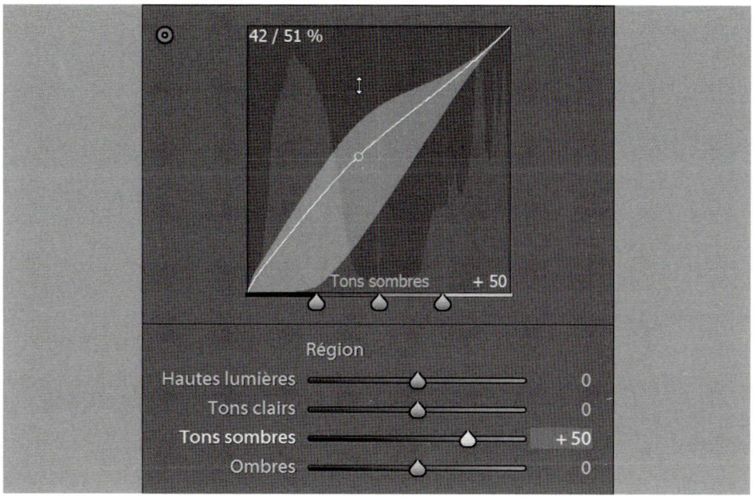

4 Reprenons la photo du TP 16 pour voir si la courbe peut rivaliser avec les réglages classiques des tonalités. L'objectif étant d'éclaircir les zones sombres, poussons au maximum le curseur *Tons sombres*. Le résultat est étonnant et déjà au niveau du rendu automatique de Lightroom. Jouons avec les autres plages de tonalités pour l'améliorer.

5 Commençons par redéfinir les plages de tonalités afin de les adapter à la forme particulière de l'histogramme. On peut ainsi considérer que *Ombres* représente la cloche des tons les plus sombres et que *Tons clairs* représente la plus grande partie des tons les plus clairs, jusqu'à la limite autorisée – 90% – au-delà de laquelle débutent les *Hautes lumières*. Laissons *Tons sombres* à +100 et poussons *Ombres* à +40 pour accentuer l'éclaircissement.

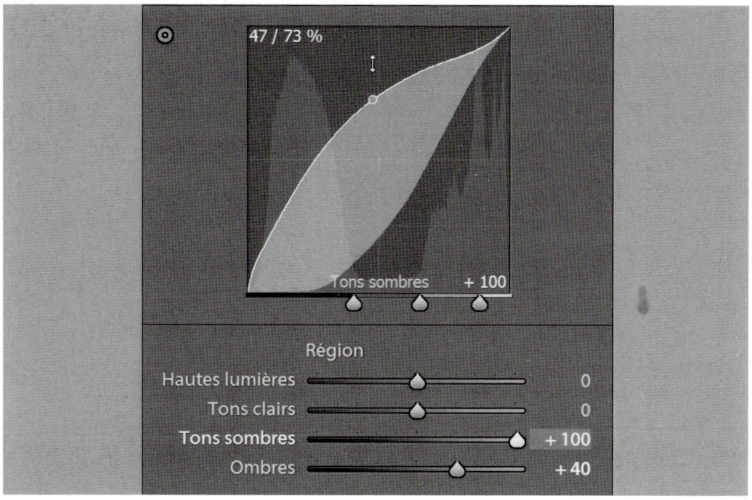

6 Le résultat est encore meilleur et nous ne sommes plus très loin de notre objectif. Il reste à corriger les tonalités claires présentes essentiellement au niveau du ciel, mais aussi sur le pylône.

7 Nous allons accroître les *Hautes lumières*, ce qui peut sembler paradoxal sachant que nous sommes à la limite de l'écrêtage. Le paradoxe n'est qu'apparent, car une caractéristique – et une limitation – de la Courbe est de travailler à l'intérieur des bornes de l'histogramme. Il n'y a donc aucun risque d'écrêtage.
À l'inverse des *Hautes lumières*, nous allons assombrir légèrement les *Tons clairs* afin d'améliorer la visibilité du bleu du ciel.

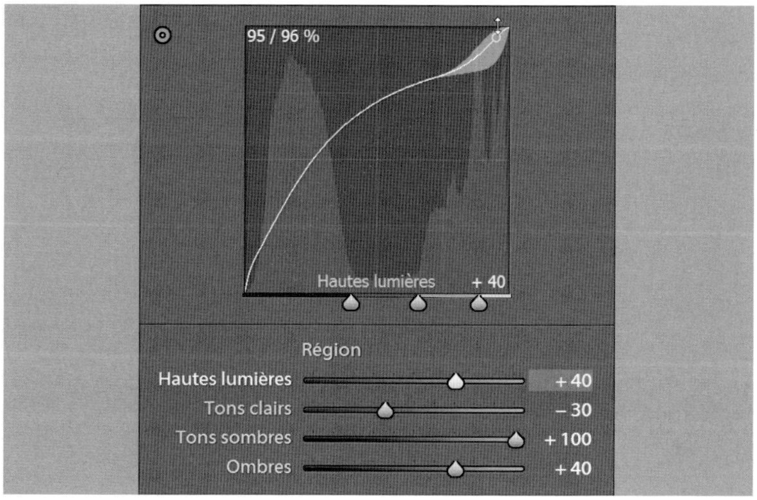

8 Le résultat est conforme à nos espérances et très proche de celui obtenu au TP 17 avant l'ajout de clarté. Sur cette photo, la Courbe dans sa forme paramétrique est donc très efficace et rapide à mettre en œuvre. En présence d'un écrêtage apparent, elle ne s'en serait pas aussi bien tirée du fait de l'absence d'un réglage d'exposition capable de déplacer, en bloc et sans contrainte, l'histogramme vers les hautes ou les basses lumières.

9 Ajoutons la même dose de *Clarté* et de *Vibrance* qu'au TP 17 pour vérifier que les résultats sont bien comparables. Malgré ses contraintes fonctionnelles, la Courbe paramétrique est donc un très bon candidat pour une correction rapide des tonalités.

10 La Courbe à points et la Courbe paramétrique peuvent être utilisées simultanément. Par défaut, la Courbe à points est linéaire, ce qui signifie qu'elle est inactive. Lightroom propose deux rendus prédéfinis qui sont des courbes en S typiques d'un renforcement du contraste, avec deux intensités : moyenne et forte. Utilisée de la sorte, la courbe n'est cependant guère plus efficace qu'un curseur de contraste classique. Pour accéder à une totale liberté d'intervention, activez la Courbe à points en cliquant sur le pictogramme situé dans le coin inférieur droit. Vous pouvez alors créer autant de plages de tonalités que vous placerez de points de contrôle sur la courbe. Déplacez ces points pour corriger les tonalités correspondantes.

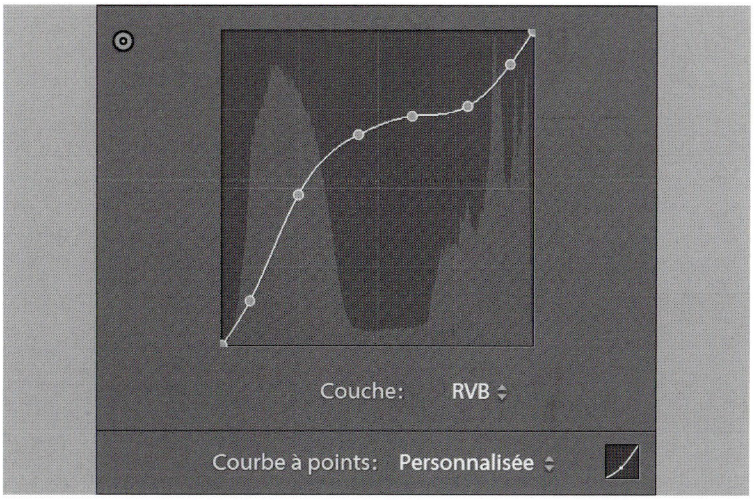

11 Lightroom est dépourvu d'un outil Niveaux. La Courbe à points est en mesure de s'y substituer pour fixer les points blanc et noir au-delà desquels les tonalités sont du blanc pur et du noir pur.
Il suffit pour cela de créer deux points de contrôle et de les positionner comme indiqué ci-contre.

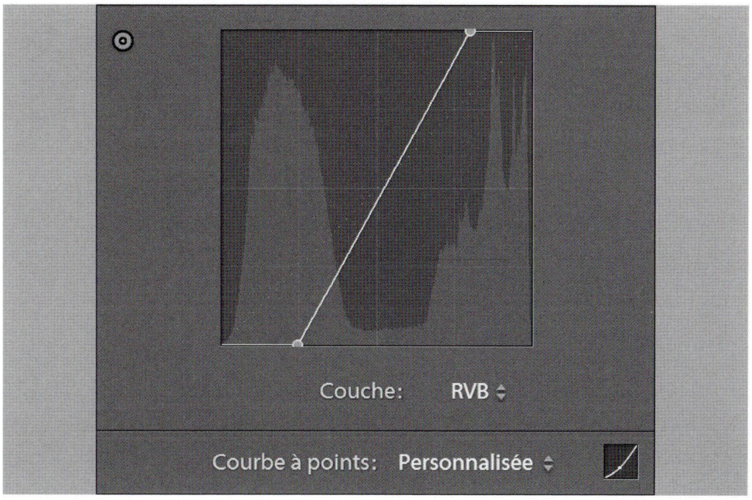

TP 19

Corriger les couleurs avec les outils TSL/Couleur

Dans ce TP, vous allez mettre en valeur le sujet principal d'une photo en vivifiant ses couleurs et en neutralisant celles de son environnement. Vous utiliserez pour cela les ressources offertes par le panneau TSL/ Couleur de Lightroom.

Fichier : LR6_TP19.MRW

Lorsque la balance des blancs a été fixée, les couleurs sont *a priori* conformes à celles de la scène photographiée. Hélas, la réalité n'est pas toujours à la hauteur de l'espérance, car chaque intervenant de la chaîne de production photographique peut être défaillant. Le capteur bien sûr, logé dans un appareil photo non calibré et au gamut limité. Le logiciel ensuite, qui transforme les données brutes en image bitmap en leur appliquant un profil colorimétrique pas toujours parfait. Le photographe enfin, s'il choisit mal son angle de prise de vue ou s'il n'a pas la patience d'attendre les conditions de lumière idéales. Les couleurs sont donc rarement parfaites. Pour les corriger, Lightroom propose un jeu d'outils redoutable de précision : le panneau TSL/Couleur qui peut intervenir sur la teinte, la saturation et la luminance de huit nuances de couleur.

1 Le panneau dédié à la correction des couleurs est protéiforme. Par défaut, l'onglet *TSL* est activé. Il comporte lui-même trois onglets : *Teinte*, *Saturation* et *Luminance*. Pour chacune de ces trois composantes, huit nuances de couleur sont réglables : les primaires additives rouge, vert et bleu auxquelles s'ajoutent le jaune, le bleu-vert, le pourpre, le magenta et l'orange. Cette division fine des couleurs autorise un réglage ciblé très précis. Même Photoshop ne dispose pas d'un tel outil, sinon dans son module externe Camera Raw (clone presque parfait de Lightroom). Notez que l'onglet *Tout* affiche les trois jeux de curseurs TSL.

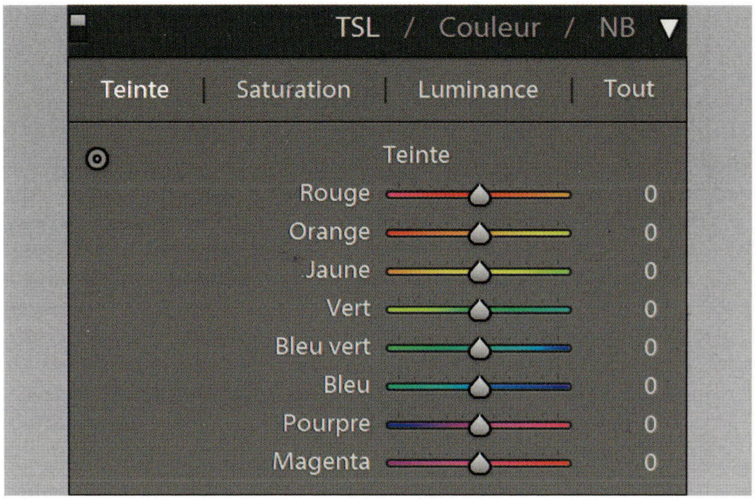

2 L'onglet *Couleur* présente les mêmes curseurs, mais rangés différemment. Au lieu d'intervenir composante après composante, vous disposez de curseurs groupés pour chacune des huit nuances de couleur. Vous pouvez afficher les curseurs d'une seule nuance en cliquant sur son bouton coloré en haut du panneau. On voit ci-contre le haut de l'affichage complet des curseurs en choisissant l'option *Tout*.

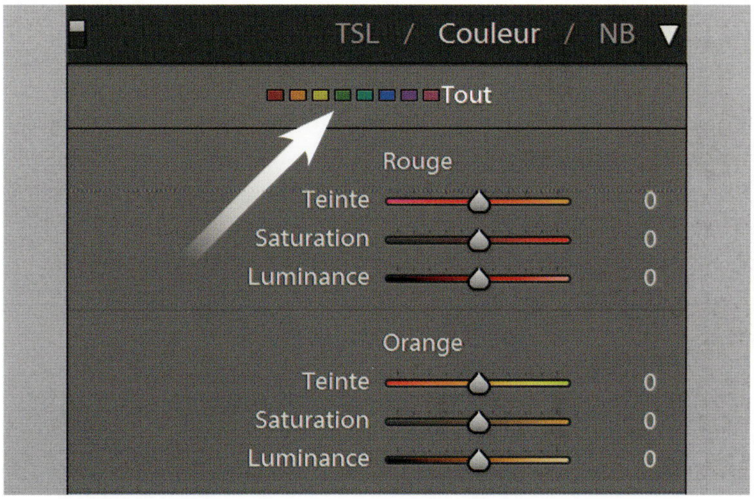

3 Cette photo macro est typique de celles prises dans l'instant, sans recherche du bon cadrage et d'un arrière-plan favorable. Elle est très terne et l'environnement du papillon est un fouillis peu plaisant. La tentation de la mettre à la corbeille est donc forte, mais les outils de Lightroom pourraient la sauver. Voyons cela.

4 Commençons par améliorer globalement l'image à l'aide des réglages de base. Poussez l'*Exposition* de +0,70 IL et le *Contraste* de +75. L'image s'en trouve grandement améliorée, la forte augmentation du contraste ayant vivifié les couleurs. Faites également un petit recadrage de l'image afin de réduire la partie basse et d'amener la tête du papillon près du point focal inférieur droit tel que le définit la règle des tiers.

5 En arrière-plan, les feuilles sont trop vives et ont tendance à attirer le regard. Pour atténuer leur prégnance, vous allez réduire leur luminance. Pour cela, activez l'onglet Luminance du panneau TSL et tirez les curseurs *Vert* et *Bleu vert* à leur minimum –100. Le feuillage est beaucoup plus discret, mais le vert reste trop vif et ne se fait pas assez oublier.

6 Passez dans l'onglet Saturation du panneau TSL, réduisez le *Vert* de –70 et le *Bleu vert* de –20. Cette fois, le feuillage est bien neutralisé. Il reste à vivifier les couleurs du papillon et le camaïeu de violet de la fleur qu'il butine.

7 Commencez par éclaircir les orangés du papillon en poussant de façon modérée les curseurs *Orange* et *Jaune* de l'onglet Luminosité. Passez ensuite dans l'onglet Saturation et poussez les mêmes curseurs – également avec modération – jusqu'à obtenir le rendu qui vous convient. Faites enfin le même type d'opération avec la fleur, dans le sens qui vous semble le meilleur. L'atténuer fait encore plus ressortir le papillon, mais a le défaut d'éteindre un peu l'image. À l'inverse, la fleur vole la vedette au papillon lorsqu'on la rend plus claire et plus vive.

8 Pour peaufiner le rendu, l'image a subi un léger recadrage additionnel et un ajout de microcontraste via le curseur *Clarté* (qui présente l'avantage de ne pas modifier les caractéristiques des couleurs). L'image finale ne révolutionnera pas la photo macro, mais elle est suffisamment plaisante pour éviter la corbeille. L'objectif est donc atteint.

9 Un panneau assez confidentiel et logé dans les catacombes du volet de droite de Lightroom mérite d'être signalé dans un TP sur les couleurs. *A priori* dédié à l'étalonnage de l'appareil photo, il peut être détourné comme correcteur de couleurs. Le premier curseur est insolite : il modifie la teinte des tons sombres sur l'axe vert-magenta. Les trois autres groupes de curseurs agissent sur la teinte et la saturation des trois primaires rouge, vert et bleu. C'est moins précis mais plus rapide à manipuler que les outils TSL/Couleur que nous venons d'étudier.

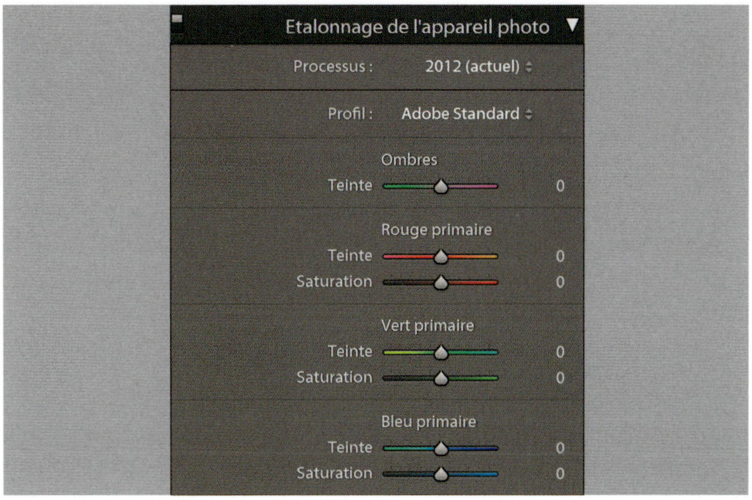

TP 20

Correction locale avec le Pinceau de retouche

Dans ce TP, vous viendrez au secours des réglages globaux, qui peinent parfois à produire un rendu satisfaisant, en traitant l'image localement à l'aide du Pinceau de retouche. Vous devrez pour cela peindre un masque de retouche locale.

Fichier : LR6_TP20.ARW

Si les outils de réglage des tonalités et des couleurs produisent des résultats impressionnants, ils ne savent travailler que globalement sur l'image. Or, certaines photos gagnent à être corrigées localement : un reflet à estomper, un élément important de l'image qui se perd dans son environnement, un ciel que le capteur n'est pas parvenu à nuancer, une zone plongée dans l'ombre ou au contraire trop exposée, etc. Pour réaliser des interventions ponctuelles, Lightroom propose un Pinceau de retouche qui ajuste localement de nombreux paramètres. Afin de limiter son effet, il intègre un système de masquage automatique qui est un élément délicat à maîtriser lorsque la zone d'intervention ne se distingue pas assez de son contexte. Sans atteindre le niveau de précision des masques de Photoshop, le Pinceau de retouche est l'un des atouts majeurs de Lightroom.

1 Après avoir corrigé l'un de ses pylônes dans les TP 17 et 18, nous retrouvons le pont de Brooklyn pris à la limite du contre-jour. Il en résulte une photo plus claire dans sa partie gauche avec des bâtiments voilés. Avant de la corriger localement, commencez par régler la température de couleur à 6 200 K, allez dans le panneau Correction de l'objectif, cochez les trois cases et cliquez sur l'option *Auto* de l'outil Upright (étudié dans le TP 23).

2 L'histogramme montre que l'image est globalement un peu trop claire et qu'elle manque de tons sombres. Réduisez l'*Exposition* de 0,30 IL et tirez le curseur *Noirs* jusqu'à –40. La scène a gagné du tonus, mais la partie gauche reste trop claire.

3 L'examen en zoom 100 % est sans pitié : les bâtiments sont pâlichons et leurs contours manquent de netteté. C'est un effet classique qui affecte particulièrement les objectifs grand-angle en présence d'une forte lumière latérale. Pour le corriger, il faut réduire l'exposition et augmenter le contraste local avec le remarquable outil *Clarté* de Lightroom.

4 Quelques essais à l'aide des réglages de base montrent que réduire l'*Exposition* de 0,80 IL et augmenter la *Clarté* de +40 atténue fortement le problème. Hélas, appliquer globalement ces corrections détériore les parties de l'image qui n'en ont pas besoin. Il faut donc parvenir à restreindre leur effet aux seuls bâtiments de la partie gauche de l'image.

5 Le Pinceau de retouche est logé dans la barre d'outils sous l'histogramme. Cliquez sur son icône pour dérouler ses options. Deux méthodes sont disponibles : commencer par délimiter la zone à corriger à l'aide du pinceau puis ajuster les réglages, ou faire l'inverse. Puisque nous avons déjà déterminé la correction, autant la paramétrer directement. Aux –0,30 IL de correction globale d'*Exposition*, il faut retrancher –0,50 IL pour atteindre les –0,80 IL trouvés à l'étape 4. Poussez ensuite le curseur *Clarté* jusqu'à +40.

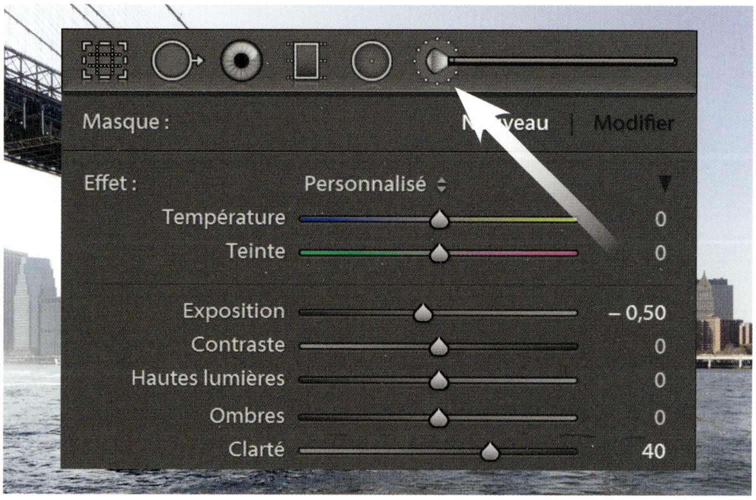

6 La partie inférieure des options du Pinceau de retouche définit les caractéristiques du pinceau : *Taille*, *Contour progressif*, *Débit* et *Densité* auxquels s'ajoute le *Masquage automatique*. Lorsque ce dernier est activé, le logiciel tente de reconnaître les pixels dont les caractéristiques en termes de contraste, de luminosité et de couleur sont différentes de celles de la zone peinte. Le cas échéant, il ne les peint pas, même s'ils se trouvent à l'intérieur du cercle qui définit le pinceau.

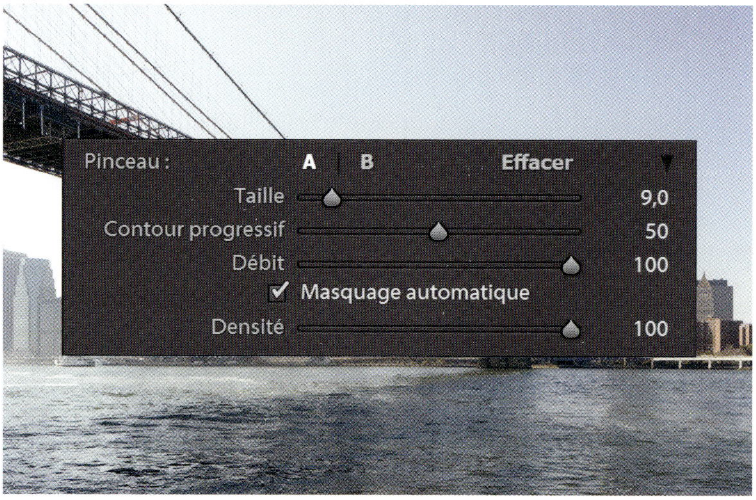

7 Appuyez sur la lettre O du clavier pour rendre visible le masque rouge et peignez avec un débit maximum les bâtiments de la partie gauche de l'image. Adaptez la taille du pinceau et n'hésitez pas à zoomer fortement dans l'image pour réaliser un masque le plus précis possible. Réduisez ensuite le débit et peignez légèrement la partie la plus claire de l'eau de l'East River afin de réduire le contraste avec les bâtiments.

8 Si vous débordez, pas de panique : maintenez enfoncée la touche OPT/ALT et gommez les zones peintes par erreur. Attention, les caractéristiques du pinceau et celles de la gomme sont distinctes. Pour faire une correction précise, placez-vous impérativement en zoom 100 %.

9 Une fois le masque achevé, appuyez sur la lettre O du clavier pour repasser en mode de visualisation normale. Le résultat est celui attendu, mais dans le cas contraire rien ne vous empêche de modifier les réglages initiaux ni de faire une nouvelle retouche locale, par exemple pour corriger la température de couleur des bâtiments situés le plus à gauche (ils conservent une légère dominante bleue). Le cas échéant, passez l'option du *Masque* en mode *Nouveau*. Chaque retouche est signalée par un petit cercle situé à l'endroit de l'image où elle a débuté. Lorsque les retouches sont terminées, cliquez sur l'icône du Pinceau pour replier ses options.

TP 21

Supprimer les défauts d'une image

Dans ce TP, vous allez apprendre le fonctionnement de l'outil de suppression des défauts dans le cas classique de l'élimination des poussières, puis le mettre en pratique dans une intervention destinée à supprimer plusieurs éléments d'une image.
Fichier : LR6_TP21.ARW

La présence de poussières ou de taches sur le capteur est le principal cauchemar des temps numériques. Des solutions de nettoyage comme les Sensor Swabs en viennent facilement à bout, mais trop tard pour les photos prises avec le capteur encore souillé. Heureusement tout n'est pas perdu, car Lightroom propose une solution de retouche très efficace. Mieux encore, dans bien des cas, elle peut être appliquée par lots et traiter en un clic la totalité des photos identiquement tachées. Au-delà des poussières, et sans toutefois égaler la puissance des outils de Photoshop, cette solution est en mesure de supprimer des petits éléments gênants par correction fusionnée ou par clonage. Elle peut aussi affronter des chantiers beaucoup plus ambitieux, comme vous allez l'expérimenter dans ce TP.

1 La vie d'un photographe est ponctuée de petites catastrophes comme un courant d'air qui fait entrer quantité de poussières lors d'un changement d'objectif. On voit ci-contre un zoom sur le coin supérieur gauche qui montre l'étendue des dégâts après pareille mésaventure. Se sont déposés sur le capteur non seulement des poussières, ce qui est classique, mais également des petits filaments organiques. Aux très faibles ouvertures utilisées en macro, on distingue toutes les imperfections. Nous allons voir comment utiliser l'outil de suppression des défauts pour nettoyer cette image.

2 L'outil Suppression des défauts est accessible en haut du volet de droite, ou par le raccourci Q. Le pinceau est un cercle défini par sa *Taille* et son *Opacité*. Une fois l'outil activé, positionnez le cercle au-dessus de la poussière et faites un simple clic dans le cas d'une utilisation ponctuelle comme pour la poussière ci-contre. Le logiciel analyse alors les pixels inclus dans le cercle et cherche dans le voisinage une zone de prélèvement qui puisse correspondre en termes de couleur, de luminosité et de texture. En mode *Corriger*, il fusionne alors la zone source et la zone cible.

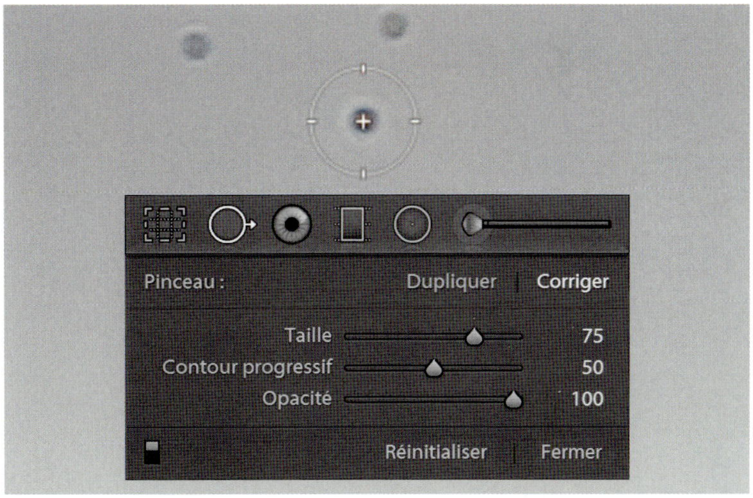

3 Une fois la correction réalisée, Lightroom affiche la zone source et la zone cible, reliées par une flèche. Dans notre exemple, la poussière a disparu et le résultat est parfait avec aucune rupture de tonalité. La zone source, sensiblement plus claire, montre qu'il ne s'agit pas d'un clonage comme en mode *Dupliquer*, mais d'une fusion intelligente. C'est cependant l'intervention la plus simple à réaliser pour le logiciel.

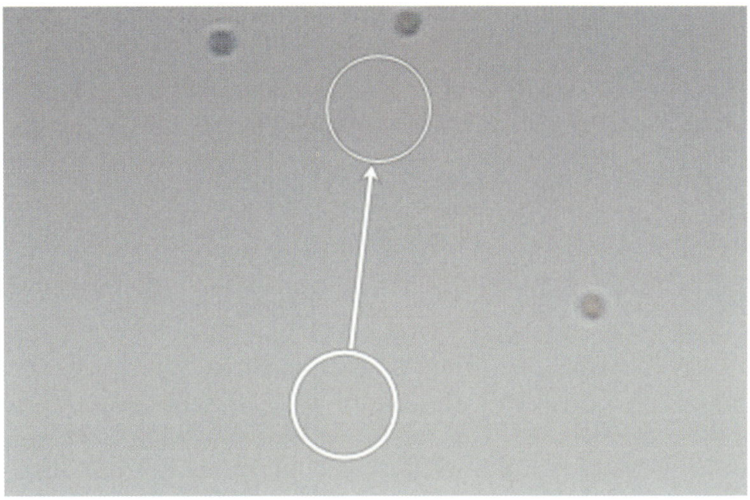

4 Plus délicate, la suppression du filament. Jusqu'à la version 4 de Lightroom, il n'y avait pas d'autre solution que de réaliser une succession d'opérations ponctuelles pour espérer parvenir à un résultat convenable. L'outil est depuis devenu un pinceau, ce qui étend considérablement son potentiel et son champ d'intervention. Il sait recouvrir en une passe le défaut à corriger, la seule difficulté étant le choix de la taille du pinceau. Il faut que celui-ci englobe le défaut en débordant, mais sans excès.

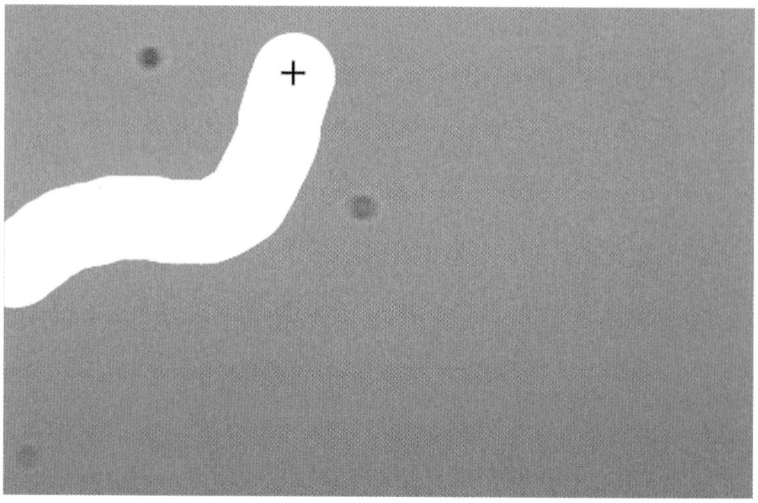

5 Le diamètre a été ici volontairement choisi un peu trop grand afin de favoriser un dysfonctionnement des algorithmes d'analyse. Dans la zone source choisie par Lightroom se trouve une poussière, qui se voit ainsi dupliquée. Il est toutefois rare que le logiciel fasse un mauvais choix. À sa décharge, il n'est pas censé savoir que la tache est un élément indésirable.

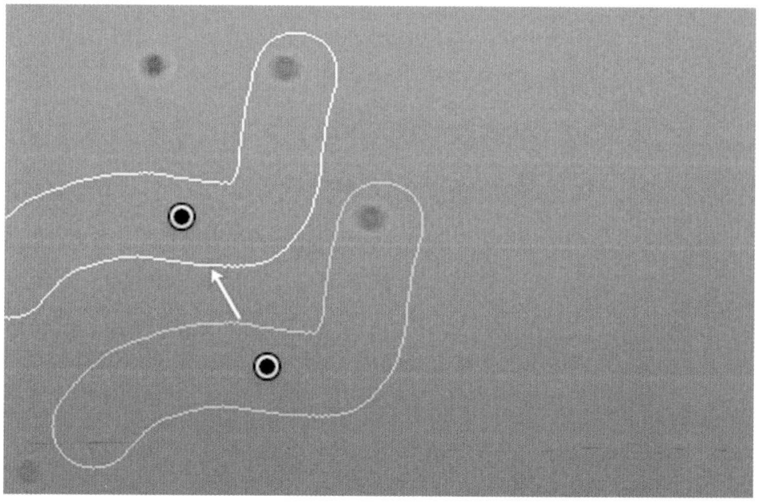

6 Lorsque la source choisie n'est pas idéale, il suffit de déplacer la sélection au-dessus d'une zone plus adéquate. Pour cela, cliquez sur la trace de la source, maintenez le clic et déplacez-la tout en surveillant le résultat à l'emplacement cible, la correction étant réalisée en temps réel. Lorsque vous êtes satisfait du résultat, relâchez le clic. On voit ci-contre que le filament a disparu sans laisser la moindre trace.

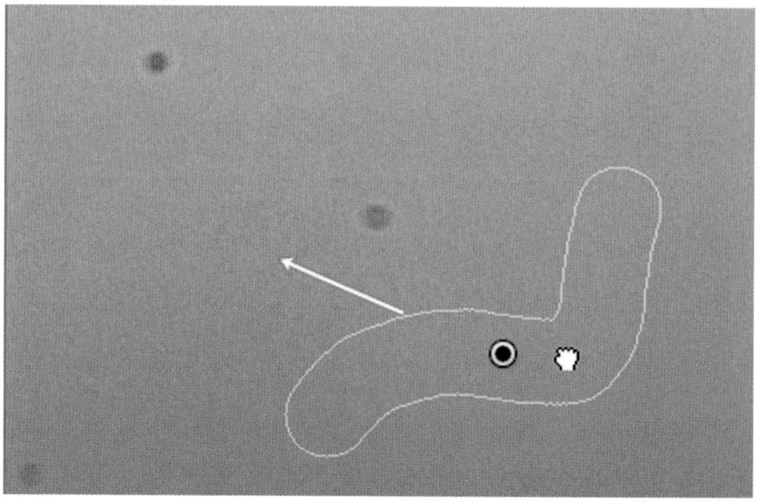

7 Le potentiel de l'outil de suppression des défauts va bien au-delà de l'élimination des poussières et des petits défauts de l'image. Vous allez le pousser dans ses retranchements en tentant d'éliminer tous les éléments gênants de cette photo : fils électriques, tuyau, gouttière et cornières métalliques ! La tâche, qui serait déjà rude avec Photoshop, semble impossible avec Lightroom. Et pourtant...

8 Les retouches à venir obéissent à deux principes. D'une part la correction fusionnée, le mode clonage n'étant ici jamais pertinent. D'autre part la progressivité : les gros éléments doivent être supprimés par morceaux faute de zone de prélèvement suffisamment vaste.
Démarrons par le plus gros élément à faire disparaître : la gouttière. Peignez une zone de taille modeste, mais qui excède la gouttière afin d'autoriser une petite zone de transition en contour progressif. Une fois la zone dessinée, relâchez le clic.

9 Le choix automatique de la zone source par Lightroom n'est pas très heureux, car un morceau de ferraille se retrouve dupliqué. En revanche, on note que la bordure est bien reconstituée, sans rupture apparente. Conservons ce bon positionnement vertical, mais cherchons une zone source qui n'introduise pas d'élément gênant.

10 Cliquez dans la zone source, maintenez le clic et déplacez-la vers la gauche tout en surveillant en temps réel le rendu dans la zone cible. Veillez surtout à assurer une parfaite continuité de la bordure. Lorsque le résultat vous semble convenir, ajustez le contour progressif pour parfaire la fusion.

11 Dessinez une nouvelle zone cible de taille modeste et qui englobe les parties imparfaites de la précédente. Amorcez impérativement votre tracé hors des zones sources et cibles déjà définies, sinon le logiciel considérera que vous désirez faire un déplacement et ne créera pas de nouvelle zone cible.

12 Cherchez, là encore, à assurer la continuité de la bordure, ce qui limite les zones sources pertinentes. Le résultat reste imparfait à la frontière entre la zone reconstituée et ce qui reste de la gouttière. Vous devrez donc l'englober lors du tracé de la zone cible suivante.

13 Pour éliminer rapidement la partie résiduelle verticale de la gouttière, choisissez une taille de pinceau suffisamment large, faites un premier clic à une extrémité et un ⇧ + clic à l'autre extrémité. Lightroom relie automatiquement les deux points par un segment de droite, ce qui évite un tracé hasardeux à main levée. Ajustez finement l'emplacement de la zone source afin de ne pas faire apparaître de discontinuité.

14 Après la gouttière, éliminez la grosse cornière métallique, puis intéressez-vous à la partie gauche de l'image. Un fil électrique et un tuyau sont à éliminer. Commencez par les parties inférieures en vous arrêtant un peu avant la bordure, puis achevez le travail avec progressivité. N'hésitez pas à refaire une correction qui ne vous semble pas parfaite.

15 Au final, une vingtaine de petites corrections ont été nécessaires pour obtenir un résultat crédible. Cela n'aurait guère été plus rapide avec un logiciel spécialisé comme Photoshop qui fait la différence dans des contextes très délicats grâce à la plus grande variété et maniabilité de ses outils de correction.

TP 22 Recadrer et redresser une photo

Recadrer et redresser une photo ne sont généralement pas des opérations difficiles à réaliser. Il existe néanmoins des différences ergonomiques considérables d'un logiciel à l'autre, qui peuvent induire des gains ou des pertes de temps tout aussi considérables. Or, pouvoir manipuler les photos est l'un des grands avantages du numérique sur l'argentique, et malgré les efforts d'application à la prise de vue, peu de photos à main levée sont parfaitement cadrées avec un horizon bien droit. Le temps passé à les corriger ne pouvant être réduit par un traitement par lots, le potentiel et la simplicité d'emploi des outils dédiés deviennent des éléments décisifs pour l'efficacité et la fluidité du flux de production.

1 L'outil *Recadrer et redresser* s'active en cliquant sur le rectangle tireté situé en haut du panneau de droite. Le panneau qui se déroule comporte deux modalités de redressement d'horizon (*Angle*), par tracé manuel sur l'image et par curseur.
Le recadrage peut être libre ou contraint. Le petit cadenas fermé indique un verrouillage des proportions, qui se déverrouillent par un simple clic. Le menu déroulant signalé par la flèche donne accès à une grande variété de rapports largeur/hauteur prédéfinis auxquels s'ajoute une solution personnalisable.

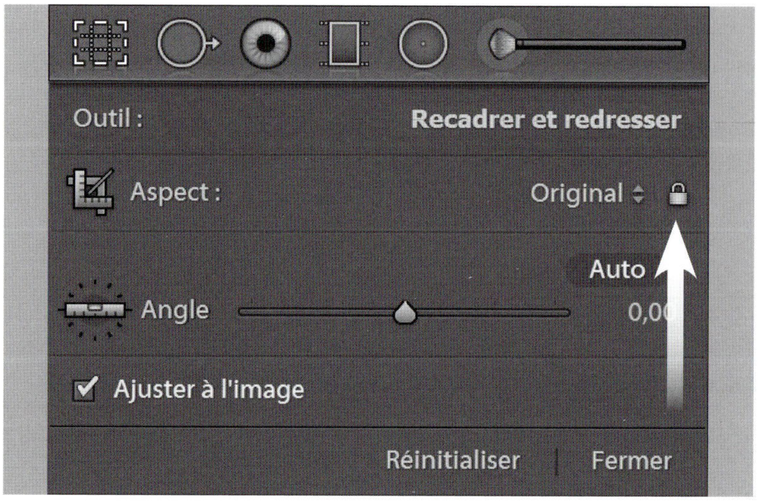

2 La solution la plus simple pour redresser un horizon, lorsque celui-ci est aisé à repérer, est de s'emparer de l'outil manuel *Redressement* (symbolisé par une règle) et de tracer une ligne matérialisant l'horizon (ici surlignée en rouge). L'image se redresse et se recadre automatiquement en suivant la règle prescrite. Par défaut, le rapport largeur/hauteur est préservé. Si l'horizon n'est pas simple à repérer, mais qu'une verticale supposée est visible, tracez-la. Pour peu que l'erreur de cadrage soit inférieure à 45° (le contraire est difficilement imaginable), le logiciel comprend qu'il s'agit d'une verticale et procède au redressement.

3 Si vous êtes adepte des curseurs, tirez celui proposé dans l'outil *Angle*, vous obtiendrez le même résultat. Pour vous aider, le logiciel affiche une grille serrée. C'est le cas également pour la troisième solution, qui est peut-être la plus ergonomique. Cliquez à l'extérieur de l'image, maintenez le clic et faites glisser le pointeur dans le sens qui convient pour faire pivoter l'image. Celle-ci se recadre automatiquement, mais attention : si vous n'avez pas coché l'option *Contraindre le recadrage*, les dimensions de l'image recadrée ne sont pas maximisées. Si vous glissez dans un sens suivi d'un retour au point de départ, vous obtenez une image plus petite. Pensez-y.

4 Une fois l'image redressée, vous pouvez la recadrer en tirant les poignées situées sur chaque côté du rectangle. Là encore, le rapport largeur/hauteur dépend de ce que vous avez prescrit. Si vous désirez exécuter un recadrage aux proportions libres, vous devez cliquer sur le cadenas pour supprimer toute contrainte.

5 La dernière solution de recadrage est le tracé direct au moyen de l'outil *Recadrage d'image* (symbolisé par une équerre). Choisissez un point de départ, le coin supérieur gauche par exemple, cliquez dans l'image et faites glisser le pointeur de la souris jusqu'au coin inférieur droit tout en maintenant le clic. Si vous avez choisi un rapport largeur/hauteur fixe, il est imposé pendant le tracé, mais le rapport inverse est également accepté. Ainsi, avec une image au rapport 3:2, vous pouvez tracer un cadre au rapport 2:3 sans être obligé de le spécifier.

TP 23 Corriger les défauts optiques et géométriques

Aucun objectif n'est doté d'une formule optique parfaite, capable de produire une image détaillée sur l'ensemble du champ et exempte de vignetage, d'aberration chromatique et de distorsion. Lightroom offre un panneau spécifiquement dédié à la correction de ces défauts, de nombreux objectifs bénéficiant d'une prise en charge automatique. Pour les autres, il faut passer en mode manuel et tenter de corriger les problèmes les plus perceptibles. Ce TP passe en revue les différents défauts optiques et explore les solutions pour les corriger. Il s'attarde particulièrement sur la suppression de la frange qui est une intervention manuelle aussi délicate qu'importante pour les photos prises à très grande ouverture.

1 Le panneau Corrections de l'objectif s'ouvre sur l'onglet *Basique* qui pilote plusieurs options automatiques et contient le nouvel outil Upright de redressement des perspectives et de l'horizon (voir TP 24). Le traitement automatique des défauts optiques est logé dans l'onglet *Profil* tandis que les corrections de l'aberration chromatique et de la frange sont regroupées dans l'onglet *Couleur*. Les opérations doivent *a priori* être réalisées dans l'ordre suggéré par le logiciel : correction des défauts optiques, suppression de l'aberration chromatique et, si besoin, correction de l'horizon et des perspectives.

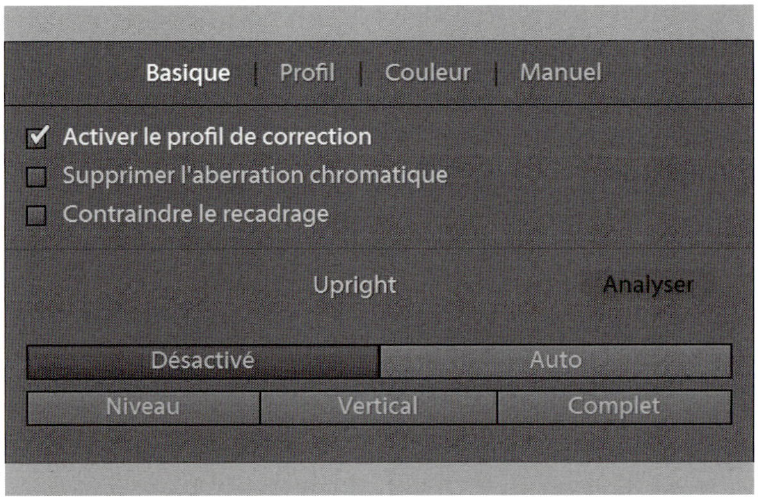

2 Le défaut optique le plus perceptible est la distorsion qui courbe les verticales et les horizontales en barillet (lignes attirées vers l'intérieur) ou en coussinet (lignes repoussées vers l'extérieur). L'aberration chromatique, contour coloré qui apparaît surtout dans les zones de fort contraste et hors plan de mise au point, mesure rarement plus de quelques pixels. Elle n'est visible qu'en zoom à l'écran ou en tirage de grand format. Quant au vignetage, il se traduit par un obscurcissement des coins de l'image. Dans l'onglet *Profil*, Lightroom propose une correction automatique de l'ensemble de ces défauts lorsque l'objectif est pris en charge, comme c'est le cas ici.

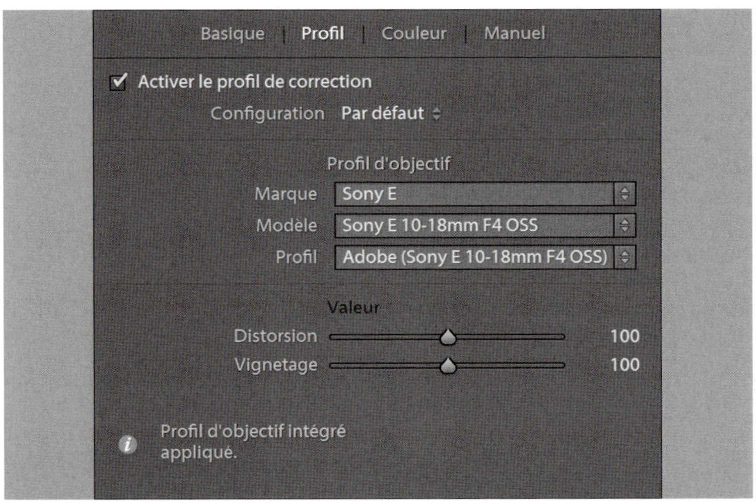

3 Cette photo de la gare Grand Central, à New York, a bénéficié du profil d'objectif intégré à Lightroom. La partie corrigée est à gauche, l'image de départ à droite. Contrairement à ce que vous pourriez penser, la distorsion a été résorbée : les perspectives fuyantes ne sont pas une distorsion, mais un phénomène optique naturel que nous traiterons dans le TP 24.

4 Même si le vignetage est modéré sur cette photo, on distingue clairement l'éclaircissement de la périphérie dû à la correction automatique sur ce collage en zoom 100 % (à gauche la photo corrigée, à droite la photo non corrigée). Lorsqu'il est fort, ce qui est parfois le cas aux plus courtes focales des zooms utilisés à grande ouverture, le vignetage peut être gênant, car il ferme l'image et peut aller jusqu'à dénaturer les couleurs. Or, si la correction sait éclaircir, elle n'est pas en mesure de restituer à l'image sa couleur normale. C'est un cas limite qui ne concerne pas cette photo, mais il n'est pas si rare avec certains zooms d'entrée de gamme (qu'il vaut mieux utiliser à petite ouverture).

5 Pour les objectifs qui ne sont pas pris en charge par Lightroom, il faut réaliser une correction manuelle accessible dans l'onglet *Manuel*. Le groupe de curseurs *Transformation* est très complet. Outre la distorsion, il procède à une déformation de l'image sur la verticale, l'horizontale et en rotation. Le curseur *Échelle* fonctionne comme un zoom. Le plus difficile est de trouver le bon dosage, mais il n'existe hélas pas de recette universelle.

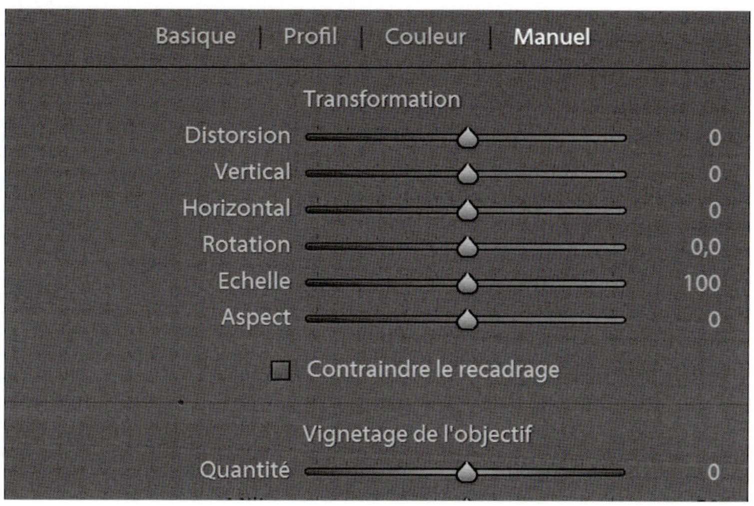

6 Cette photo prise à f/1,4 a été choisie pour mettre en évidence l'aberration chromatique et la frange colorée qui apparaissent sur les zones de fort contraste, à grande ouverture et loin du plan de mise au point. Le visage du guitariste est parfaitement net, mais le manche de l'instrument est flou, ce qui en fait un bon candidat.

7 Après avoir coché l'option de suppression automatique de l'aberration chromatique, on distingue clairement une double frange résiduelle. La plus visible est verte, mais la frange violette est également perceptible par endroits.

8 La correction manuelle de cette frange est logée dans l'onglet *Couleur* du panneau Corrections de l'objectif. Sont disponibles une pipette et un jeu de deux curseurs pour chaque type de frange. *Valeur* fixe l'intensité de la correction, *Teinte* définit la plage de couleur concernée. La correction doit être réglée précisément afin de ne pas altérer les couleurs des zones de l'image non concernées.

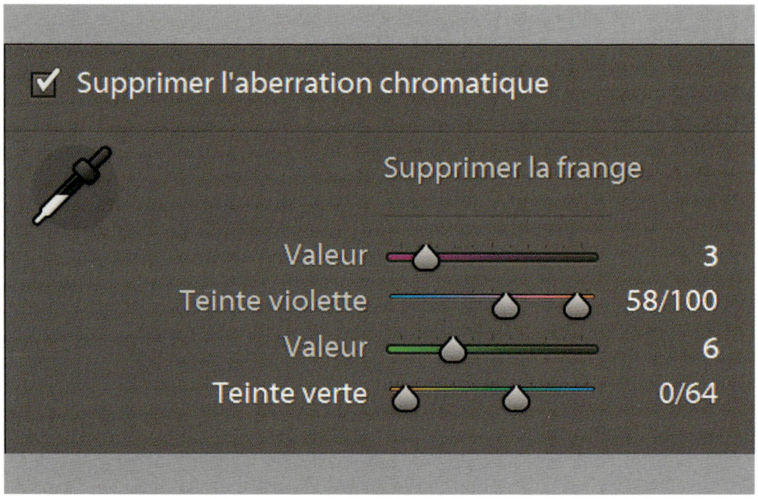

9 La pipette simplifie la détermination de la plage de couleur. Son usage est simple : activez la pipette en cliquant sur son icône dans le panneau, repérez une frange caractéristique et cliquez. Le logiciel définit automatiquement une plage que vous pouvez ajuster si elle ne couvre pas toutes les teintes de la frange. Il reste à fixer l'intensité de la correction. Pour cela, poussez le curseur *Valeur* tout en surveillant l'effet de la correction. Choisissez la plus petite valeur qui supprime totalement la frange.

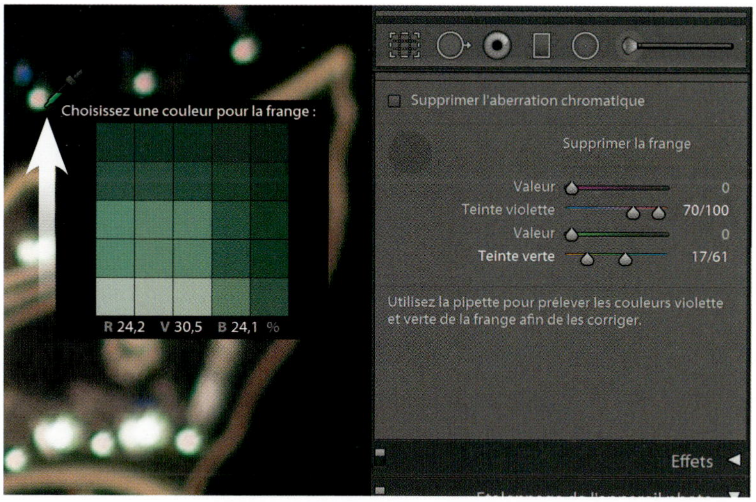

10 On voit ci-contre le résultat après suppression de la frange verte. Il aura fallu pousser l'intensité jusqu'à 6, avec une plage de teinte assez étendue. Il reste à corriger la frange violette – moins perceptible – selon le même principe.

11 À l'issue de la correction, réalisée avec les réglages du panneau de l'étape 8, le résultat est parfait. Notez que si l'aberration chromatique et la frange sont généralement de faible épaisseur, le redimensionnement peut paradoxalement les rendre plus perceptibles au lieu de les atténuer. Il est donc important de les corriger.

TP 24

Redresser le niveau et les perspectives avec l'outil Upright

Dans ce TP, vous allez tester les fonctionnalités automatiques du nouvel outil Upright de redressement de l'horizon et des perspectives sur un exemple où ce phénomène optique est particulièrement sensible : la photo urbaine au grand-angle.

Fichier : LR6_TP24.ARW

Pour le redressement des perspectives, Lightroom a toujours été en retard sur les logiciels concurrents, notamment DxO Optics Pro et Capture One. Avec Upright, l'ambition d'Adobe est non seulement de combler ce retard, mais de rendre l'opération simple et efficace. Au lieu de fournir un outil manuel comme DxO Optics Pro et Capture One, Lightroom a osé l'automatisme dans le domaine pourtant délicat de la correction géométrique ! Pour bien juger Upright, il faut se souvenir que les perspectives fuyantes ne sont pas dues à un défaut de l'objectif, mais sont un phénomène optique naturel. Pour garantir un redressement parfait, il faudrait fournir au logiciel de nombreuses informations, hélas, non enregistrées par l'appareil : position exacte du photographe, inclinaison du boîtier, etc. Malgré ce manque, les automatismes d'Upright sont assez bluffants !

1 L'outil automatique Upright de correction géométrique (qu'Adobe a choisi de ne pas traduire) comporte cinq boutons. *Auto* est le mode entièrement automatique d'Upright. Il est associé à un redressement automatique de l'horizon nommé *Niveau*, une correction des perspectives sur l'axe vertical et un mode *Complet* qui travaille sur les verticales et les horizontales. Nous allons dans un premier temps tester l'outil *Niveau* sur la photo du TP 22 que nous avions redressée à l'aide des outils classiques de Lightroom.

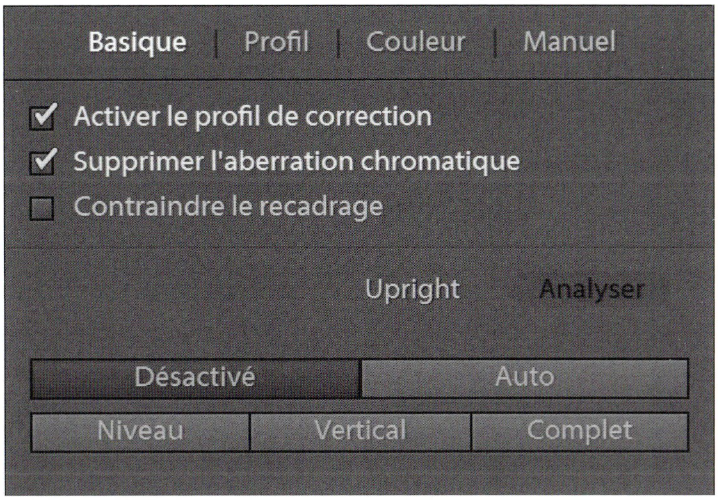

2 Cliquez sur le bouton *Niveau*. Pour vérifier le bon redressement de l'horizon, affichez la grille et gérez son opacité et l'espacement des cellules en appuyant sur la touche CMD CTRL. On voit que le résultat est parfait. Vous constaterez que l'efficacité de cet outil est remarquable, y compris dans des situations beaucoup plus complexes. Si vous avez un léger biais systématique à la prise de vue, vous pouvez même envisager d'appliquer l'outil *Niveau* par lots à toutes vos photos.

3 Double-cliquez sur l'intitulé Upright pour réinitialiser la correction, puis cliquez sur le bouton *Auto*. Le résultat est différent. On constate que le logiciel a privilégié l'horizontalité du pont à celle de l'horizon, ce qui n'est pas la meilleure idée dans le cas présent. Il a également redressé les verticales, effet très visible sur les piles du pont. Le bilan du mode *Auto* est donc mitigé sur cet exemple.

4 Nous allons tester ses capacités sur cette photo qui présente un horizon très légèrement penché et des verticales fuyantes, très classiques avec un objectif ultra-grand-angle et particulièrement perceptibles en photographie urbaine.

5 Commencez par améliorer la photo de départ dans le panneau des réglages de base. Portez la *Température de couleur* à 5 700 K, tirez le curseur *Hautes lumières* à son minimum –100 et poussez le curseur *Ombres* jusqu'à +60. L'image est prête pour le redressement des perspectives.

6 Commençons par l'outil *Auto* qui combine intelligemment la correction du niveau et des lignes horizontales et verticales, tout en maîtrisant la distorsion induite. Le but n'est pas ici de produire une photo dont les lignes sont parfaitement droites, mais le meilleur résultat visuel. Dans notre cas, le résultat semble très bon, mais vérifions que les autres outils ne font pas encore mieux.

7 L'outil *Vertical* ne corrige que les perspectives verticales. Si le résultat est bon, il l'est moins qu'avec l'outil *Auto* à cause notamment de l'absence de correction de niveau.

8 L'outil *Complet* produit également un bon résultat, avec toutefois un léger défaut de verticalité que met en évidence la grille superposée. Cet outil est stupéfiant face à certaines scènes complexes, mais il est aussi le plus imprévisible : il applique parfois d'improbables et peu réalistes effets de rotation.
On remarque dans les trois rendus un écrasement de l'image, qui est un défaut inévitable de ce type de correction et constitue la limite des automatismes d'Upright. Il vous revient donc de rectifier les défauts d'aspect.

9 Pour affiner le travail d'Upright, vous disposez de nombreux outils logés dans l'onglet *Manuel*. Ils servent en priorité à corriger manuellement les défauts optiques lorsque l'objectif utilisé n'est pas pris en charge. Dans le cas d'un écrasement de l'image (ou de son étirement, mais c'est plus rare), c'est au curseur *Aspect* qu'il faut faire appel.

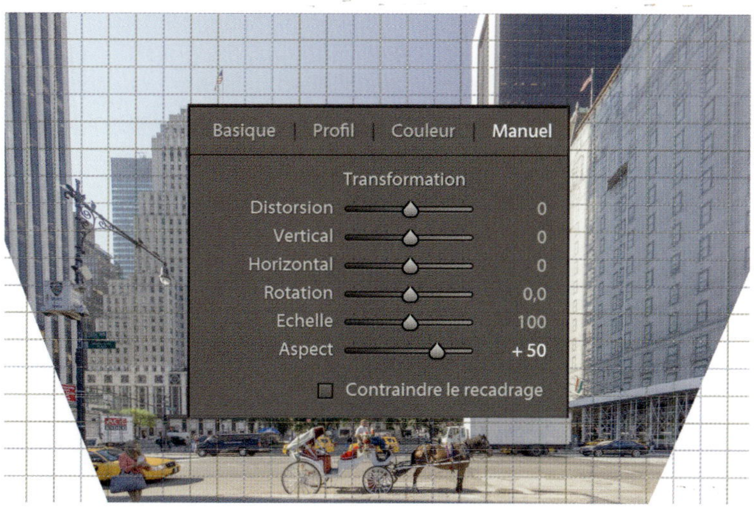

10 Pour trouver le bon dosage, il faut avoir une mémoire fidèle de la scène, ou trouver dans l'image des éléments dont on connaît intuitivement les proportions. Cela pourra être ici la proportion des personnes, du cheval ou des véhicules, ou encore la circularité des roues. Pour étirer verticalement le rendu de l'outil Upright *Auto*, une valeur de +50 semble ici convenir. Notez que tous les outils de ce genre sont logés à la même enseigne, celui de Lightroom ne faisant pas exception.

11 Cliquez ensuite sur *Contraindre le recadrage*. Mauvaise surprise : le logiciel a choisi de privilégier la partie haute de l'image, et non la partie basse pourtant indispensable (ce que Lightroom ne peut deviner). Essayons de comprendre les raisons qui ont poussé le logiciel à faire un tel choix.

12 Cliquez sur le bouton de recadrage dans la barre d'outils pour afficher l'ensemble de l'image. La raison du choix fait par Lightroom est purement comptable : recadrer sur la partie haute permet de récupérer le plus grand nombre de pixels de l'image d'origine. Le choix de Lightroom est donc logique, même s'il n'est pas satisfaisant d'un point de vue photographique.
Pour corriger le recadrage, réduisez la taille du cadre en tirant sur la poignée supérieure, faites-le descendre avec un clic maintenu, puis tirez vers le haut la poignée supérieure jusqu'à atteindre la largeur maximale possible. Faites *Entrée* pour valider le nouveau recadrage.

13 Le recadrage n'est pas très satisfaisant du fait de la présence de l'avant d'un taxi jaune sur la partie gauche de l'image. Mieux vaut recadrer de façon plus serrée sur la calèche, ce qui a l'effet bénéfique supplémentaire de moins la centrer.

14 Rien ne vous oblige à conserver le ratio d'aspect de l'image d'origine. Pour vous libérer de cette contrainte, cliquez sur le cadenas dans les options de l'outil de recadrage. La scène urbaine étant statique, un cadrage carré comme ci-contre produit un effet plaisant et met bien en valeur la verticalité des bâtiments. Un cadrage vertical est également envisageable, mais il s'avère un peu décevant ici.

15 Upright est logiquement présent dans les paramètres prédéfinis de développement. Il est donc possible de l'appliquer à un lot d'images. Pour redresser automatiquement l'horizon, il n'est pas utile d'en passer par là : sélectionnez toutes les images concernées dans le Film fixe et cliquez sur le bouton *Niveau*. Chaque image bénéficiera d'une analyse individuelle et d'une rectification adaptée.

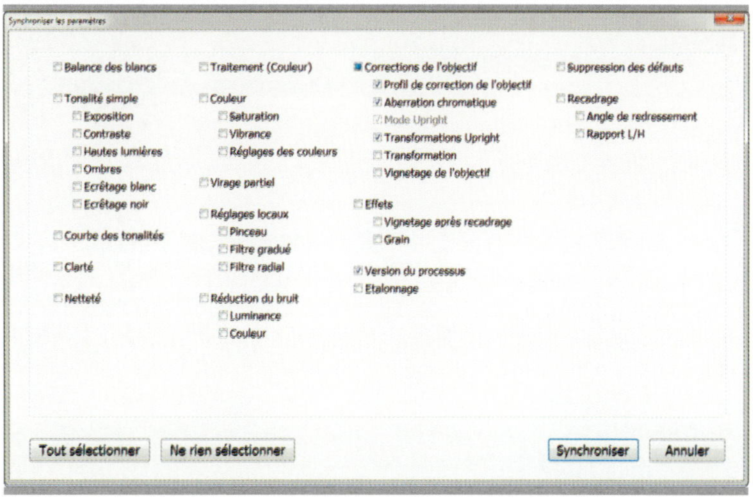

TP 25 Maîtriser le Filtre gradué et le Filtre radial

Par sa faculté à créer un masque progressif, le filtre gradué pallie les limites du Pinceau de retouche. Quant au filtre gradué, il crée un vignetage créatif destiné à mettre en valeur une partie de l'image. Dans ce TP, vous apprendrez à maîtriser ces deux filtres.
Fichier : LR6_TP25.ARW

Le Filtre gradué et le Filtre radial s'apparentent au pinceau de retouche locale : ils offrent les mêmes réglages et fonctionnent sur un principe de masquage similaire. Cependant, les masques sont définis de façon semi-automatique et l'effet est progressif. Cette différence majeure fait des deux filtres de Lightroom un excellent complément du pinceau de retouche avec lequel il serait impossible de créer manuellement de tels masques. L'usage du Filtre gradué se concentre sur la récupération des ciels très lumineux, mais il est adapté à d'autres scènes très dynamiques. Il joue le rôle des filtres dégradés neutres souvent utilisés dans les temps argentiques. Avec Lightroom 6/CC, le Filtre gradué a gagné un précieux pinceau de correction du masque. Quant au Filtre radial, qui crée une variété de vignetage positif ou négatif, il se destine aux effets créatifs.

1 L'intérêt du Filtre gradué vient de sa capacité à créer des masques progressifs que ne saurait faire le Pinceau de retouche. Sur cette photo vénitienne un peu sous-exposée, nous voudrions augmenter la luminosité des bâtiments et de l'eau, mais pas celle du ciel. Mieux, nous aimerions créer une intensification progressive du ciel. Seul le Filtre gradué est en mesure de réaliser cela.

2 Commencez par augmenter l'exposition de +1,50 IL. Le résultat est satisfaisant pour les bâtiments et l'eau, mais le ciel est trop clair et son uniformité rend la photo un peu fade malgré la présence des nuages. L'idée est de créer une intensification progressive du ciel du bas vers le haut.

3 Le Filtre gradué (raccourci M) est logé à gauche du Pinceau de retouche. Un clic sur son icône déploie le panneau contenant les réglages qui peuvent être appliqués à la zone d'intervention que délimite le masque. La liste des réglages s'est étoffée au fil des versions de Lightroom. S'y trouve désormais la totalité des réglages de base, y compris la température de couleur. Notez que les curseurs sont gradués en valeur relative, tous étant à zéro par défaut. Il s'agit bien de corriger localement des réglages, et non de les fixer.

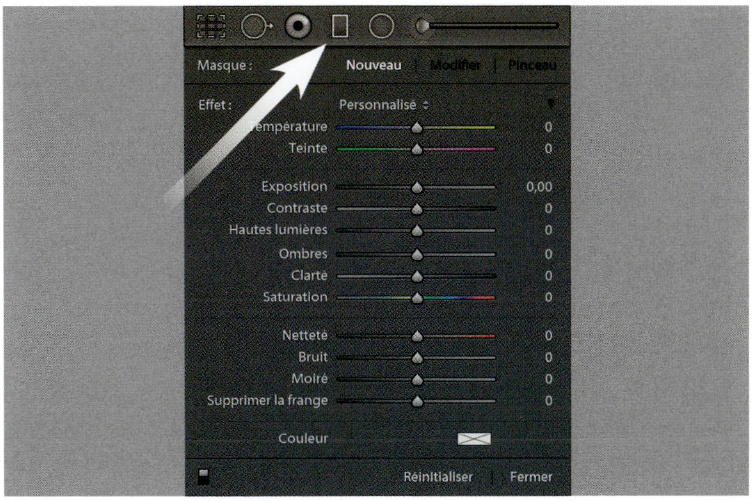

4 Le Filtre gradué est constitué de trois lignes qui matérialisent la partie dégradée du masque. Ces lignes se tracent par glissement sur l'image avec un clic maintenu. Le clic initial définit la position de la première ligne, la dernière ligne correspondant à la fin du maintien du clic. La ligne médiane sur laquelle se situe la pastille est à exacte distance des deux autres. Pour tracer des lignes horizontales, appuyez simultanément sur la touche ⇧.
Le principe de fonctionnement du filtre est simple : l'effet est maximal au-dessus de la première ligne tracée, nul sous la dernière ligne et dégradé entre les deux lignes extrêmes.

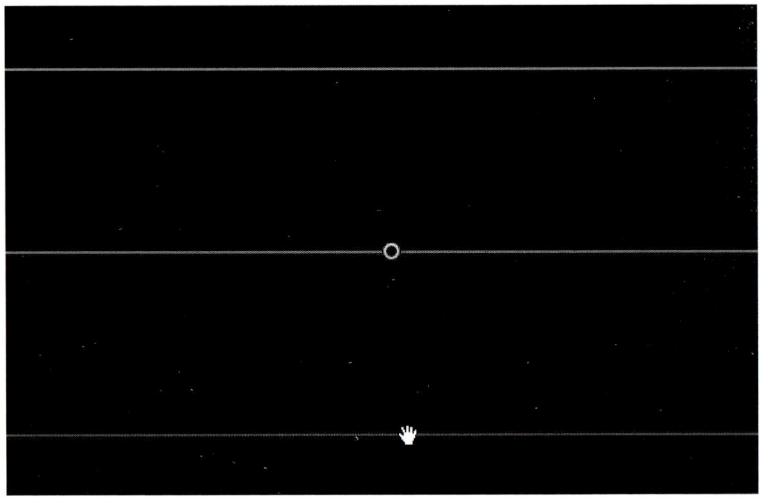

5 Vous n'êtes pas obligé de réaliser ce tracé sur une verticale, ni même de haut en bas. Les situations où des lignes obliques sont pertinentes ne sont sans doute pas majoritaires, mais notez que c'est possible.
Le tracé initial n'est pas immuable. Si vous approchez le pointeur d'une ligne, la main apparaît. Cliquez et faites glisser le pointeur pour déplacer la ligne. Vous pouvez également déplacer la pastille centrale, ce qui aura pour effet de déplacer en bloc les trois lignes sans modifier leur écartement. Enfin, vous pouvez faire pivoter l'ensemble autour de la pastille en tirant sur la ligne médiane lorsqu'apparaît le petit symbole de rotation (montré par la flèche).

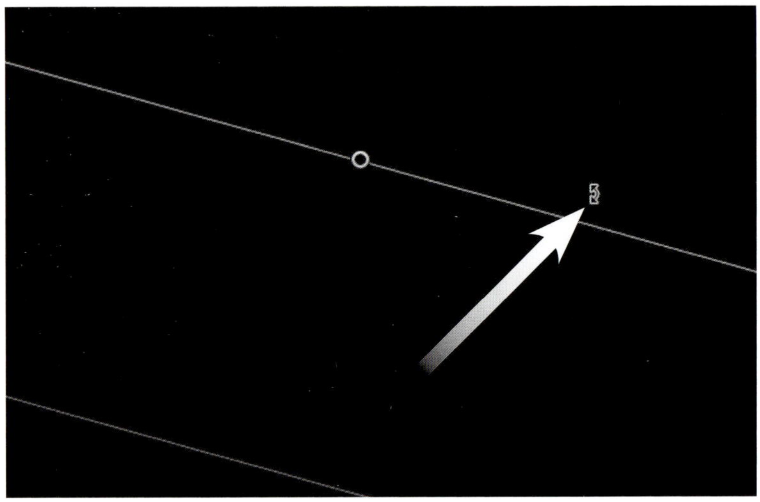

6 Activez le Filtre gradué, cliquez sur la partie haute de l'image, appuyez sur la touche ⇧ pour assurer l'horizontalité des lignes et faites glisser le curseur jusqu'au bas de l'image. Le bouton de contrôle est situé sur la ligne médiane. Le masque est créé, mais les réglages n'ayant pas encore été modifiés, aucun effet n'est visible.

7 Pour obtenir ce résultat, le curseur *Exposition* a été tiré jusqu'à –1,50 IL et un soupçon de *Saturation* a été ajouté (valeur 20). L'effet est maximal au niveau de la ligne supérieure, puis il décroît pour s'annuler sous la ligne inférieure. Le positionnement initial n'est cependant pas parfait, car le bas du ciel reste un peu clair. Plutôt qu'intensifier encore plus la partie haute, cliquez sur le bouton de contrôle du filtre et faites-le glisser vers le bas.

8 Le résultat serait parfait si les bâtiments ne subissaient pas également l'effet du filtre. Pour le constater, appuyez sur O afin d'afficher le masque en rouge. On voit distinctement que les bâtiments sont affectés. Pour un résultat optimal, il faudrait parvenir à corriger localement le masque.

9 Dans Lightroom 5, il fallait recourir à une retouche locale pour y parvenir (très approximativement). Le nouveau pinceau du Filtre gradué est beaucoup plus efficace. Pour l'activer, cliquez sur *Pinceau* dans les options de *Masque*. Son fonctionnement est identique au Pinceau de retouche, avec les mêmes réglages en mode ajout ou gomme.

10 Maintenez enfoncée la touche OPT ALT pour passer le pinceau en mode gomme et éliminez délicatement les zones recouvertes par le filtre. Pensez à activer le *Masquage automatique*, car vous n'avez pas le droit de déborder. Si cela vous arrive, n'essayez pas de corriger votre erreur avec un pinceau positif : vous n'arriverez pas à reproduire la progressivité du masque. Surveillez attentivement vos corrections et annulez la dernière si elle ne vous satisfait pas pleinement.

11 La retouche est terminée. Désactivez le Filtre gradué en cliquant sur son icône et dynamisez l'image en ajoutant un peu de *Clarté*. Ce résultat aurait été impossible à obtenir avec le Pinceau de retouche.

12 Le Filtre radial est une autre option semi-automatique de création de masques. Il ne s'agit plus cette fois d'un dégradé linéaire mais elliptique, avec gestion de la progressivité des effets. Dans le panneau du Filtre radial, on retrouve les mêmes outils que pour le Filtre gradué.

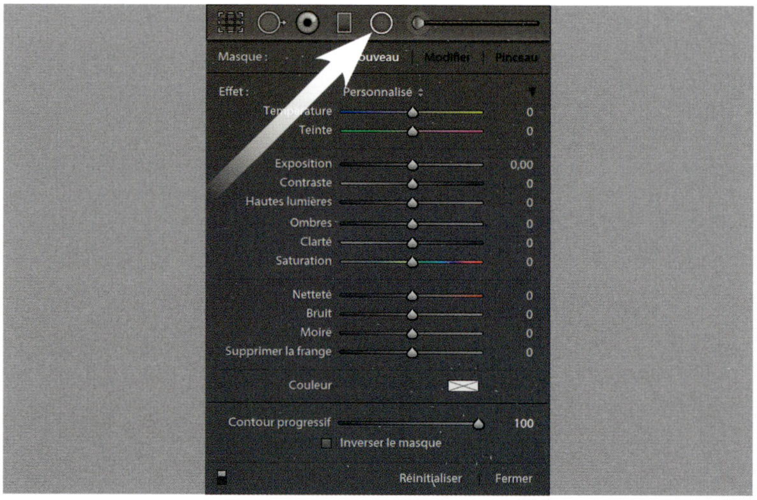

13 L'ellipse du Filtre radial se trace en partant du centre. Vous tirez alors le coin du rectangle fictif dans lequel est inscrite l'ellipse. Si votre tracé n'est pas parfait, ne le refaites pas, il est entièrement modifiable. Vous pouvez déplacer globalement l'ellipse par un clic maintenu sur son centre et modifier sa forme en tirant les quatre poignées. Pour la faire tourner, approchez le pointeur de la souris de l'ellipse jusqu'à voir apparaître le symbole habituel de rotation. Cliquez et faites pivoter l'ellipse.

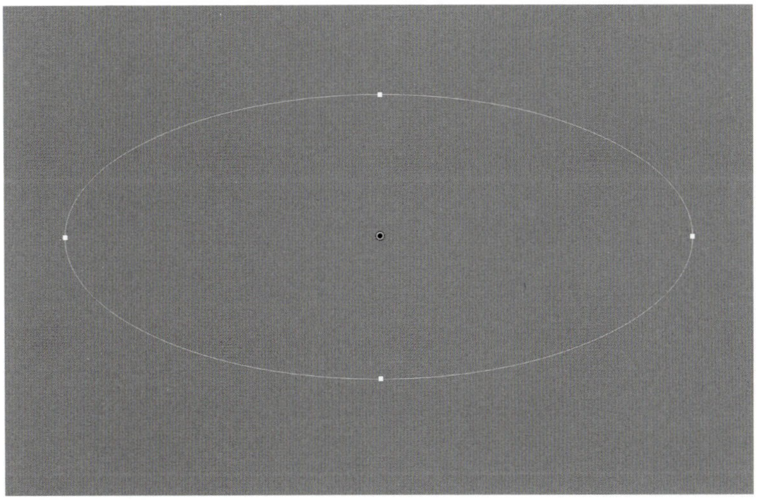

14 Lorsque l'ellipse est en place, il reste à appliquer les effets désirés. Ici, pour illustrer le contour progressif (réglable à l'aide du curseur au bas du panneau), nous avons simplement réduit l'exposition avec un contour progressif de 50. Retenez que par défaut, l'effet s'applique à l'extérieur du masque, mais celui-ci peut être inversé dans le panneau.

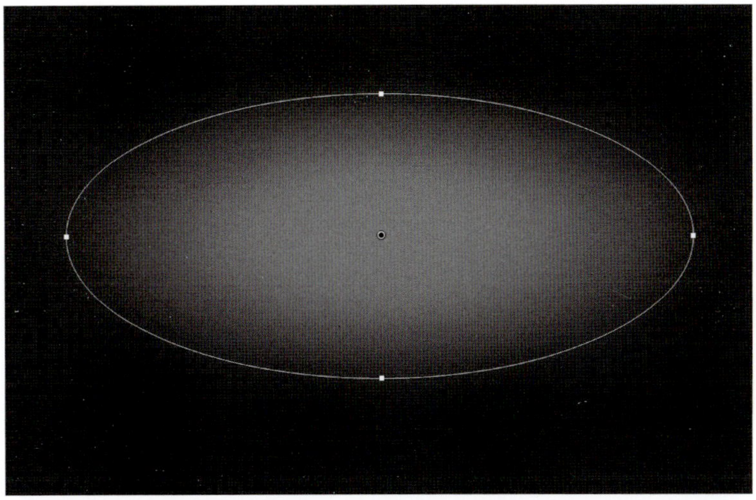

15 Ce filtre est un outil créatif destiné à mettre en valeur une partie de l'image. Celle de ce TP n'est pas particulièrement propice, mais à titre d'illustration nous avons tout de même appliqué deux fois le filtre, horizontalement et verticalement, pour faire ressortir les bâtiments. À vous d'user de cet outil de façon plus pertinente !

TP 26

Réduire le bruit et accentuer la netteté

Dans ce TP, nous atteignons la dernière phase du développement et de la retouche. Réduire le bruit et accentuer la netteté des images sont des opérations essentielles, mais délicates. Trouver la juste dose sans aller trop loin sera votre challenge.

Fichier : LR6_TP26.RAF

Lutter contre le bruit a été la priorité des constructeurs et des éditeurs de logiciels ces dernières années, au point que la bataille est à présent quasiment gagnée : les appareils récents peuvent monter à des sensibilités à peine imaginables du temps de l'argentique. La difficulté aujourd'hui, avec des outils aussi performants que celui que propose Lightroom, est de ne pas aller trop loin au risque de détruire les fins détails de l'image. L'accentuation est un problème complexe qui se traite idéalement en deux étapes. La première, à l'intérieur du logiciel, est une accentuation de compensation qui redonne à l'image la netteté perdue à tous les stades de la transformation de la lumière en image. La seconde étape est dite accentuation de sortie. Elle s'applique sur l'image à sa taille finale et se dose en fonction du sujet et du média de destination.

1 Les fonctions de réduction du bruit et d'accentuation de la netteté sont situées dans le panneau Détail. La photo que nous avons choisie a été prise il y a plusieurs années avec un bridge de bon niveau, mais à une sensibilité ISO très élevée pour l'époque et pour ce type d'appareil à petit capteur. L'objectif n'est pas de supprimer totalement le bruit – très présent – sous peine de transformer la photo en aquarelle, mais de le réduire suffisamment pour qu'il ne soit plus visible sur un tirage papier de format A4.

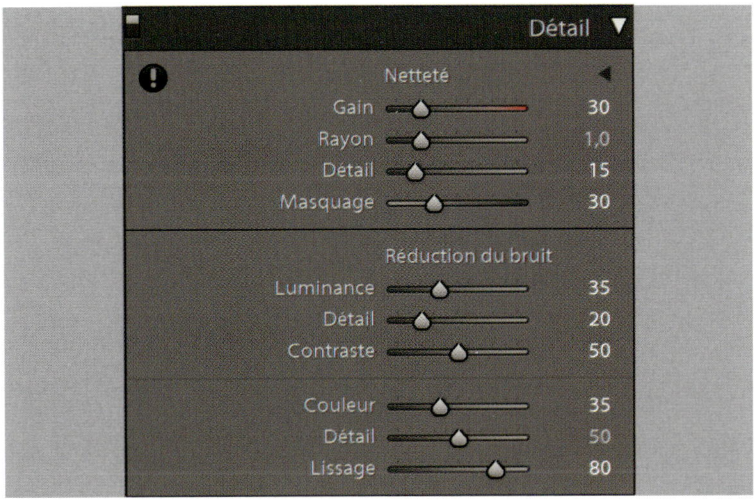

2 Afin de rendre le bruit perceptible à lecture de cet ouvrage, nous avons choisi un très fort zoom 300 %, évidemment déraisonnable dans une pratique normale. Lorsque vous traiterez vos photos, n'oubliez pas que ce que vous observez en zoom 100 % à l'écran est l'extrait d'une image de taille gigantesque qui n'a que peu de rapport avec le rendu imprimé. Chercher à supprimer totalement le bruit en zoom 100 % est donc le plus souvent une erreur qui se paie par une absence de détails sur la photo imprimée. Pour apprécier le bruit réellement visible, affichez l'image à sa taille finale (ou un peu plus grande) en faisant appel aux différents niveaux de zoom proposés par Lightroom

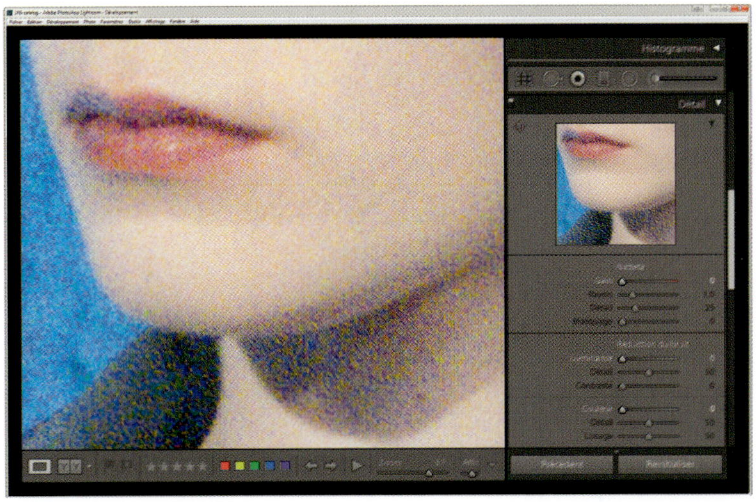

3 La *Réduction du bruit* traite séparément les composantes *Couleur* et *Luminance* du bruit. Il faut impérativement commencer par supprimer la composante colorée. Bien que le bruit semble très fort lorsque le curseur *Couleur* est mis à zéro, comme sur la vignette de l'étape 2, la valeur par défaut 25 fait disparaître en grande partie la couleur des grains de bruit. Il reste toutefois du bruit basse fréquence (taches colorées). Chercher à le faire entièrement disparaître en poussant le curseur *Couleur* risquerait de désaturer les « vraies » couleurs de la photo. Mieux vaut jouer avec le curseur *Lissage* qui est dédié à ce type de bruit. *Couleur* à 35 et *Lissage* à 80 donnent ici un très bon résultat.

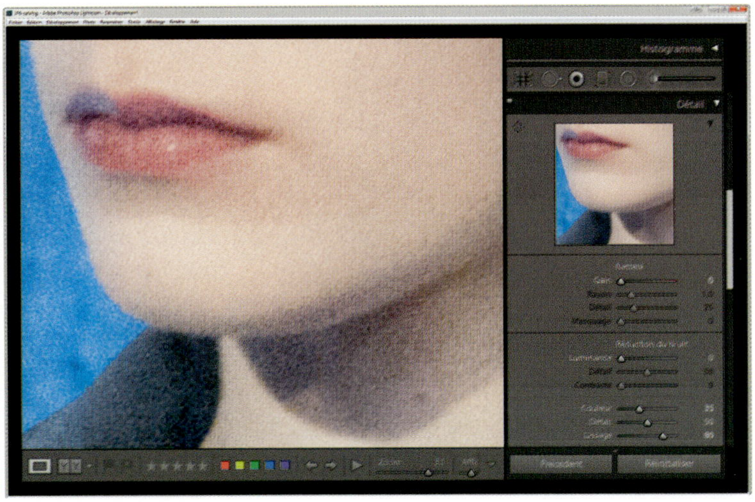

4 Tentons à présent de réduire la composante *Luminance* du bruit qui, n'étant plus coloré, peut désormais être appelé grain par analogie avec l'argentique. Une valeur de 30 est ici largement suffisante pour le rendre invisible sur un tirage au format A4. Une fois le niveau global fixé, il convient de vérifier que la destruction des détails n'a pas été excessive.

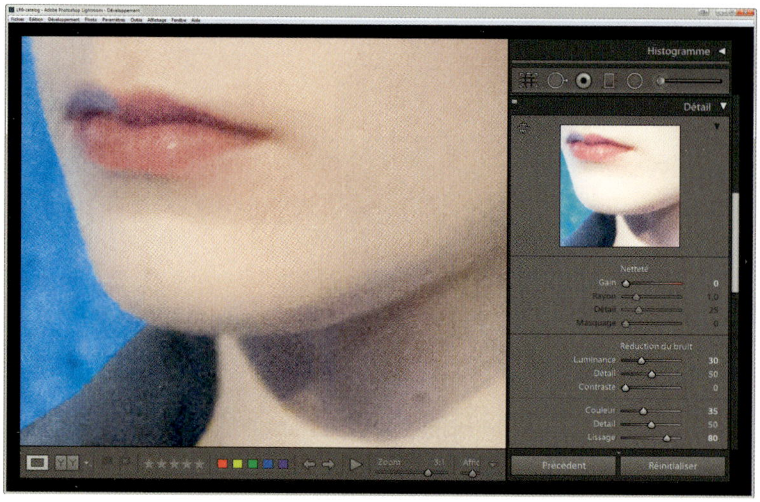

5 Les valeurs par défaut des deux curseurs secondaires conviennent à beaucoup de photos. Toutefois, il arrive que le rendu soit meilleur en augmentant la puissance du traitement tout en protégeant davantage les détails. C'est le cas ici. Avec une valeur de *Luminance* à 35, le curseur *Détail* à 20 et celui de *Contraste* à 50, on obtient un très bon résultat pour un tirage papier, même si l'image reste imparfaite en fort zoom à l'écran.

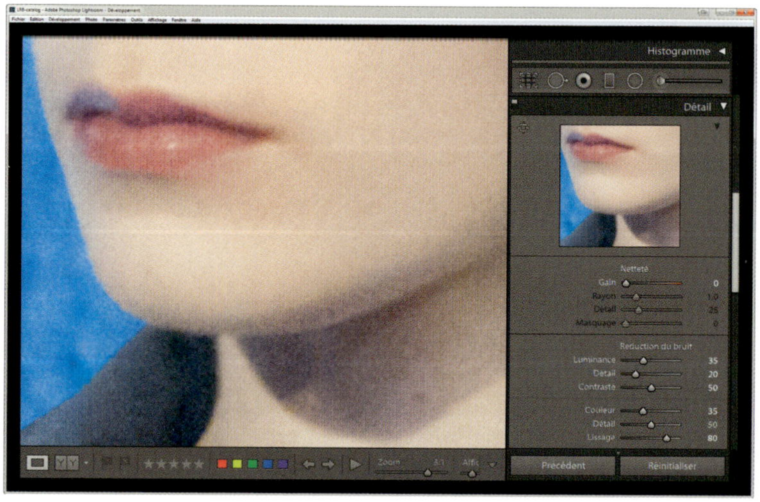

6 Le niveau du bruit résiduel fixe la limite de ce qu'il sera possible de faire en matière d'accentuation. Là encore, il s'agit de trouver le bon dosage pour redonner à l'image une impression de netteté sans trop accroître la perception du bruit. Dans l'illustration ci-contre, nous avons tiré le curseur *Gain* à son maximum, ce qui crée un grouillement d'artefacts qui produirait un résultat détestable sur le papier. Comme pour la réduction du bruit, il faut trouver un juste dosage entre la puissance de l'accentuation et le contrôle de l'effet par les curseurs secondaires.

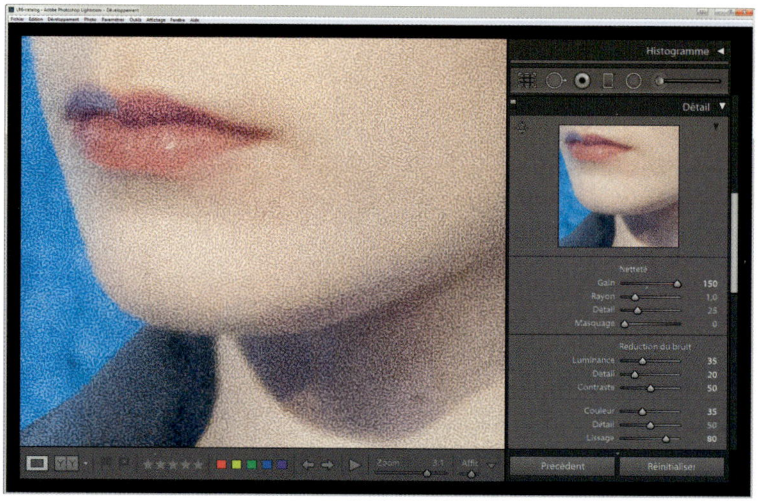

7 Lightroom offre un remarquable outil de visualisation des *Détails* et du *Masquage*. Si vous maintenez appuyée la touche OPT ALT tout en tirant l'un de ces deux curseurs, l'image est remplacée par une visualisation de l'effet. On voit ci-contre l'affichage avec le curseur *Masquage* qui montre les contours auxquels sera appliquée l'accentuation. En présence de bruit résiduel, il faut faire en sorte que le moins possible de petits détails soient concernés, l'idéal étant de n'accentuer que les contours importants en épargnant les aplats de couleurs. Sur une photo de paysage dépourvue de bruit, vous pouvez accentuer plus franchement et avec moins de masquage afin d'obtenir une image bien « croustillante ».

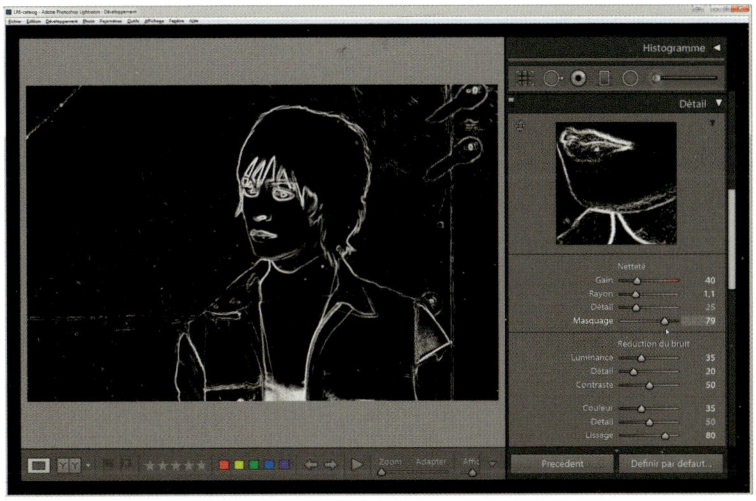

8 Pour accentuer cette photo, nous avons choisi les réglages visibles dans le panneau de l'étape 1 du TP. Il est important de comprendre qu'au contraire de la réduction du bruit, vous n'avez pas à vous préoccuper de la destination de l'image, car il ne s'agit que de la première phase de l'accentuation dite de « compensation ». L'objectif est ici seulement de redonner à l'image sa netteté affaiblie par les divers traitements qu'elle a subis.

9 La seconde étape de l'accentuation de la netteté se déroule sur l'image finale à sa taille définitive : c'est l'accentuation de sortie. Lightroom ne propose pour cela qu'un outil assez basique qui se résume en un choix de support et d'intensité. Cela suffit pour les images destinées à être publiées sur le Web ou envoyées par mail, mais pour une impression sur papier ou la création d'un livre photo, cela manque de finesse. Mieux vaut alors passer par un éditeur d'images, ou faire appel à un module externe comme l'excellent Sharpener Pro de la Nik Collection de Google, ou encore LR/Mogrify que nous étudierons dans un autre contexte dans le TP 58.

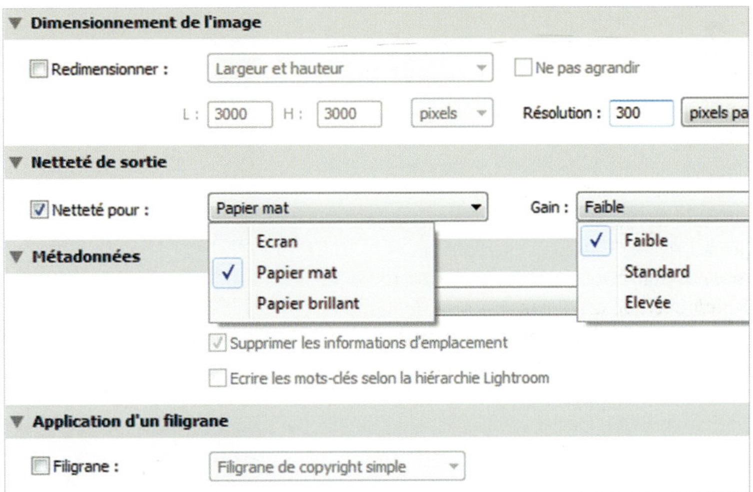

TP 27

Corriger une vidéo dans le module Bibliothèque

La vidéo a fait irruption dans le monde de la photographie, sur les compacts et les bridges comme sur les reflex. Lightroom ne pouvait bien sûr ignorer ce type de fichiers, ne serait-ce qu'en tant que catalogueur. C'est un service minimum que propose le logiciel pour corriger les vidéos, mais ce minimum est de meilleure qualité que la plupart des fonctionnalités équivalentes embarquées dans des logiciels de montage grand public. On pourra regretter que Lightroom ne soit pas allé aussi loin que Photoshop qui embarque désormais une vraie table de montage, mais pour embryonnaire qu'elle soit, cette prise en charge des vidéos permet tout de même de corriger les films et de les cataloguer selon les mêmes modalités que les photos.

1 Dans Lightroom, les vidéos s'affichent en mode Grille comme les photos. Elles disposent en prime d'une indication de durée dans le coin inférieur gauche, et d'une modalité très pratique de visionnage (muet) en accéléré par simple survol de la vignette avec le pointeur de la souris (il en va de même dans le Film fixe). C'est à cette indication, et seulement à elle, que les vidéos se différencient des photos.

2 Un double clic sur la vignette ouvre la vidéo, qui reste cependant dans le module Bibliothèque, seul autorisé. Lightroom intègre un lecteur qui permet de visionner (avec son) les vidéos. Le panneau de droite ne se différencie pas de celui disponible pour les photos. Le catalogage est complet, ajoutant même un nouveau type de métadonnées relatives à la vidéo. Sont notamment renseignés les informations de durée et de taux de rafraîchissement, les dimensions de la vidéo et le taux d'échantillonnage.

3 Sous la vidéo est placé un panneau de contrôle. Fermé par défaut, il s'ouvre en cliquant sur le bouton de droite le plus extérieur. Ouvert, il découvre une série d'images miniatures représentatives de la chronologie du contenu. Un curseur permet une avance manuelle, tandis qu'autour du bouton de lecture se trouvent deux boutons d'avance et de recul image par image. Seul embryon de montage, les deux curseurs de rognage situés aux extrêmes de la série de miniatures. Vous pouvez également extraire des images de la vidéo et redéfinir la vignette affichée dans le Film fixe et en mode Grille.

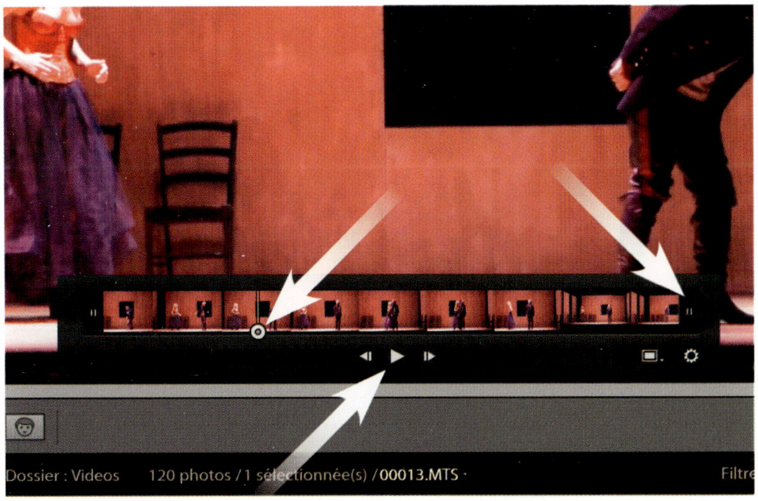

4 Si le module Développement est interdit pour les vidéos, celles-ci peuvent être corrigées à l'aide du panneau Développement rapide du module Bibliothèque. Tout n'est pas disponible, mais vous avez accès aux corrections de la *Balance des blancs*, de l'*Exposition*, du *Contraste*, des *Blancs*, des *Noirs* et de la *Vibrance*.

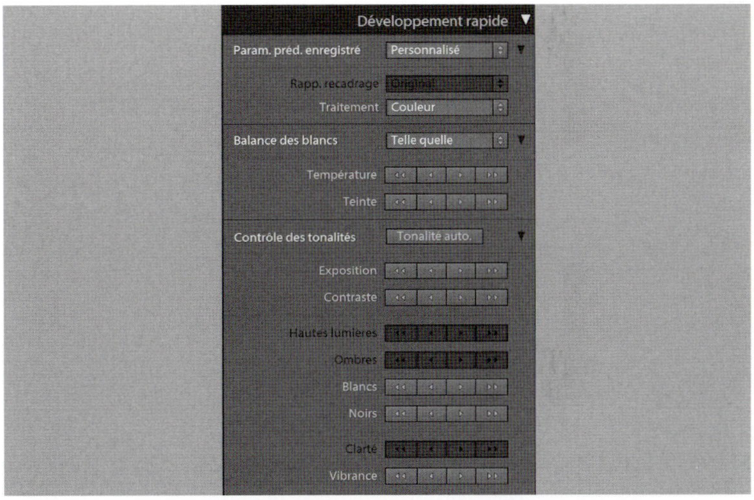

5 Vous avez également accès aux paramètres prédéfinis, dont certains sont dédiés à la vidéo. Si vous êtes amateur de néovintage, ce traitement croisé pourrait vous séduire.
Une astuce permet de contourner la limitation des outils : extrayez une image, passez dans le module Développement, corrigez-la avec les outils habituellement réservés aux photos, enregistrez les réglages en tant que paramètre prédéfini de l'utilisateur, revenez dans le module Bibliothèque et appliquez ce nouveau paramètre prédéfini à votre vidéo. Attention toutefois, Lightroom refusera d'appliquer certains réglages, mais le choix est tout de même plus large. Dommage que le traitement du bruit soit au nombre des interdits.

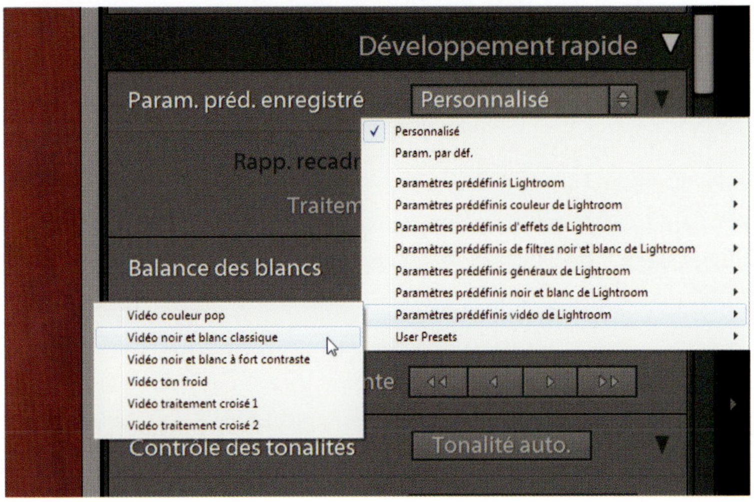

Créer et imprimer

TP 28 Convertir une photo en noir et blanc

TP 29 Créer une fusion d'expositions HDR

TP 30 Réaliser un assemblage panoramique

TP 31 Créer un diaporama

TP 32 Créer et imprimer un livre photo

TP 33 Réaliser une mise en page pour l'impression

TP 34 Épreuvage et gestion des couleurs pour l'impression

TP 28

Convertir une photo en noir et blanc

La conversion en noir et blanc est bien plus qu'une suppression des couleurs. Celles-ci jouent au contraire un rôle majeur via l'outil mélangeur et offrent une infinité d'interprétations. Ce TP propose trois exercices pour une approche progressive de la conversion.

Fichiers : LR6_TP28_[1-3].ARW

Le noir et blanc a retrouvé en numérique les lettres de noblesse qu'il avait en argentique. Si la demande est devenue forte, beaucoup de photographes considèrent – à tort – que la conversion d'une image en noir et blanc consiste en une simple suppression des couleurs. Aussi font-ils appel, quand il est disponible, au mode créatif Noir et blanc de leur appareil photo. Ce faisant, ils se privent du potentiel considérable que recèlent les couleurs dans l'optique d'une conversion. Si vous ne devez retenir qu'une chose de ce TP, c'est celle-ci : la conversion en noir et blanc est une interprétation. Laisser faire l'appareil revient à lui abandonner des choix qui ne doivent revenir qu'au photographe. Avec Lightroom, vous disposez d'un excellent mélangeur travaillant avec huit nuances pour piloter la conversion selon vos désirs.

1 Ce TP doit être lu comme un prolongement naturel du TP 19 sur la correction des couleurs. L'outil *NB* de mélange des couleurs est logé dans le troisième onglet du panneau que nous avions alors nommé TSL/Couleur. On retrouve la même subdivision du spectre des couleurs en huit nuances. La conversion en noir et blanc consiste à désigner pour chacune de ces nuances le ton de gris qui la remplacera dans l'image. Le rendu de celle-ci peut donc changer du tout au tout selon que vous tirez les curseurs vers les tons clairs ou les tons sombres.

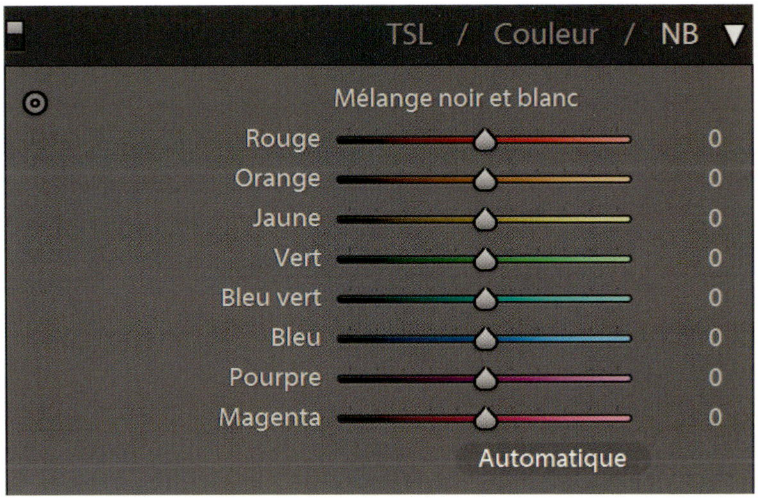

2 La conversion en noir et blanc est donc réellement une interprétation, bien loin d'une simple (et souvent médiocre) désaturation. Pour vous en convaincre et en guise d'exercice introductif, nous avons construit ce damier avec des couleurs différentes, mais qui possèdent une valeur de luminance proche dans le mode de représentation L a*b*. Nous allons le convertir en noir et blanc.

3 Importez l'image, passez dans le module Développement et cliquez sur *NB* dans le panneau TSL/Couleur/NB. Les valeurs du panneau sont à 0 et le gris est quasiment uniforme. En imaginant une scène composée de ces seules couleurs, une conversion par défaut produirait un rectangle gris alors que sur l'original en couleur, les différents éléments se distingueraient très bien. Il s'agit là d'un cas limite, mais le résultat obtenu souligne le danger de faire confiance à des paramètres prédéfinis pour des interventions qui relèvent de l'interprétation, donc de la subjectivité du photographe.

4 Cliquez à présent sur *Automatique* situé sous les curseurs du panneau. Le logiciel a analysé le contenu de l'image et propose un rendu qui différencie les nuances de gris de façon intéressante. Vous constaterez au fil de vos conversions successives que le mode automatique procure un point de départ généralement plus satisfaisant que le mode par défaut avec tous les curseurs à zéro.

5 Jouez à présent avec les curseurs et observez le résultat. Vous noterez que, malgré la grande finesse de l'outil qui travaille sur huit nuances, une action sur un des curseurs modifie le rendu de plusieurs couleurs du damier. Il est donc difficile de cibler précisément une intervention sur le rendu d'un élément de l'image : non seulement il n'existera pas de curseur correspondant exactement à la teinte de l'élément, mais toutes les zones de l'image dont la teinte est proche seront également touchées.

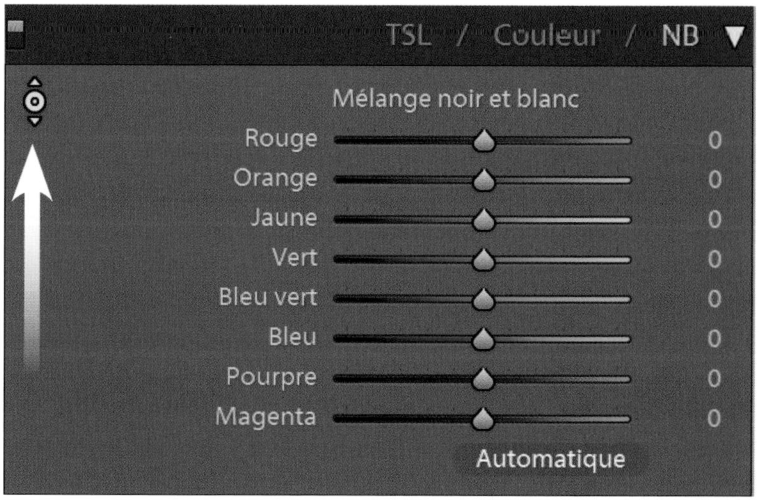

6 Il existe une autre façon d'aborder la conversion : le réglage du mélange noir et blanc par glissement sur la photo. Pour cela, cliquez sur l'outil signalé par la flèche dans l'illustration précédente. Une fois l'outil activé, cliquez dans l'image, maintenez le clic et déplacez la souris vers le haut pour éclaircir ou vers le bas pour assombrir toutes les nuances de l'image proches de celles du point sur lequel vous avez cliqué. Observez les curseurs se déplacer : vous constaterez qu'ils sont toujours au moins deux à bouger, pour les raisons évoquées dans l'étape précédente.

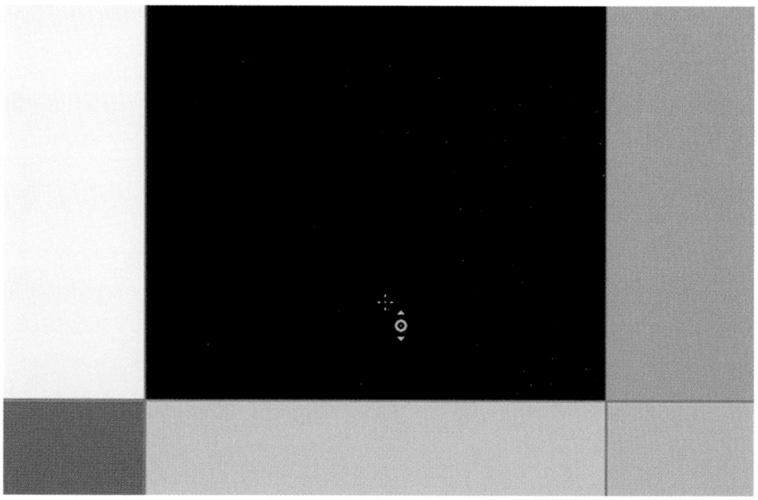

7 Ouvrez à présent la seconde photo, ajoutez +1,00 d'*Exposition* et récupérez les *Hautes lumières* en les réglant à –60. Cette image ne présente que peu d'intérêt, mais ses couleurs offrent un terrain de jeu intéressant pour la conversion en noir et blanc. Les verts sont très prégnants, mais ils sont relevés par les touches de couleur des fleurs. Nous allons voir que la conversion de cette photo se prête à des interprétations profondément différentes.

8 La conversion automatique de Lightroom produit un rendu d'une grande tristesse. Le parterre floral est presque uniformément gris sombre, comme recouvert de cendres. Le mélangeur *NB* sera-t-il en mesure de réaliser une conversion convenable à partir de cette photo qui semble si peu favorable au noir et blanc ?

9 Remettez tous les curseurs à 0 par un double clic sur l'intitulé *Mélange noir et blanc*. Nous allons achever d'éteindre les verts (–70) tout en relevant les jaunes et les orange (+75) afin d'accentuer le contraste entre les fleurs et les feuilles. Le résultat est plutôt probant, car le regard est attiré par les fleurs claires alors qu'il ne savait pas où se poser dans le camaïeu grisâtre de la conversion automatique.

10 Pour obtenir ce troisième résultat, nous avons renversé la vapeur en poussant les verts à +90 et en réduisant les jaunes et les orange à –70. L'impression est radicalement différente. L'image est beaucoup plus douce et harmonieuse, mais manque un peu de piquant. À vous de remonter les curseurs *Jaune* et *Orange* pour redonner de la visibilité aux fleurs jusqu'à obtenir le rendu qui vous semble le meilleur.

11 Occupons-nous à présent de la troisième image. Tentons de convertir cette photo aux teintes douces, typiquement vénitiennes. Le camaïeu d'ocres risque d'être délicat à différencier. C'est tout l'enjeu de l'exercice.

12 Le mode automatique de Lightroom produit cette fois un bon résultat. Pour espérer faire mieux, il faut tester les curseurs pour déterminer ceux dont l'action est décisive. Le triplet *Rouge-Orange-Jaune* est un candidat évident.

13 Remettez tous les curseurs à zéro et évaluez l'effet des curseurs *Rouge* et *Orange* en forçant les valeurs. L'image ci-contre a été obtenue avec +80 pour les rouges et –80 pour les orange. On constate que le curseur *Orange* a plus d'impact sur les couleurs dominantes, le *Rouge* étant décisif pour le rendu des bâches de protection des bateaux.

14 Faites à présent l'opération inverse, de manière moins appuyée, en plaçant le curseur *Rouge* à –60 et le curseur *Orange* à +60. L'image est globalement plus claire, avec des éléments moins contrastés. En revanche, les bâches sont devenues très sombres. C'est une meilleure base que l'essai précédent, mais il faut encore l'améliorer.

15 Ce dernier rendu a été obtenu avec les valeurs suivantes : *Rouge* à –50, *Orange* à +50, *Jaune* et *Vert* à –50. L'image est équilibrée grâce, notamment, à l'assombrissement du vert des plantes et à la meilleure netteté des reflets dans l'eau. Ce n'est bien sûr pas la seule interprétation satisfaisante.

TP 29

Créer une fusion d'expositions HDR

Le HDR étend la plage dynamique d'une image en combinant plusieurs vues à expositions décalées. En choisissant de ne pas doter Lightroom d'un outil de *Tone mapping*, Adobe destine sa fusion HDR à la production d'images photoréalistes de haute qualité.

Fichiers : LR6_TP29_[1-3].ARW

La fusion de photos HDR de Lightroom ne s'inscrit pas dans une démarche créative, mais strictement photographique qui suit l'esprit et la lettre de ce qu'est le HDR dont l'acronyme (*High Dynamic Range*) signifie Plage dynamique étendue. Son objectif est de pallier la faiblesse des capteurs qui sont handicapés par le principe – pour l'heure incontournable – de capture linéaire du signal. En fusionnant les informations contenues dans plusieurs photos prises avec des expositions décalées, le HDR permet de dépasser les limitations du capteur. Reste alors à tirer un bénéfice de ce supplément d'informations. Sans outil de *Tone mapping*, ce sont les Réglages de base des tonalités et les curseurs du groupe *Présence* qui sont sollicités. Notez que si le HDR est optimal avec des fichiers RAW, il fonctionne également avec des JPEG.

1 L'illustration ci-contre est un montage des trois clichés pris avec une exposition décalée de 2 IL dans le but de réaliser une fusion HDR. La dynamique de la scène semblait assez forte, suffisamment pour craindre qu'elle excède les capacités du capteur. Une exposition imparfaite aurait à coup sûr plongé des zones d'ombre dans le noir pur ou brûlé des hautes lumières. *A posteriori*, l'exposition de la photo médiane s'est avérée bonne, ce qui permettra *in fine* de comparer sa qualité avec celle de l'image HDR dans les zones très claires et très sombres.

2 Pour accéder à la fusion HDR de Lightroom depuis n'importe quel module, sélectionnez les photos concernées dans le Film fixe ou en affichage Grille, faites un clic droit et cliquez sur *HDR* dans le menu *Fusion de photos*. Encore plus simple, tapez CMD/CTRL + H après la sélection des photos.

3 La fusion HDR est un plug-in dont l'interface s'inscrit au-dessus de celle du module en cours d'utilisation. L'ambition de cette fonction étant seulement d'étendre la plage dynamique dans l'optique d'une récupération efficace et propre des hautes et des basses lumières, les réglages proposés sont peu nombreux. Pour étudier le comportement du logiciel, commençons par décocher toutes les options. Dès que l'aperçu est disponible sur la partie gauche de l'interface, cliquez sur *Fusionner* pour lancer la création de l'image HDR.

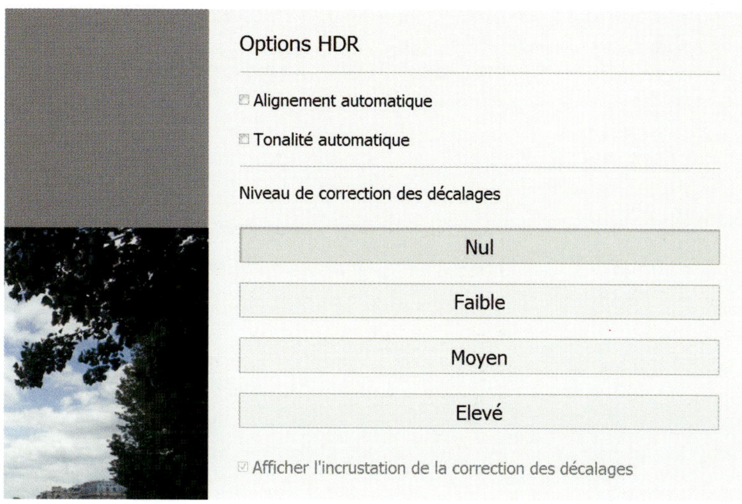

4 Si vos photos sont triées par noms dans le Film fixe, vous devriez voir apparaître un nouveau fichier portant le nom de la photo active parmi celles sélectionnées pour la fusion, suivi du suffixe HDR. Particularité importante de ce fichier, c'est un DNG contenant des données brutes, donc un fichier RAW à part entière. Il bénéficie de tous les avantages liés à ce format, plus celui d'être codé en virgule flottante sur 16 bits pour éviter le passage par un énorme fichier 32 bits comme en créent les logiciels spécialisés dans le HDR.

5 L'aperçu initial de la photo HDR n'est pas très excitant et ressemble beaucoup à la photo d'exposition médiane. C'est normal, car tout reste à faire : le logiciel n'a fait que rassembler dans un même fichier les informations contenues dans les trois fichiers de départ. Tant que vous ne puisez pas dans la réserve de dynamique ainsi constituée, rien n'est apparent, votre écran n'affichant qu'un bien pauvre aperçu 8 bits d'un fichier beaucoup plus riche. Il vous revient d'en tirer le plus grand bénéfice.

6 Avant de chercher à améliorer l'image, vérifions que la fusion s'est bien passée. Las. Les sujets en mouvement n'ont pas été correctement fusionnés, comme le montre ce très fort zoom sur deux promeneurs en bord de Seine. Celui de gauche a une jambe manquante et celui de droite est partiellement doublé. Nous voyons ici l'effet de la désactivation de l'alignement automatique des photos et de la correction des décalages.

7 L'activation de l'alignement des photos et de la correction des décalages ralentit fortement la création de la fusion HDR, mais sauf à photographier une nature morte sur trépied, ces options sont indispensables. Refaites l'opération de création d'une fusion HDR en activant cette fois toutes les options, avec un niveau *Élevé* de correction des décalages. Après un calcul assez long, le logiciel affiche l'aperçu en indiquant en surimpression rouge toutes les zones ayant fait l'objet d'un recalage.

8 L'eau est presque entièrement rouge, ce qui est logique : elle est en mouvement continu. Il en va de même avec les arbres. En examinant attentivement l'image, on remarque que les deux promeneurs ont bien été repérés par le logiciel, ce qui laisse espérer une fusion correcte. Lancez la création de l'image HDR en cliquant sur *Fusionner*.

9 Le rendu est beaucoup plus plaisant grâce à l'activation de la *Tonalité automatique*. En examinant les choix effectués par Lightroom, on constate que l'*Exposition* a été légèrement augmentée et que les *Ombres* ont été fortement éclaircies. On note également que la récupération des *Hautes lumières* est maximale (valeur –100). La direction étant bonne, il suffira d'aller un peu plus loin et de faire appel aux curseurs du groupe *Présence*. Notez que la plage d'intervention du curseur *Exposition* a été portée de –5/+5 IL à –10/+10 IL pour les images HDR.

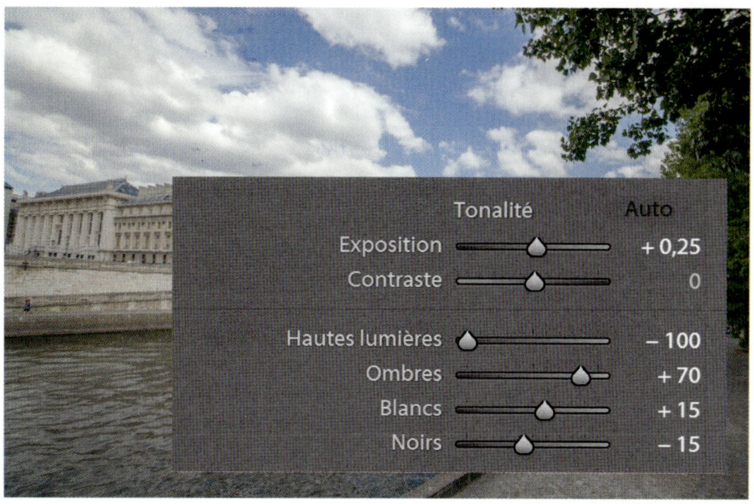

10 Avant de poursuivre la retouche, rendez-vous dans le panneau Corrections de l'objectif. Activez les trois options de l'onglet *Basique* et cliquez sur le bouton *Auto* de l'outil Upright. L'examen en fort zoom des personnes présentes dans l'image suggère que celle-ci a été fortement tassée par l'utilisation d'un zoom ultra-grand-angle. Passez dans l'onglet *Manuel* et poussez à +100 le curseur *Aspect*. L'image est désormais prête pour l'assaut final.

11 La lecture de l'histogramme est toujours instructive pour analyser la répartition des tonalités et évaluer les axes et les marges de correction. On voit que l'histogramme est plutôt décalé vers la droite avec assez peu de basses lumières, ce qui explique le petit défaut de contraste. La récupération des hautes lumières a bien fonctionné, ce qui laisse une petite marge de manœuvre dans les tons clairs.

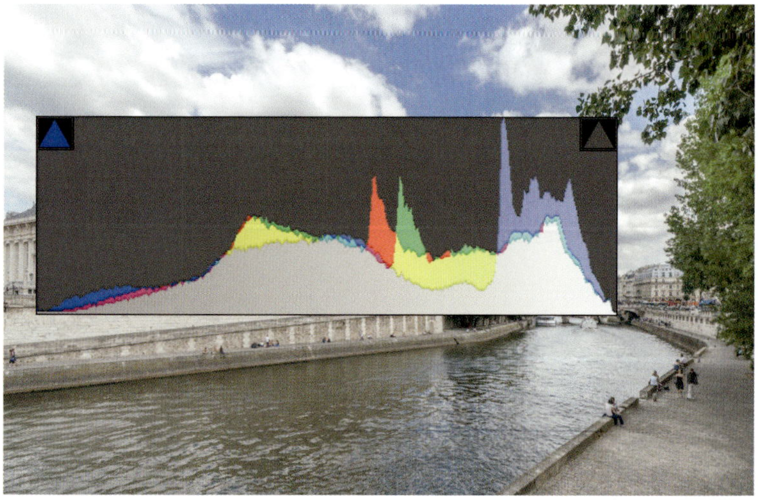

12 Poussez le curseur *Contraste* à +50 pour intensifier l'image, puis les *Ombres* à +100 pour achever de les éclaircir. Enfin, densifiez les tons les plus sombres en tirant le curseur *Noirs* à –30. Le rendu est sans doute ce que l'on peut obtenir de mieux avec les réglages de base des tonalités.

13 Pour donner encore plus de tonus à l'image, il reste les outils du groupe *Présence* au sein duquel figure le magique curseur *Clarté* qui gère le contraste local. Poussez-le jusqu'à +35 et ajoutez un soupçon de *Vibrance*. Le résultat, qu'on voit en grand format en ouverture du TP, est très satisfaisant. L'image est vive, lumineuse et bien contrastée.

14 Sachez résister à la tentation d'aller trop loin, comme sur l'image ci-contre qui a subi une (trop) forte dose de *Clarté* et de *Vibrance*. Le Web fourmille de rendus outranciers, n'ajoutez pas les vôtres, d'autant moins que la fusion HDR de Lightroom n'a pas été conçue pour produire des rendus créatifs faute d'outil de *Tone mapping*.

15 En revanche, appliquez à l'image médiane les mêmes réglages que ceux de l'image HDR et comparez la qualité du rendu dans les zones de tonalités extrêmes. L'écart qualitatif est particulièrement sensible dans les ombres qui sont propres dans le rendu HDR et très bruitées dans l'image médiane. Pourtant, la dynamique de notre photo n'était pas excessive. Avec des contrastes plus forts, la différence est encore plus notable et justifie l'usage de ce nouvel outil de Lightroom.

TP 30 Réaliser un assemblage panoramique

Dans ce TP, découvrez le nouvel outil de fusion de photos Panorama de Lightroom, aussi simple d'emploi qu'efficace. Vous allez assembler quatre photos pour créer un panoramique de la mythique Skyline de New York.

Fichiers : LR6_TP30_[1-4].ARW

Si beaucoup d'appareils photo récents proposent un mode Panorama automatique, le résultat est souvent approximatif. En cause le peu de temps de calcul dont dispose le processeur de l'appareil afin de ne pas bloquer celui-ci trop longtemps. Mieux vaut prendre soi-même plusieurs photos en pivotant régulièrement et les assembler dans le confort d'un logiciel, lequel bénéficiera de toute la puissance de calcul dont il a besoin. L'outil proposé par Lightroom est d'une simplicité qui n'a d'égale que son efficacité. En deux clics et un peu de patience, vous obtenez un assemblage remarquable, qui plus est au format DNG. Il conserve ainsi tout le potentiel des photos d'origine et peut être développé comme un fichier RAW classique. C'est là un avantage considérable de Lightroom face aux logiciels spécialisés.

1 Pour tester l'assemblage panoramique de Lightroom, nous vous proposons de reconstituer la Skyline de New York vue des berges de Brooklyn. Pour mettre le logiciel en difficulté, la série de photos – prise à main levée – a été réduite à seulement quatre, avec des zones de recouvrement peu étendues.

2 Pour accéder à la fusion Panorama depuis n'importe quel module, sélectionnez les photos concernées dans le Film fixe ou en affichage Grille, faites un clic droit et cliquez sur *Panorama* dans le menu *Fusion de photos*. Solution encore plus rapide, tapez CMD/CTRL + M après avoir sélectionné les photos.

3 Comme pour la fusion HDR, l'interface est simple et affiche peu d'options. On est loin de la myriade de contrôles offerte par les logiciels spécialisés. Ici, en tout et pour tout, trois projections sont proposées. Et si ce choix vous laisse perplexe, activez l'option de sélection automatique !
Pour ce panorama très large, la projection sphérique est la plus indiquée, mais la projection cylindrique produit un résultat assez proche.

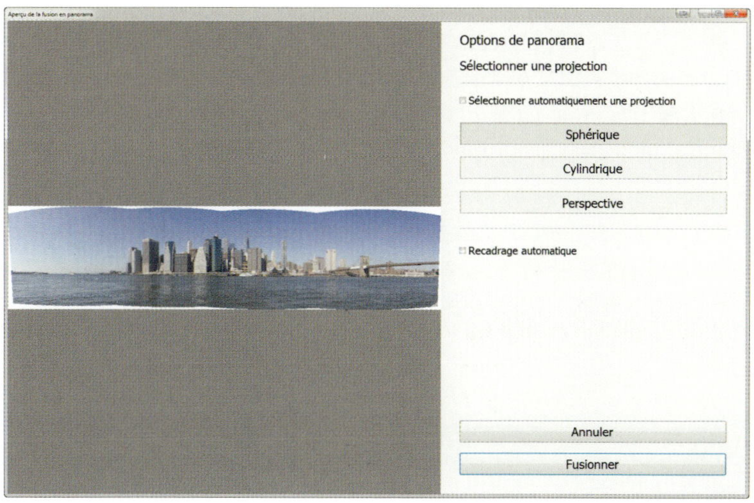

4 Si l'automatisme de Lightroom choisit généralement la meilleure projection, n'hésitez pas à les tester successivement, d'autant que la fabrication de l'aperçu est très rapide. On constate ci-contre que la projection *Perspective* ne convient pas pour notre panorama.
Lorsque vous pensez avoir déterminé la bonne option, cliquez sur *Fusionner* pour lancer la fabrication du panorama.

5 À l'issue d'un calcul dont la durée dépend du nombre d'images, de leur taille et de la puissance du processeur, le fichier résultat au format DNG s'inscrit dans le Film fixe. Il bénéficie donc du potentiel et de la souplesse d'un RAW pour être corrigé dans le module Développement.

6 Une fois dans le module Développement, zoomez à 100 % pour examiner la qualité de l'assemblage. Malgré la faible zone de recouvrement, le résultat semble parfait. Vous constaterez au fil de vos essais que l'algorithme d'assemblage de Lightroom est très difficile à mettre en défaut.

7 Toujours dans le module Développement, rejoignez l'onglet *Corrections de l'objectif* et activez le profil de correction. Cliquez ensuite sur le bouton *Auto* de l'outil Upright pour redresser l'image. Les modifications sont modérées, l'image ne semblant guère avoir besoin de redressement.

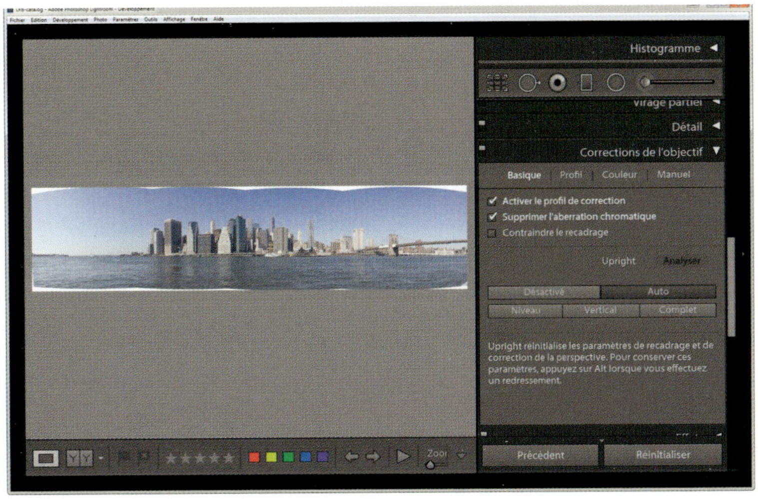

8 Il est cependant intéressant de tester l'option *Complet* d'Upright qui recherche des déformations dans tous les axes. Le résultat est ici très intéressant, avec une élongation de la partie droite de l'image et une compression corrélative de la partie gauche. Pour crédible qu'elle soit, elle ne correspond cependant pas à la réalité perçue.

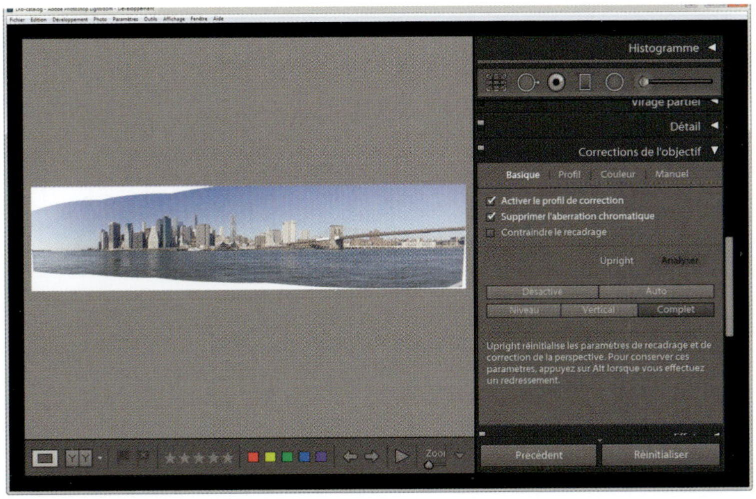

9 Il reste à développer le DNG comme s'il s'agissait d'un RAW directement produit par l'appareil photo. Pour obtenir l'image en ouverture du TP, nous avons surtout récupéré les hautes lumières et ajouté un peu de clarté pour tonifier l'image (l'ensemble des réglages est visible ci-contre). La Skyline est prête pour un tirage panoramique. Le fichier de 56 Mpx pèse la bagatelle de 162 Mo et peut être imprimé en 140 x 30 cm en haute qualité à 300 ppp !

TP 31

Créer un diaporama

Le diaporama photo était à la mode il y a quelques années, mais c'est désormais moins le cas. Si vous considérez cette modalité de partage comme un peu ringarde, la puissance du module Diaporama de Lightroom pourrait bien vous faire changer d'avis. Sans aller jusqu'à offrir une table de montage, les fonctionnalités étendues (incrustations, bande son, titrage, ombrage, etc.) associées à l'export en vidéo Full HD produisent un rendu qui fait merveille sur un écran LCD. Vous pourrez aussi partager le diaporama sur votre site web ou chez des hébergeurs comme YouTube, Vimeo ou Dailymotion. L'export en PDF n'est pas à négliger car il procure un fichier simple à partager par courrier électronique, avec l'assurance que vos photos seront regardées dans un cadre maîtrisé.

1 Réaliser un diaporama suit les mêmes grands principes que créer une galerie web : choix du modèle et sélection des éléments à assembler, avec création éventuelle d'une collection. Nous vous invitons à lire et suivre les premières étapes du TP 41 pour ces sujets communs. Les outils sont en revanche sensiblement différents, de même que les modes d'enregistrement. Le travail de Lightroom s'arrête à la production du diaporama, le logiciel vous laissant le soin de diffuser le rendu vidéo ou le PDF que vous aurez réalisé. Notez que, depuis Lightroom 5, les diaporamas ne sont plus limités aux seules photos : ils peuvent désormais intégrer des vidéos.

2 Les premiers panneaux d'outils servent à disposer l'image dans son cadre. Si vous choisissez de zoomer pour remplir l'image et minimiser la taille des bandes latérales, notez que la partie visible de chaque image peut être ajustée à l'aide de la souris. Pour apposer votre logo ou votre nom au-dessus de l'image, activez l'affichage de la Plaque d'identité. Chaque image peut également recevoir le filigrane de votre choix. Vous constaterez que le choix du modèle a un effet sur les outils disponibles. Ainsi, pour une mise en page sobre et sans ajout textuel, les sélecteurs de police et de style se trouvent grisés, et donc indisponibles.

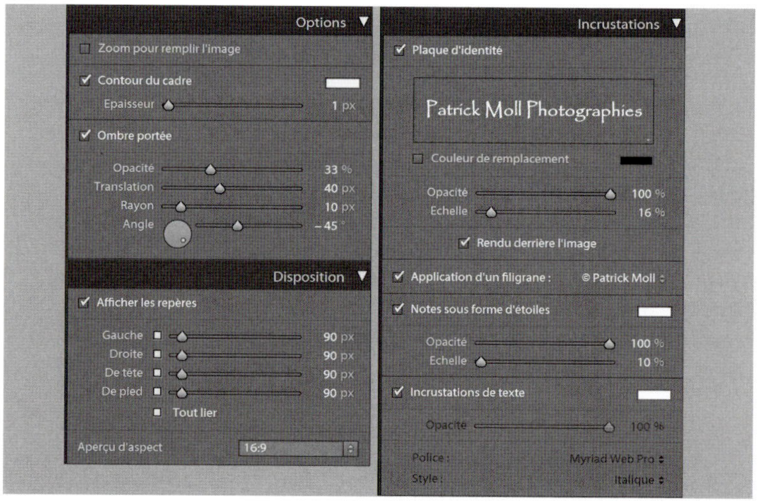

3 Les panneaux suivants sont destinés à préparer le fond ainsi que les écrans d'introduction et de fin. Le choix de la couleur de l'arrière-plan est essentiel, au même titre que celle des passe-partout dans les cadres photo. Préférez une couleur neutre, sauf à vouloir souligner une composante colorée récurrente dans les photos du diaporama. L'option *Dégradé de couleurs* mérite d'être testée, mais elle ne nous semble pas indispensable. Vous pouvez également créer vous-même une *Image d'arrière-plan* en dehors de Lightroom et la désigner comme fond du diaporama. Son opacité est modulable.

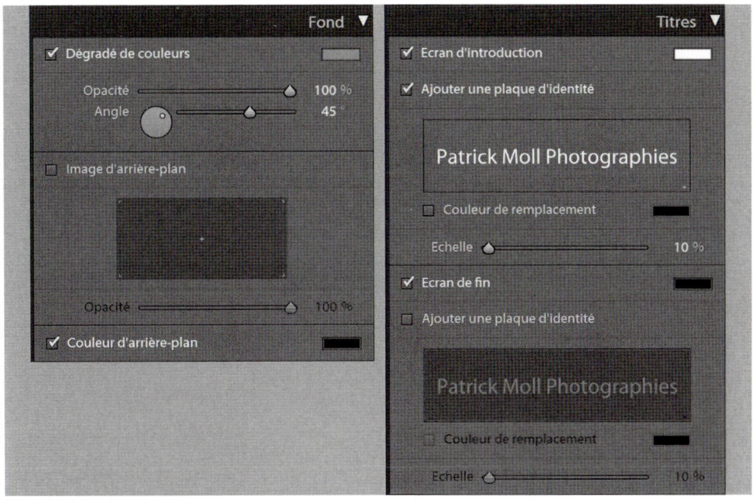

4 Une fois les images et leur contexte bien en place, fixez les paramètres dynamiques : durée d'affichage des diapos, durée et couleur du fondu et choix de la bande son. Si vous désirez faire coïncider la durée du diaporama avec celle de la musique, appuyez sur *Ajuster à la musique*. Le temps d'affichage des diapos sera alors calculé automatiquement en fonction de leur nombre total et de la durée de la bande son.
À tout moment, vous pouvez lancer le diaporama en appuyant sur *Lecture*. Si vous travaillez avec deux écrans, choisissez celui sur lequel il sera affiché.

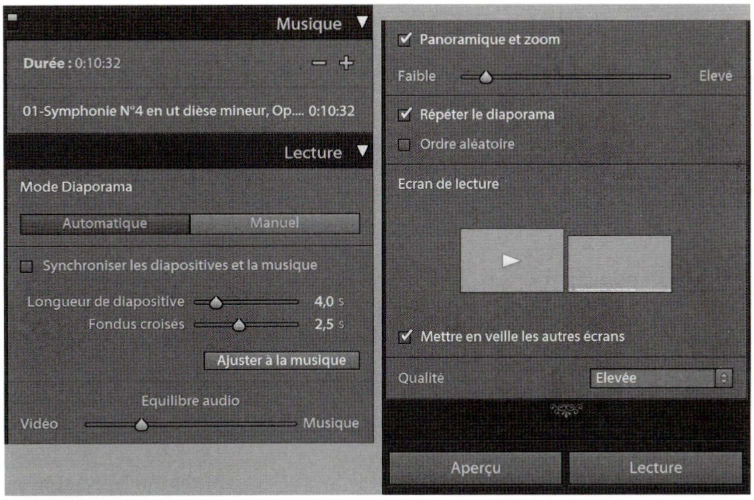

5 Lightroom propose deux formats d'exportation : PDF et vidéo. Pour un PDF, vous aurez à choisir la taille et le niveau de compression des images. Pour une vidéo, seul le format mp4 est disponible. C'est le choix le plus universel puisqu'il convient également aux périphériques mobiles (smartphones et tablettes). Choisissez les dimensions de la vidéo en fonction de leur destination : 640 × 480 pour un téléphone de faible définition ou Full HD 1080p pour un téléviseur ou un écran LCD, mais aussi pour certains modèles de tablettes ou de smartphones de bonne gamme.

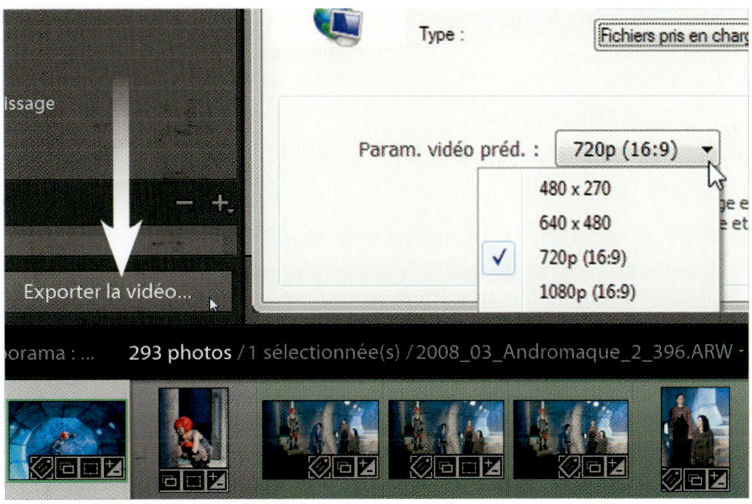

TP 32

Créer et imprimer un livre photo

Lightroom se transforme en table de montage dans le module Livres, avec vue macroscopique sur l'ensemble de la maquette ou zoom sur une page pour en ajuster finement la disposition. Trois options sont proposées : la création d'un livre en PDF ou en JPEG, ou son impression par le prestataire Blurb.

S'il est un support qui connaît un succès croissant chez les photographes, c'est bien le livre photo. Les photographes de l'époque numérique ne tirent plus systématiquement leurs photos. Celles-ci restent bien souvent sur le disque ou sont partagées en ligne, et les albums d'antan rassemblant les meilleurs clichés sont progressivement tombés en désuétude. Les livres photo, souvent de très bonne qualité et demandant moins de manipulations, ont donné un regain de jeunesse au principe de collection en albums. Ils ajoutent l'indéniable noblesse de l'objet livre qui fait rêver beaucoup de photographes en quête de publication. Pour les utilisateurs avancés et les professionnels, le livre photo est devenu un support privilégié pour présenter leur travail lors des lectures de portfolios. Lightroom leur offre une solution ergonomique et efficace pour créer de tels livres.

1 Le premier contact avec le module Livres est un peu déstabilisant : trois doubles pages vides, colorées différemment et exemptes d'indications évidentes sur la démarche à suivre. Avant de vous lancer, il est important de comprendre comment un livre est structuré et quelle latitude de personnalisation offre Lightroom. La première double page est constituée de la première et de la quatrième page de couverture, qui peuvent être personnalisées au même titre que les pages intérieures. La deuxième et la troisième page de couverture, en anthracite, ne peuvent être modifiées. Cette configuration initiale comporte donc seulement une feuille intérieure, soit deux pages, numérotées 1 et 2.

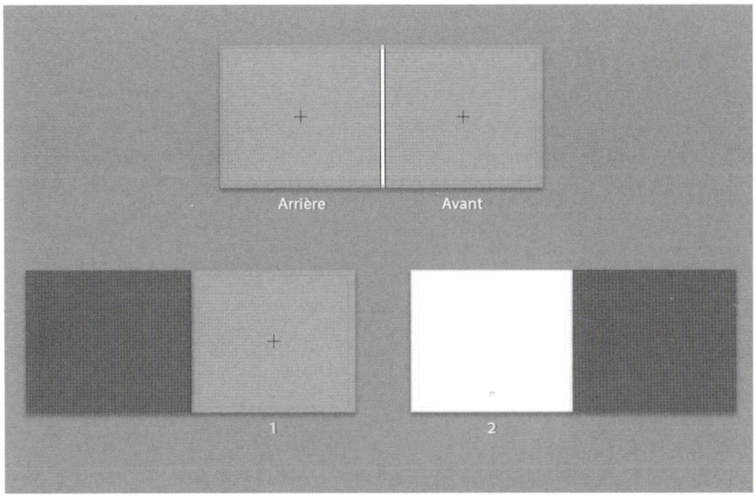

2 Lightroom propose deux options pour paramétrer le livre : s'appuyer sur les spécifications du prestataire international Blurb, ou choisir une exportation en PDF ou en JPEG. Le choix n'est toutefois pas crucial, car il peut être modifié une fois achevée la création du livre.

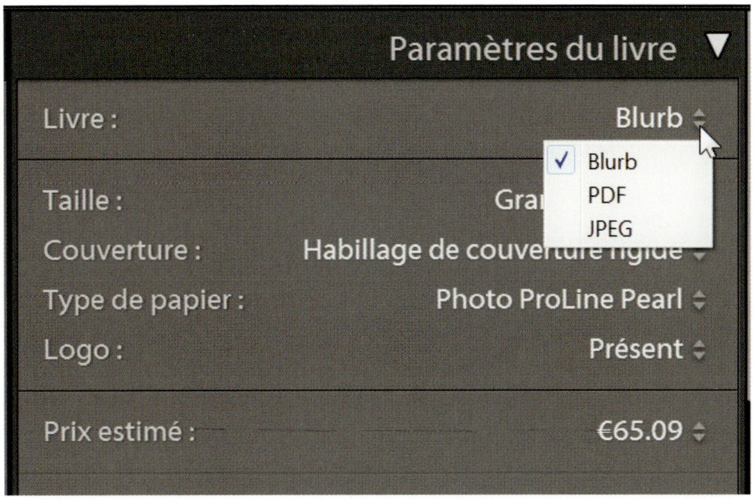

3 Afin d'assurer une compatibilité maximale entre les trois options, les tailles de livre proposées sont identiques. Ainsi, vous pourrez aisément basculer de l'une à l'autre sans devoir refaire votre travail de mise en page. En revanche, changer de taille en cours de réalisation vous obligera à ajuster tout le travail déjà réalisé. Selon votre pratique photo, vous vous dirigerez naturellement vers un format portrait ou paysage. Le format carré présente l'avantage d'accueillir les images de tous types en pleine page, le *Grand carré* offrant un confortable affichage A4 pour les deux orientations.

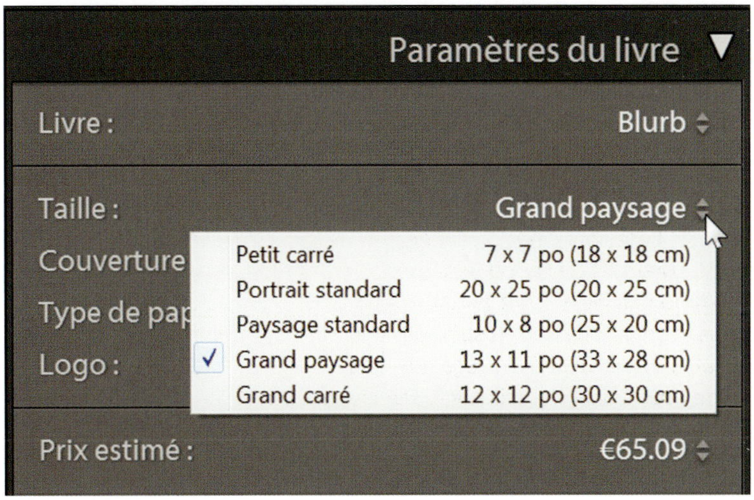

4 Si vous optez pour un tirage par Blurb, vous devez choisir le type de couverture et de papier, qui ont un impact assez lourd sur le prix final du livre. Pour éviter toute mauvaise surprise, Blurb fournit une estimation du prix (indiqué hors taxes). Celui-ci s'ajuste en temps réel à mesure que vous augmentez le nombre de pages. Si vous ne voulez pas que le logo du prestataire figure au bas de la dernière page intérieure, il vous en coûtera quelques euros de plus.

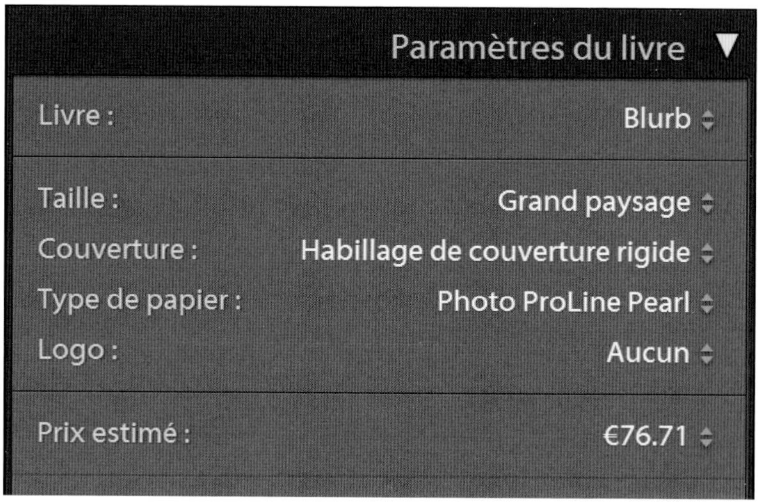

5 Si vous préférez une exportation en PDF ou en JPEG, vous devrez prendre en charge la gestion de l'espace de couleur et de l'accentuation de sortie. Si vous destinez votre livre à une impression par un autre prestataire, soyez attentif à ses prescriptions en matière de profil colorimétrique. Certains demandent explicitement du Adobe RGB ou du sRGB, d'autres fournissent le profil de couleur de leur tireuse, ce qui vous permet de faire un épreuvage à l'écran (voir TP 33) pour simuler le rendu de votre livre sur le papier choisi.

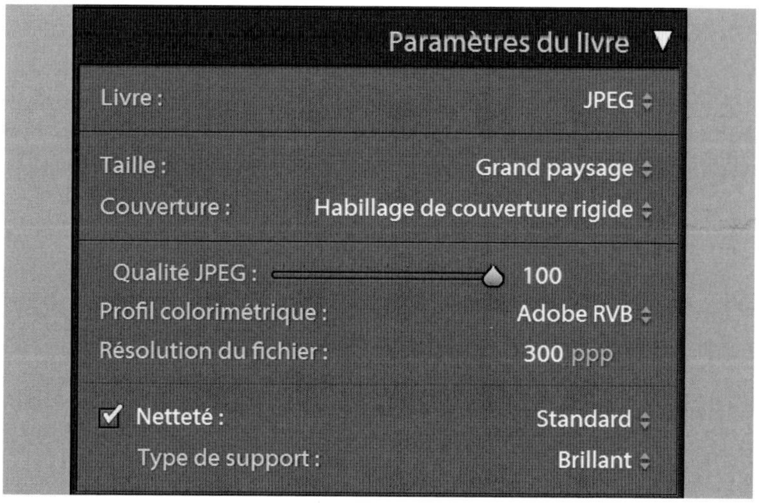

6 Pour la mise en page, Lightroom propose des dispositions automatiques, et même un remplissage automatique à partir des photos présentes dans le Film fixe. Si la première option est intéressante, la seconde l'est moins, comme souvent lorsqu'une machine se substitue au photographe. La mise en place des images dans les cadres se faisant par de simples glisser-déposer, elle ne présente pas de difficulté majeure. Vous pouvez désactiver le remplissage automatique dans les *Préférences* du module Livres (logées dans le menu *Livres*).

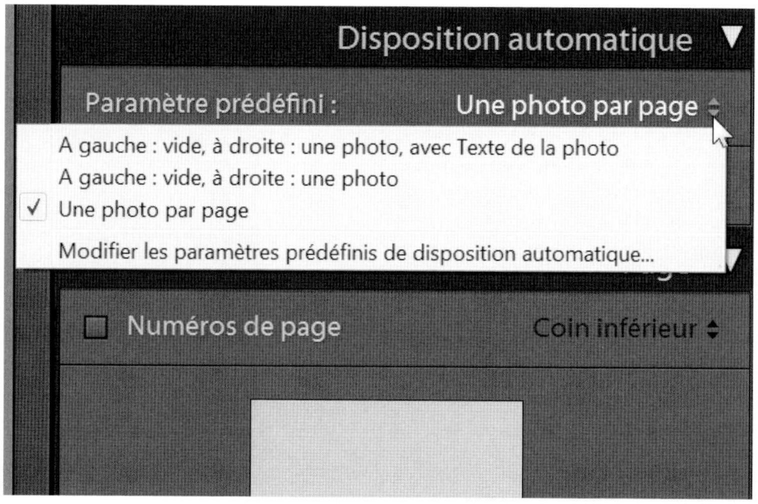

7 Si vous envisagez une disposition très régulière des pages de votre livre, vous pouvez créer et enregistrer votre propre paramètre prédéfini de disposition automatique (voir dernière option du menu déroulant à l'étape 6). Vous pouvez notamment différencier la disposition de la page de gauche et celle de la page de droite. La boîte de dialogue est conviviale et les choix sont guidés par une visualisation du résultat.

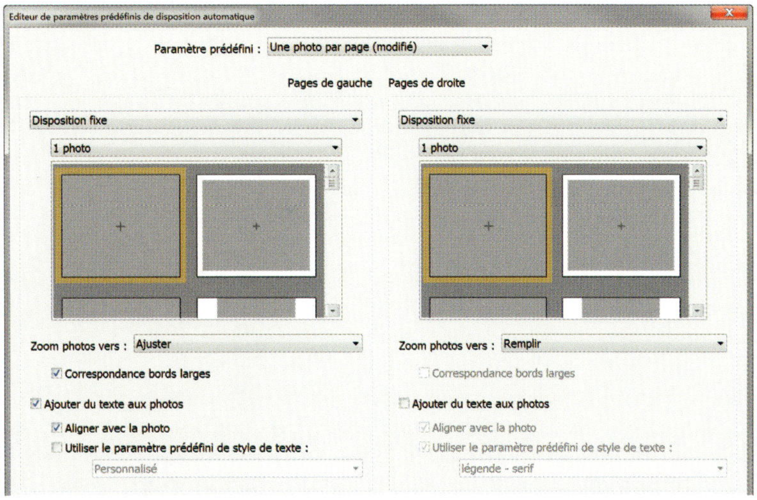

8 Que vous ayez opté ou non pour une disposition automatique, la structure de chaque page peut être modifiée individuellement. Pour cela, vous disposez du panneau Page, ou plus simplement d'un menu déroulant qui s'active par un bouton situé à proximité du coin inférieur droit du cadre. Là encore, chaque option est illustrée visuellement. Vous choisissez ainsi le nombre et la disposition des photos et des zones de texte dans la page.

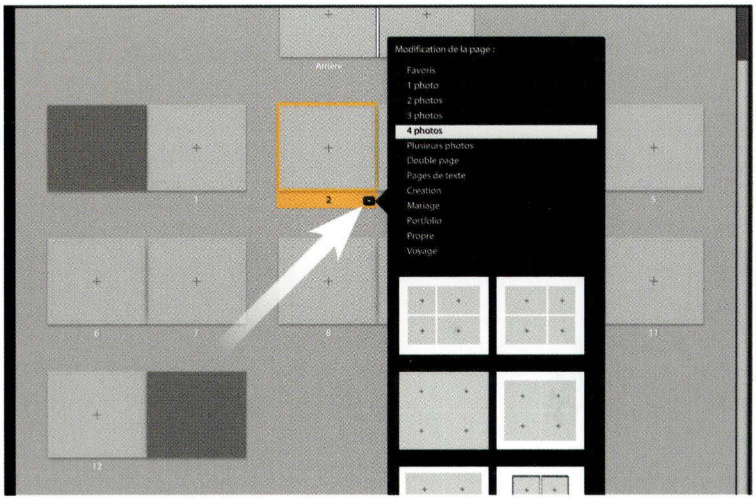

9 Voici un exemple de disposition classique avec une photo dont la largeur a été maximisée et deux zones de texte : un titre et une légende. Une autre zone de texte, dite « texte de la page », peut être ajoutée en bas de page. Sa position verticale se fixe librement entre le haut et le bas de la page au moyen du curseur *Translation* (panneau Texte, voir étape 14).

10 Les photos ont rarement les dimensions exactes de leur cadre de destination, surtout dans des dispositions multi-images. Il faut donc les recadrer, ce qui se fait au moyen de deux outils. Le premier est un curseur de zoom qui apparaît lorsque vous cliquez sur une image. Il est calé par défaut sur la valeur qui fait tenir dans le cadre la plus grande proportion de l'image, mais libre à vous de zoomer encore plus. Le second outil est le clic maintenu qui permet de déplacer l'image dans le cadre afin de l'ajuster au mieux. Si vous zoomez trop, le logiciel vous signale par un point d'exclamation que la résolution de l'image devient inférieure à celle de l'impression, ce qui peut aboutir à un rendu imprimé sous-optimal.

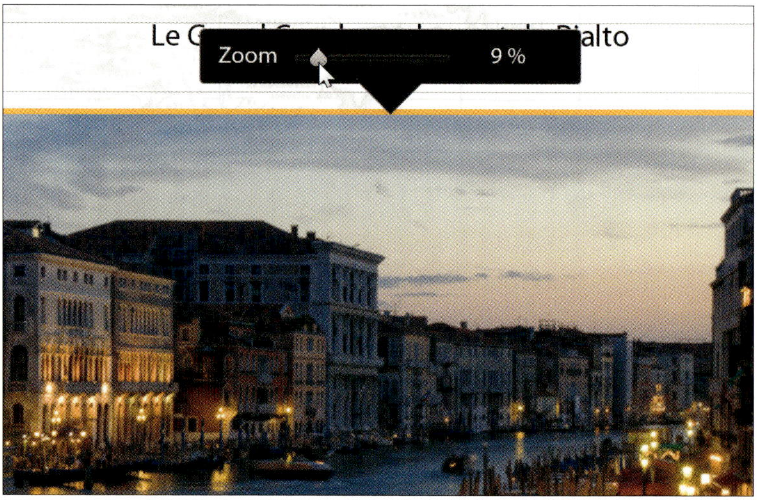

11 Lors de la constitution d'un livre au nombre de pages important ou contenant beaucoup de photos, l'indication du nombre d'occurrences de chaque photo dans le livre permet notamment de repérer celles qui ont été positionnées plusieurs fois et celles qui ne l'ont pas encore été. Ce nombre est inscrit au-dessus de chaque vignette présente dans le Film fixe.

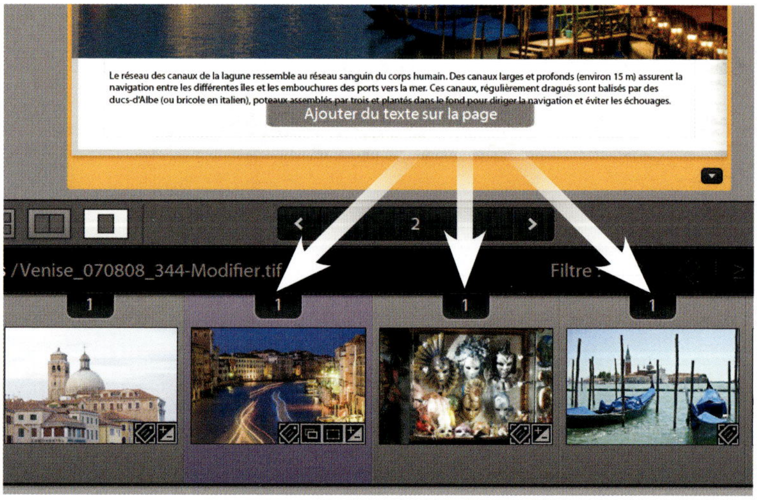

12 Comme il serait assez rébarbatif de devoir réitérer l'opération pour chaque page, Lightroom propose une solution de copier/coller pour appliquer une disposition à d'autres pages. Un clic droit sur la page donne accès au *Copier*. Placez-vous ensuite sur la page de votre choix, faites un clic droit et choisissez *Coller la disposition*. L'action ne s'appliquera pas à la page sélectionnée, mais en créera une nouvelle. Il n'est en effet pas autorisé de modifier par copier/coller la disposition d'une page contenant déjà des photos. Pour cela, l'accès par le menu déroulant est obligatoire. Notez que le copier/coller peut être réalisé au moyen des habituels raccourcis CMD/CTRL+C et CMD/CTRL+V.

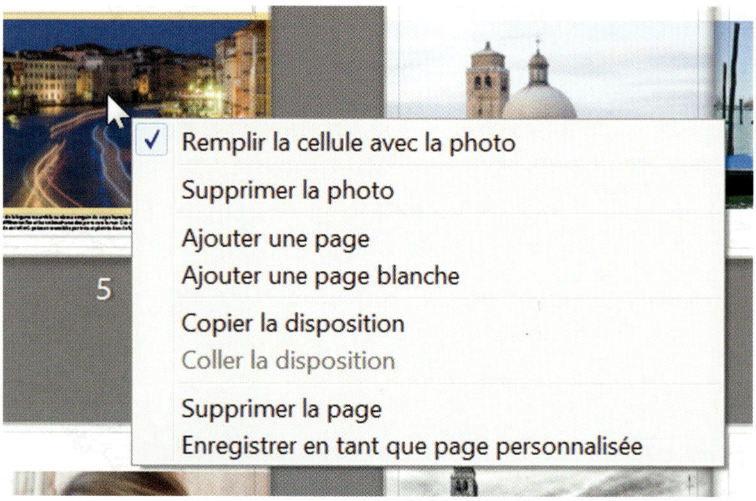

13 Plusieurs modes d'affichage sont proposés : toutes les pages, une double page ou une seule page, comme ci-contre. Pour basculer d'un mode à l'autre, des boutons sont disponibles (à l'endroit indiqué par la flèche de gauche). Notez qu'un double clic sur une photo donne accès à une visualisation pleine page. L'affichage en grand format est indispensable pour ajuster finement les photos dans leur cadre, mais aussi pour entrer les éventuels titre et légende. Un curseur (signalé par la flèche de droite) gère la taille des vignettes dans le mode d'affichage Multipage.

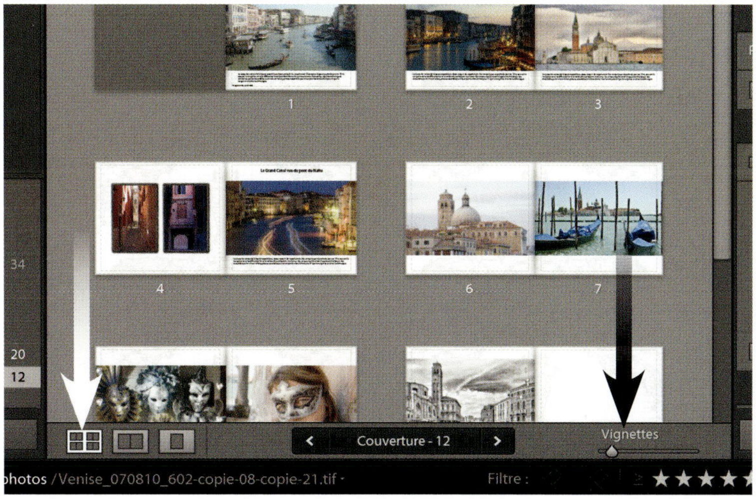

14 Le choix de la disposition, le positionnement et l'ajustement fin des photos sont les étapes les plus difficiles dans la constitution d'un livre. En comparaison, entrer un texte ou un titre est un jeu d'enfant. Vous disposez de deux panneaux Texte et Type pour ajuster la position des légendes et choisir la police, la justification et l'opacité des textes. Pensez à enregistrer vos réglages dans les paramètres prédéfinis de style de texte afin de pouvoir les rappeler ultérieurement.

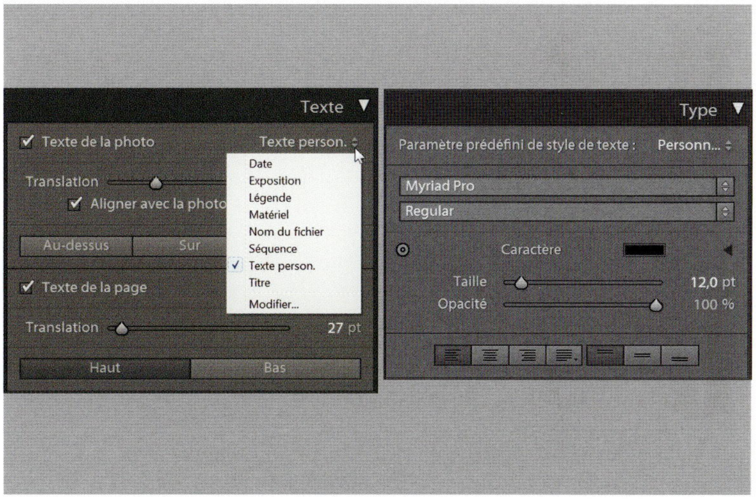

15 Le fond sur lequel sont déposés les photos et les textes possède par défaut une couleur unie, que vous définissez dans le panneau Arrière-plan. Vous avez également accès à plusieurs fonds décoratifs. Dernière possibilité, la création d'un arrière-plan personnalisé dans un éditeur d'images. Vous pouvez alors le spécifier et gérer son opacité dans Lightroom.
Une fois le livre achevé, appuyez sur le bouton *Exporter le livre au format PDF* pour l'enregistrer sur votre disque. Si vous avez choisi l'option Blurb, ce même bouton portera alors la mention *Envoyer le livre vers le serveur Blurb*.

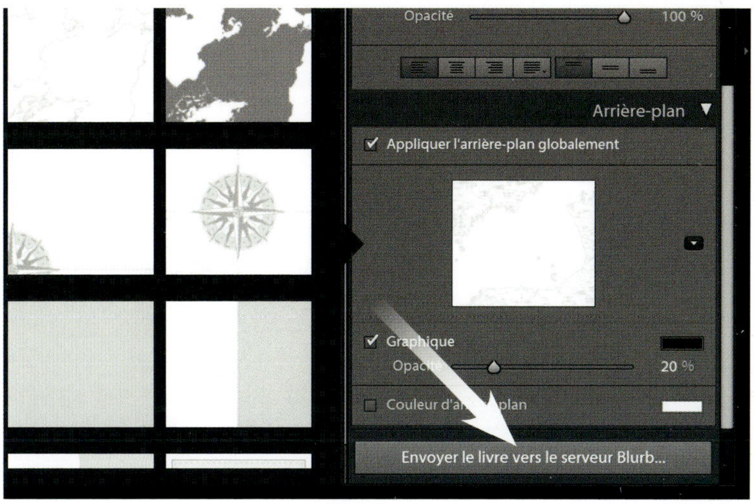

TP 33

Réaliser une mise en page pour l'impression

Dans le module Impression, l'espace central de l'interface se mue en table de composition pour vous assister dans la préparation de l'impression de vos photos. Un vaste choix de modèles prédéfinis est proposé dans le volet de gauche, les outils figurant classiquement dans celui de droite.

L'impression des photos est l'aboutissement du flux de production. Du moins, elle devrait l'être, car la qualité des écrans LCD (moniteurs ou TV) ajoutée à la facilité de partage d'images en ligne a un peu fait oublier le plaisir que procure un tirage sur papier de grand format, A4 et plus. Les tarifs des labos en ligne n'ont pourtant jamais été aussi accessibles, et on trouve des imprimantes A4 ou A3+ de très bonne qualité à des prix raisonnables. Le module Impression de Lightroom est en mesure de prendre en charge la gestion des couleurs, point crucial pour un tirage conforme à l'image affichée sur écran, et se double d'un étonnant outil créatif que vous pouvez utiliser à cette seule fin. Lightroom propose en effet d'enregistrer votre composition dans un fichier JPEG, ce qui évite d'installer une imprimante virtuelle pour récupérer le résultat de votre travail.

1 Le module Impression est d'abord une table de composition sur laquelle vous assemblez vos photos avant de les imprimer ou d'enregistrer le résultat dans un fichier JPEG. Libre à vous de positionner les images comme vous l'entendez, mais si vous manquez d'idées, Lightroom propose un grand choix de modèles logés dans le panneau de gauche. L'intérêt de ces modèles est de réduire le travail de composition à de simples glisser/déposer des photos dans des cadres déjà positionnés. Ceux-ci ne sont cependant que des suggestions que vous pouvez ajuster selon vos besoins.

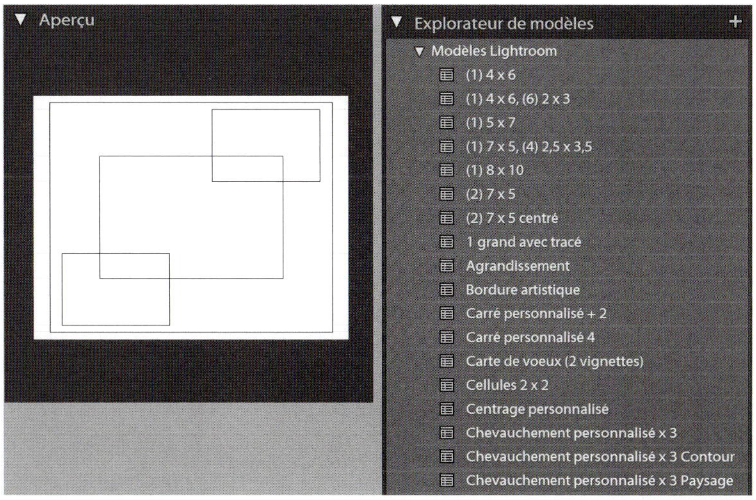

2 Il convient en premier lieu de choisir la taille du fichier de destination. Pour cela, appuyez sur le bouton *Mise en page* afin d'ouvrir la fenêtre de configuration de l'impression. Inutile pour l'heure de fixer les paramètres de sortie, notamment la gestion des couleurs. Seule la taille du fichier importe dans cette phase préliminaire. Si aucune imprimante n'est disponible, choisissez n'importe quelle alternative – par exemple l'impression dans un fichier – qui donne accès à la définition de la taille du support.

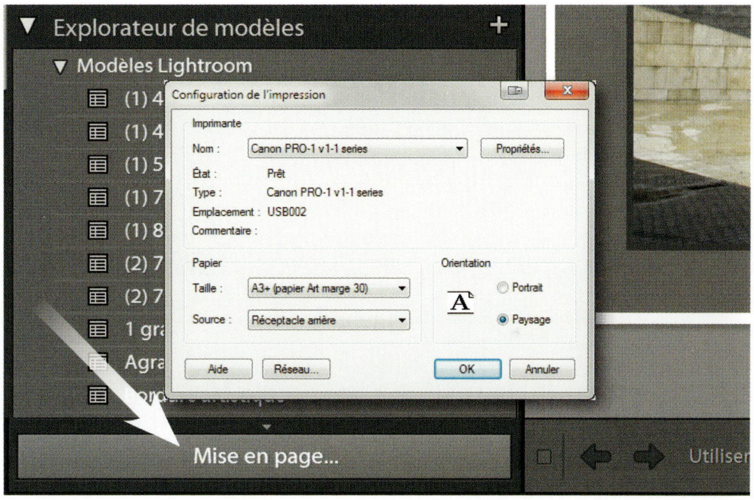

3 Avant de commencer la composition, définissez les éléments de décoration qui fixent la place réservée aux photos. À l'aide des curseurs du panneau Disposition, ajustez les marges, l'épaisseur et la couleur du contour de cadre. Vous pouvez ainsi créer une double bordure du plus bel effet si vous imprimez une seule photo plein cadre, comme dans notre exemple. Cela peut même vous dispenser de passe-partout si vous envisagez un encadrement.
Disposez ensuite vos photos sur la page. N'oubliez pas que le module Impression n'a pas accès à vos dossiers de photos. Vous devez donc sélectionner en amont celles à imprimer.

4 Plusieurs types de titres et de légendes sont disponibles. Le premier est destiné à signer la photo dans une zone extérieure à l'image, comme on peut le faire en vue d'une exposition. Pour cela, le détournement de la Plaque d'identité du panneau Page est une bonne option. Vous accédez ainsi à toutes les polices de caractères présentes dans votre ordinateur, l'opacité et l'échelle du titre étant gérées par les curseurs du panneau. Le cadre ainsi créé se repositionne par simple cliquer-glisser sur l'image.

5 Insérer un filigrane se fait très simplement, sur la base de la méthode présentée dans le TP 36. Si vous préférez titrer votre photo plutôt que la signer, comme dans l'exemple ci-dessus, le filigrane devient une option discrète de personnalisation de votre travail, telle la signature d'un peintre.

6 Vous disposez également d'un champ texte supplémentaire dans lequel peut s'inscrire automatiquement une grande variété de caractéristiques de l'image, issues notamment des métadonnées EXIF et IPTC. Dans l'exemple ci-contre, nous avons composé une légende constituée de la date et d'une partie des paramètres de prise de vue. La boîte de dialogue fonctionne sur le même principe que celle destinée à renommer les photos. Inscrire une légende texte personnalisée est également proposé.

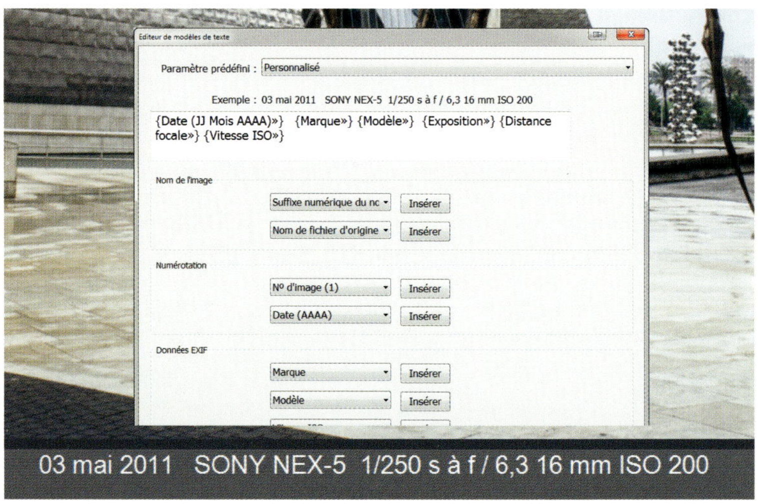

7 Si nous avons choisi un exemple classique à partir d'une seule photo, n'hésitez pas à créer des compositions plus originales, à partir de modèles prédéfinis ou que vous créerez vous-même. Les cadres se déplacent par simple glisser, et leur taille s'ajuste à l'aide de poignées présentes sur chacun des bords. La photo s'adapte automatiquement aux changements d'aspect du cadre.

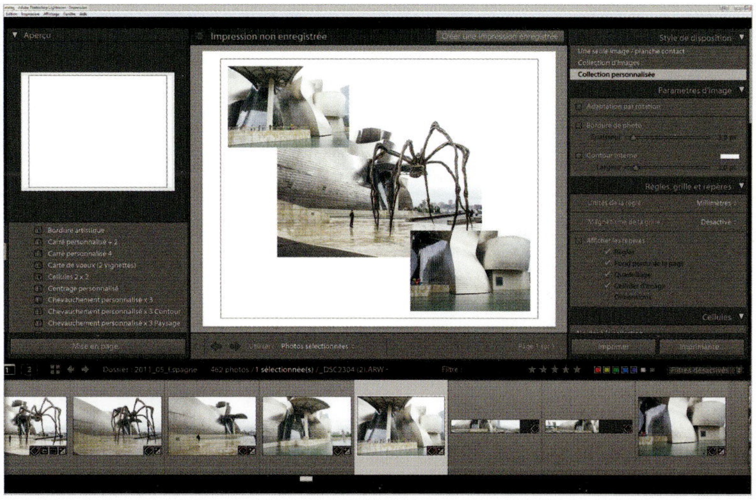

8 Si la composition que vous avez créée est destinée à servir pour d'autres photos, pensez à l'enregistrer dans les modèles de l'utilisateur. Elle apparaîtra alors dans l'Explorateur de modèles et pourra être appliquée en un clic. Il vous restera seulement à affiner la mise en page et adapter les inscriptions texte.

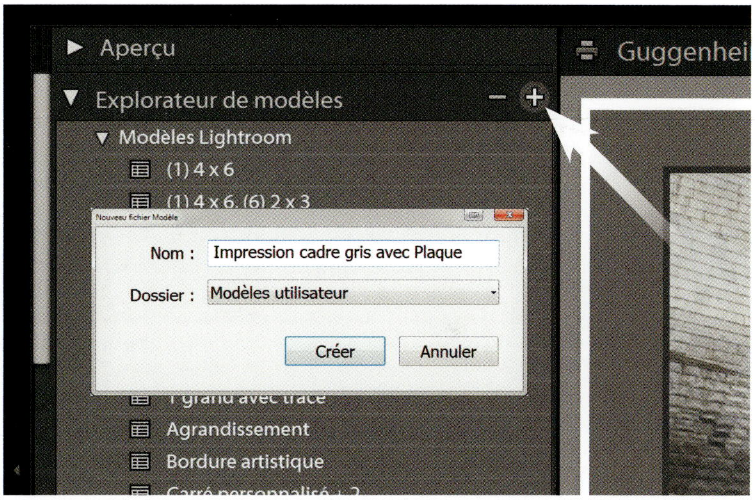

9 Enfin, n'oubliez pas d'enregistrer votre composition, qui sera alors mémorisée dans le panneau Collections. Nous vous suggérons de créer un ensemble de collections clairement identifié afin d'y loger tous vos enregistrements d'impressions. Même si le type de collection est signalé par un petit pictogramme explicite, mieux vaut ne pas les accumuler dans un vrac qui deviendra inextricable avec le temps.

TP 34 Épreuvage et gestion des couleurs pour l'impression

L'impression des photos est une source de plaisirs autant que de déboires. Aboutissement du flux de production d'images, le tirage d'une photo est une victime potentielle de toutes les erreurs et les approximations accumulées depuis la prise de vue. Scène très contrastée, matériel non calibré, écran trop lumineux, mauvaise gestion des profils de couleur, imprimante déficiente, tout se retrouve sur le papier. Ce TP rappelle la marche à suivre pour mettre en place une gestion des couleurs maîtrisée à chaque étape du flux de travail. Nous verrons comment paramétrer Lightroom et utiliser sa fonction d'épreuvage à l'écran pour compenser les faiblesses du couple imprimante-papier.

1 Obtenir une image imprimée restituant parfaitement la scène photographiée est un rêve que la réalité ne peut qu'approcher. La première des raisons est l'incapacité des capteurs des appareils photo à enregistrer toute la gamme tonale des scènes très dynamiques qui contiennent des noirs profonds et des hautes lumières intenses. Et pourtant, l'appareil photo s'en sort bien comparé aux écrans dont le taux de contraste excède rarement 1:1 000. Quant au papier, il restitue au mieux 7 ou 8 IL, certains modèles brillants atteignant péniblement un taux de contraste de 1:300. L'image imprimée est donc nécessairement éloignée de la réalité perçue.

2 La situation est à peine plus glorieuse du côté des couleurs. Si l'appareil photo possède un gamut large qui excède souvent l'Adobe RGB (en pointillé sur le graphique de gauche), la plupart des écrans se contentent du sRGB (en trait plein sur les deux graphiques). Quant aux papiers, leur capacité à restituer les couleurs dépend fortement de leur type et de l'encre utilisée. L'espace de certains papiers mats (en pointillé sur le graphique de droite) n'atteint pas le sRGB, quand d'autres dépassent largement celui d'un écran standard. Face à ces limites inhérentes au matériel, il est important de calibrer toute la chaîne de traitement pour, à tout le moins, obtenir des couleurs aussi justes que possible.

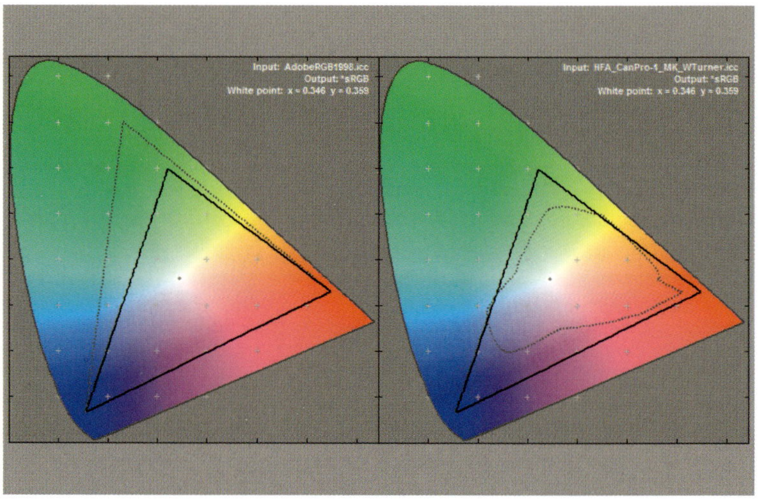

3 Le module Impression de Lightroom est l'un des rares outils pour photographes à offrir un contrôle de la gestion des couleurs. Celle-ci n'est toutefois utile que si vous disposez d'une imprimante calibrée pour les papiers photo que vous utilisez. Certains fabricants fournissent des profils de couleurs, mais les imprimantes concernées sont surtout des modèles haut de gamme. Si votre imprimante n'en fait pas partie et que vous ne l'avez pas calibrée, mieux vaut la laisser gérer les couleurs et utiliser les papiers du constructeur qui bénéficient d'une prise en charge automatique. Il faudra toutefois veiller à prescrire le bon type de papier dans le pilote d'impression.

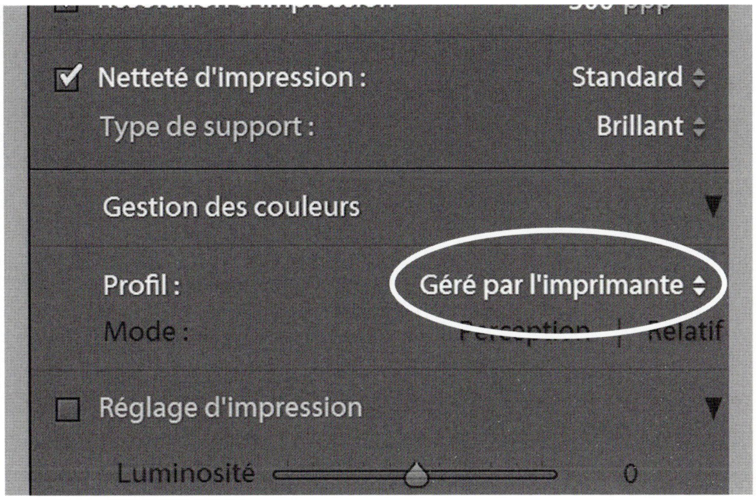

4 Pour accéder à la configuration de l'impression, cliquez sur le bouton *Mise en page* situé au bas du panneau de gauche de Lightroom (signalé par la flèche blanche). Sélectionnez votre modèle d'imprimante et cliquez sur *Propriétés* pour ouvrir l'interface du pilote d'impression. Que la gestion des couleurs soit réalisée par l'imprimante ou par Lightroom, choisissez avec soin le *Type de support* (flèche grise) en vous référant aux instructions données sur le site du fabricant (ou dans la pochette de papier). L'utilisation d'un profil inadéquat peut aboutir à un résultat catastrophique tant les papiers ont des comportements différents.

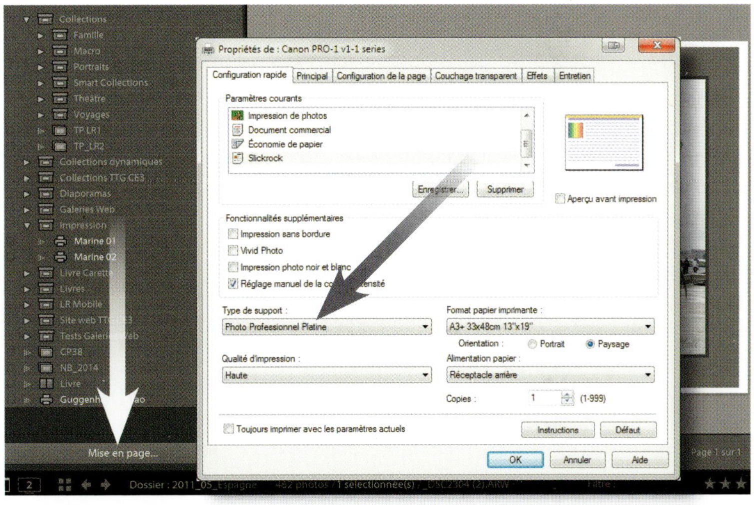

5 Si vous disposez du profil de l'imprimante pour le papier utilisé, vous pouvez le prescrire en ouvrant le sélecteur (entouré de blanc ci-contre). Dans ce contexte, Adobe a pris soin d'inscrire au bas du panneau Travaux d'impression un avertissement de la plus haute importance : la nécessité de désactiver la gestion des couleurs par le pilote d'impression. Sans cela, l'image sera traitée à la fois par Lightroom et par le pilote d'impression, le résultat de cette double intervention sur les couleurs produisant à coup sûr un résultat erroné.

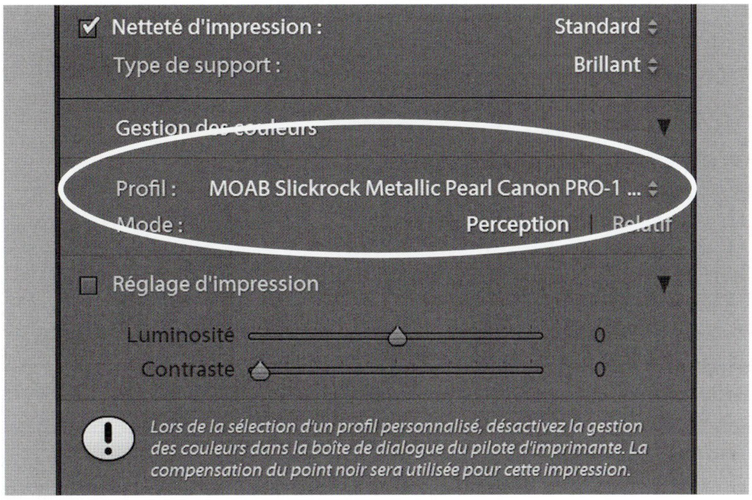

6 Pour accéder à la gestion des couleurs, passez dans l'onglet *Principal* de l'interface du pilote d'impression. Sur les imprimantes Epson, il faut choisir le *Mode personnalisé* et l'option *Désactivé (pas de calibrage couleur)*. Avec une imprimante HP Photosmart, la gestion des couleurs est logée dans l'onglet *Couleur du pilote*. Elle se désactive comme pour une Epson. Si votre imprimante est une Canon, cochez l'option *Manuel* et cliquez sur le bouton *Définir*. Dans l'onglet *Correspondance* de la boîte de dialogue *Réglage des couleurs manuel*, sélectionnez l'option *Aucune*. Pensez bien sûr à réactiver la gestion des couleurs par le pilote si vous réalisez un tirage entièrement géré par l'imprimante.

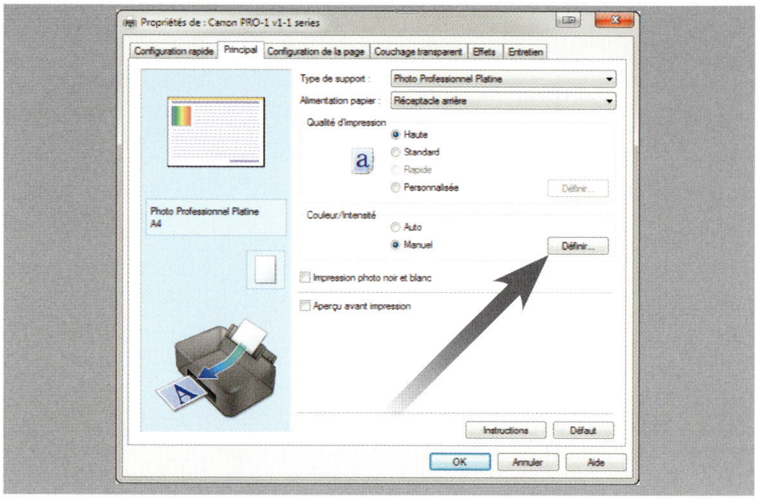

7 Le comportement colorimétrique de l'écran étant différent de celui de l'imprimante, le résultat sur papier est assez imprévisible. Ou du moins il l'était avant l'intégration d'une fonction d'épreuvage écran dans Lightroom. Cette fonction simule le rendu imprimé en projetant l'image dans l'espace de couleur de l'imprimante afin d'examiner les pertes problématiques et, si possible, d'effectuer des corrections compensatrices. L'Épreuvage écran n'est disponible que dans le module Développement et s'active dans la barre d'outils située au-dessus du Film fixe.

8 Lorsque l'épreuvage est activé, un panneau Épreuvage écran se substitue à l'histogramme classique pour donner accès au profil de couleur et au choix du mode de rendu. Les deux pictogrammes situés dans les coins supérieurs de l'histogramme ont pour fonction d'activer ou de masquer les avertissements de gamme du moniteur (matérialisés en bleu sur l'image) et les avertissements de gamme de destination (matérialisés en rouge). Vous visualisez ainsi les insuffisances éventuelles de votre écran et les zones où les couleurs imprimées ne pourront être conformes à celles de l'image.

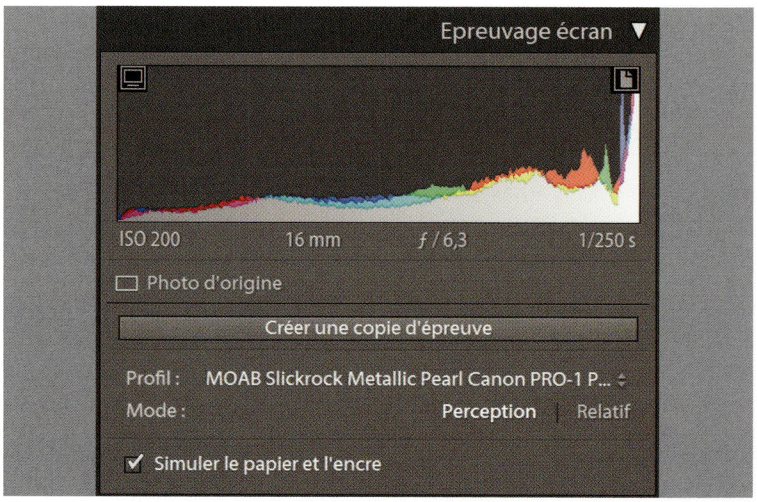

9 Pour vous permettre de faire des ajustements en toute liberté, le logiciel crée une copie virtuelle. Son intérêt est de préserver le travail de développement, les corrections pour l'impression n'ayant pas de raison d'être pérennisées. Vous pourrez ainsi imprimer votre image sur un autre papier ou l'exporter pour un autre usage à partir d'une base saine. Notez que la copie virtuelle est automatiquement suffixée avec le nom du profil, ce qui permet de repérer aisément son origine.

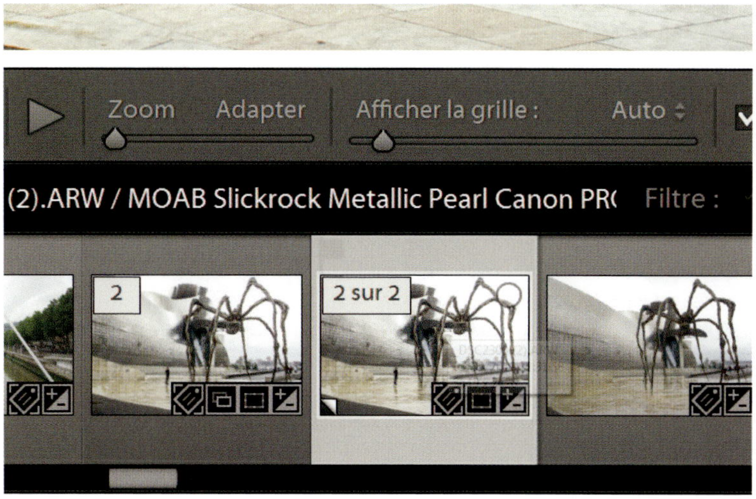

10 Pour comparer l'épreuve et le fichier d'origine, le mode d'affichage avant/après (flèche blanche) est très intéressant, d'autant qu'il permet de zoomer de façon symétrique sur des détails. Vous pouvez ainsi examiner finement les problèmes de couleur et de tonalités et envisager une correction. L'avertissement de gamme de destination est très utile pour repérer les zones les plus critiques.

11 Nous avons vu pourquoi une photo imprimée n'a que peu de chance d'être conforme à la scène photographiée, ni même à l'image capturée par l'appareil photo, puis examiné les solutions pour gérer au mieux les couleurs avec Lightroom dans ce contexte délicat. Il reste à évoquer une dernière cause de déception face à l'image imprimée. La photo qui parvient sur vos rétines par réflexion de la lumière sur le papier ne peut en aucun cas produire le même effet que si elle est affichée sur un écran rétroéclairé. Ces supports de natures profondément différentes produisent des perceptions différentes, sans pour autant que l'une soit *a priori* supérieure à l'autre.

Exporter et publier

TP 35

Exportation simple sur disque

La fonction d'exportation des fichiers ne dispose pas d'un module à part entière, mais d'une simple interface qui pilote la finalisation de votre travail. Vous y gérez le redimensionnement, le choix de la résolution et de l'espace de couleur, l'accentuation de sortie ou encore l'application d'un filigrane.

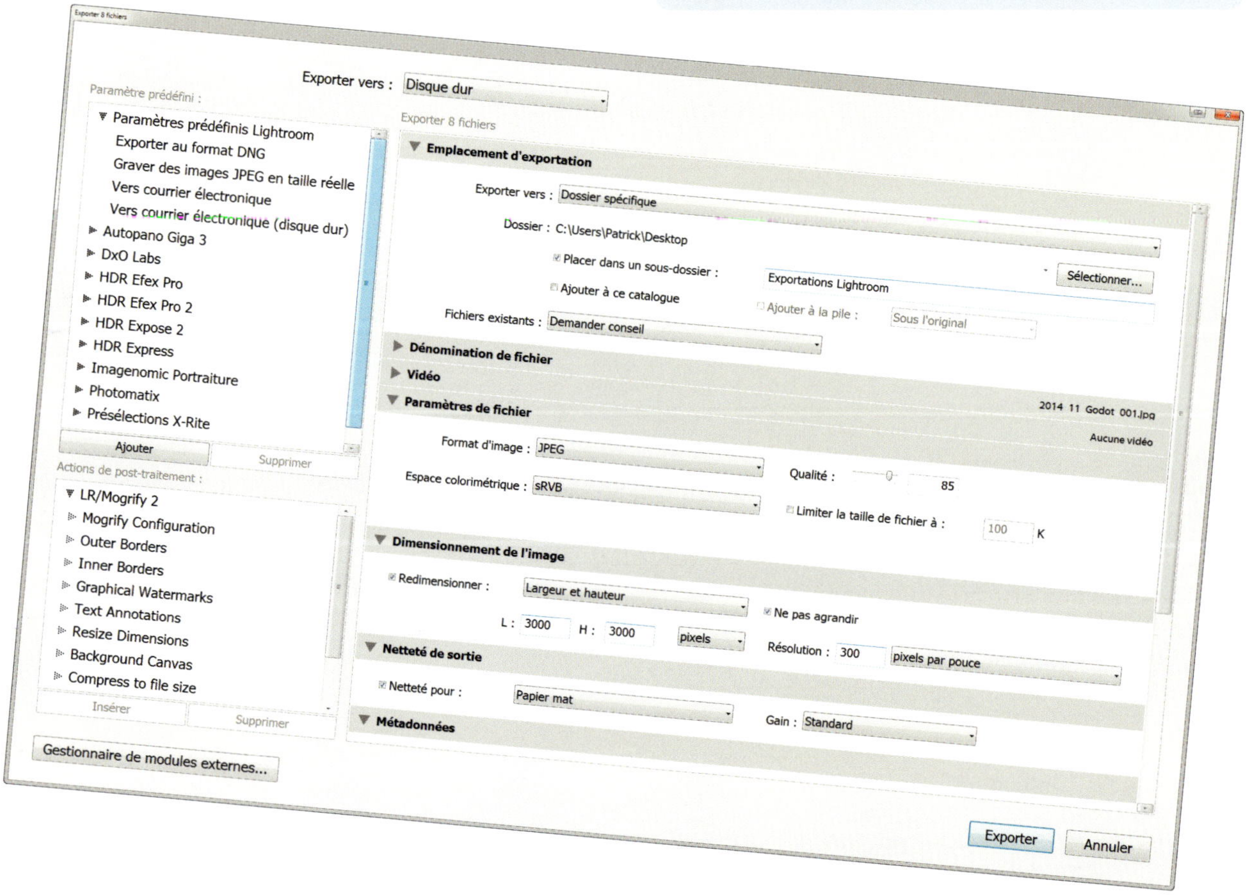

S'il est une chose surprenante pour les nouveaux utilisateurs de Lightroom, c'est bien l'absence d'un menu *Enregistrer*. À cela une raison principale : un RAW ne peut être modifié puisqu'il est – par définition – un fichier brut. Suivant le même principe de respect absolu des fichiers originaux, Lightroom ne modifie pas non plus les JPEG. Toutes les modifications sont enregistrées sous forme de métadonnées de développement dans le catalogue, ainsi que dans un fichier annexe au format XMP si vous le demandez dans les *Paramètres du catalogue*. Pour accéder au résultat de votre travail, vous devez l'exporter. Cela s'apparente à un *Enregistrer sous* pourvu d'options très étendues afin d'adapter les caractéristiques de l'image finale à son support de destination. Comme l'importation des photos, l'exportation est un passage obligé qu'il est important de bien maîtriser.

1 Commençons ce TP par une tentative de sauvegarde avec la combinaison CMD/CTRL+S qui est un réflexe dans l'univers informatique pour enregistrer le travail en cours. Ce raccourci existe bien dans Lightroom, mais son action est différente. Dans Lightroom, les modifications ne sont jamais appliquées au fichier d'origine, qu'il s'agisse d'un RAW ou d'un JPEG, elles sont enregistrées en temps réel et sous forme paramétrique dans le catalogue. Il est donc inutile de les sauvegarder, sauf si vous désirez qu'elles soient inscrites dans un fichier externe au format XMP. C'est précisément ce que déclenche un CMD/CTRL+S dans Lightroom.

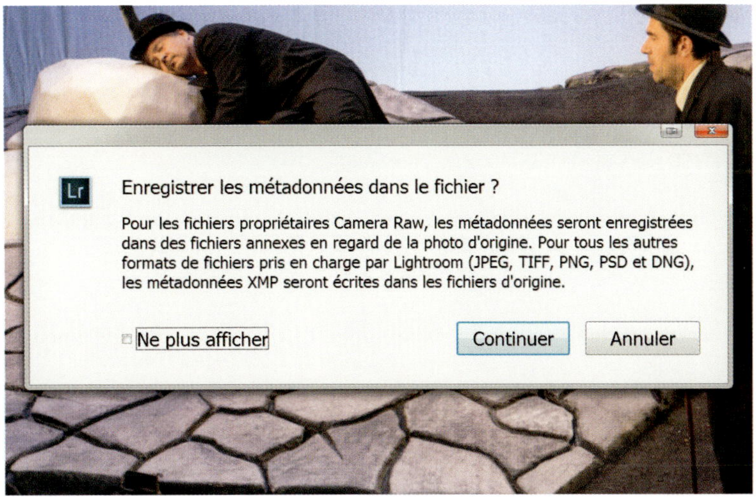

2 Ne seront exportées que les images préalablement sélectionnées dans le Film fixe (ou dans la grille du module Bibliothèque). Pour cela, n'hésitez pas à constituer une collection, statique (voir TP 13) ou dynamique (voir TP 14), ou à faire appel aux outils de filtrage si vous avez repéré les images à exporter à l'aide de libellés de couleur ou de notes. L'avantage de la collection est qu'elle conserve la mémoire de votre exportation : un clic ultérieur sur son intitulé dans le panneau Collections affichera l'ensemble des images concernées.

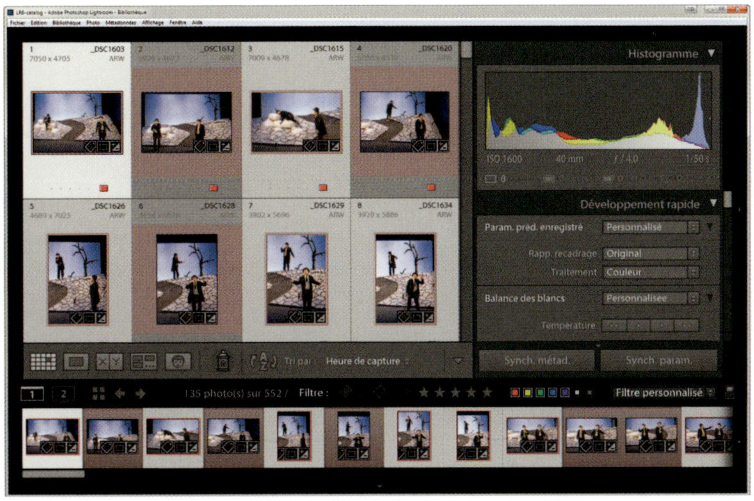

3 Une fois les images sélectionnées, vous disposez de plusieurs solutions pour lancer l'exportation. La plus classique est logée dans le menu *Fichier* (ou le menu *Lightroom* sur Mac) comme indiqué sur l'illustration ci-contre. Presque aussi rapide, faites un clic droit au-dessus de n'importe quelle vignette (sélectionnée ou non) et choisissez l'option *Exporter*. Enfin, si vous appréciez les raccourcis clavier, entrez la combinaison CMD/CTRL+⇧+E.

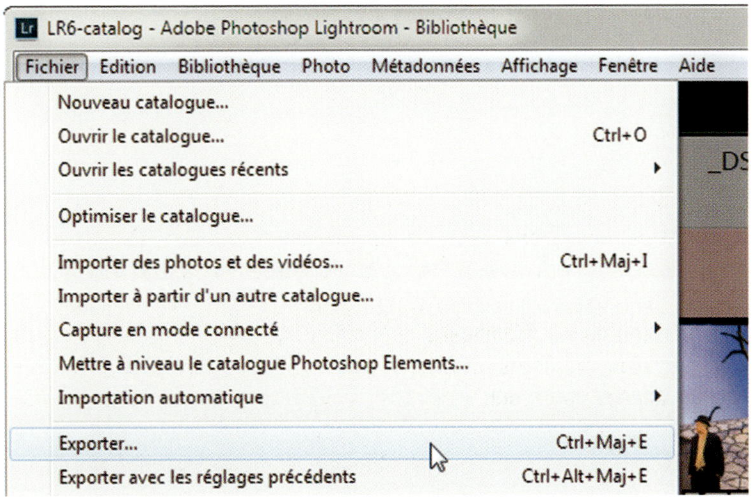

4 Le premier paramètre à fixer concerne l'emplacement de l'exportation. Vous devez définir le dossier d'accueil de vos images exportées. Inutile de créer à l'avance un sous-dossier, le logiciel propose de le faire à votre place. Si vous avez choisi de cataloguer vos images exportées avec les originaux, cochez la case *Ajouter à ce catalogue*. Il n'est pas conseillé de stocker les fichiers de sortie dans le même dossier que les originaux, mais si tel est votre choix, il vous est proposé de les empiler. Enfin, vous disposez des mêmes options de renommage que celles évoquées dans le TP 50. Pour ne confondre plusieurs exports de la même image, préfixer ou suffixer le nom du fichier est une bonne solution pour les différencier.

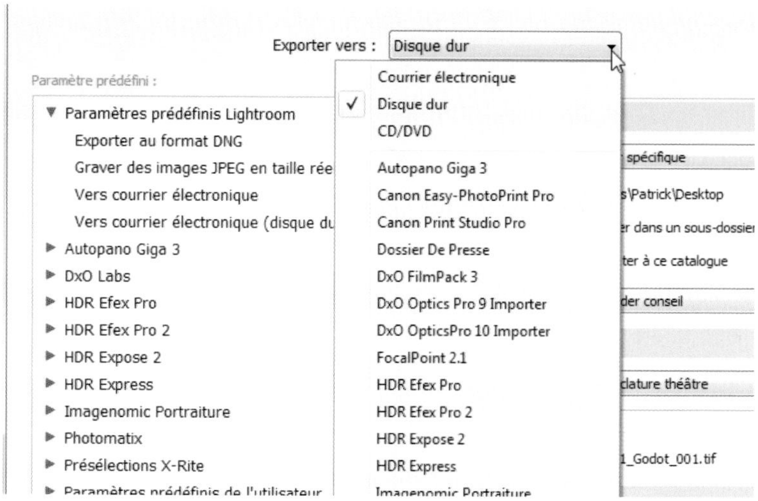

5 Lightroom propose les formats de sortie JPEG, TIFF, PSD, DNG et Original. Pour le JPEG, vous devrez fixer le niveau de compression. S'il s'agit de conserver les images sur disque, choisissez la qualité maximale. Pour un envoi par mail ou pour une mise en ligne sur le Web, vous pouvez descendre jusqu'à 70 %, mais n'allez pas en deçà sous peine de voir apparaître des artefacts. Oubliez l'option *Limiter la taille de fichier à* car elle fait perdre le contrôle de la qualité du résultat. Choisissez de préférence l'espace sRVB pour un usage courant ou pour une publication en ligne, mais plutôt l'Adobe RVB pour faire imprimer vos photos dans un labo ou pour les imprimer vous-même en dehors de Lightroom.

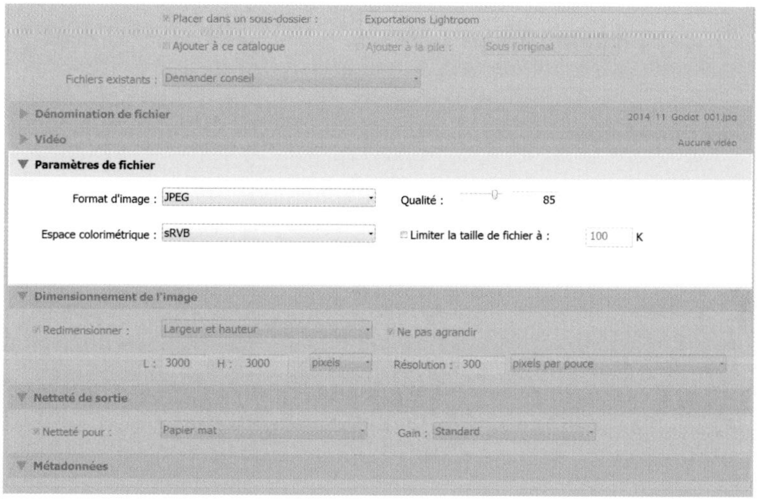

6 L'option de redimensionnement *Largeur et hauteur* est la plus pertinente. Il vous suffit en effet de fixer la taille du plus grand côté de l'image et de la spécifier dans les deux champs proposés. Ne craignez pas une déformation, le rapport entre les deux dimensions sera préservé. Si c'est la plus petite dimension de l'image que vous désirez contrôler, choisissez l'option *Bord étroit*. La résolution n'a de sens que dans le contexte d'une impression. Pour un affichage sur écran, ce paramètre n'a aucune influence contrairement à ce que laisse croire la légende persistante des 72 ppp.

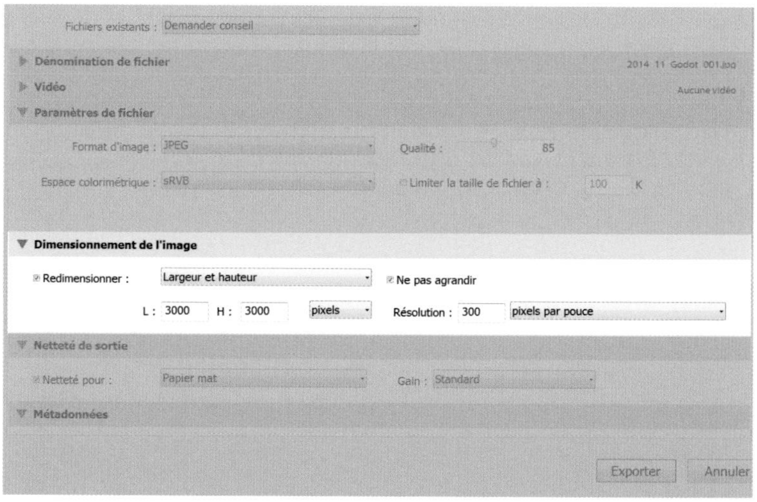

7 L'accentuation de sortie est une problématique complexe qui aurait mérité mieux que le choix étique proposé. Dans le cas d'une exportation en JPEG pour un affichage écran, choisissez un gain faible ou standard. En vue d'une impression, le gain standard est adapté aux photos du quotidien. Vous pouvez oser un gain élevé pour une photo de paysage, mais un gain faible est un maximum pour un portrait. Si vous ne désirez pas que votre travail de catalogage (mots clés, nom des personnes, etc.) soit visible dans les métadonnées de l'image exportée, limitez-les au copyright. L'application d'un filigrane est abordée dans le TP 36.

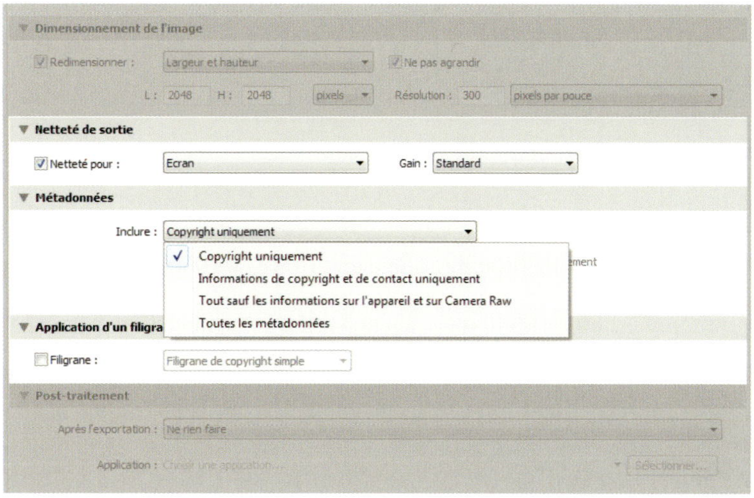

8 Le paramétrage fin des options d'exportation demandant un certain temps, il serait dommage de renouveler l'opération à chaque session. Aussi, pensez à enregistrer vos jeux de paramètres les plus couramment utilisés, en les nommant le plus explicitement possible. Ils viendront s'inscrire dans le dossier des paramètres prédéfinis de l'utilisateur, ou dans un nouveau dossier que vous créerez pour l'occasion.

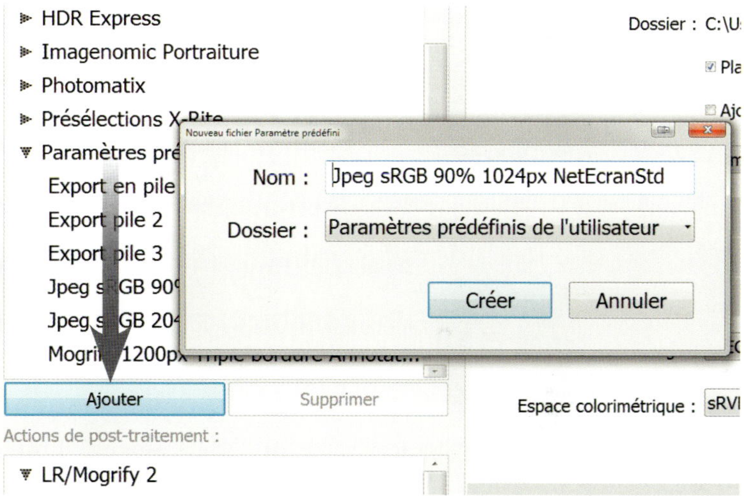

9 Vos paramètres prédéfinis sont accessibles dans le menu principal, et vous dispensent du passage par la boîte de dialogue du module d'exportation s'ils n'ont pas besoin d'être ajustés. C'est une solution qui fait gagner beaucoup de temps.

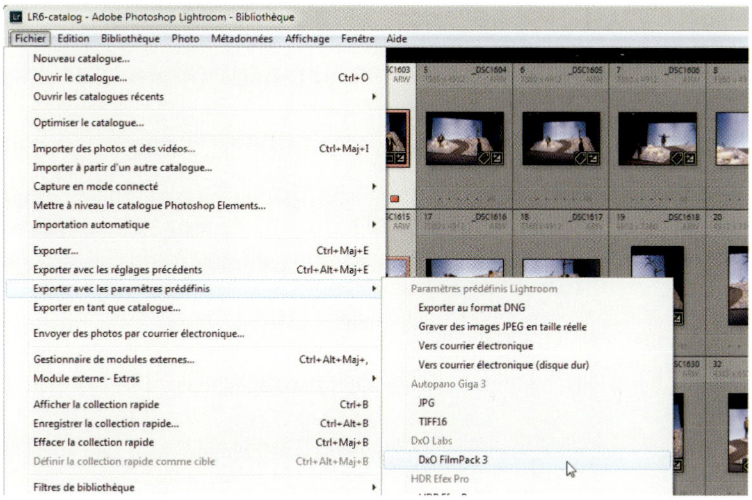

TP 36

Créer un filigrane personnalisé

Les vols de photo sont légion sur le Web. Le filigrane (souvent appelé *watermark*) n'est pas une panacée, mais il évite une appropriation trop facile des photos. Il a également un effet dissuasif, car sa présence indique que l'auteur est attentif à ce qui relève de la propriété intellectuelle. Lightroom offre une solution complète et facile à paramétrer, qu'il s'agisse d'un filigrane texte ou d'un logo que vous aurez préparé dans un éditeur d'images. Veillez toutefois à ne pas dénaturer exagérément vos photos avec des filigranes énormes qui gâcheraient le plaisir que les internautes auraient à les regarder. Évitez également de publier des images de trop grandes dimensions, car ce sont les plus intéressantes pour les voleurs.

1 L'Éditeur de filigranes est accessible au bas du menu *Édition*. Son interface est composée d'une fenêtre de visualisation associée à un panneau d'outils à droite et à un éditeur de texte sommaire en bas. Le choix du type de filigrane se fait tout en haut du panneau des outils. Nous allons voir comment fabriquer et enregistrer un filigrane texte, sachant qu'un filigrane image se construit de la même manière, sans les options d'édition de texte.

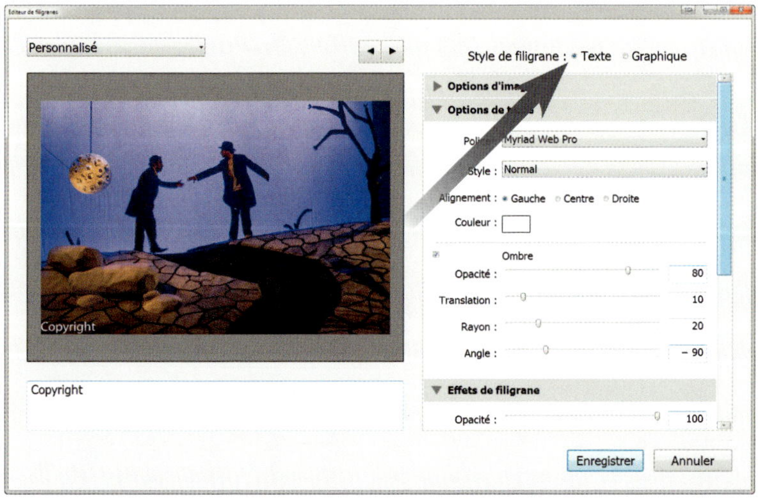

2 Commencez par entrer le texte de votre filigrane dans le champ inférieur de l'interface. Si l'exemple ci-contre tient de façon classique sur une seule ligne, rien ne vous empêche de composer le vôtre sur plusieurs lignes. S'il vous semble intéressant de l'ajouter, notez que le symbole du copyright est accessible en entrant OPT/ALT + 0169 sur PC et OPT/ALT + C sur Mac.

3 Le choix de la police et du style est essentiel, car il détermine la personnalité de votre filigrane. Si vous publiez beaucoup d'images sur le Web, le filigrane deviendra votre identifiant visuel. Mieux vaut alors ne pas le changer trop souvent. Vous disposez de l'intégralité des polices présentes dans votre système d'exploitation. N'hésitez pas à télécharger des polices gratuites – faciles à trouver sur le Web – si celles dont vous disposez ne conviennent pas.
L'effet d'ombrage est important, car il assure une visibilité au filigrane quelles que soient la couleur et la texture de l'arrière-plan.

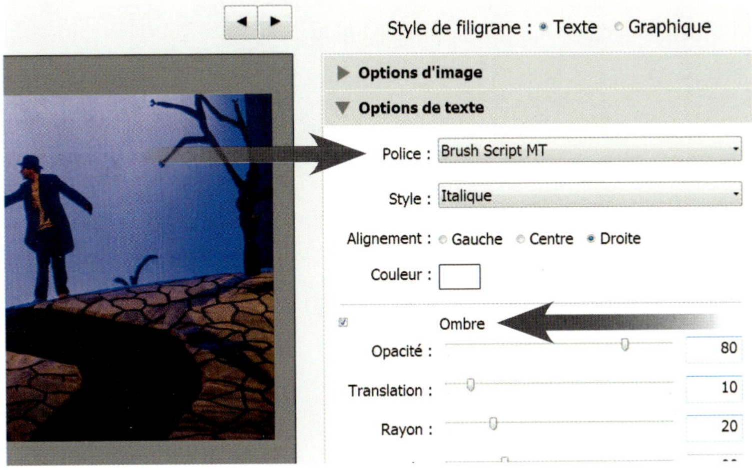

4 Choisissez ensuite la taille du filigrane, en trouvant le juste milieu entre trop et pas assez. Le curseur est gradué en pourcentage de la taille de l'image, ce qui assure un marquage proportionnel. Vous n'aurez ainsi pas à vous soucier de l'ajuster aux dimensions des photos exportées.
Placez le filigrane en choisissant sa position, puis en l'ajustant finement à l'aide des deux curseurs *Hors-texte*, eux aussi gradués en pourcentage.

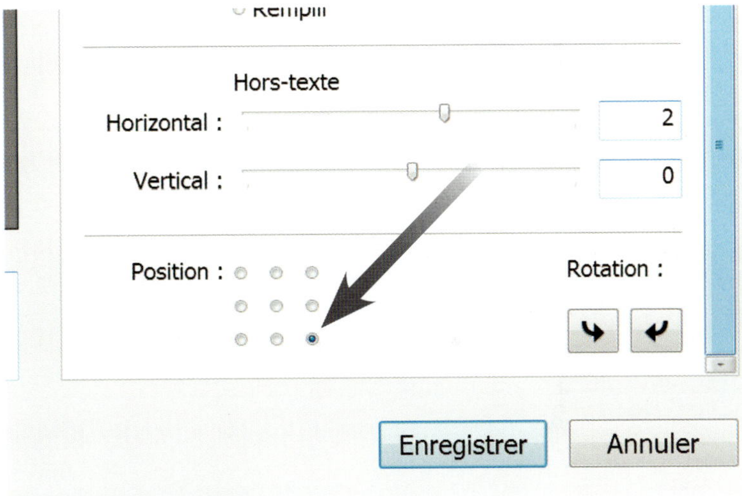

5 Il reste à fixer un paramètre important : l'opacité du filigrane. Là encore, il faut trouver la juste dose qui le rendra discret sans le faire disparaître. C'est en fait un équilibre global qu'il vous faudra déterminer en jouant sur sa taille et son opacité.
Une fois le filigrane achevé, enregistrez-le. Vous pourrez alors le spécifier directement dans l'interface d'exportation (voir TP 35).

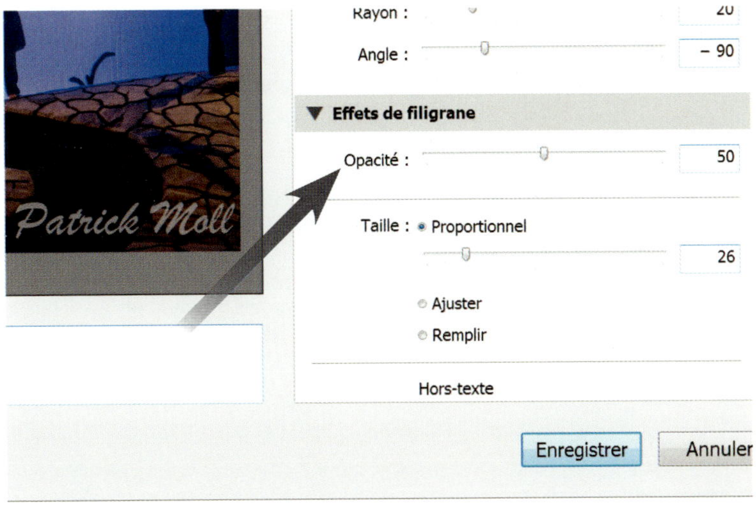

TP 37

Envoyer des photos par courrier électronique

Lightroom propose plusieurs solutions pour partager et diffuser vos photos sans quitter l'interface du logiciel. Avant d'étudier le fonctionnement des services de publication vers Facebook, Flickr et Behance, examinons l'envoi direct de photos par courrier électronique. Cette fonctionnalité puissante peut s'adapter à la plupart des messageries et vous offre un éditeur rustique, mais largement suffisant pour écrire le message accompagnant les photos. Qui plus est, vos courriers sont enregistrés dans le dossier des messages envoyés de votre messagerie. Cette fonctionnalité vous évite ainsi d'exporter au préalable vos photos sur le disque et de les ajouter en pièce jointe. Sa seule faiblesse est de ne pas avoir accès à votre carnet d'adresses.

1 L'activation du compte de messagerie est la première opération à accomplir. Pour cela, choisissez l'option *Envoyer une photo par courrier électronique* dans le menu *Fichier* sur PC ou *Lightroom* sur Mac. Le raccourci clavier est CMD/CTRL+M. La fenêtre de la messagerie Lightroom s'ouvre alors. Pour ajouter un compte, déroulez le sélecteur de comptes et choisissez *Accéder au Gestionnaire de compte de messagerie*.

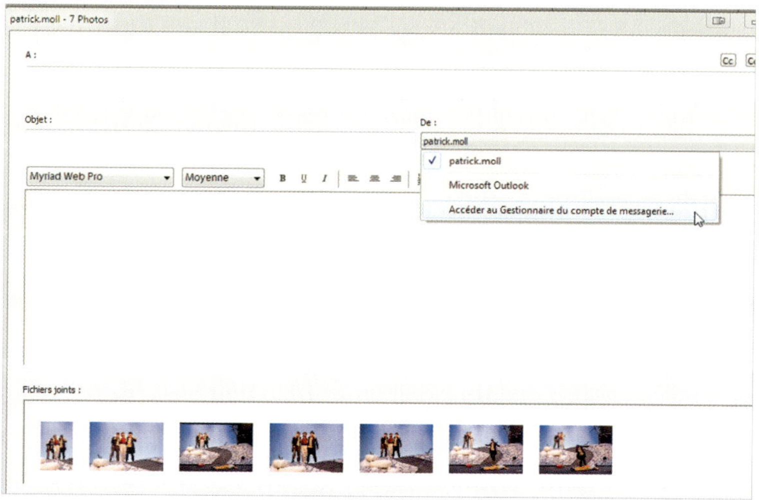

2 Les messageries indépendantes les plus utilisées sont prédéfinies. Choisissez la vôtre et les champs des paramètres se rempliront automatiquement. Si vous utilisez un autre type de messagerie, par exemple celui procuré par votre fournisseur d'accès Internet, vous devez renseigner manuellement ces champs. Vous trouverez ces informations sur les documents qui vous ont été remis lors de l'ouverture de votre ligne, ou dans la F.A.Q. du site web de votre gestionnaire de messagerie.

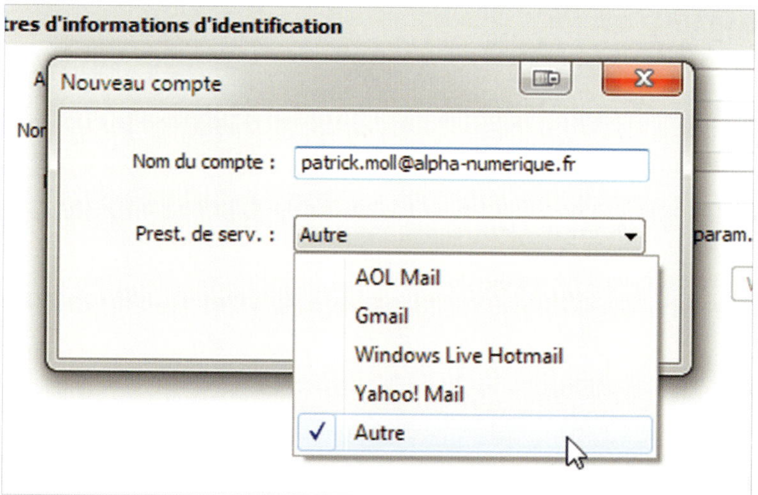

3 Quelle que soit votre messagerie, vous aboutissez dans le gestionnaire du compte. Renseignez les paramètres manquants, notamment votre adresse électronique et votre mot de passe. Appuyez sur *Terminé* pour lancer la connexion entre Lightroom et votre messagerie. Votre compte apparaît alors dans la colonne de gauche précédé d'un point vert signifiant que le compte est validé et peut être utilisé. Vous pouvez ajouter d'autres comptes sans limitation de nombre.

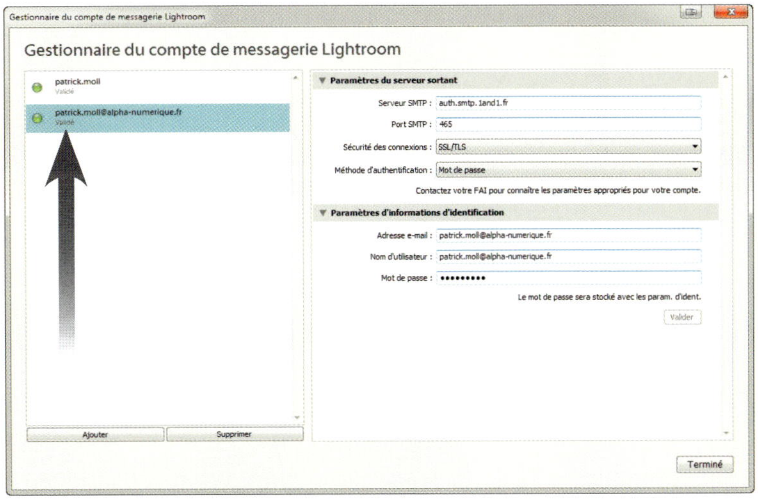

4 Il vous reste à fixer les paramètres d'exportation de vos photos. Pour cela, ouvrez l'interface d'exportation en faisant un clic droit au-dessus de n'importe quelle vignette du Film fixe et choisissez l'option *Exporter*. Pour aller plus vite, tapez le raccourci clavier CMD/CTRL + ⇧ + E. Sélectionnez ensuite *Courrier électronique* dans le menu déroulant situé en haut de la fenêtre. Vous aurez alors accès aux mêmes options de sortie que dans le cas d'une exportation simple sur disque (voir TP 35).

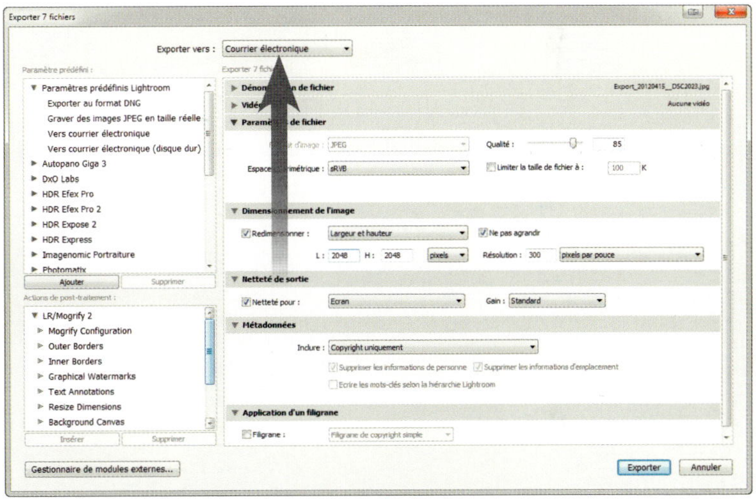

5 Vous voici prêt à envoyer des photos par courrier électronique. Les images sélectionnées sont exportées avec les options définies à l'étape 4, puis automatiquement jointes au courrier. Il ne vous reste qu'à entrer le texte de votre message et l'adresse du destinataire. Vous devrez constituer progressivement votre carnet d'adresses Lightroom, car le logiciel n'a pas accès à celui de votre messagerie.

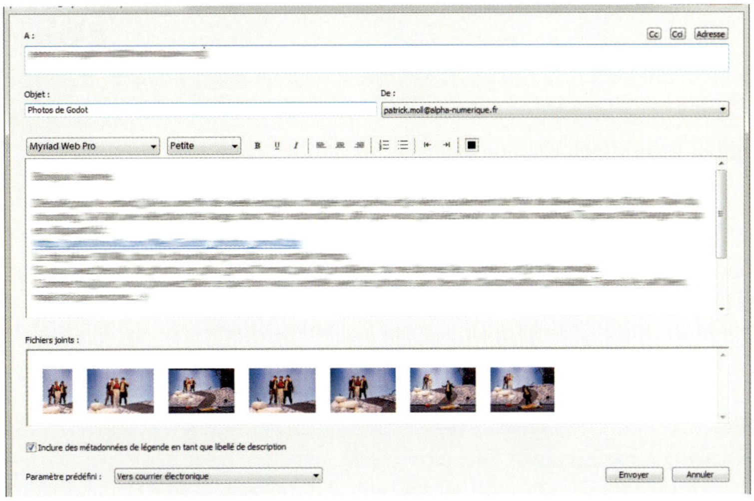

TP 38

Publier sur Facebook

La fonction de publication sur Facebook possède une interface proche de celle de l'exportation sur disque (voir TP 35), à laquelle s'ajoute un gestionnaire d'albums situé au bas du panneau de gauche du module Bibliothèque. Seule la suppression des photos publiées doit être gérée à l'extérieur de Lightroom.

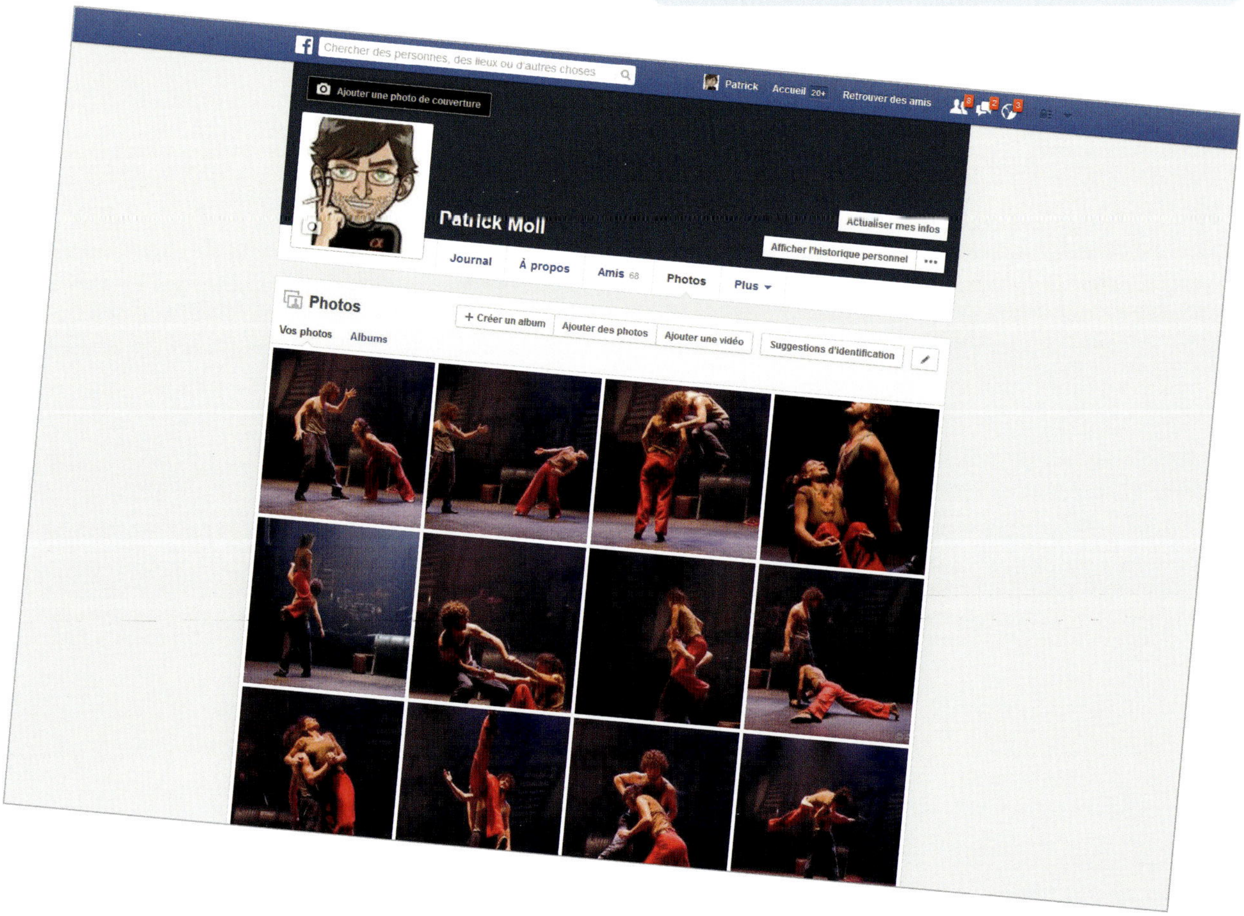

Si Facebook ne constitue pas l'écrin idéal pour mettre en valeur vos photos, le réseau social est un lieu très important de partage d'images. En tant que tel, il a logiquement retenu l'attention des développeurs d'Adobe qui ont mis en place un service de publication directe très abouti. La procédure d'activation du lien fonctionnel entre Lightroom et Facebook est un peu délicate, mais la gestion des photos et des albums se fait ensuite dans le confort de l'interface de Lightroom (à l'exception de la suppression à distance, que Facebook n'autorise pas). Soyez très vigilant sur les questions de propriété, les règles de Facebook étant changeantes. Attention aussi au niveau de confidentialité de vos photos : évitez de les rendre accessibles à tous, des galeries comme Flickr étant mieux adaptées pour cela (voir TP 39).

1 Le service Facebook est disponible par défaut dans le Gestionnaire de publication. Le tout premier accès se fait en cliquant sur *Configurer* inscrit sur le bouton du Service de publication Facebook (au bas du panneau de gauche dans le module Bibliothèque). Pour activer le service, commencez par ouvrir votre page Facebook dans le navigateur par défaut et connectez-vous. Dans Lightroom, appuyez sur le bouton *Autoriser sur Facebook*.

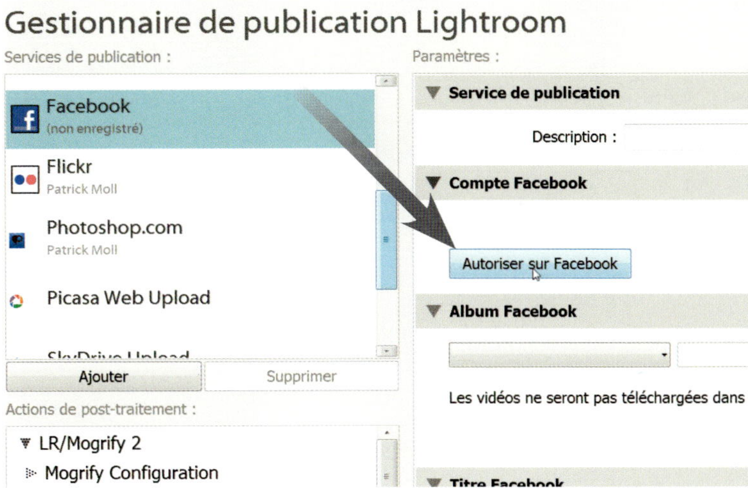

2 La première fenêtre qui s'ouvre est envoyée par Lightroom afin de vous fournir le mode d'emploi de l'opération, en vous suggérant de vous familiariser avec les conditions d'utilisation de Facebook. Nous ne saurions trop vous conseiller de le faire, et de surveiller au fil du temps les évolutions du droit de propriété de vos photos.
Lorsque vous l'aurez validé, la demande d'autorisation de Lightroom apparaîtra dans le navigateur (seconde fenêtre ci-contre).

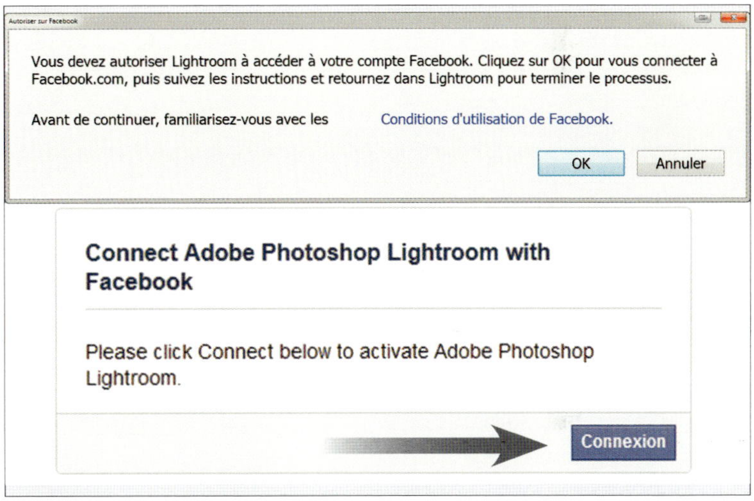

3 Laissez passer un peu de temps après avoir autorisé la gestion des photos par Lightroom, puis validez l'opération dans la boîte de dialogue de Lightroom restée ouverte. Lightroom va alors créer un lien avec vos albums photo Facebook. Ce lien est unilatéral : si Lightroom est autorisé à envoyer des photos, il ne peut récupérer celles déjà présentes au moment de l'activation du compte. Le logiciel ne sera pas non plus autorisé à en supprimer : seule l'interface de Facebook autorise cette opération.

4 Le Services de publication Facebook est désormais en état de fonctionner. L'action suivante consiste à fixer les paramètres de publication. Si le Gestionnaire de publication n'est pas ouvert, faites un clic droit et choisissez *Modifier les paramètres*. Activez l'onglet *Facebook* pour afficher ses paramètres.

5 Le *Titre Facebook* sert à gérer la dénomination de vos photos (nous verrons à l'étape 7 comment créer des albums). Lightroom propose de laisser le nom du fichier tel qu'il apparaît dans le catalogue, ou de lui donner le nom du champ *Titre* des métadonnées IPTC. Si vous publiez souvent sur Facebook, nous vous suggérons de renseigner cette métadonnée et de choisir cette option afin de différencier le nom public de la photo et celui, souvent plus complexe, qu'elle a dans le catalogue. Une autre solution est de renommer les photos en vue de leur publication sur Facebook.

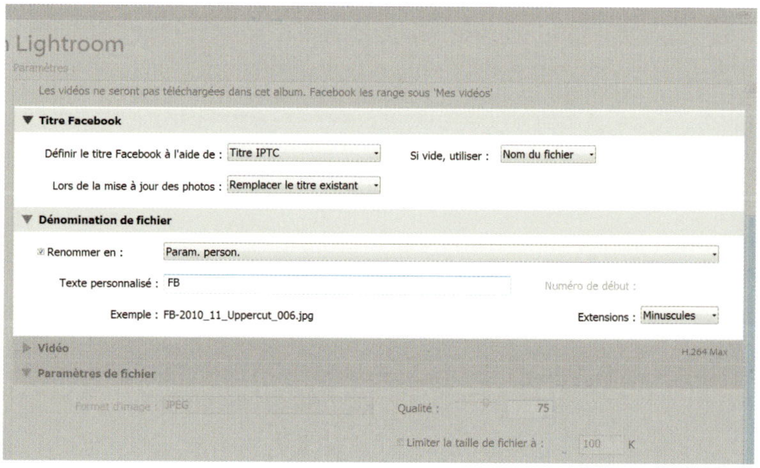

6 La suite du paramétrage concerne les dimensions de l'image, la netteté de sortie et l'application d'un filigrane. Pour cela, reportez-vous aux TP 35 et 36 dans lesquels ces paramètres ont été étudiés. Reste à choisir les métadonnées que vous désirez laisser dans l'en-tête des photos. À moins que vous n'ayez une politique très stricte d'acceptation d'amis, nous vous conseillons vivement de tout supprimer en ne laissant que le copyright (option *Copyright uniquement*). Sans verser dans la paranoïa, nombreux sont les exemples de méfaits commis sur la base de métadonnées de géolocalisation ou d'indications textuelles par des amis d'amis d'amis...

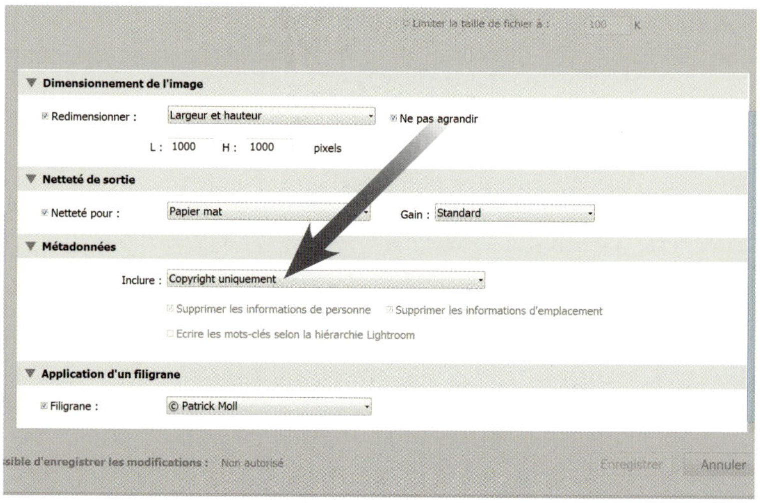

7 Lorsque le paramétrage est achevé, les albums peuvent être constitués. Le service de publication Facebook fonctionne sur la base de collections, chacune correspondant à un album. Commencez par sélectionner les photos, faites un clic droit sur le service *Facebook* (comme à l'étape 4) et choisissez *Créer Collection*. Dans la boîte de dialogue, donnez un nom local à votre collection, puis un nom à l'album tel que vous désirez qu'il apparaisse sur Facebook. Vous pouvez également ajouter les photos sélectionnées à un album déjà existant. Choisissez ensuite soigneusement le niveau de confidentialité qu'auront vos photos sur Facebook.

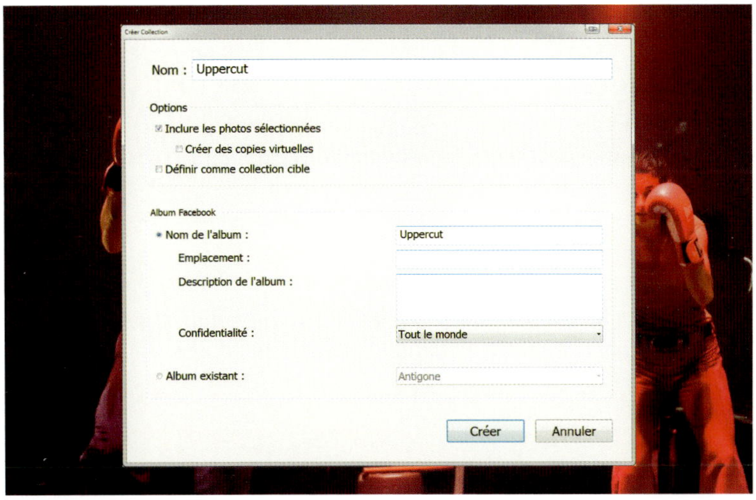

8 Pour publier une collection, faites un nouveau clic droit et choisissez *Publier maintenant*. Lightroom crée les images sur la base de votre paramétrage, puis les transfère sur Facebook. Une option de republication est prévue pour le cas où vous modifieriez vos photos (aspect, dimensions, filigrane, etc.). L'option de suppression ne concerne que les collections, sans impact sur les albums correspondants sur Facebook.

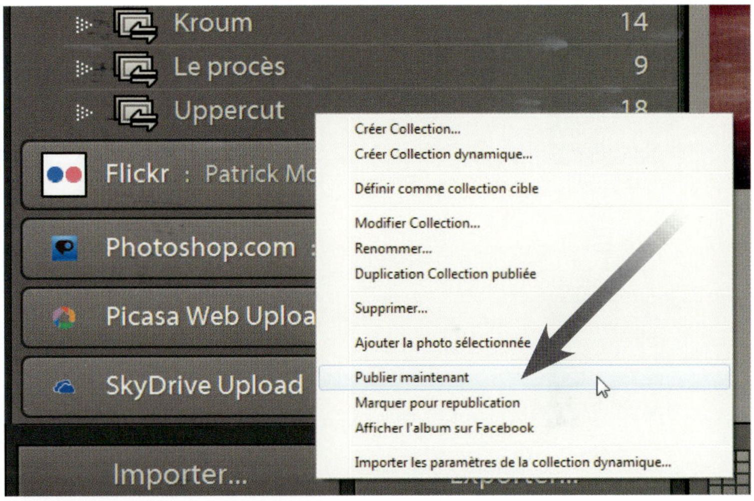

9 Une fois publiés, vos albums apparaissent comme sur l'illustration d'ouverture de ce TP. La différence visible avec une publication directe dans l'interface de Facebook est l'indication *Adobe Photoshop Lightroom* qui s'inscrit sur votre mur sous l'événement d'ajout de photos.

TP 39 Publier sur la galerie Flickr

Si Facebook est un lieu majeur de partage de photos, la publication n'y est pas faite dans le même esprit que sur des galeries explicitement dédiées à la photographie. Flickr, la plus célèbre d'entre elles, bénéficie logiquement d'un service de publication dans Lightroom. Sur ce type de galeries, il s'agit de présenter à un public beaucoup plus large et spécialisé ses plus belles réalisations. Quand on sait que l'iPhone est l'appareil qui a pris le plus de photos publiées sur Flickr, on comprend que la frontière entre réseau social et galeries pour photographes est loin d'être aussi franche que cela. Pour autant, nous vous conseillons de privilégier ce type de lieux qui offre au photographe et à son travail un cadre plus adapté.

1 Le service de publication Flickr est proche de celui de Facebook. Il requiert une autorisation préalable plus simple à obtenir et qui s'avère à l'usage plus stable. Cliquez sur *Configurer* inscrit sur le service *Flickr* dans le panneau Services de publication au bas de la colonne de gauche du module Bibliothèque, et choisissez *Modifier les paramètres*. Une fois dans le Gestionnaire de publication, lancez la connexion en cliquant sur *Autoriser*.

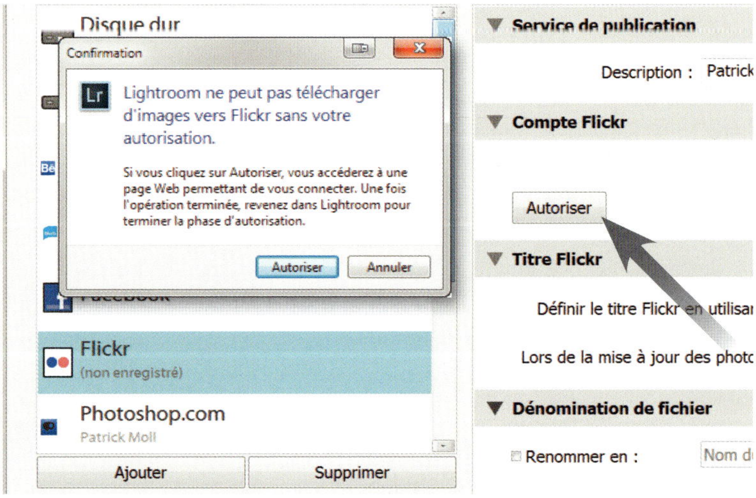

2 Après une première page où Flickr vous invite à confirmer que la demande émane bien de Lightroom et non d'un lien trouvé dans un courrier électronique frauduleux, le site affiche la liste des opérations que Lightroom sera autorisé à faire directement sur votre compte. Cette liste est bien plus vaste que celle accordée par Facebook. C'est pratiquement un contrôle complet des photos que Flickr offre à Lightroom, y compris la suppression des photos et des vidéos.

3 Lorsque la connexion est établie, réglez les paramètres du service de publication comme expliqué aux étapes 5 et 6 du TP 38. La gestion des photos et des albums est simple : à une collection enregistrée dans l'onglet *Flickr* correspond un album de la galerie en ligne. Il y a donc correspondance parfaite entre les contenus locaux et distants. Une fois l'album constitué dans Lightroom, un clic droit ouvre le menu dans lequel se trouve notamment l'option *Publier maintenant*.

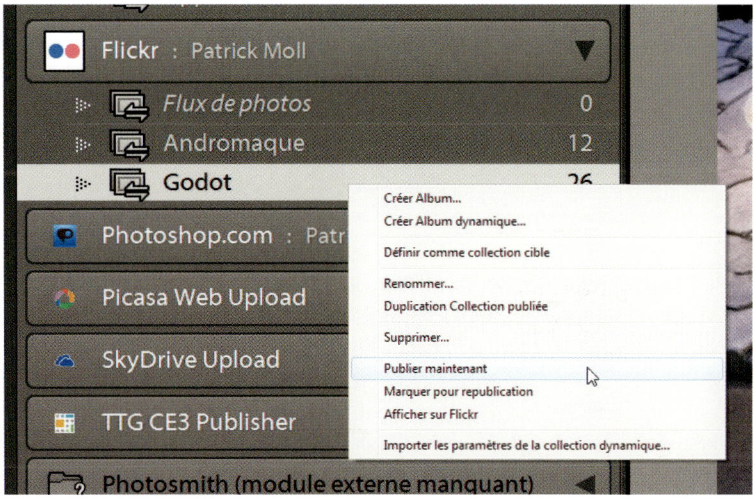

4 Toutes les opérations effectuées sur les albums sont répercutées sur la galerie Flickr au lancement suivant de la publication. C'est notamment le cas des renommages et des suppressions d'images. On voit sur l'illustration ci-contre l'affichage des vignettes d'un album après un ordre de suppression de plusieurs photos. Ce contrôle complet des albums est un avantage important du service Flickr sur le service Facebook, d'autant que la procédure de suppression de photos sur le réseau social est pénible et bien cachée...

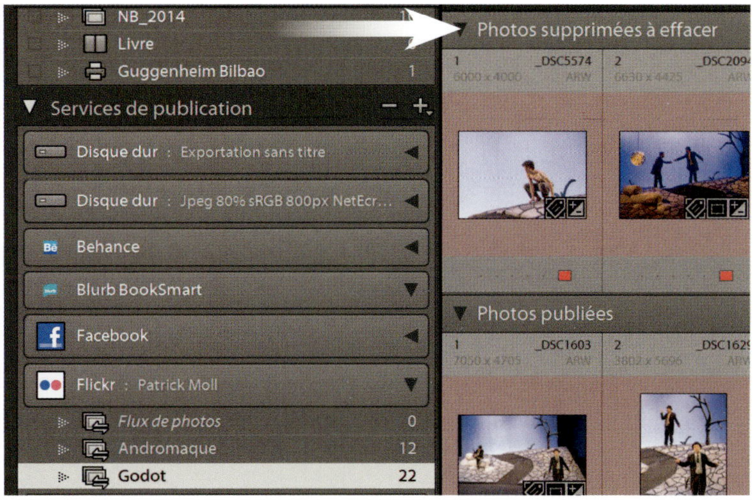

5 Le cadre offert aux photos est bien plus plaisant sur Flickr que sur Facebook. D'autres galeries du même type comme SmugMug ou Picasa Web disposent également de services de publication pour Lightroom, mais non installés par défaut. Pour les installer, appuyez sur le bouton *Rechercher plus de services en ligne* et suivez les recommandations.

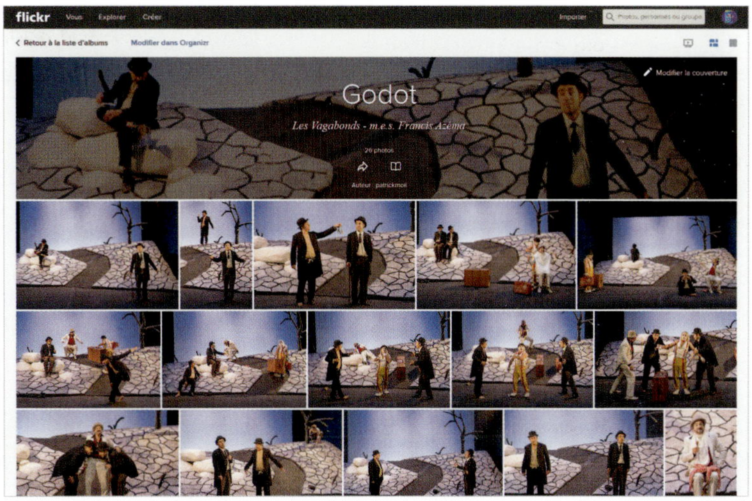

TP 40

Publier sur Behance, la plateforme des créatifs

Behance est une plateforme de type réseau social destinée aux artistes numériques. Ceux-ci peuvent y présenter toute sorte de travaux : illustration, création graphique, mode et bien sûr photographie. Behance a gagné en visibilité après son rachat par Adobe et son intégration dans le Creative Cloud. L'accès à la plateforme reste gratuit, certains services estampillés « pros » comme l'hébergement d'un portfolio étant toutefois réservés aux souscripteurs du Creative Cloud. Behance bénéficie dans Lightroom d'un service de publication très simple à utiliser. Si vous désirez aller au-delà du type de partage que permet Flickr et, pourquoi pas, vendre votre travail, Behance est une option à considérer.

1 Créer un compte sur Behance est simple, surtout si vous disposez déjà d'un compte Adobe. Le service de publication est intégré par défaut à Lightroom. Pour l'activer, ouvrez le Gestionnaire de publication, entrez votre nom d'utilisateur et votre mot de passe puis connectez-vous.
La première connexion valide autorise automatiquement le lien entre Behance et Lightroom sans passer par la procédure exigée pour Facebook ou Flickr.

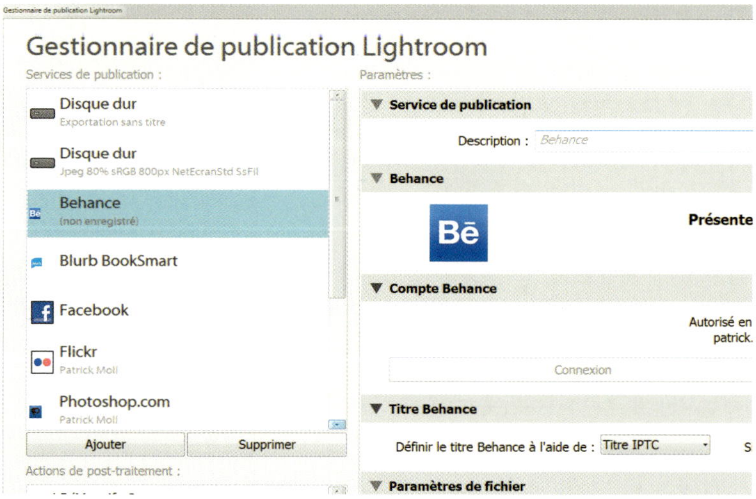

2 L'utilisation du service Behance ne diffère pas fondamentalement des autres, à ceci près qu'il n'est pas possible de créer plusieurs collections.
Le mode de fonctionnement de Behance débute par une étape de travail en cours dite WIP (*work in progress*) qui précède la création d'un projet, lequel se gère dans l'interface de la plateforme. Lightroom n'est donc concerné que par le travail en cours, qui est précisément le nom donné à la collection unique du service. Après avoir sélectionné les photos à transférer, cliquez sur *Ajouter les photos sélectionnées*. Vous pourrez naturellement les modifier et les republier à l'envi.

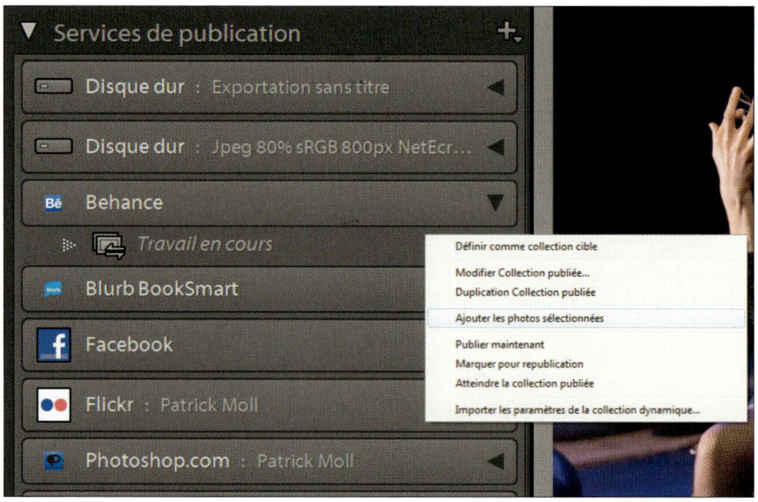

3 Pour chaque photo publiée s'ouvre une fenêtre où Behance demande une description précise de la photo : un titre (par défaut le nom du fichier), des balises (qui s'apparentent à des mots clés) et un « commentaire pour engager la discussion ». Ne négligez pas ce dernier si vous désirez obtenir des avis d'autres artistes sur votre travail en cours, ce qui est l'un des principaux intérêts de Behance.

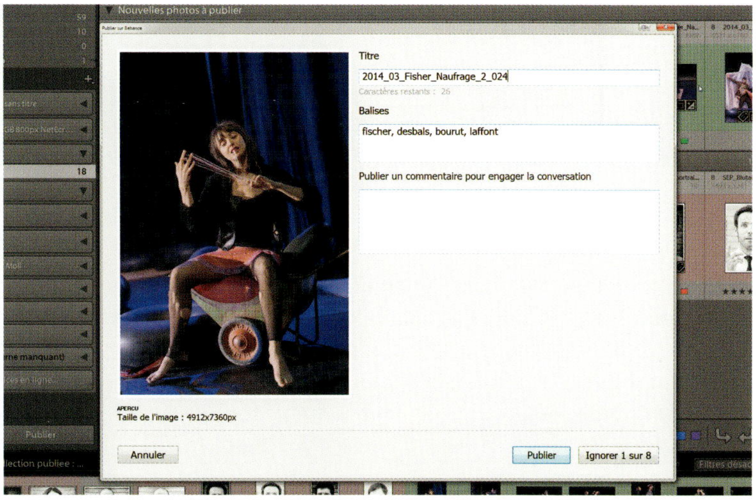

4 La page des travaux en cours sur Behance affiche les images publiées avec, pour chacune d'entre elles, le nombre de commentaires et de fois où elle a été vue. Le survol d'une photo donne accès à un menu qui permet de l'éditer, de la supprimer, de la visualiser ou de la promouvoir au travers des réseaux sociaux Twitter, Facebook et LinkedIn.

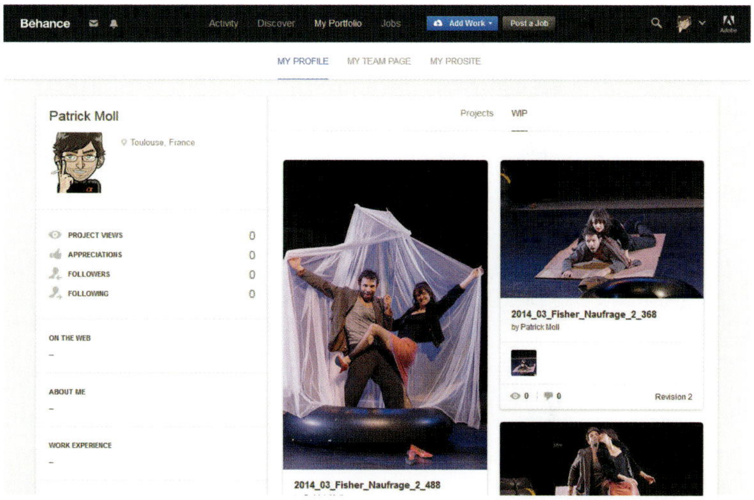

5 La visualisation des photos en grand format se fait en mode *shadowbox*. À droite de l'image figure un bouton de partage vers Twitter, Facebook, LinkedIn et Pinterest. Une zone de texte est également prévue pour accueillir les discussions sur le travail en cours.

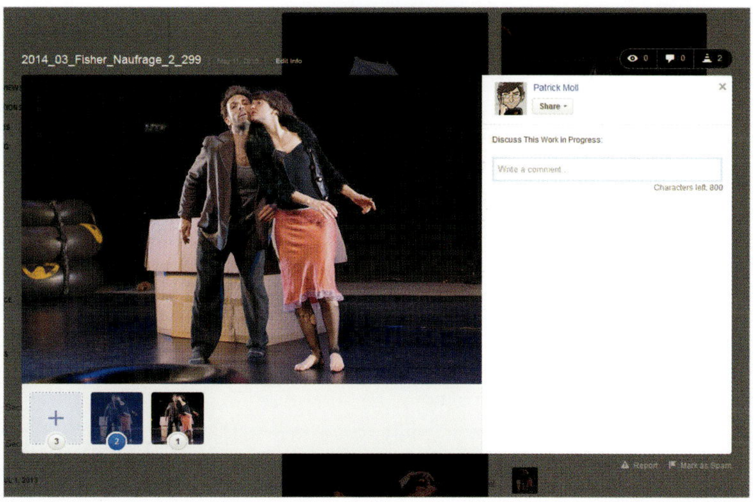

TP 41

Créer et publier une galerie web à partir d'un modèle Lightroom

La fenêtre centrale du module Web affiche une visualisation en temps réel de la galerie en construction. L'Explorateur de modèles, l'aperçu du modèle choisi et le panneau Collections sont logés à gauche, les outils de paramétrage à droite, les photos de la galerie étant affichées dans le Film fixe.

Même si l'informatique n'est pas votre fort, créer et gérer vos galeries web sur votre propre site n'est pas une utopie. Vous pouvez dans un premier temps créer une page personnelle chez votre fournisseur d'accès Internet, mais sachez que pour une trentaine d'euros par an, vous disposez d'un espace disque et du nom de domaine de votre choix chez les meilleurs hébergeurs. Pour la mise en ligne, Lightroom s'occupe de tout pourvu que vous connaissiez les paramètres FTP de votre hébergement web. L'intérêt de créer sa propre galerie est de prendre le contrôle de son apparence et de son contenu, au lieu d'être tributaire du cadre collectif et peu personnalisable offert par des galeries comme Flickr ou Picasa Web. Dans ce TP, vous allez puiser dans les modèles proposés par Lightroom pour créer et publier votre première galerie.

1 Une galerie web repose sur un *Web Engine* qui définit sa structure. Lightroom affiche dans le panneau Style de disposition tous ceux qui sont installés. À chacun de ces styles peuvent être associés un ou plusieurs modèles (*templates* en anglais) listés dans l'Explorateur de modèles situé dans la partie gauche de l'interface du module Web. Changer de modèle en conservant le même style ne modifie pas la structure de la galerie, mais seulement son apparence. En revanche, cliquer un modèle d'un style différent charge automatiquement le nouveau style, ce qui réinitialise votre paramétrage. Aussi, pour choisir un style, créez une collection test afin de ne pas risquer de perdre votre travail.

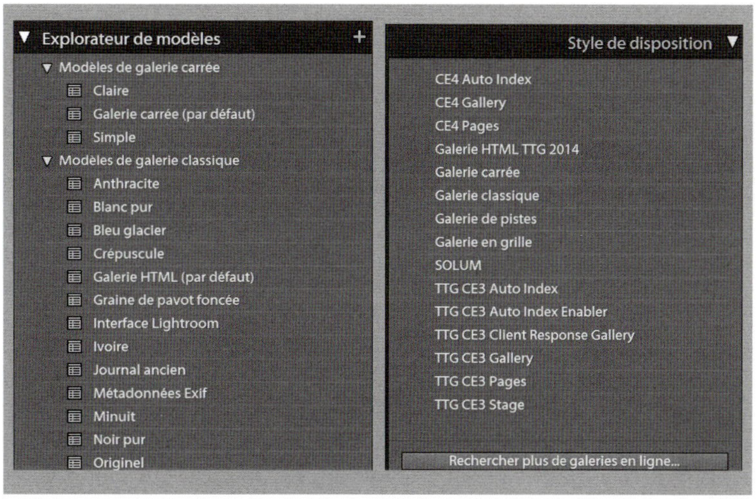

2 Jusqu'à la version 5 de Lightroom, les modèles fournis se répartissaient en deux grandes familles selon leur type de codage : les styles HTML ou Flash. En 2014, Adobe a décidé de supprimer progressivement de ses logiciels tous les outils codés en Flash ou s'appuyant sur cette technologie. Après Photoshop CC 2014 qui a perdu des outils importants comme mini-Bridge, toutes les galeries Flash ont disparu de Lightroom 6/CC. Si vous aviez créé des galeries Flash dans Lightroom 5, vous aurez le désagrément de voir apparaître cet avertissement, et pas d'autre choix que de les refaire à partir d'un autre style.

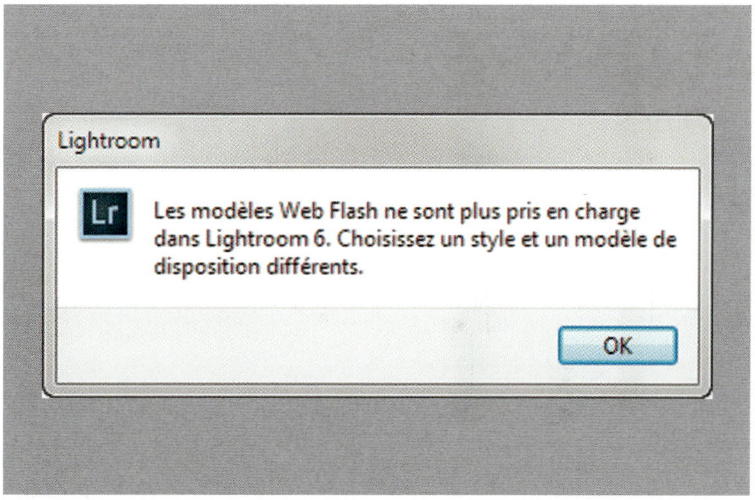

3 Le passage de la souris au-dessus du nom des modèles affiche un aperçu de petite taille qui donne une première idée de la structure de la galerie. Après avoir sélectionné les photos, cliquez sur le modèle choisi pour visualiser le résultat dans la fenêtre centrale. N'hésitez pas à tous les passer en revue avant de faire votre choix. Ne vous mettez toutefois pas de pression excessive, car si vous décidez ultérieurement de changer de modèle, Lightroom sera en mesure de mettre à jour vos galeries déjà publiées en quelques clics.

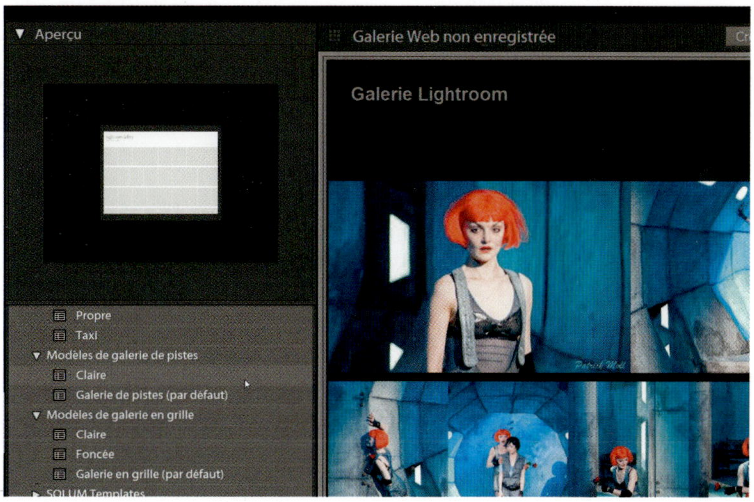

4 Pour créer une galerie web, vous devez en premier lieu sélectionner les photos concernées et les rassembler dans une collection (voir TP 13). Les dossiers n'étant pas accessibles dans le module Web, la sélection ne peut se faire que dans le module Bibliothèque. Une fois votre sélection achevée, passez dans le module Web.

5 Si vous avez oublié des photos, retournez dans le module Bibliothèque, explorez vos dossiers et faites un glisser-déposer des nouvelles photos sur le nom de la collection. Autre solution, faites un clic droit sur le nom de la collection et choisissez *Ajouter les photos sélectionnées à cette collection*. Pour éviter ces va-et-vient entre les modules Web et Bibliothèque, n'hésitez pas à faire un large choix d'images. Vous pourrez alors sélectionner ou marquer celles qui figureront effectivement dans la galerie en choisissant l'une des alternatives que l'on voit sur l'illustration ci-contre. Pour supprimer une photo d'une galerie, faites un clic droit sur la photo et choisissez *Supprimer de la collection*.

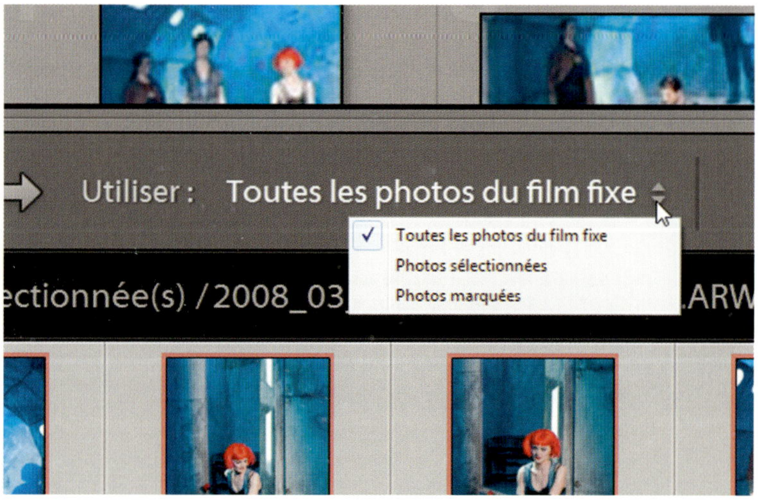

6 Dans le module Web, la collection de photos n'obtient le statut de galerie qu'une fois celle-ci enregistrée. Tant que l'enregistrement n'est pas fait, Lightroom affiche *Galerie Web non enregistrée* au-dessus de la fenêtre centrale.
Les modifications effectuées sur la galerie sont enregistrées en temps réel sans qu'un panneau d'historique soit disponible comme dans le module Développement. Tant que la session est ouverte, les modifications sont réversibles par le classique CMD/CTRL + Z, mais elles cessent de l'être dès que vous fermez Lightroom. Soyez donc très prudent et conscient de cette réversibilité partielle.

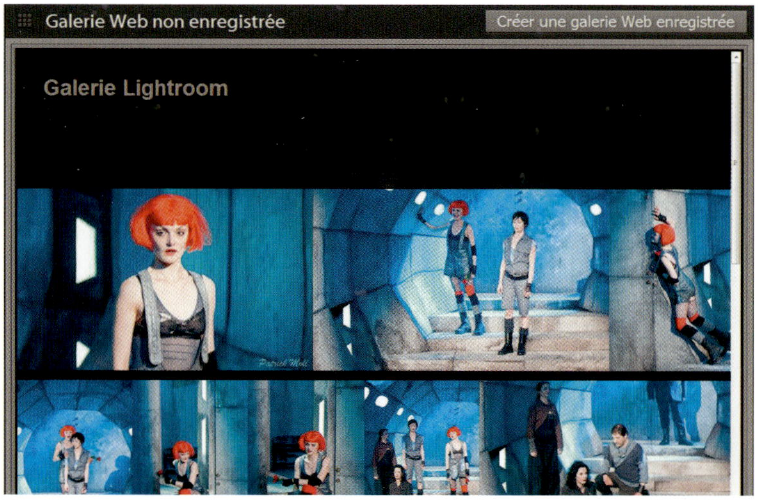

7 Pour distinguer les galeries web enregistrées des autres collections, Lightroom ajoute un pictogramme en forme de grille à gauche de leur nom. Dans le panneau Bibliothèque, les galeries enregistrées conservent un statut de collections classiques. Vous pouvez donc sans problème cliquer sur leur nom et manipuler leur contenu. Pour accéder directement à la galerie dans le module Web, cliquez sur la petite flèche blanche qui apparaît lors du survol par le pointeur de la souris.
Afin d'éviter les manipulations accidentelles, il est prudent d'organiser le panneau Collections en créant des dossiers (nommés Ensembles de collections).

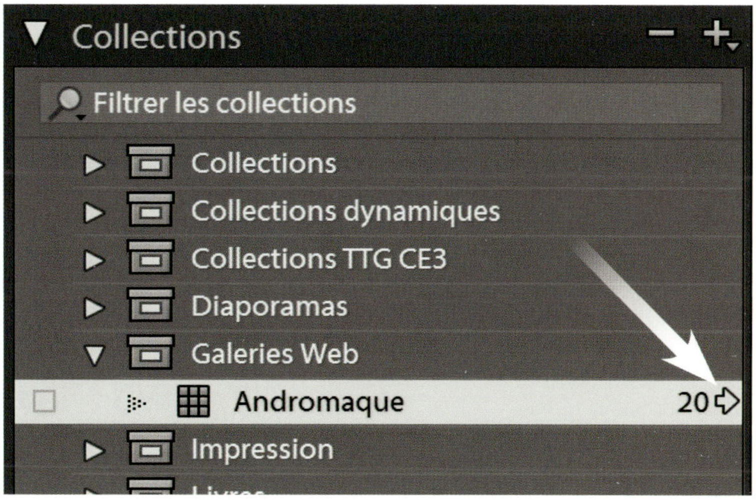

8 Le panneau latéral droit est divisé en sept sections thématiques susceptibles de contenir de nombreuses options. Lorsque ces sections sont toutes déployées, le déplacement vertical peut s'avérer laborieux. Vous pouvez bien sûr fermer certaines sections ou les ouvrir alternativement, mais cela se traduit également par de nombreuses manipulations. Il existe une option qui force Lightroom à ne laisser ouverte qu'une section à la fois en fermant automatiquement celles qui ne sont plus actives. C'est le *Mode Solo* accessible par le menu contextuel du clic droit sur le nom de l'une des sections.

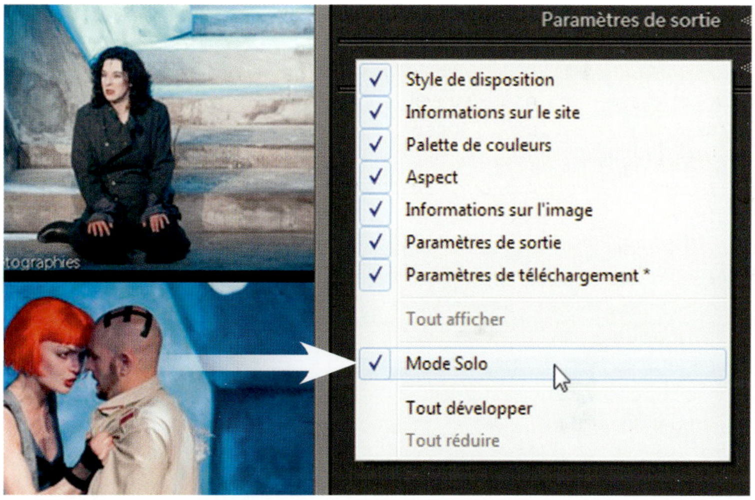

9 Une fois les photos sélectionnées et le modèle choisi (ici le modèle *Galerie de piste*, très à la mode), ajustez l'apparence de la galerie à vos goûts personnels. Commencez par exemple par les couleurs. Qu'il s'agisse des textes ou de l'habillage, elles sont ajustables précisément grâce au sélecteur de couleurs situé dans la Palette de couleurs. Avec la pipette, vous sélectionnez les composantes teinte H et luminance L de la couleur et vous ajustez la saturation S à l'aide du curseur indiqué par la flèche blanche.

10 Dans le panneau Aspect, choisissez la *Hauteur de ligne* qui règle la hauteur des vignettes, identique en mode paysage et portrait avec ce modèle de galerie. Fixez ensuite l'interligne qui sépare les lignes de vignettes.
Avec l'option *Afficher l'en-tête*, choisissez d'afficher ou de masquer le titre de la galerie et le nom de son auteur. Si vous décochez cette option, la galerie laisse toute la place aux photos.

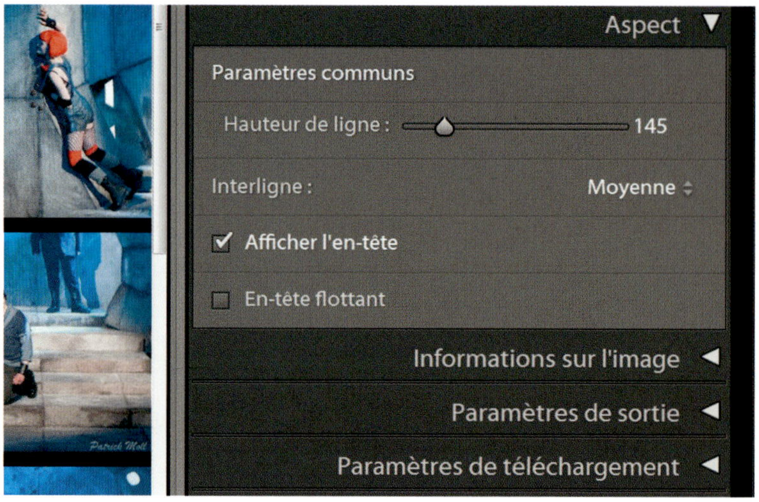

11 Le panneau Aspect n'est pas très copieux pour ce modèle de galerie. Il ne gère que les libellés des photos, *Titre* et *Légende*, que vous définissez à l'aide des menus déroulants parmi les métadonnées suivantes : *Date*, *Exposition*, *Légende*, *Matériel*, *Nom du fichier*, *Séquence*, *Texte personnalisé* et *Titre*.

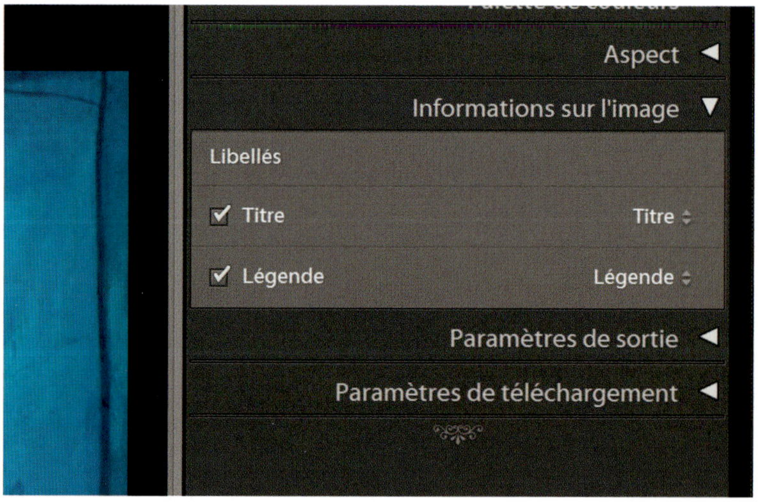

12 Choisissez ensuite les paramètres de sortie de vos images. Un niveau de compression entre 60 et 80 garantit à la fois une bonne qualité d'image et un poids contenu qui autorise un affichage rapide. Une accentuation de sortie réglée sur *Standard* offre aux photos un niveau de netteté satisfaisant. Vous pouvez également appliquer un filigrane aux images (voir TP 36). Pensez à filtrer soigneusement les métadonnées pour ne laisser subsister que les informations que vous désirez réellement rendre publiques, car des outils simples et gratuits permettent d'accéder en un clic à toutes les métadonnées inscrites dans une image.

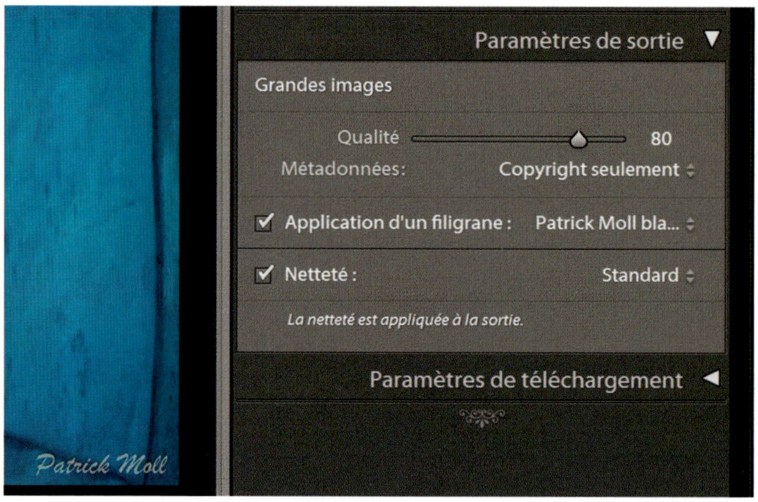

13 Il ne reste plus alors qu'à renseigner les champs prévus pour l'en-tête : titre de la galerie et informations sur l'auteur. Ce modèle de galerie ne permet pas de choisir la police de caractères.

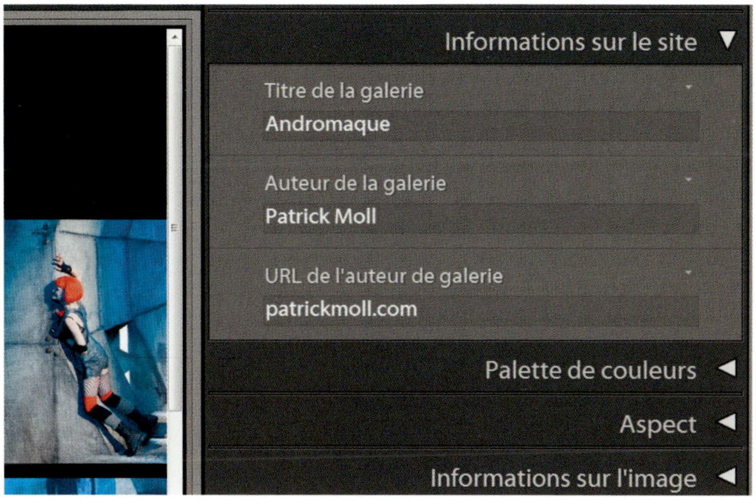

14 La fenêtre centrale affiche en temps réel l'état de votre galerie après chaque modification. Si vous désirez tester le rendu dans le contexte habituel de votre navigateur, appuyez sur le bouton *Aperçu dans un navigateur* situé au bas des panneaux de gauche. Le logiciel simulera la mise en ligne en réalisant une exportation de la galerie dans un dossier temporaire.

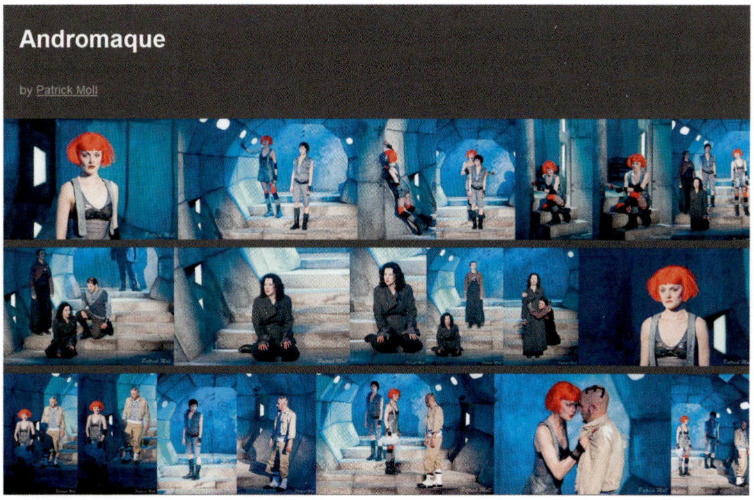

15 Pour publier votre galerie, vous devez disposer des renseignements fournis par l'hébergeur de votre site : nom du serveur et de l'utilisateur, et mot de passe. Vous entrerez ces informations dans le panneau Paramètres de téléchargement situé au bas du volet droit. Une fois connecté au site, vous pourrez naviguer dans l'arborescence des dossiers. Inutile de vous connecter par FTP à votre site pour créer le sous-dossier devant abriter votre galerie : Lightroom s'en charge si vous remplissez le champ *Placer dans un sous-dossier*. Appuyez enfin sur le bouton *Télécharger* au bas du volet droit pour mettre en ligne votre galerie.

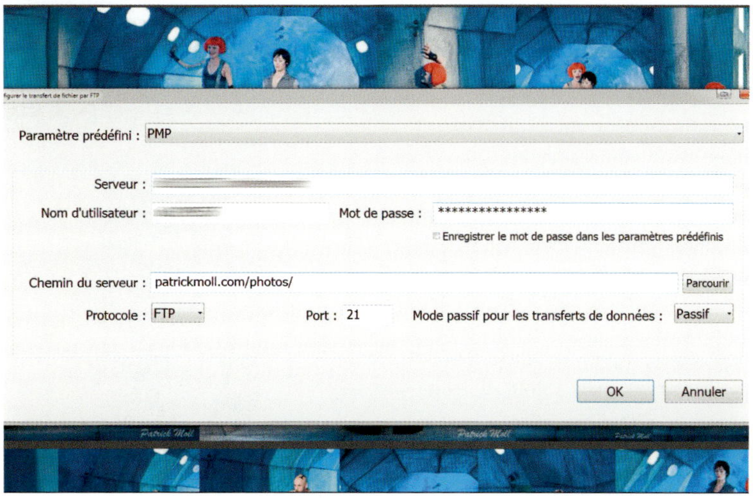

TP 42

Installer un nouveau modèle de galerie web

Dans le TP précédent, nous avons présenté la méthodologie pour créer simplement une galerie web basée sur les modèles prédéfinis livrés avec le logiciel. Ce ne sont toutefois pas les seuls disponibles, de nombreux développeurs indépendants ayant créé des modèles de galeries pour Lightroom. Certains sont gratuits, d'autres payants, mais jamais de façon excessive. Leur ambition va de la galerie classique à l'élaboration d'un site web complet. Dans tous les cas, il faut installer ces galeries, opération qui n'est pas triviale en l'absence de gestionnaire de galeries. Ce TP détaille la procédure d'installation manuelle de styles et de modèles de galeries, sur Windows et sur Mac OS X.

1 Pour accéder à d'autres galeries que celles livrées avec Lightroom, comme le remarquable TTG CE4 du développeur Matthew Campagna qui permet de créer un site complet de photographe, deux solutions s'offrent à vous : appuyez sur le bouton *Rechercher plus de galeries en ligne* au bas du panneau Style de disposition pour trouver votre bonheur sur le site de téléchargement de modules externes d'Adobe, ou faites une recherche classique sur un navigateur Internet. Vous aurez l'embarras du choix !

2 L'installation d'un nouveau style de galerie web ne bénéficie d'aucune aide de la part de Lightroom. Il n'existe pas de gestionnaire comme celui dont bénéficient les modules externes. Tout doit donc être fait manuellement, à commencer par l'extraction du style qui est toujours livré sous forme d'un dossier ZIP. Une fois extrait, le style est constitué d'un dossier dont le nom est du type *nomdustyle.lrwebengine*. C'est ce dossier que vous devez transférer à l'emplacement idoine. Quant aux modèles, ce sont des fichiers uniques au format texte dont le nom est du type *nomdumodele.lrtemplate*.

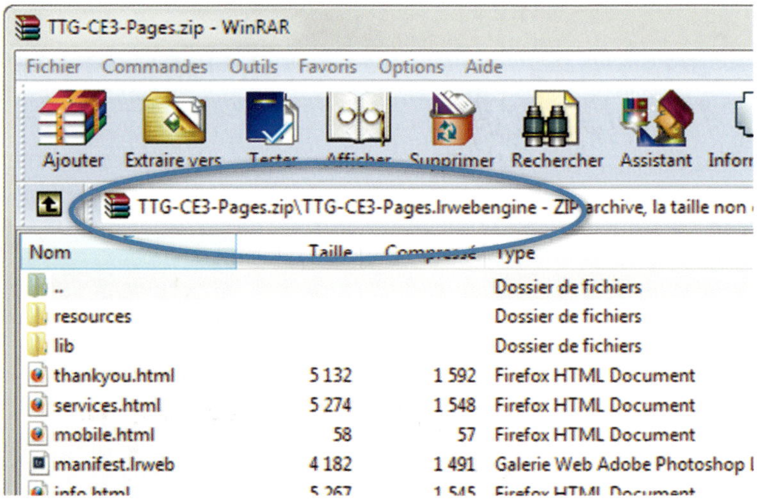

3 L'installation d'un style ou d'un modèle consiste en une simple copie dans le dossier *Web Galleries* ou *Web Templates*, tous deux situés dans les entrailles du disque. Sur Windows 7 et 8, ces deux dossiers sont situés au bout du chemin suivant : *C:\Users\[Nom]\AppData\Roaming\Adobe\Lightroom.*
Si vous avez coché la case *Ne pas afficher les fichiers, dossiers ou lecteurs cachés* dans les Options des dossiers de Windows, les dossiers *AppData* ou *Application Data* seront cachés. Vous devez donc impérativement désactiver cette option, au moins ponctuellement.

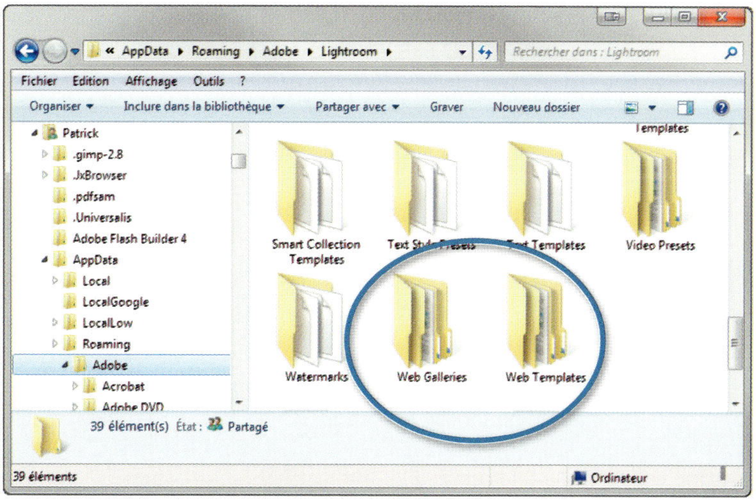

4 Sur un Mac, l'installation suit les mêmes principes. La principale difficulté est d'accéder à la Bibliothèque afin de copier les styles et les modèles, car elle est masquée par défaut depuis la version 10.7 (Lion) de Mac OS. Pour la faire apparaître dans le Finder, déroulez le menu *Aller* et appuyez sur la touche OPT ALT. Profitez-en pour ajouter la Bibliothèque dans les favoris du Finder afin de ne plus avoir à faire (ni à retenir) cette opération.

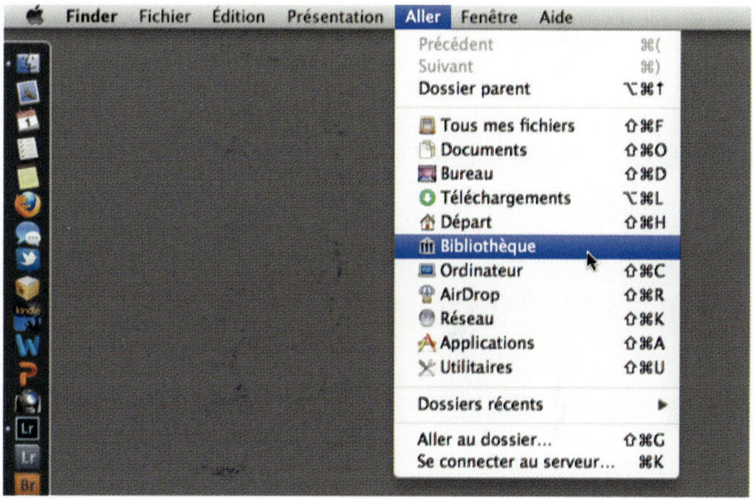

5 Une fois la Bibliothèque affichée dans le Finder, il ne reste plus qu'à naviguer jusqu'aux dossiers *Web Galleries* et *Web Templates*. Le chemin est le suivant : *Users/[Nom]/Library/Application Support/Adobe/Lightroom/*

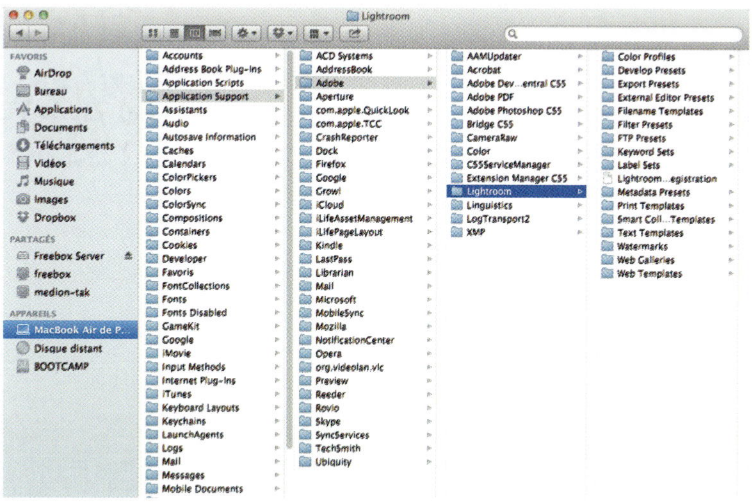

IGNIS

Optimiser le flux de travail

TP 43 Booster les performances de Lightroom

En nos temps numériques, nous prenons de plus en plus de photos avec toutes sortes d'appareils. Si le coût du stockage décroît beaucoup plus vite que n'augmente la définition des capteurs, ce qui résout de fait le problème de volume, la croissance des photothèques met en difficulté le matériel informatique. La taille du catalogue de Lightroom n'est pas limitée, mais mieux vaut disposer d'une configuration robuste pour affronter plusieurs dizaines de milliers de fichiers RAW, chose de plus en plus courante chez les professionnels comme chez les amateurs. À défaut, il existe quelques stratégies pour rendre optimal le fonctionnement du logiciel dans un environnement qui ne l'est pas toujours.

1 Le résumé de votre configuration matérielle, telle que Lightroom la perçoit, est accessible par le menu *Aide | Informations sur le système*. Les informations relatives au processeur graphique sont importantes, car Lightroom 6/CC a été optimisé pour tirer parti de l'accélération GPU. Mais le logiciel requiert *a minima* la version 3.3 d'OpenGL et 1 Go de mémoire vidéo. Vous pourrez ainsi vérifier que votre carte graphique satisfait ces critères. En cas de dysfonctionnement, vérifiez que le *driver* de votre carte vidéo est à jour.

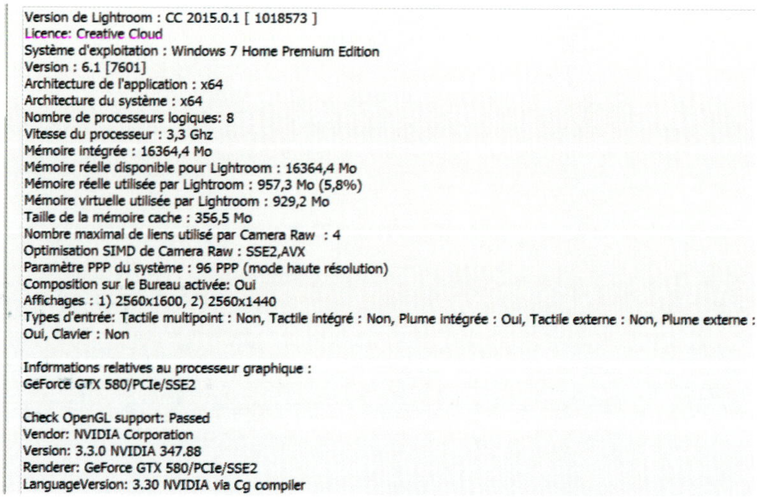
Version de Lightroom : CC 2015.0.1 [1018573]
Licence: Creative Cloud
Système d'exploitation : Windows 7 Home Premium Edition
Version : 6.1 [7601]
Architecture de l'application : x64
Architecture du système : x64
Nombre de processeurs logiques: 8
Vitesse du processeur : 3,3 Ghz
Mémoire intégrée : 16364,4 Mo
Mémoire réelle disponible pour Lightroom : 16364,4 Mo
Mémoire réelle utilisée par Lightroom : 957,3 Mo (5,8%)
Mémoire virtuelle utilisée par Lightroom : 929,2 Mo
Taille de la mémoire cache : 356,5 Mo
Nombre maximal de liens utilisé par Camera Raw : 4
Optimisation SIMD de Camera Raw : SSE2,AVX
Paramètre PPP du système : 96 PPP (mode haute résolution)
Composition sur le Bureau activée: Oui
Affichages : 1) 2560x1600, 2) 2560x1440
Types d'entrée: Tactile multipoint : Non, Tactile intégré : Non, Plume intégrée : Oui, Tactile externe : Non, Plume externe : Oui, Clavier : Non

Informations relatives au processeur graphique :
GeForce GTX 580/PCIe/SSE2

Check OpenGL support: Passed
Vendor: NVIDIA Corporation
Version: 3.3.0 NVIDIA 347.88
Renderer: GeForce GTX 580/PCIe/SSE2
LanguageVersion: 3.30 NVIDIA via Cg compiler

2 Le rendu des aperçus lors de l'importation est un point clé dont dépend fortement la réactivité du logiciel au cours du travail de développement. Lorsque vous demandez des aperçus 1:1, ce que nous vous conseillons vivement, le logiciel fait appel au moteur Camera Raw pour réaliser un véritable développement de vos photos, qui seront ainsi disponibles sans délai lorsque vous visualiserez vos images, en taille adaptée à l'écran comme en zoom 100 %. Mieux encore, Camera Raw crée aussi des aperçus standard et minimum pour offrir au logiciel le format le plus adapté en fonction du contexte. Revers de la médaille, la création d'aperçus 1:1 allonge la phase d'importation et consomme beaucoup d'espace disque.

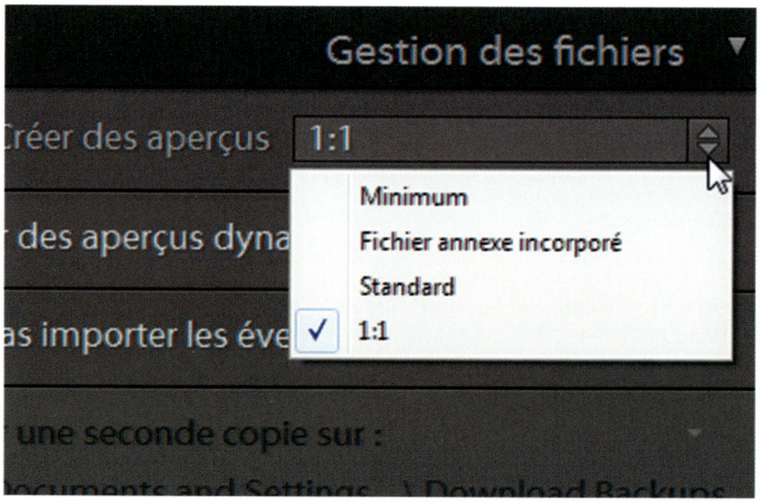

3 Que vous ayez opté pour des aperçus 1:1 ou standard, choisissez soigneusement la taille de l'aperçu standard dans les *Paramètres du catalogue*. Lightroom 6/CC détecte automatiquement la taille de votre écran et propose la taille la plus adaptée, mais libre à vous de modifier cette suggestion. Demandez toujours une qualité élevée pour les aperçus et conservez-les aussi longtemps que possible. Si vous accordez le droit au logiciel de les détruire (le délai le moins défavorable est d'un mois), il devra les recréer lors d'accès ultérieurs aux fichiers, ce qui nuira lourdement à la fluidité de votre travail.

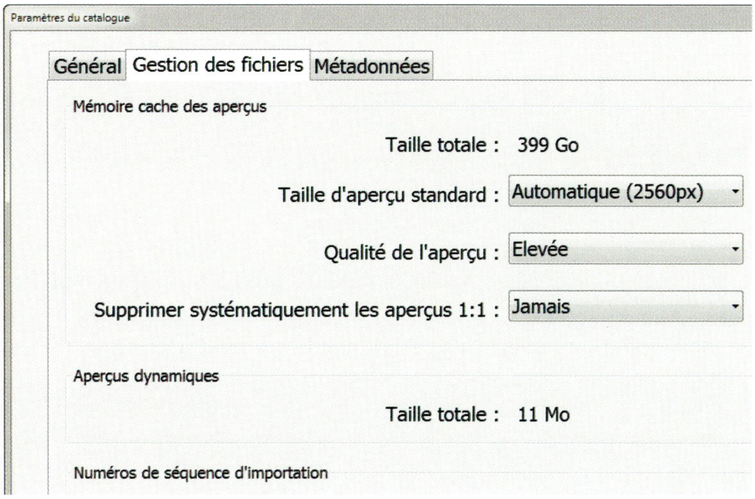

4 Toujours dans l'optique d'offrir à Lightroom le maximum d'espace pour stocker des aperçus ou des fichiers intermédiaires de travail, offrez au moteur de développement Camera Raw une mémoire cache de grande taille et un accès non limité à la mémoire cache vidéo (dans les *Préférences* du logiciel). Ne faites pas d'économies inutiles, et si votre disque dur déborde, vous pourrez à tout moment réduire la taille du cache, et même la purger en totalité.

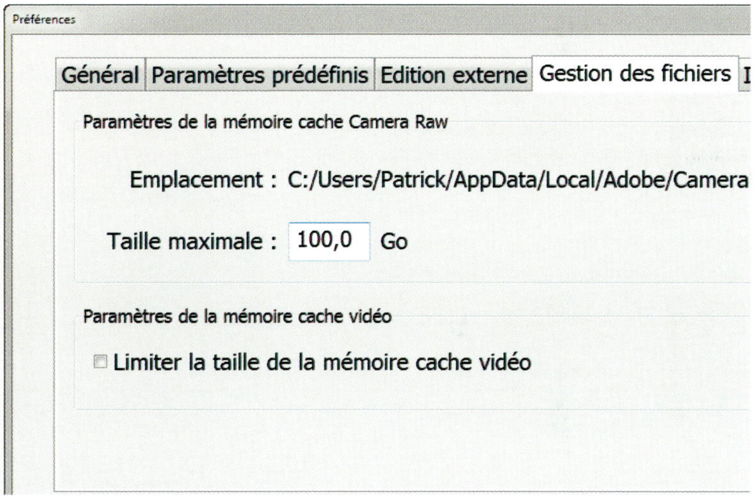

5 Choisir d'inscrire en temps réel le codage paramétrique des modifications dans les fichiers annexes au format XMP se traduit par des accès disque continuels qui peuvent nuire à la réactivité de Lightroom. Cet automatisme est cependant intéressant si vous utilisez régulièrement Photoshop et Camera Raw, ou un catalogueur externe compatible avec les fichiers XMP. Dans tous les cas vous pouvez le désactiver et ne demander une mise à jour des fichiers annexes qu'à la fin de la session de travail. Passez par le menu *Photo | Enregistrer les métadonnées dans les fichiers* ou utilisez le raccourci clavier CMD/CTRL + S.

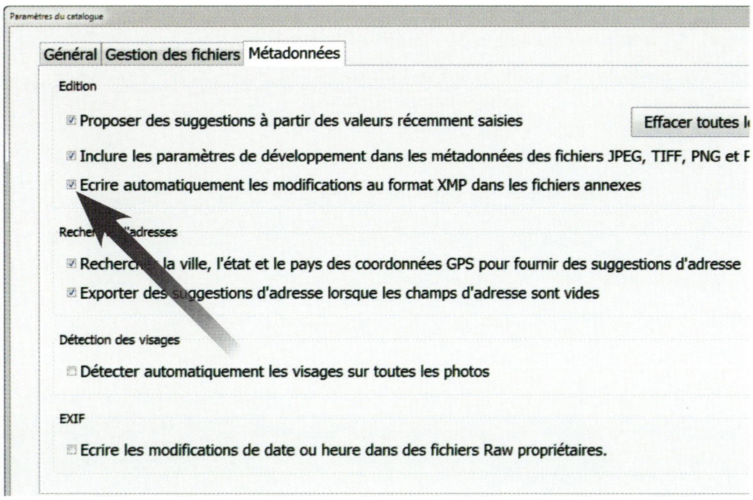

TP 44

Capture en mode connecté et importation automatique

Aux photographes de studio, amateurs ou professionnels, Lightroom offre deux modalités d'importation automatique de photos. La plus naturelle est la capture en mode connecté qui prend en charge le boîtier connecté à l'ordinateur en USB. Les clichés sont transférés en temps réel sur le disque et s'affichent automatiquement dans Lightroom où ils sont catalogués. Le logiciel peut même se charger du déclenchement ! Cette solution ne concerne, hélas, pas toutes les marques ni tous les boîtiers. Si le vôtre dispose d'une solution externe de contrôle à distance, une alternative consiste alors à recourir à la fonction d'importation automatique de Lightroom qui affiche et catalogue en temps réel tous les fichiers arrivant dans un dossier spécifique.

1 La première condition pour bénéficier de la capture en mode connecté, ou d'un autre système de contrôle à distance, est de posséder un appareil photo proposant l'option de connexion USB *PC à distance* (la dénomination diffère selon les marques). La fonctionnalité étant considérée comme experte, seule une partie des reflex et des boîtiers hybrides est concernée, les autres types d'appareils en étant, hélas, exclus.

2 Pour lancer la fonctionnalité intégrée à Lightroom, allez dans le menu *Fichier* | *Capture en mode connecté* et cliquez sur *Démarrer la capture en mode connecté*. Aucun réglage préalable des *Préférences* de Lightroom n'est requis.

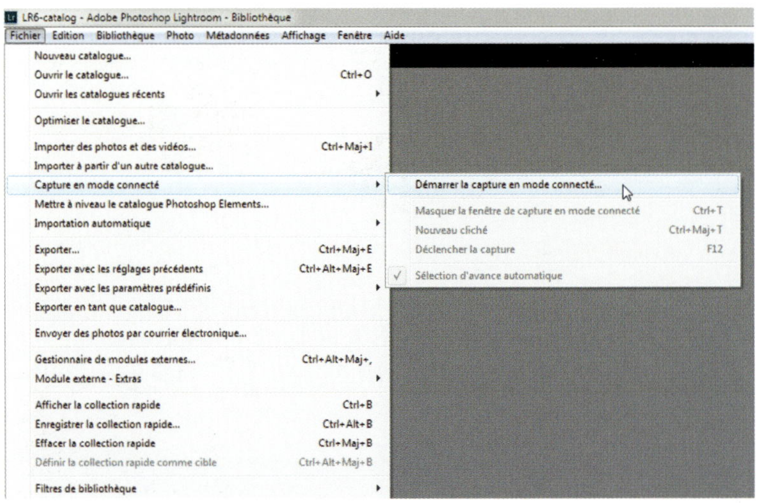

3 Dans la boîte de dialogue, vous devez en revanche choisir le dossier de destination, nommer la session et définir un modèle de nom pour les photos capturées. Comme pour l'importation classique, entrer les métadonnées communes à l'ensemble des photos à venir ainsi qu'un copyright évite de devoir le faire *a posteriori*.

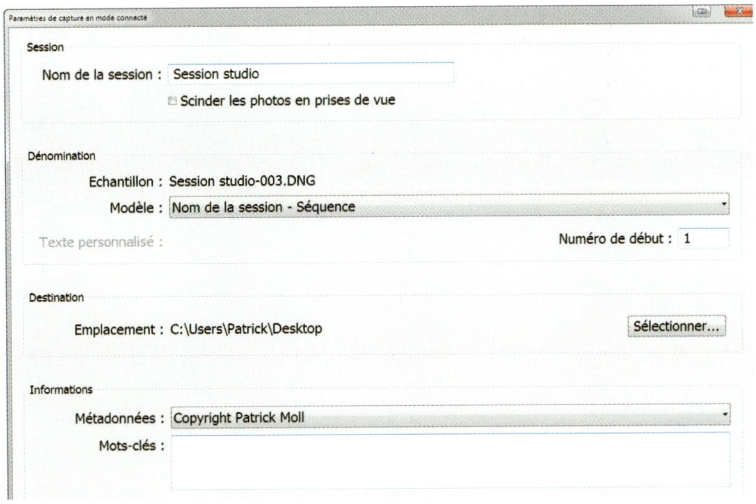

4 La boîte de dialogue laisse la place à l'outil de gestion de la capture en mode connecté. Si votre appareil est pris en charge par Lightroom, son nom s'inscrit sur la partie gauche de l'outil. Les principaux réglages de prise de vue s'affichent et évoluent en temps réel. La seule interaction possible avec l'appareil est le déclenchement. Pour prendre la photo à distance, appuyez sur le bouton gris à la droite de l'outil. Vous pouvez définir le paramètre de développement qui sera appliqué à l'image. En studio, il est judicieux de prendre une photo de test, de la développer et d'en déduire un jeu de réglages qui sera appliqué automatiquement à toutes les vues suivantes. Cela favorise un examen rapide en temps réel.

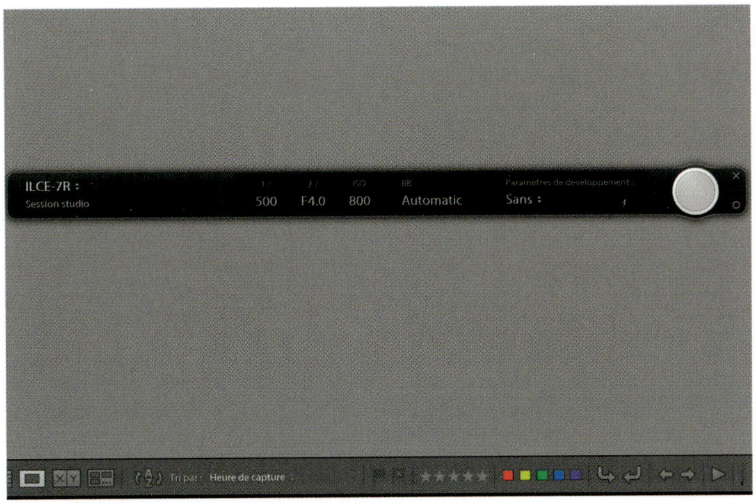

5 Dès qu'un cliché est pris, il arrive dans le dossier de destination et un aperçu s'affiche dans le menu Bibliothèque, en mode Grille ou Loupe selon votre préférence. Vous pouvez noter ou donner des libellés aux photos au fur et à mesure de leur arrivée afin de gérer au mieux votre session de prise de vue.

6 Dans la liste des boîtiers pris en charge par Lightroom, on ne trouve que des modèles Canon, Nikon et Leica. Si votre appareil est un Fujifilm, le constructeur met à votre disposition gratuitement un plug-in qui fonctionne avec plusieurs modèles. Pour d'autres marques (pas toutes, hélas), il faudra débourser quelques dizaines d'euros chez l'éditeur DNASoftware pour bénéficier d'un substitut équivalent.

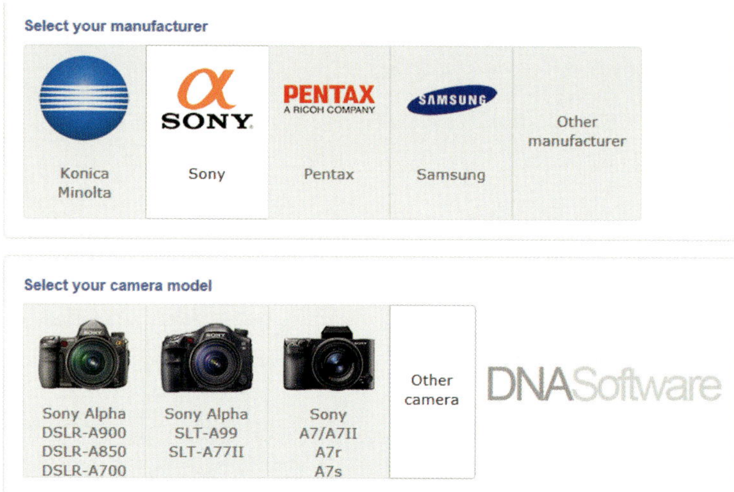

7 Une alternative à la capture en mode connecté est l'utilisation conjointe d'un logiciel externe de contrôle à distance et de la fonction d'importation automatique de Lightroom. Plusieurs marques proposent ce type de logiciel qui offre généralement plus d'interaction, jusqu'à un contrôle à distance complet de l'appareil et de la prise de vue.
Pour activer l'importation automatique, passez par le menu *Fichier | Importation automatique*. Vous pouvez la laisser activée en permanence et ne modifier que ses paramètres d'une session à l'autre.

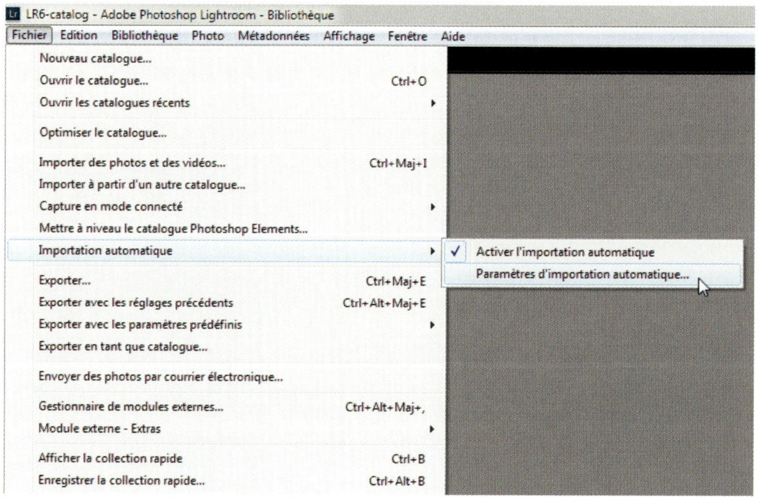

8 Les paramètres de l'importation automatique sont assez semblables à ceux de la capture en mode connecté, à ceci près que deux dossiers entrent en jeu : le dossier de contrôle dans lequel Lightroom guette l'arrivée de nouveaux fichiers, et le dossier de destination dans lequel les photos sont transférées de manière pérenne avant d'être cataloguées. Vous devez également définir la qualité des aperçus initiaux.

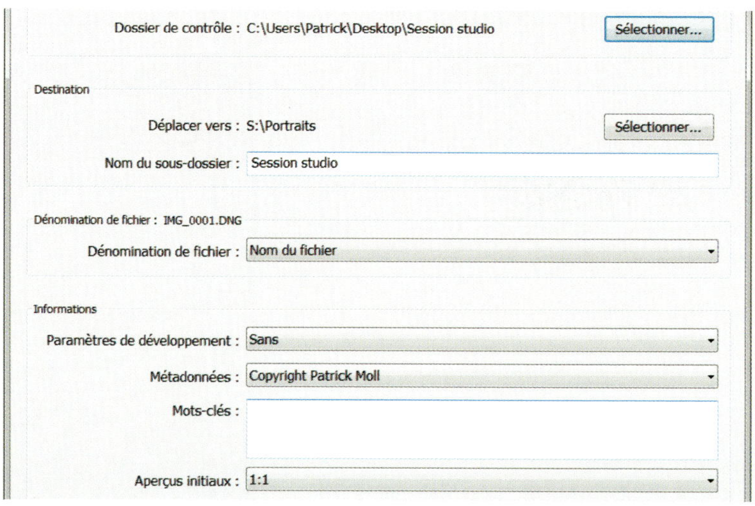

9 À titre d'illustration faute de pouvoir les présenter tous, le logiciel Remote Camera Control de Sony offre un contrôle quasi complet de la prise de vue : *Entraînement*, *Balance des blancs*, *Effet de photo*, *DRO* (optimisation de la dynamique), *HDR*, *Qualité*, *Taille d'image* et *Ratio d'aspect*. Il ne sait pas tourner les molettes de l'appareil, mais peut contrôler l'*AEL* et l'*autofocus*.

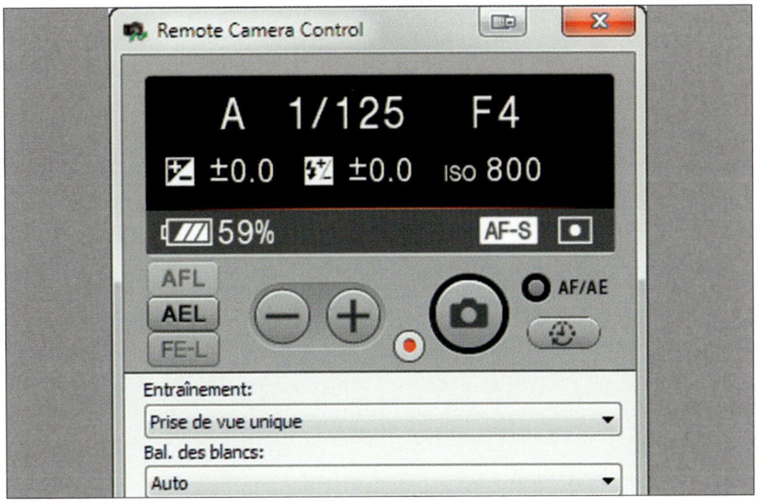

10 Pour jumeler Remote Camera Control et Lightroom, il suffit d'indiquer dans le champ *Enregistrer dans* le dossier de contrôle défini dans les paramètres d'importation automatique (voir étape 7). Chaque photo prise est transférée dans le dossier cible, Remote Camera Control signalant la bonne exécution de l'opération au bas de son interface.

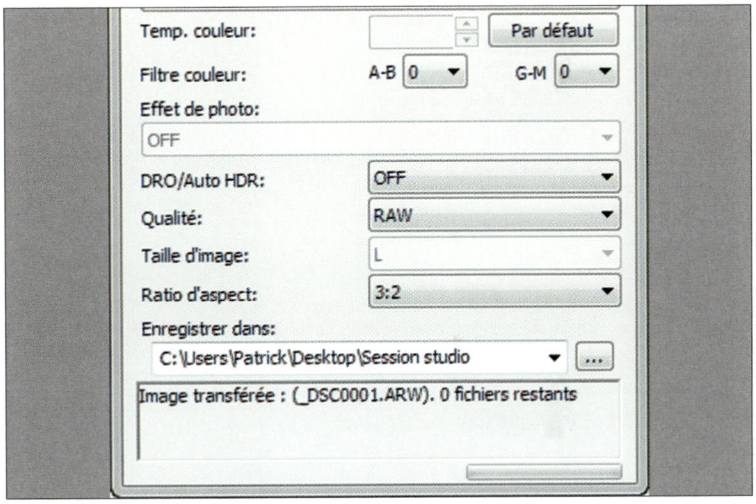

11 Comme pour la capture en mode connecté, Lightroom affiche la photo aussi rapidement que le permettent le transfert sur le disque de destination et la création de l'aperçu, dont la durée dépend de la taille du fichier RAW et de la vélocité du disque de stockage.
L'importation automatique ne présente donc que des avantages pour les boîtiers qui bénéficient d'un logiciel de contrôle à distance.

TP 45

Adopter un flux de travail en DNG

Le DNG est un format brut créé par Adobe. À la différence des RAW propriétaires, il est ouvert et documenté, ce qui lui confère de meilleures chances de pérennité. Plus qu'un simple format RAW, c'est un conteneur qui s'enrichit régulièrement de nouvelles fonctionnalités, comme la vérification d'une corruption éventuelle des fichiers. Outre les données brutes, il peut embarquer un aperçu bitmap de grande taille, l'ensemble des métadonnées – notamment celles contenant la mémoire de votre travail de développement – et même le fichier RAW d'origine ! Adopter le DNG n'accélère pas le flux de travail, mais ce format le sécurise et simplifie la gestion des fichiers et leur sauvegarde dans l'univers Adobe.

1 La conversion du fichier RAW d'origine dans le format DNG se fait idéalement lors de l'importation des fichiers. Au lieu de l'option classique *Copier*, choisissez *Copier au format DNG*. Tout se passe ensuite à l'identique, le travail de développement n'étant pas modifié par le changement de format. Se pose en revanche la question du devenir des fichiers RAW d'origine, car ils ne seront pas copiés sur le disque lors de l'importation. Si, par sécurité, vous désirez les conserver sur un disque de stockage externe, commencez par les copier, puis procédez à l'importation-conversion dans Lightroom à partir de cette copie. Elle bénéficiera alors d'une vérification de corruption des données par le processus de conversion.

2 Les paramètres DNG qui sont appliqués lors de l'importation se règlent dans les *Préférences* de Lightroom. Outre la casse de l'extension .dng, sans grande importance, vous devez fixer un niveau de compatibilité Camera Raw. Si vous utilisez Lightroom 6/CC et une version de Photoshop antérieure à CC, choisissez la version de Camera Raw correspondante (par exemple Camera Raw 5.4 et supérieures avec Photoshop CS4).

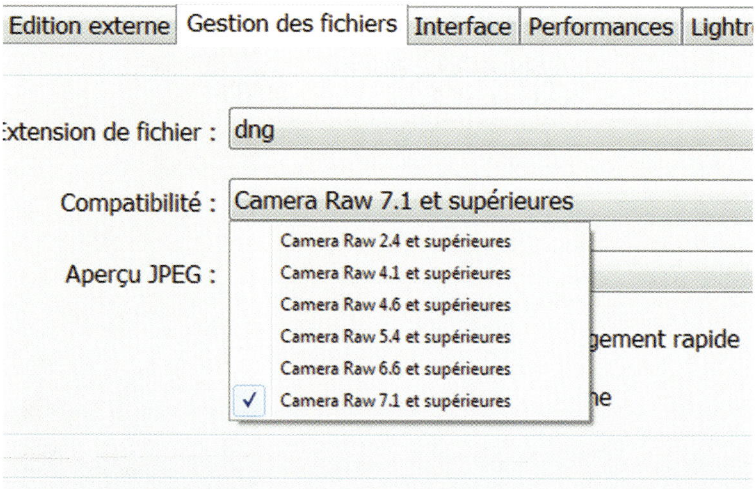

3 Fixez ensuite la taille de l'aperçu JPEG qui sera incorporé dans le fichier DNG. Plus elle sera grande, plus le DNG prendra de l'embonpoint, notamment si vous avez choisi *Taille réelle*. Cet aperçu servant essentiellement à l'affichage dans les programmes qui savent l'extraire du DNG, une taille moyenne est suffisante. Choisir d'incorporer le fichier brut d'origine dans le DNG a des conséquences beaucoup plus lourdes, car cela double généralement son poids. Un DNG très lourd encombrera votre disque principal et les disques de sauvegarde. La simple copie de sécurité évoquée à l'étape 1 est sans doute un meilleur choix pour préserver les RAW d'origine.

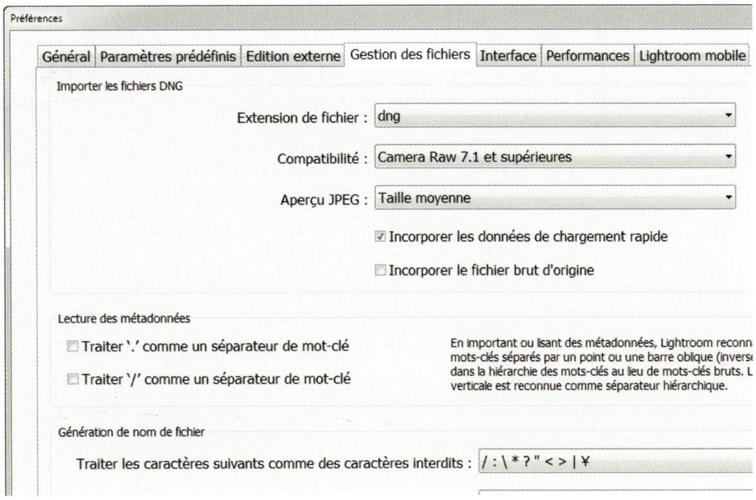

4 Si vous prenez le train du DNG en route alors que votre catalogue Lightroom contient déjà nombre de fichiers bruts pour lesquels vous avez transpiré de longues heures, le menu *Bibliothèque* propose l'option *Convertir les photos au format DNG*. Sélectionnez tout ou partie de vos photos dans le Film fixe et les RAW d'origine seront remplacés dans le catalogue par les fichiers convertis, de façon totalement transparente. Reste à savoir, là encore, que faire des RAW d'origine. Comme précédemment, pour des raisons de sécurité, nous vous suggérons de les stocker sur un disque externe hors du flux de travail.

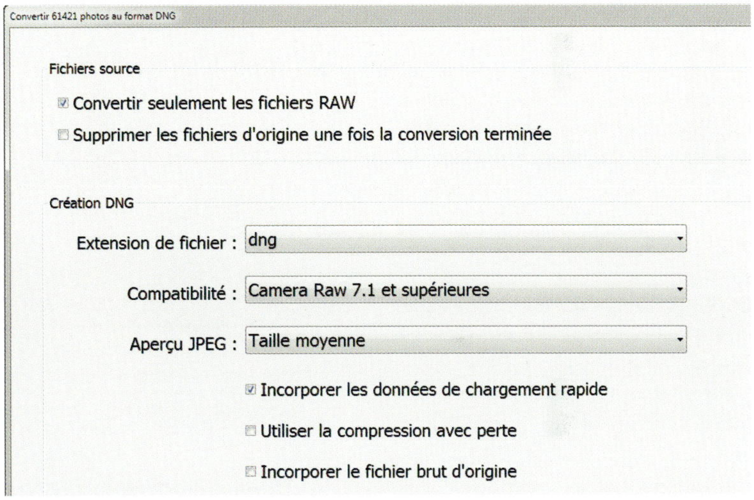

5 Lightroom propose de vérifier la validité des fichiers DNG. Cette vérification est basée sur le principe de somme de contrôle (*Checksum*) qui s'assure que la signature numérique du fichier n'a pas été modifiée, ce qui serait un signe de corruption. Pour lancer cette vérification, sélectionnez les fichiers à contrôler et cliquez sur *Valider les fichiers DNG* dans le menu *Bibliothèque*. À l'issue de la validation, une fenêtre vous en communique le résultat.

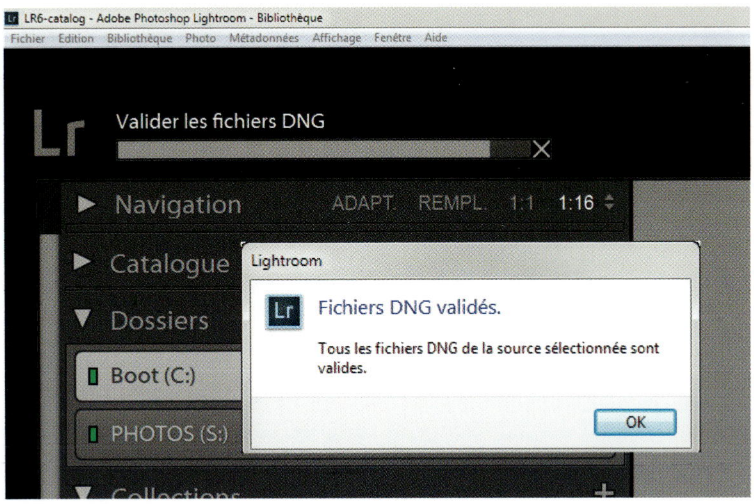

TP 46 Créer et utiliser les aperçus dynamiques

Les aperçus dynamiques, innovation majeure apparue avec Lightroom 5, sont desservis par leur dénomination qui peut prêter à confusion. Ces aperçus sont en réalité des originaux de substitution écrits au format DNG compressé avec une taille réduite à 2 540 pixels sur le bord le plus large. Ils sont donc beaucoup plus légers que les fichiers RAW originaux tout en conservant une bonne partie des avantages du format RAW. Gérés par Lightroom et attachés au catalogue, ils permettent de travailler dans tous les modules du logiciel en l'absence des originaux, ce que n'autorisent pas les aperçus classiques. C'est donc une option intéressante pour le travail hors-ligne, car elle dispense de la présence des centaines de gigaoctets d'originaux.

1 Lorsque les fichiers originaux sont absents, qu'il s'agisse de RAW ou de JPEG, les aperçus classiques créés lors de l'importation permettent de réaliser quelques opérations dans le module Bibliothèque : tri, notation, renseignement des métadonnées, etc. En revanche, les outils du module Développement sont grisés et non disponibles, comme on le voit ci-contre. Les aperçus dynamiques pallient cette restriction en rendant accessible la totalité des outils du logiciel. Les modifications effectuées sur les aperçus dynamiques s'appliquent à l'identique aux originaux dès lors que ceux-ci sont de nouveau connectés.

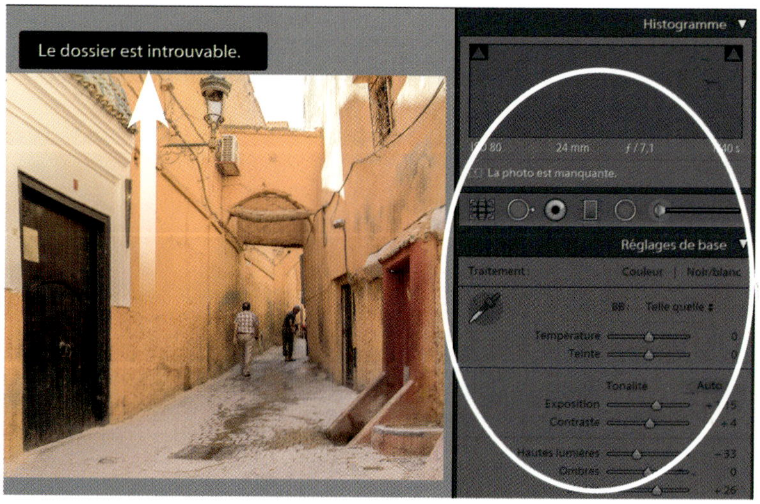

2 La solution la plus simple pour créer des aperçus dynamiques est de le faire dès l'importation des fichiers dans le catalogue en cochant l'option *Créer des aperçus dynamiques*. Le logiciel lance alors deux opérations simultanées pour générer les deux variétés d'aperçus.

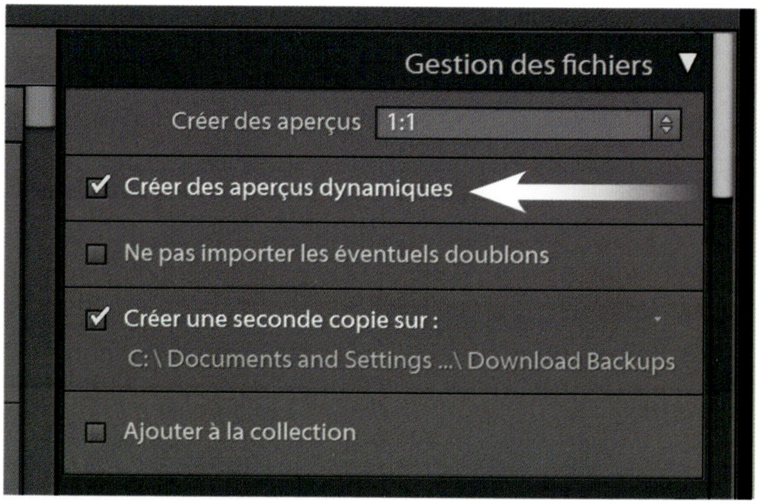

3 Comme pour les aperçus classiques, Lightroom offre une session de rattrapage en proposant de créer des aperçus dynamiques pour des photos déjà importées. Rendez-vous pour cela dans le module Bibliothèque et choisissez l'option *Créer des aperçus dynamiques* dans le sous-menu *Aperçus* du menu *Bibliothèque*.

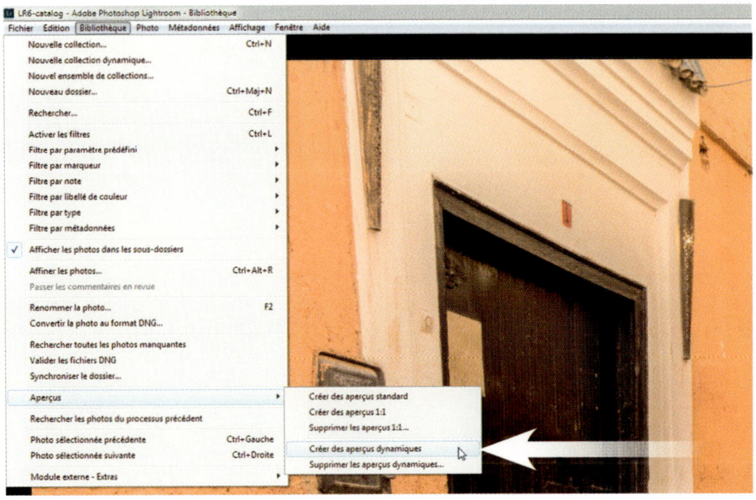

4 La création d'aperçus dynamiques est également proposée lors de l'exportation d'une série de photos en tant que catalogue. C'est une solution très intéressante pour n'emporter qu'une partie de sa photothèque en déplacement, les aperçus classiques jouant leur rôle habituel tandis que les aperçus dynamiques se substituent aux originaux. L'extrait du catalogue est alors léger et entièrement fonctionnel.

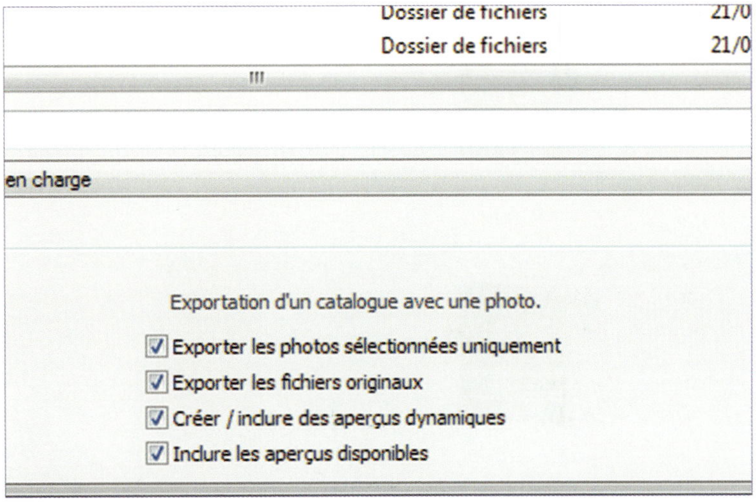

5 La création des aperçus dynamiques est remarquablement optimisée et profite pleinement de la puissance des ordinateurs. Elle est beaucoup plus rapide que la création d'aperçus classiques 1:1.

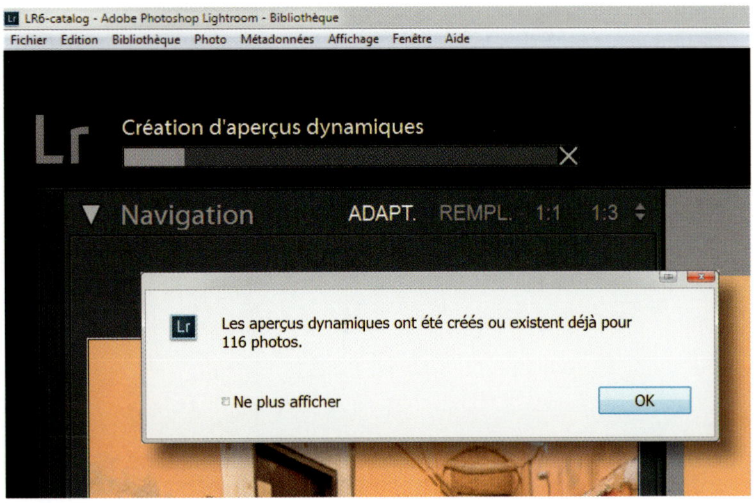

6 La présence d'un aperçu dynamique est signalée sous l'histogramme des tonalités. On voit ci-contre que le logiciel indique *Photo d'origine + aperçu dynamique*. Dans ce cas, Lightroom privilégie la photo d'origine. Si cela semble logique de travailler sur la version la plus complète d'une photo, il serait intéressant de pouvoir utiliser des fichiers moins lourds sur un ordinateur peu puissant. Adobe n'a pas prévu cette option, mais vous pouvez la simuler en déconnectant les originaux, d'une manière ou d'une autre.

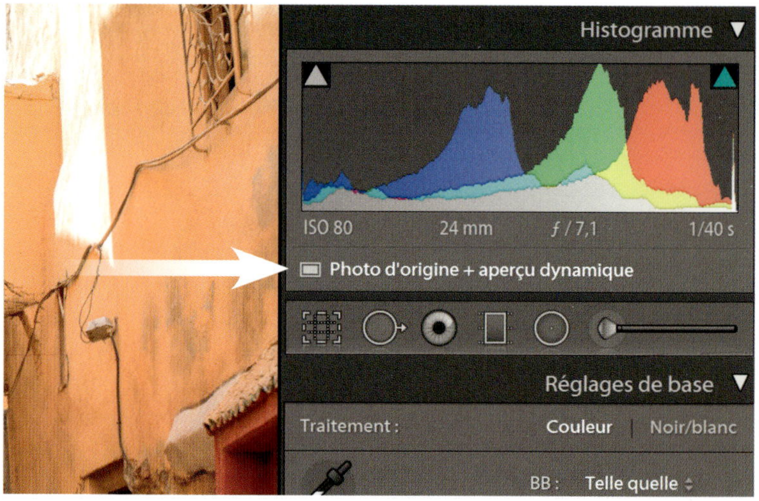

7 Lorsque la photo originale est déconnectée, l'aperçu dynamique est signalé comme étant seul disponible. Si un travail complet sur l'image peut être réalisé, il faut avoir conscience que les possibilités d'exportation sont limitées.
Le principal obstacle est lié à la taille réduite des aperçus dynamiques qui contraint celle des fichiers exportés. Pour un envoi par mail ou une publication web, cela suffit, mais pour une exportation en grand format ou pour une impression sur papier, mieux vaut s'appuyer sur la photo originale.

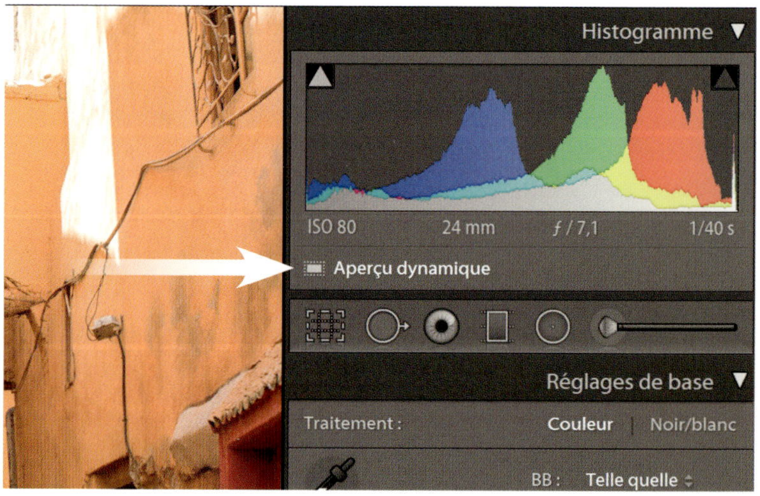

8 Dans le Film fixe et sur la Grille du module Bibliothèque, les photos disposant d'un aperçu dynamique sont signalées par un pictogramme situé dans le coin supérieur droit de la cellule. Ce pictogramme n'apparaît que lorsque les originaux ne sont pas disponibles. Il permet alors de repérer visuellement les photos pouvant bénéficier d'un traitement complet.

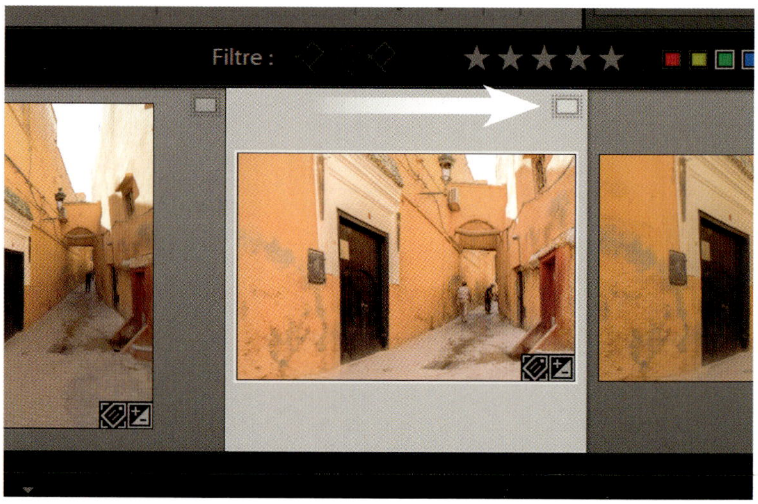

9 En déplacement, pour disposer d'un catalogue fonctionnel grâce aux aperçus dynamiques, vous devez savoir où Lightroom les stocke. Comme les aperçus classiques, ils sont rangés dans un dossier – suffixé *Smart Previews* – au même niveau que le catalogue. Copier le catalogue ne suffit donc pas : pensez à récupérer également ce dossier.

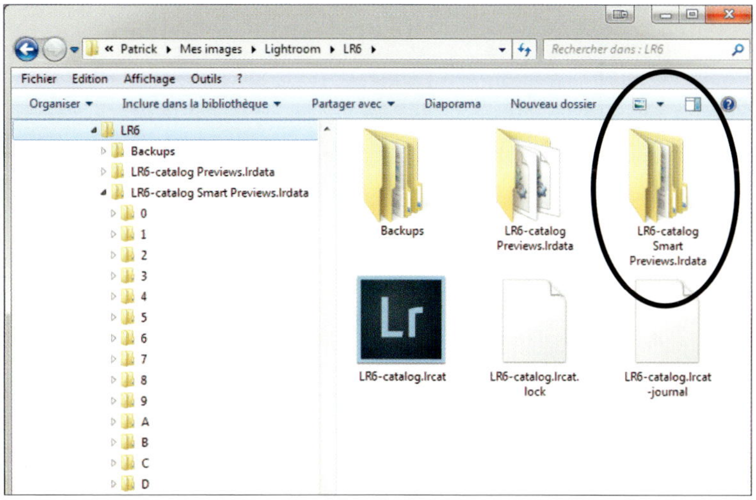

10 Le dossier des aperçus classiques contient des fichiers au format lrprev qui est une encapsulation non directement affichable de fichiers JPEG. Il en va différemment pour le dossier des aperçus dynamiques qui dévoile la véritable nature de ceux-ci : il s'agit bien de fichiers DNG, directement utilisables en tant que tels. Ces DNG linéaires ayant été dématricés, ce ne sont plus de vrais fichiers bruts. Toutefois, aucune colorimétrie ne leur ayant été appliquée, cela préserve notamment la possibilité de fixer la balance des blancs au lieu de la corriger comme pour un JPEG (voir TP 16).

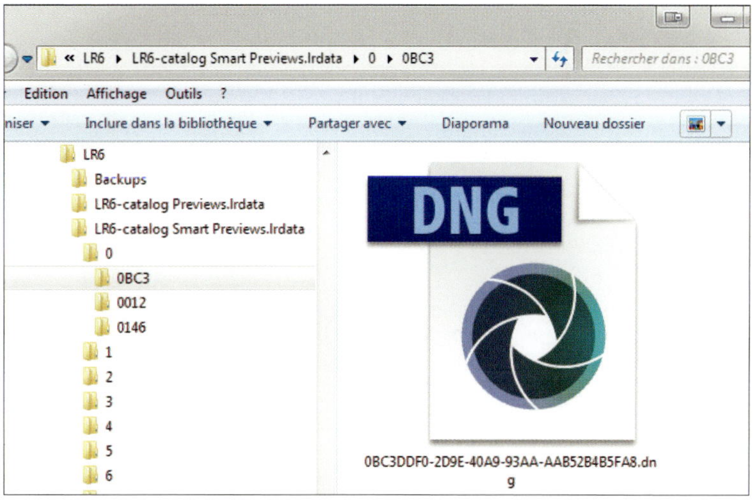

11 Si on récupère ces fichiers DNG et qu'on les importe dans Lightroom – ce qui ne présente pas d'intérêt autre que l'assouvissement d'un brin de curiosité –, on peut vérifier la nature du fichier et de son contenu en examinant la section DNG du panneau Métadonnées. On voit ainsi que le fichier est bien un DNG compressé avec pertes, que sa définition est passée de 7 360 x 4 912 px à 2 540 x 1 709 px (soit d'un RAW de 36 Mpx à un DNG de 4,34 Mpx) et que le codage est sur 8 bits. Cette dernière caractéristique est une autre limite des aperçus dynamiques : le potentiel de récupération des hautes lumières sera très limité et il faudra affiner les traitements poussés à partir de la photo originale.

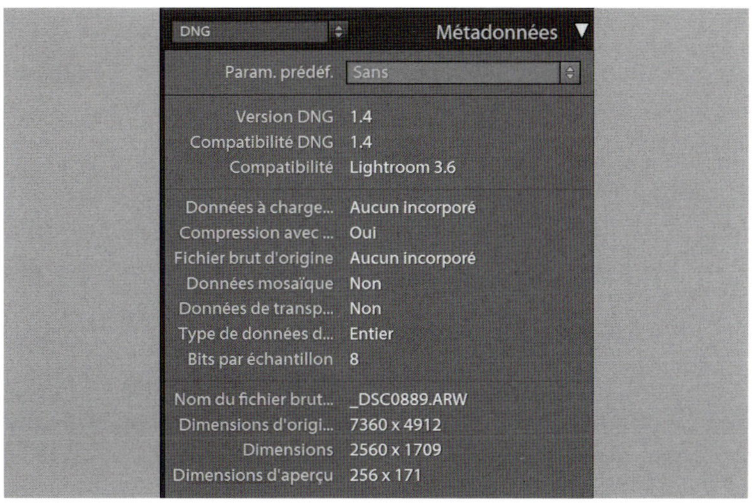

TP 47

Exploiter les paramètres prédéfinis de développement

Les automatismes ne font pas forcément bon ménage avec l'esprit du format RAW. Cliquer sur les tonalités automatiques dans le panneau Réglages de base de Lightroom ou faire appel à des paramètres prédéfinis créatifs est plutôt à éviter pour le photographe qui vise une maîtrise complète de son flux de production. Pour autant, les paramètres prédéfinis sont de natures diverses et leur domaine d'application n'est pas limité aux effets créatifs. Appliqués par lots à des séries d'images homogènes ou dès l'importation, ils prennent une importance majeure et sont susceptibles d'accélérer fortement le flux de travail. Ce TP fait le tour des différents modes d'utilisation de ces outils de Lightroom.

1 Le premier contact avec les paramètres prédéfinis dans Lightroom a lieu dès l'importation. Le logiciel vous propose d'appliquer le paramètre de développement de votre choix à l'ensemble des images importées. C'est sur la base de ce paramètre que sera produit l'aperçu. Vous pouvez opter pour l'un des nombreux paramètres créatifs de Lightroom ou pour l'un des vôtres si vous en avez enregistré dans les paramètres prédéfinis de l'utilisateur (nommés *User Preset* dans ce module affecté par un oubli de traduction). L'option *Sans* signifie que Lightroom appliquera ses propres paramètres par défaut.

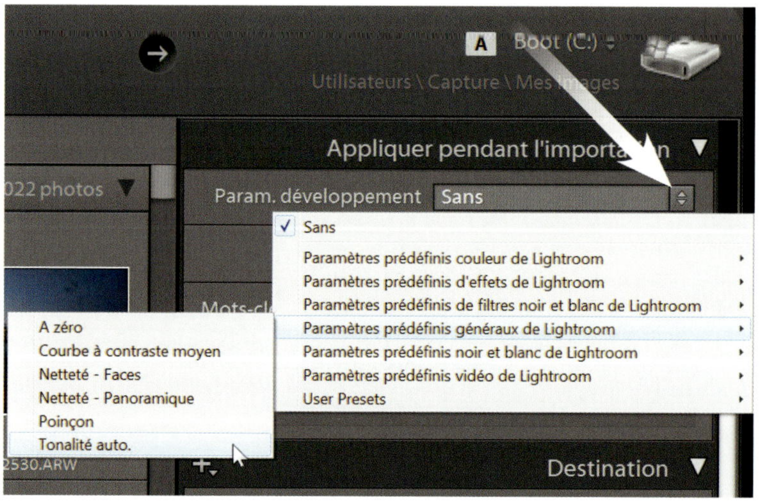

2 Le concept de paramètres par défaut est particulier chez Lightroom, car vous êtes autorisé à les modifier. Pour cela, passez dans le module Développement et cliquez sur *Développement | Définir les paramètres par défaut*. Difficile cependant d'en percevoir l'intérêt alors qu'un dossier est prévu pour recevoir ceux de l'utilisateur. Pourquoi diable aller charcuter ceux de Lightroom ? De fait, cela n'a guère d'intérêt tant que vous n'activez pas dans les *Préférences* du logiciel l'option qui singularise le comportement de ses paramètres par défaut.

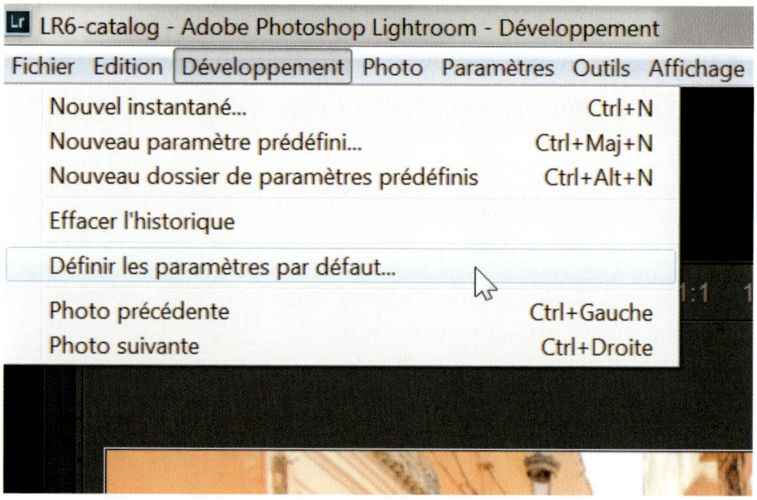

3 Dans l'onglet *Paramètres prédéfinis* des *Préférences*, quatre options sont proposées. La première, qui suggère d'appliquer les réglages de tons automatiques lors de l'importation, est contraire à l'esprit du format RAW. L'option de mélange automatique lors de la conversion en noir et blanc est beaucoup plus raisonnable, car aucun point de départ n'est *a priori* meilleur qu'un autre. Les deux dernières options sont très intéressantes pour optimiser le flux de travail : elles proposent de particulariser les paramètres prédéfinis par défaut selon le numéro de série de l'appareil photo et la sensibilité ISO utilisée !

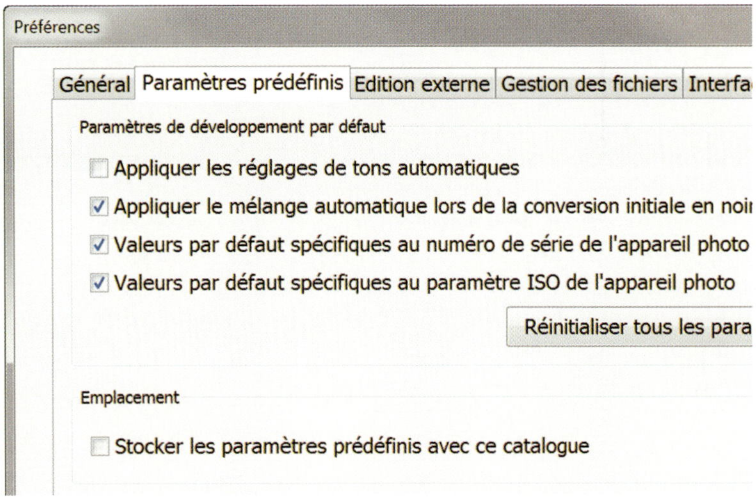

4 Lorsque les deux dernières options sont activées et que vous demandez de définir les paramètres par défaut (comme à l'étape 2), le logiciel propose d'enregistrer les corrections de l'image sélectionnée en tant que paramètres par défaut, lesquels seront alors appliqués lors de l'importation à toute nouvelle photo prise avec le même appareil et à la même sensibilité. Pour prendre un exemple, le profil du panneau Étalonnage de l'appareil photo et le niveau de réduction du bruit peuvent être particularisés par boîtier et par sensibilité, l'opération se faisant de façon transparente pour l'utilisateur. L'enregistrement initial des paramètres est laborieux si vous avez plusieurs boîtiers, mais il est très rentable.

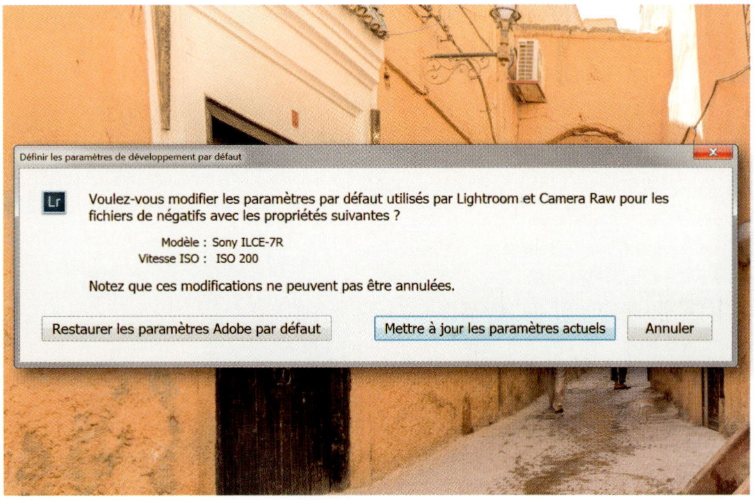

5 Après l'importation, un panneau Paramètres prédéfinis est disponible dans le volet de gauche du module Développement. Lightroom propose de nombreux paramètres créatifs pour le traitement de la couleur, la conversion en noir et blanc, etc. Vous pouvez y puiser des idées d'interprétation, mais surtout enregistrer vos propres paramètres prédéfinis. Organisez ce panneau comme bon vous semble en créant, important, exportant, renommant ou supprimant des paramètres prédéfinis et des dossiers via le menu contextuel du clic droit, ou en utilisant les boutons + et – situés dans le coin supérieur droit du panneau.

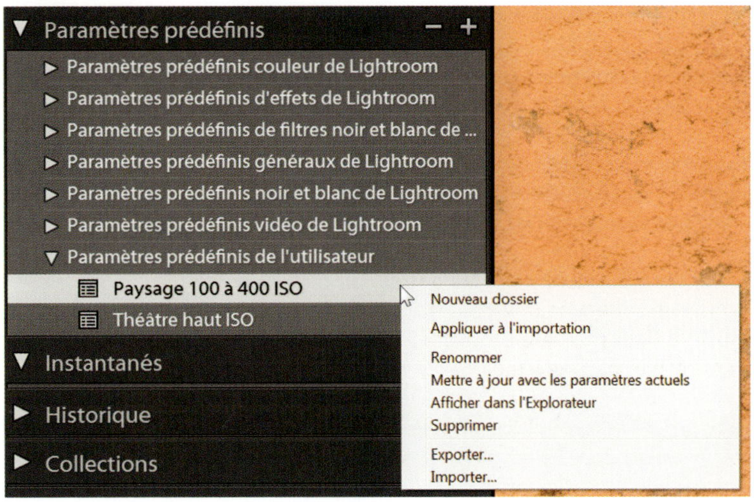

6 Lorsque vous créez un paramètre prédéfini, Lightroom ouvre une boîte de dialogue qui liste tous les réglages possibles. Sont cochés ceux qui ont été modifiés pour la photo qui sert de référence. Vous pouvez corriger cette proposition initiale comme bon vous semble avant de procéder à l'enregistrement. Le menu déroulant est positionné par défaut sur le dossier *Paramètres prédéfinis de l'utilisateur*, mais libre à vous de choisir un dossier différent ou d'en créer un nouveau pour l'occasion.

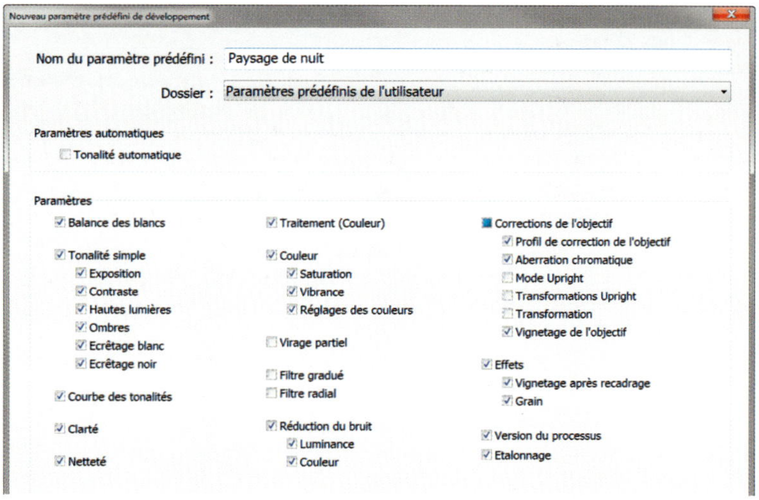

7 Si vous êtes friand de rendus prédéfinis créatifs, vous trouverez à coup sûr votre bonheur parmi les centaines de packs disponibles gratuitement sur le Web. Adobe a créé une zone d'échange sur son site *https://www.adobeexchange.com/* qui réunit quantité de *presets*, mais vous en trouverez aisément ailleurs. L'éditeur onOne propose ainsi plusieurs packs gratuits très intéressants. Notez que les paramètres prédéfinis ont comme extension .lrtemplate.

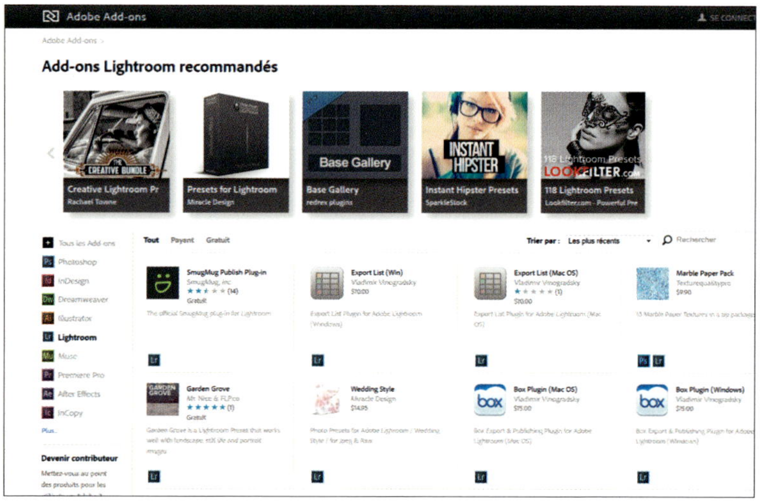

8 Pour installer des paramètres téléchargés, il existe une méthode laborieuse via l'option *Importer* du menu contextuel du clic droit. Si vous désirez en installer un nombre élevé, mieux vaut les copier directement à l'endroit où Lightroom ira lui-même les copier. Pour cela, dans l'onglet *Paramètres prédéfinis* des *Préférences* (rubrique *Emplacement*), vous disposez d'un bouton d'ouverture du dossier des données Lightroom. Allez dans *Develop Presets* et copiez les paramètres téléchargés dans le sous-dossier de votre choix. Si besoin, n'hésitez pas à en créer un nouveau, même si votre hiérarchie de dossiers ne se répercutera pas nécessairement à l'identique dans le panneau Paramètres prédéfinis.

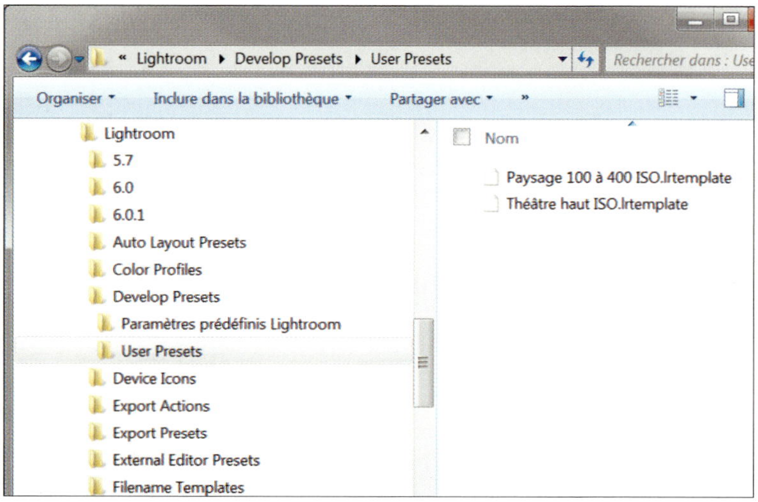

9 Pour visualiser l'effet d'un paramètre prédéfini, il suffit de cliquer sur son nom pour qu'il s'applique à la photo. Pour gagner du temps et éliminer rapidement les paramètres non adaptés, la petite fenêtre du panneau Navigation affiche le rendu du paramètre par simple survol de la souris. Par ailleurs, usez et abusez du mode d'affichage avant/après, très utile dans les phases de recherche créative.

10 Si les paramètres prédéfinis de développement occupent logiquement une place prépondérante, les métadonnées disposent également de paramètres prédéfinis. La phase d'importation est le meilleur moment pour appliquer à l'ensemble des photos les métadonnées qui leur sont communes. Vous disposez pour cela d'un champ dédié aux mots clés, mais vous pouvez également prescrire un jeu de métadonnées préenregistré. Les renseignements sur l'auteur et les informations de copyright en sont les exemples les plus classiques.

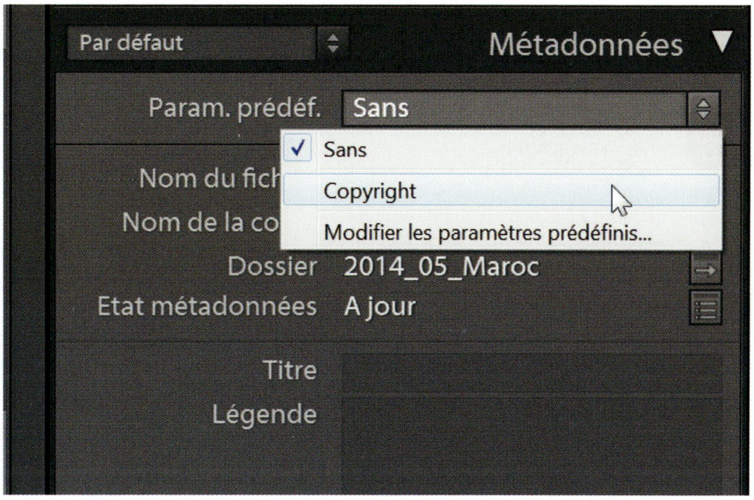

11 Pour créer un modèle de copyright (ou de n'importe quel autre jeu de métadonnées), cliquez sur *Modifier les paramètres prédéfinis* (voir l'illustration de l'étape précédente), renseignez les champs choisis puis nommez et enregistrez le paramètre prédéfini. Vous pourrez ensuite aisément le modifier, le renommer ou le supprimer.
Qu'il s'agisse de métadonnées ou de paramètres de développement, retenez que tout ce qui peut être appliqué par lots doit l'être le plus tôt possible dans le flux de travail, idéalement dès l'importation.

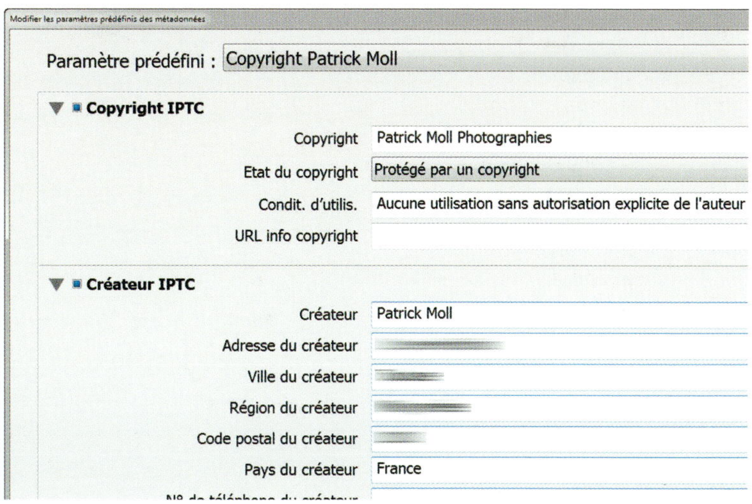

TP 48

Travailler avec le panneau Historique et les instantanés

Le panneau Historique constitue un avantage important de Lightroom sur ses concurrents, y compris face au plug-in Camera Raw de Photoshop qui en est aussi dépourvu. Le codage paramétrique des fonctions et des réglages permet à Lightroom d'enregistrer en continu l'intégralité de vos corrections et d'en conserver une mémoire complète affichée chronologiquement dans le panneau Historique. Cela signifie non seulement que le développement d'une photo est entièrement réversible, mais aussi que vous pouvez à tout moment revenir à n'importe quel point antérieur de votre travail. L'instantané est un outil complémentaire destiné à enregistrer les états clés de l'avancement du développement d'une photo.

1 Le volet gauche du module Développement de Lightroom recèle un outil unique : le panneau Historique. On ne prend vraiment conscience de son importance que lorsqu'on le cherche en vain dans un autre logiciel de même type. Si tous sont basés sur un même principe de réversibilité et de non-destructivité, seul Lightroom mémorise l'intégralité du travail de développement. On voit ci-contre un exemple d'historique. Les réglages sont décrits de façon explicite avec, lorsque c'est possible, une indication de l'amplitude de la correction et de la valeur finale atteinte.

2 Certaines opérations ne peuvent être décrites précisément. C'est le cas du Recadrage, de la Courbe à points ou des outils de retouche locale. L'enregistrement d'un nouvel état se fait dès que vous relâchez le clic. Si vous tâtonnez avec le réglage d'exposition en testant dix valeurs, dix points d'entrée seront inscrits dans l'historique !
Pour revenir à un point antérieur du développement, cliquez simplement sur sa référence dans l'historique. La fenêtre d'image affiche alors l'état correspondant du développement. Notez que les modifications ultérieures sont encore gardées en mémoire.

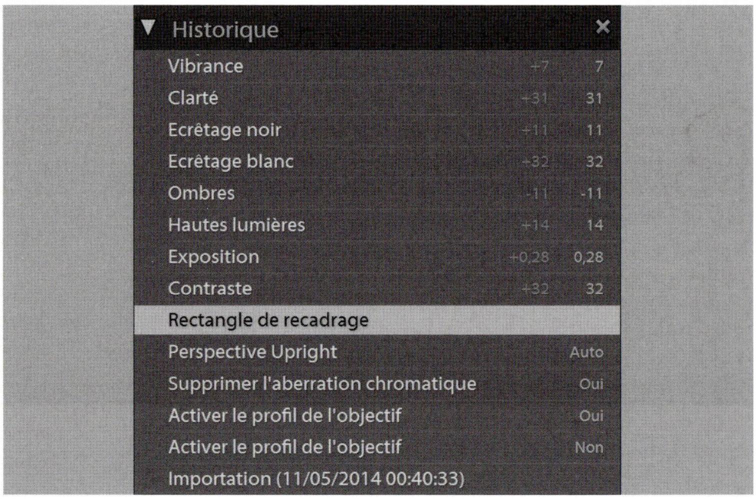

3 En revanche, si vous réalisez une correction après être revenu à un état antérieur, l'enregistrement des étapes ultérieures est perdu. La mémorisation est chronologique et ne gère pas les embranchements. Si votre correction est accidentelle, rassurez-vous : tant que le logiciel n'est pas fermé, vous disposez du CMD/CTRL + Z pour annuler vos interventions.
Pour effacer l'historique, cliquez sur la croix indiquée par la flèche blanche. Cette opération ne réinitialise pas les réglages, elle efface seulement la mémoire des corrections.

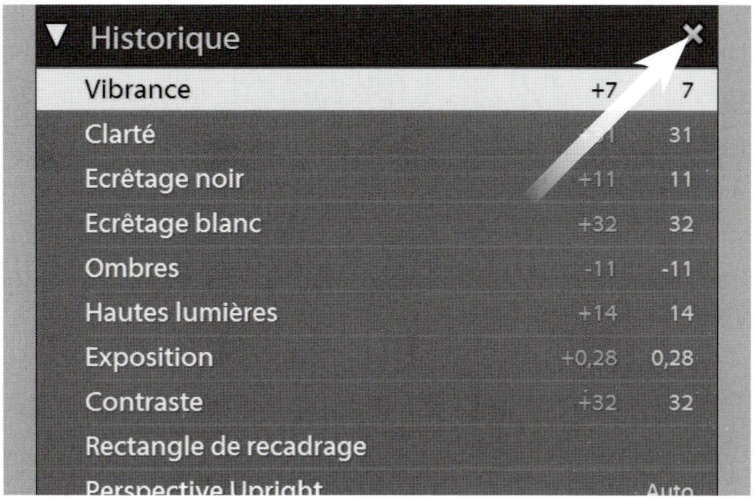

4 Les instantanés sont des clichés d'un état d'avancement du travail. Jalonner un long travail de développement par des enregistrements témoins de l'achèvement de phases clés (tonalités, couleur, retouche locale, etc.) permet de comparer facilement deux états en superposition rapide ou en mode d'affichage avant/après. Pour créer un instantané, cliquez sur le signe + signalé par la flèche et, si vous le désirez, entrez un intitulé plus explicite que la date proposée par défaut. Prenez garde, les instantanés ne sont pas listés par ordre chronologique, mais alphabétique. Pour cette raison, la présence de la date dans l'intitulé présente un intérêt pratique évident.

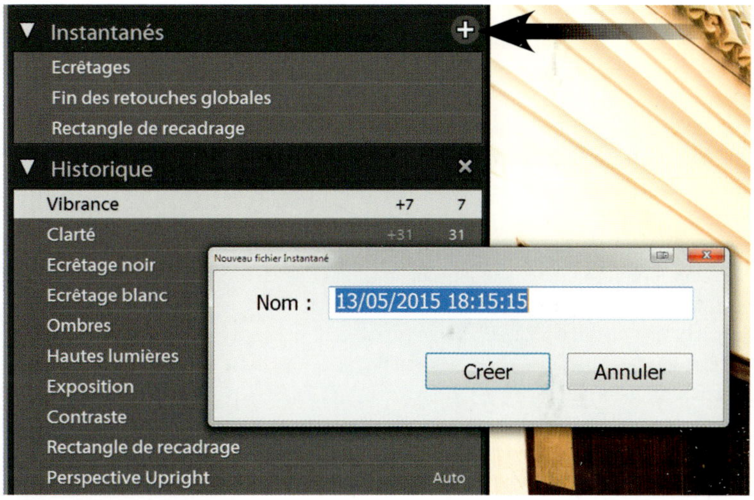

5 Les instantanés ne sont pas indispensables, mais ils complètent utilement l'historique. Ils peuvent être invoqués pour réduire la contrainte chronologique en enregistrant l'état final de plusieurs tests partant du même point antérieur. Notez cependant que l'instantané enregistre un état, mais pas l'historique des corrections qui ont abouti à cet état. Pour aller plus avant, vous devez créer des copies virtuelles (voir TP 49).
Comme pour les paramètres prédéfinis de développement, un simple survol des états d'historique ou des instantanés affiche l'état correspondant de l'image dans la fenêtre de navigation (indiqué par la flèche).

TP 49

Créer des copies virtuelles et des piles de photos

Les copies virtuelles pallient la contrainte chronologique du panneau Historique en proposant au photographe de créer des embranchements s'il désire faire des essais multiples à partir d'un même état de développement. Au contraire de la copie physique qui duplique la photo – et remplit le disque –, le poids d'une copie virtuelle se résume à quelques instructions stockées dans le catalogue de Lightroom. Très simple à créer et à gérer, n'hésitez pas à en user sans modération, d'autant que vous pouvez les regrouper dans des piles afin de ne pas encombrer le Film fixe ni la Grille. Les piles de photos peuvent aussi rassembler un lot d'images hétérogènes, même si elles sont plus indiquées pour empiler les avatars d'une même photo.

1 Créer une copie virtuelle est simple : faites un clic droit sur la vignette de la photo et choisissez l'option *Créer une copie virtuelle*. Dans le Film fixe, celle-ci est repérée par un coin corné ainsi que le montre la flèche ci-contre. Elle conserve le nom de l'original suivi d'un numéro de copie. Par défaut, la copie virtuelle aura les caractéristiques du dernier état de développement de la photo originale. Pour créer une copie à partir d'un autre état d'historique, positionnez-vous sur cet état, créez la copie virtuelle et veillez à repositionner l'historique de l'original sur son état le plus récent.

2 Le panneau Historique d'une copie virtuelle ne contient pas l'enregistrement des modifications antérieures à sa création. Son premier état d'historique correspond à son acte de naissance. Il est dommage que celui-ci ne figure pas également dans l'historique de la photo originale, car rien ne permet de mémoriser la série de modifications qui a présidé à sa création. Si vous multipliez les copies à partir d'états différents de l'original, n'hésitez pas à créer des instantanés en décrivant au mieux l'état d'origine des copies dans l'intitulé.

3 Pour désencombrer le Film fixe et l'affichage en mode Grille, il est intéressant de rassembler dans une pile l'original et ses copies virtuelles. Pour cela, sélectionnez les photos concernées, faites un clic droit et choisissez l'option *Associer dans une pile*. L'original sera alors orné d'un pictogramme dans lequel est inscrit le nombre d'images figurant dans la pile.

4 Pour afficher à nouveau les images contenues dans une pile, cliquez sur le pictogramme. Cela déroule la pile sans pour autant la détruire. Les copies virtuelles indiquent dans le coin supérieur gauche leur numéro d'ordre dans la pile. Pour les empiler de nouveau, cliquez sur le pictogramme de l'original, ou double cliquez sur le numéro d'ordre de n'importe quelle autre photo. Vous pouvez modifier le positionnement de chacune d'elles à l'aide des options de déplacement du menu contextuel du clic droit (voir l'illustration de l'étape 5), ainsi que désigner l'une d'elles comme copie principale via le menu *Photo* du module Bibliothèque.

5 Au-delà du cas particulier des copies virtuelles, les piles peuvent concerner n'importe quel lot de photos, même si celles-ci sont situées dans des dossiers différents. Le menu contextuel du clic droit montre le champ des possibles, parmi lesquels figure l'option *Empiler automatiquement selon l'heure de capture*. Dans la boîte de dialogue associée, vous spécifiez un intervalle de temps. Toutes les photos prises dans cet intervalle sont alors empilées automatiquement. Cette option est particulièrement intéressante pour les prises de vues en rafale.

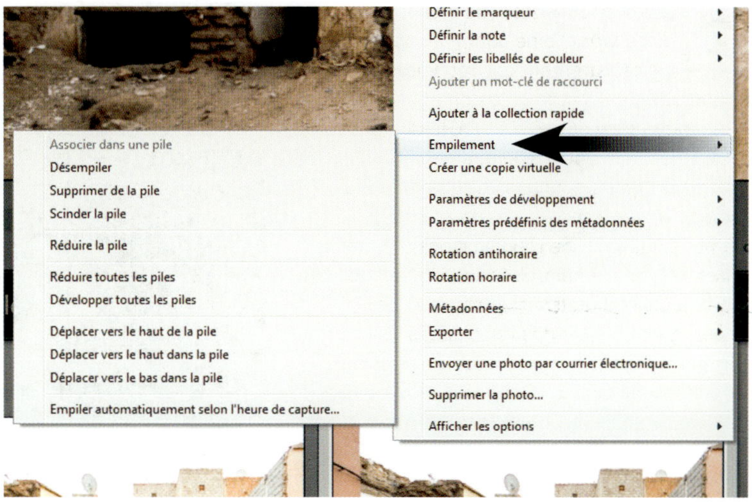

TP 50

Modifier la date de capture et renommer des photos par lots

Les problèmes de date et d'heure de capture erronées sont fréquents : passage à l'heure d'été ou d'hiver, voyage avec changement de fuseau horaire, réinitialisation de l'appareil photo, désynchronisation entre deux appareils, etc. Pour y remédier, Lightroom propose un outil simple d'emploi et performant, même s'il ne sait pas corriger les dérives de quelques minutes. Comme l'heure de capture, le nom du fichier est une métadonnée importante qu'il faut définir avec soin. Le logiciel met à votre disposition plusieurs paramètres prédéfinis et vous propose de composer le vôtre au moyen de textes personnalisés, de séquences et de nombreuses métadonnées de types EXIF et IPTC.

1 Les décalages de dates de capture les plus fréquents sont liés aux changements d'heure semestriels ou de fuseaux horaires lors de voyages. Dans l'outil de modification de l'heure de capture, accessible par le menu *Métadonnées* du module Bibliothèque, Lightroom propose une correction spécifique. Sélectionnez toutes les photos à modifier, cochez l'option *Décaler d'un certain nombre d'heures* et choisissez l'ampleur du décalage (comprise entre –24 et +24 heures). Pour vous assister, le logiciel affiche l'heure d'origine et l'heure corrigée de la photo principale sélectionnée. Cliquez alors sur *Modifier toutes les dates*.

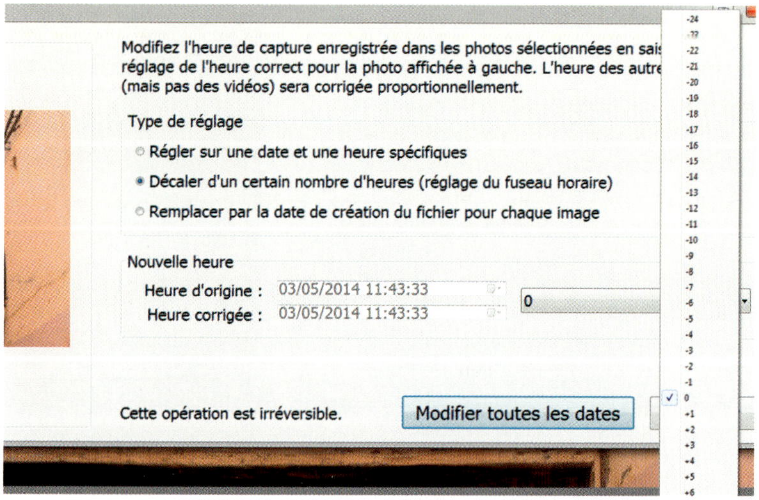

2 Il arrive que le décalage soit plus important que les 24 heures prises en charge par la solution précédente. L'option *Régler sur une date et une heure spécifiques* vous permet de fixer un composant de la date sans modifier les autres. Dans l'exemple ci-contre, nous avons modifié le jour (du 3 au 2 mai), l'année, le mois et l'heure restant inchangés. Une troisième option, sans grand intérêt, peut remplacer la date de capture par celle de création du fichier. Notez que, à titre exceptionnel, Lightroom propose de corriger les dates de capture dans le fichier RAW. C'est le seul contexte où il se permet de violer la sacro-sainte intégrité des RAW et des métadonnées qu'il contient, pour peu que vous l'en autorisiez.

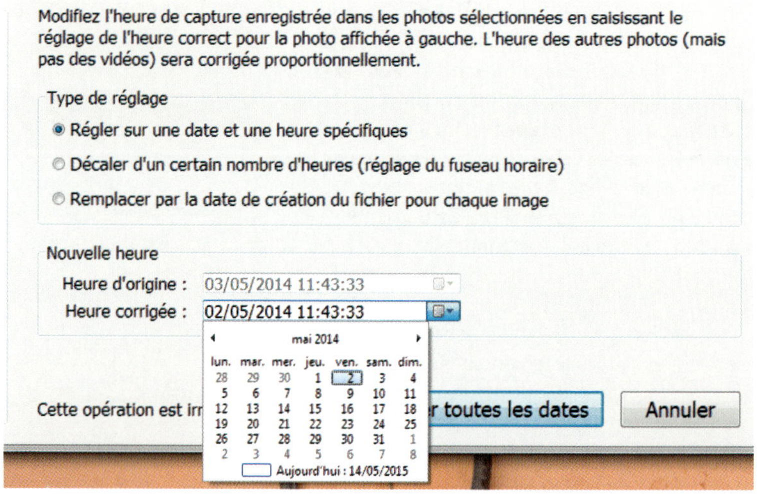

3 La nomenclature des photos est un élément clé de la gestion des photos. Il n'existe pas de standard, mais il est en revanche certain que cataloguer ses photos sous leur nom initial n'a pas d'intérêt. Cela peut même créer des problèmes de doublons lors de l'usage de plusieurs appareils, ou quand l'un d'entre eux a passé la barre des 10 000 photos et remet son compteur à 0. Lightroom propose plusieurs paramètres prédéfinis assez simples. Nous allons voir comment composer un nom personnalisé avec les nombreux ingrédients disponibles. Pour cela, cliquez sur *Modifier*.

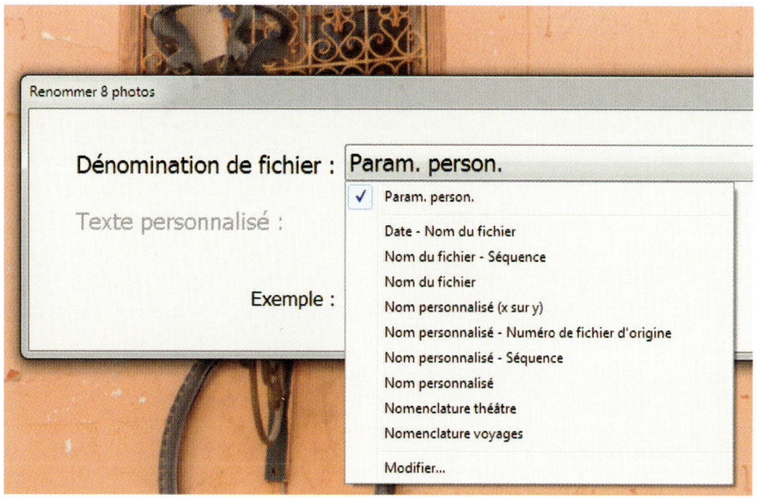

4 Lightroom a mis en place un métalangage simple pour composer un nom personnalisé. Des éléments du nom du fichier ou du nom d'origine, un numéro de séquence, tout ou partie de la date, des métadonnées IPTC et EXIF et un nom personnalisé. Les six menus recèlent de nombreuses options et variations. Il suffit de cliquer sur *Insérer* pour que l'ingrédient choisi s'ajoute dans le champ de composition. Des éléments de texte peuvent également être ajoutés, comme des tirets bas dans notre exemple. Nous avons choisi un préfixe composé de l'année et du mois afin de bénéficier d'un classement chronologique, un texte personnalisé décrivant la prise de vue et un numéro de séquence à quatre chiffres.

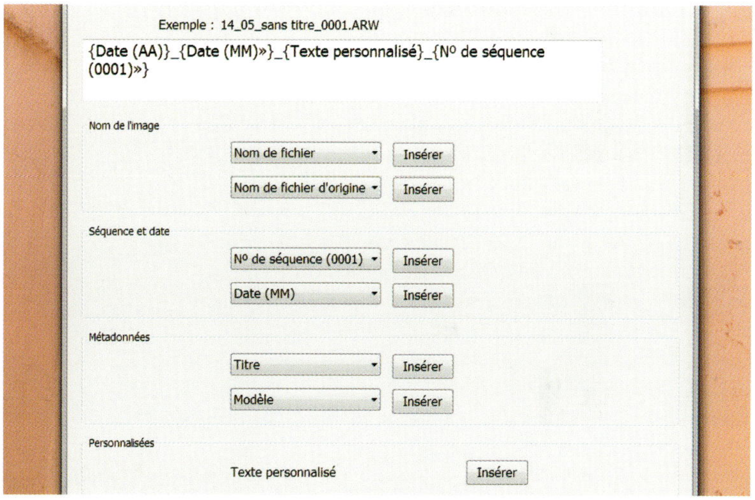

5 Une fois la nomenclature enregistrée en tant que paramètre prédéfini, il suffit d'entrer le texte personnalisé et de valider. Notez que le logiciel renomme également les fichiers annexes au format XMP ainsi que tous les fichiers bitmap dérivés, pour peu qu'ils figurent dans le catalogue. Reste à choisir le moment le plus pertinent pour effectuer le changement de nom. Renommer les photos dès l'importation est *a priori* la meilleure idée, sauf si vous avez inclus une séquence dans le nom, comme dans notre exemple. Le cas échéant, la suppression des photos ratées créerait des trous dans la série. Mieux vaut alors différer le changement de nom.

TP 51

Étalonner son appareil photo avec DNG Profile Editor

Alors que le calibrage de l'écran a su s'imposer comme une nécessité chez les photographes, l'étalonnage de l'appareil photo est encore largement négligé. Pourtant, il est le premier périphérique de la chaîne de traitement d'images dont la qualité est celle de son maillon le plus faible. Si l'obtention de couleurs exactes à la prise de vue n'est indispensable que dans un contexte de reprographie, il nous semble que la libre interprétation des fichiers bruts, droit fondamental du photographe, doit se déployer sur une base saine.
Pour étalonner son appareil photo, Lightroom offre le logiciel DNG Profile Editor qui est simple à utiliser et produit d'excellents résultats.

1 Les solutions individuelles pour étalonner un appareil photo requièrent un investissement minimal : l'achat d'une carte ColorChecker. Cette mire de test très connue est produite par X-Rite et déclinée sous plusieurs formes. La version Classic est d'assez grand format et son tarif voisine les 70 €. La version mini, qui n'est plus produite, a été remplacée par le ColorChecker Passport. Tous les modèles conviennent pour étalonner un appareil photo avec la solution DNG Profile Editor. Son principe est de comparer les couleurs produites par l'appareil, ou par le logiciel de développement, avec les couleurs réelles de la mire dont les caractéristiques sont connues avec exactitude.

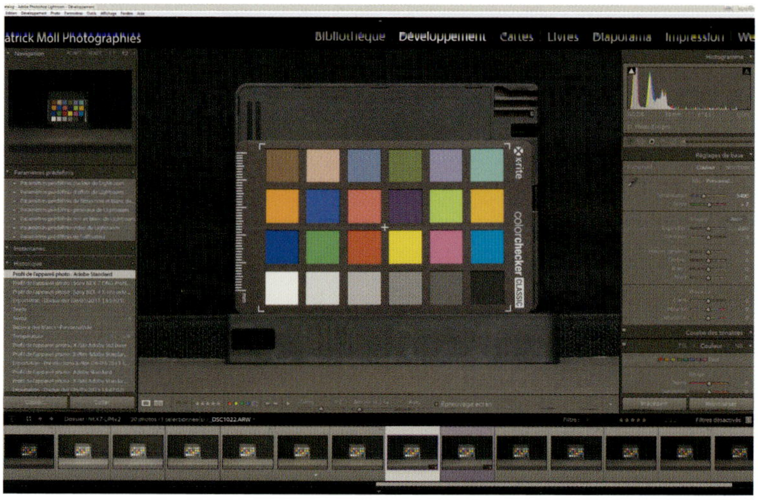

2 La qualité de la prise de vue est importante pour réaliser un bon étalonnage. Il est important de placer la mire dans un environnement neutre, peu réfléchissant et éclairé de façon homogène. Si vous ne disposez pas d'un éclairage de studio, réalisez une prise de vue en lumière du jour en évitant que des ombres ne masquent une partie de la mire. Prenez plusieurs photos en mode M en faisant varier le temps d'exposition par pas de 1/3 IL afin de pouvoir choisir la vue la mieux exposée. Pour cela, après avoir importé les photos dans Lightroom, passez le curseur de la souris au-dessus du patch de gris neutre n° 22. Observez les chiffres affichés sous l'histogramme et choisissez l'image dont les valeurs se rapprochent le plus de 47 %.

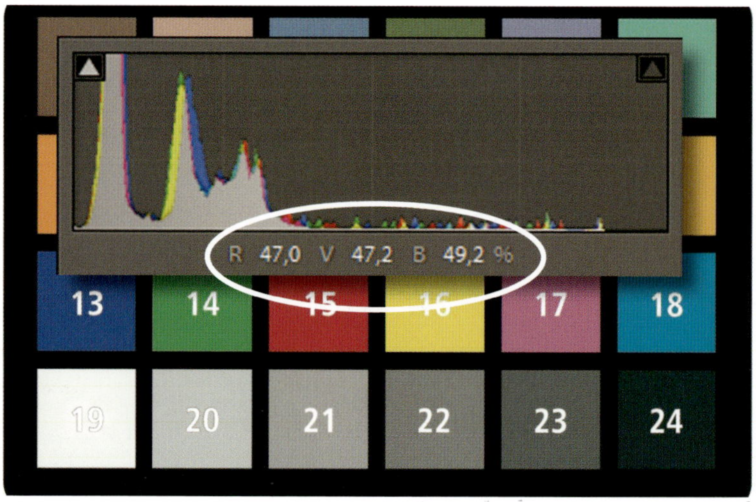

3 Dans le panneau Étalonnage de l'appareil photo, choisissez un profil de base parmi ceux proposés par le logiciel. Pour certains boîtiers, il peut n'y en avoir qu'un seul : le rendu Adobe Standard.

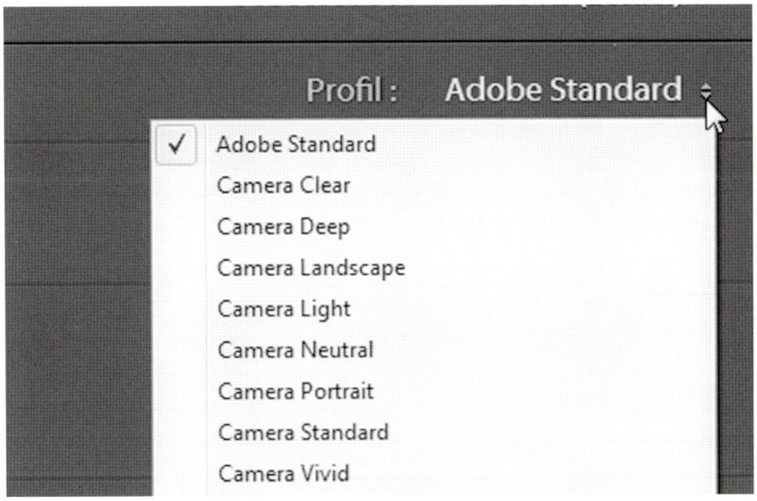

4 La solution DNG Profile Editor requiert une bonne balance des blancs. Même si vous avez effectué un réglage manuel sur une charte de gris avant la prise de vue, assurez-vous de son exactitude au moyen du sélecteur de balance des blancs de Lightroom logé dans le coin supérieur gauche du panneau Réglages de base. Avec la pipette, cliquez sur la deuxième nuance de gris la plus claire de la photo de la mire. Sous l'histogramme, vous devriez obtenir trois pourcentages RVB très proches.

5 L'outil d'étalonnage n'étant pas intégré à Lightroom, il faut exporter le fichier RAW au format DNG. Pour cela, allez dans le menu *Fichier* et cliquez sur *Exporter*. Dans la boîte de dialogue d'exportation, choisissez dans le menu déroulant supérieur d'exporter vers le disque dur. Prescrivez ensuite l'emplacement d'exportation, choisissez le format d'image DNG avec une compatibilité Camera Raw 7.1 et supérieures, puis désactivez la compression avec perte. Inutile d'incorporer le fichier RAW d'origine, cela ne présente aucun intérêt dans le cadre d'un étalonnage et aurait pour seul effet d'alourdir le fichier DNG.

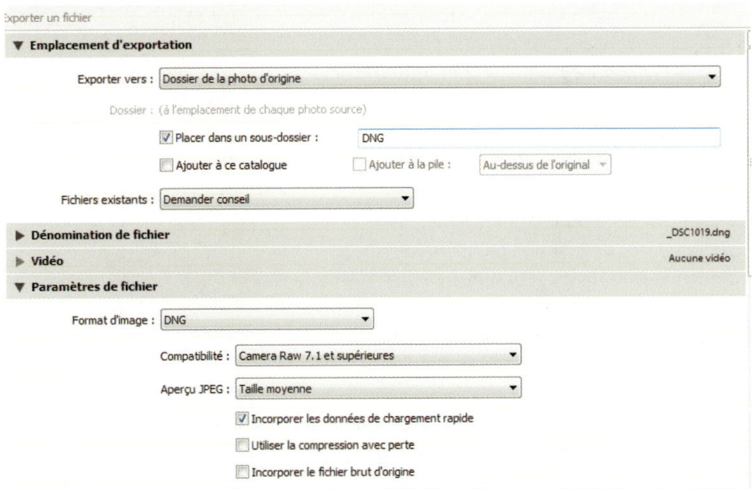

6 Téléchargez à présent le logiciel DNG Profile Editor sur le site d'Adobe. L'adresse n'étant pas stable dans le temps, le plus sûr est d'entrer «DNG Profile Editor» dans un moteur de recherche. Une fois la page trouvée, cliquez sur le lien de téléchargement. Ne soyez pas surpris si le logiciel se lance sans installation préalable, il s'agit d'un simple exécutable. Ouvrez votre image DNG en passant par le menu *File*. Notez qu'il n'existe pas de version française du logiciel, mais cela ne devrait pas être un problème, même si vous êtes fâché avec la langue de Virginia Woolf.

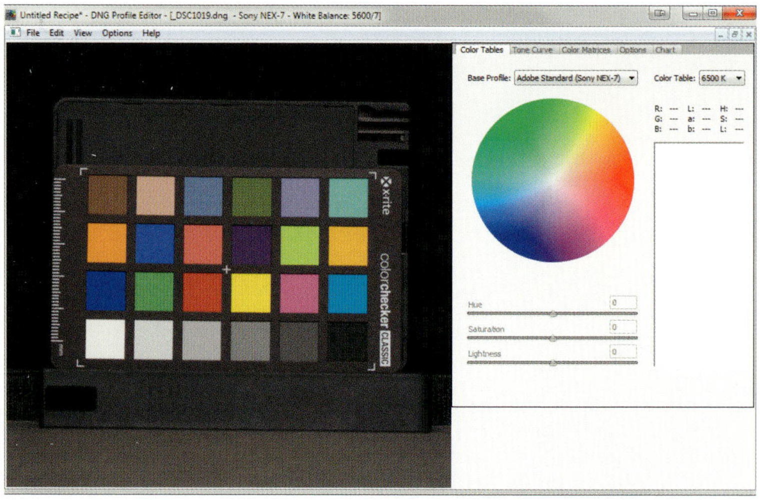

7 Dans le premier onglet (ouvert par défaut), choisissez votre profil de base (*a priori* Adobe Standard). Ouvrez ensuite le dernier onglet *Chart* qui demande quelles tables vous désirez créer à partir de votre prise de vue. Vous pouvez choisir de créer des tables pour les deux illuminants 2 850 K et 6 500 K (option *Both color tables*). Choisir seulement l'illuminant de la prise de vue – 6 500 K si vous avez photographié la mire en lumière du jour – limiterait son utilisation et contraindrait à refaire une procédure d'étalonnage avec un illuminant de type tungstène. C'est théoriquement plus conforme d'étalonner pour un seul illuminant, mais la différence n'est guère sensible dans la pratique.

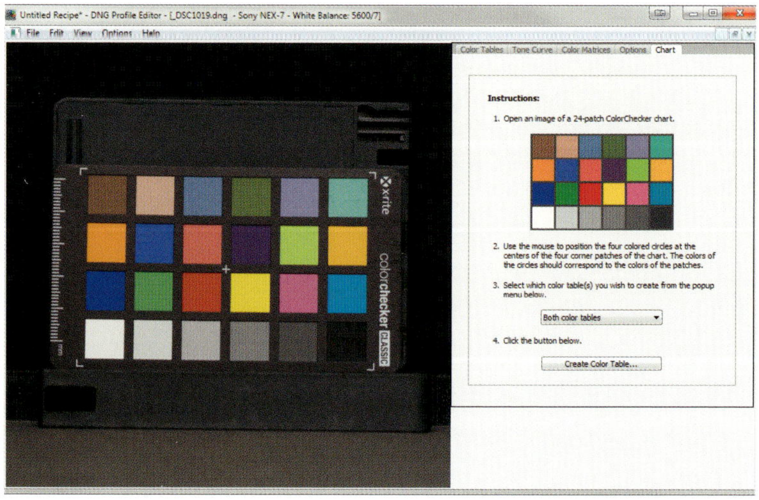

8 Il reste à positionner par cliquer-glisser les quatre pastilles de repérage des coins de la mire. Pour éviter toute erreur de manipulation, les pastilles ont la couleur des carrés sur lesquels elles doivent être positionnées. Cliquez ensuite sur *Create color table* pour lancer l'étalonnage.

9 Une fois les tables créées, le logiciel signale le succès de l'opération et retourne dans le premier onglet pour afficher la valeur mesurée et la valeur théorique de chacune des couleurs de la mire. L'écart est donné dans l'espace perceptif Teinte-Saturation-Luminosité (*Hue-Saturation-Lightness* en anglais). Vous pouvez ainsi avoir une idée de l'ampleur de la correction effectuée.
Pour évaluer la qualité du résultat et la réalité de l'amélioration de la justesse des couleurs, nous avons utilisé le logiciel Imatest. Les résultats se sont avérés excellents.

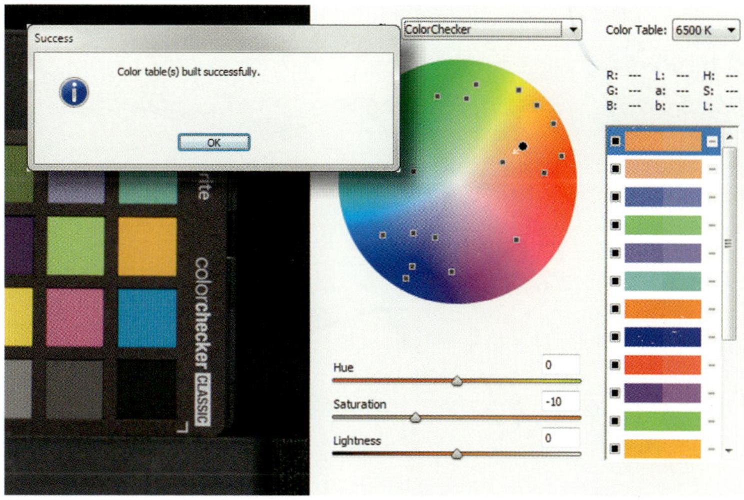

10 Les tables de correction ont été calculées, mais il reste à créer et enregistrer le profil correspondant. Pour cela, cliquez sur *File* | *Export profile* dans DNG Profile Editor. Le logiciel crée et copie le profil dans le dossier où sont stockés les profils d'appareils photo de l'utilisateur. Le cas échéant, il signale le succès de l'exportation.

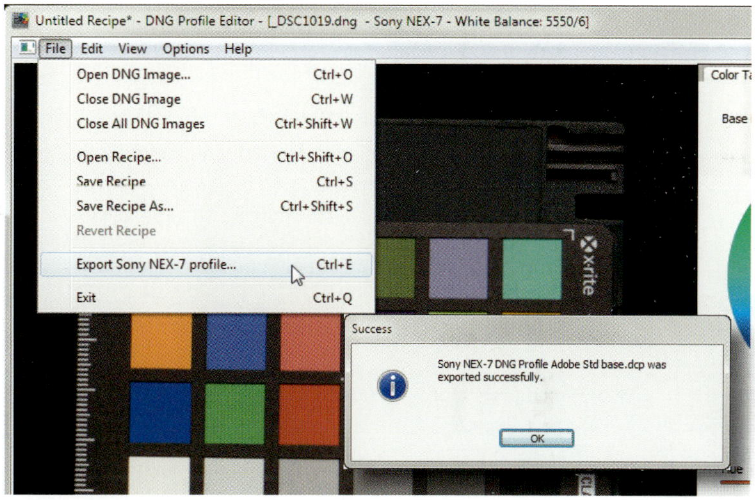

11 Fermez puis relancez Lightroom afin que le logiciel charge de nouveau les profils d'appareils photo. Désormais, dans le panneau Étalonnage de l'appareil photo, vous disposez d'un nouveau profil portant le nom que vous avez prescrit lors de l'exportation. Vous pourrez le choisir dans les paramètres prédéfinis d'importation afin qu'il s'applique systématiquement aux photos prises avec l'appareil étalonné.

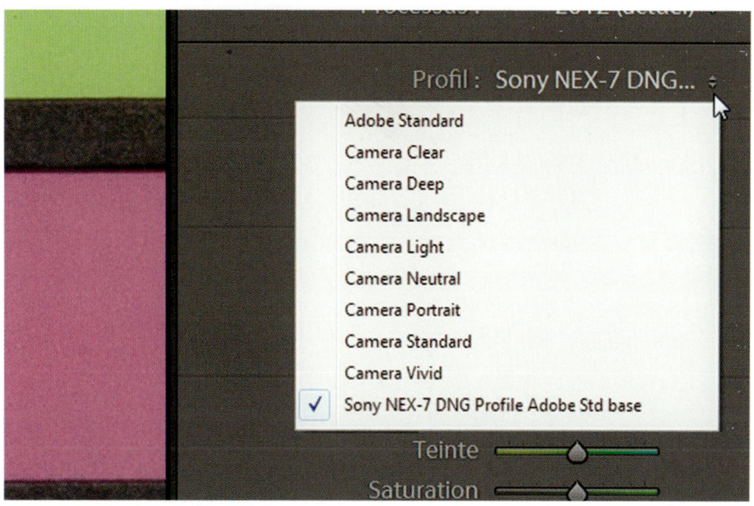

Éditeurs et modules externes

TP 52 Enregistrer et paramétrer des éditeurs externes

Si le potentiel de Lightroom s'accroît à chaque version, le codage paramétrique imposé par son principe de fonctionnement non destructif est une contrainte très forte qui ralentit le développement de certains outils complexes. Cela laisse – un peu – d'espace aux éditeurs d'images qui échappent à ces contraintes et viennent ainsi en complément de Lightroom. Le moteur de développement des RAW leur étant toutefois inaccessible, ils doivent travailler sur des fichiers bitmap exportés, avec ou sans les corrections Lightroom. Enregistrer et paramétrer un logiciel en tant qu'éditeur externe permet de fixer les modalités d'échange de fichiers avec Lightroom : exportation, envoi du fichier exporté à l'éditeur d'images et retour automatique dans le catalogue de Lightroom.

1 L'enregistrement et la gestion des éditeurs externes se font dans l'onglet *Édition externe* des *Préférences* de Lightroom (accessibles par le menu *Édition*). Si vous possédez une version de Photoshop ou de Photoshop Elements, elle sera automatiquement enregistrée en tant qu'éditeur externe principal. Choisissez des caractéristiques de fichier exporté qui préservent le plus d'informations possible. Évitez ainsi le format JPEG et l'espace sRGB qui induisent des pertes importantes et préférez le codage sur 16 bits – lorsque le logiciel externe le prend en charge – afin de disposer d'un maximum de nuances de couleur. La résolution n'a d'importance que dans le contexte d'une impression ou d'un photomontage.

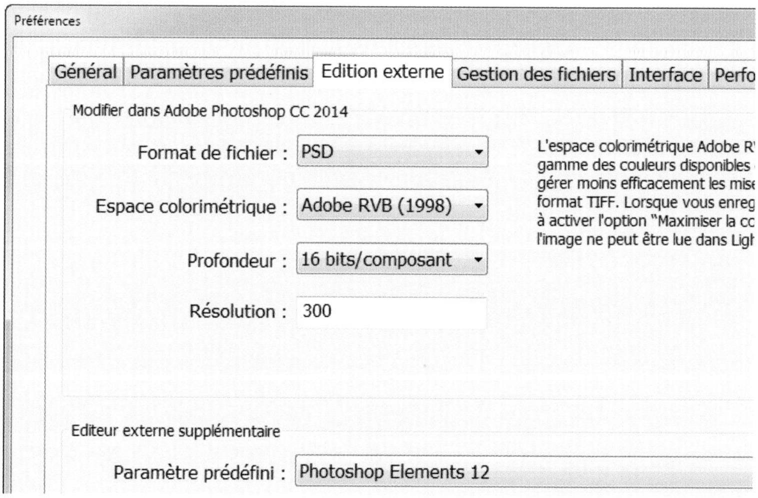

2 À Photoshop peuvent être ajoutés d'autres éditeurs. Ils figurent alors dans la zone *Éditeur externe supplémentaire*. Vous accédez à la liste de ceux déjà enregistrés par le menu déroulant *Paramètre prédéfini*. L'éditeur dont le nom est inscrit sur la barre du menu déroulant est considéré par Lightroom comme prioritaire et bénéficie à ce titre d'un raccourci clavier pour un accès rapide. Par défaut, cet éditeur prioritaire est le dernier enregistré, mais vous pouvez modifier ce choix à tout moment.

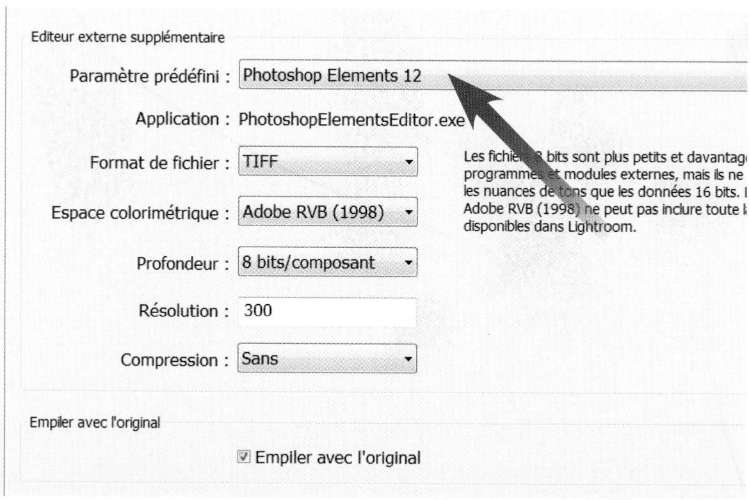

3 Pour enregistrer un nouvel éditeur externe, par exemple Sérif PhotoPlus, cliquez sur le bouton *Sélectionner* situé sous le menu déroulant des éditeurs externes. Dans l'explorateur de fichiers, recherchez l'exécutable du logiciel, puis cliquez sur *Ouvrir*. Sur Windows, veillez à sélectionner la bonne version des logiciels qui s'installent à la fois en 32 bits et en 64 bits. Le cas échéant, privilégiez toujours la version 64 bits.

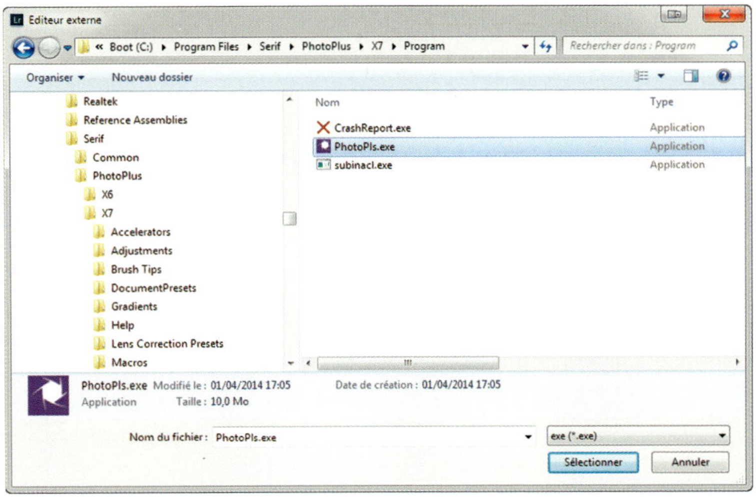

4 Dans la fenêtre des *Préférences*, on constate que l'application a bien été chargée, mais Lightroom considère pour l'heure qu'il s'agit d'une simple modification du paramètre prédéfini par défaut (Photoshop Elements dans notre exemple). Il l'indique d'ailleurs de façon explicite dans le menu déroulant des paramètres prédéfinis. Si vous validez la modification en l'état, Lightroom ouvrira PhotoPlus lorsque vous demanderez Photoshop Elements, ce qui n'est pas exactement le but recherché.

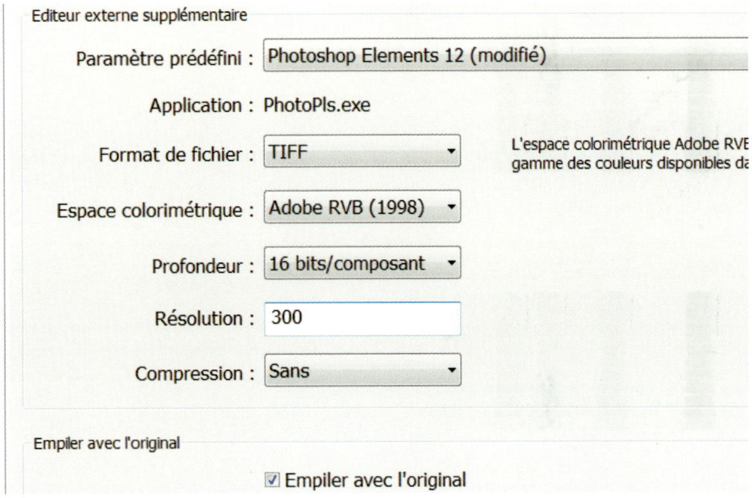

5 Pour que PhotoPlus soit correctement enregistré sans affecter le paramétrage des autres éditeurs externes, déroulez le menu *Paramètre prédéfini* et cliquez sur *Enregistrer les paramètres actuels en tant que nouveau paramètre prédéfini*. N'oubliez pas de valider, sans quoi l'opération ne sera prise en compte, à l'inverse des interventions dans les différents modules de Lightroom qui sont enregistrées automatiquement et en continu. Pour enregistrer une modification du paramètre prédéfini, choisissez *Mettre à jour le paramètre prédéfini*.

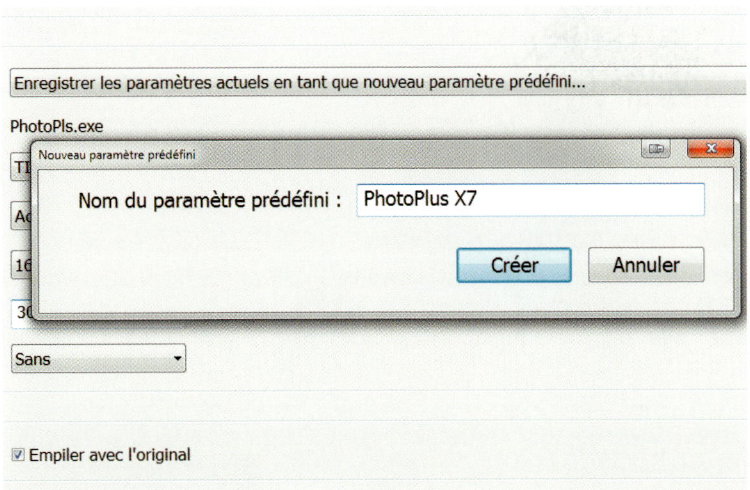

6 Il reste à définir les caractéristiques des fichiers qui seront envoyés à l'application. Comme indiqué dans la première étape, faites un choix qui préserve le maximum d'informations, mais vérifiez que l'application est bien capable de les lire. Or, ce n'est pas toujours le cas pour les fichiers au format PSD ou pour les TIFF 16 bits.
À l'issue du traitement dans l'éditeur externe, l'image est renvoyée et enregistrée dans le catalogue de Lightroom, à côté de l'original. Choisir de l'empiler avec l'original, comme proposé au bas de la fenêtre, présente plusieurs avantages (voir TP 49), mais ce n'est en rien une obligation.

7 La dénomination du fichier exporté par Lightroom est une opération importante dans l'optique de son catalogage. Pour cela, Lightroom propose son excellent outil de composition de modèle de nom. Hélas, le nom ainsi créé sera commun à tous les modules externes, alors qu'il aurait été intéressant de pouvoir intégrer automatiquement le nom de l'éditeur externe dans celui du fichier pour en indiquer la provenance. Par défaut, Lightroom conserve le nom du fichier original auquel il ajoute le suffixe « Modifier ». N'hésitez pas à utiliser les ressources du créateur de modèles pour composer un suffixe plus informatif.

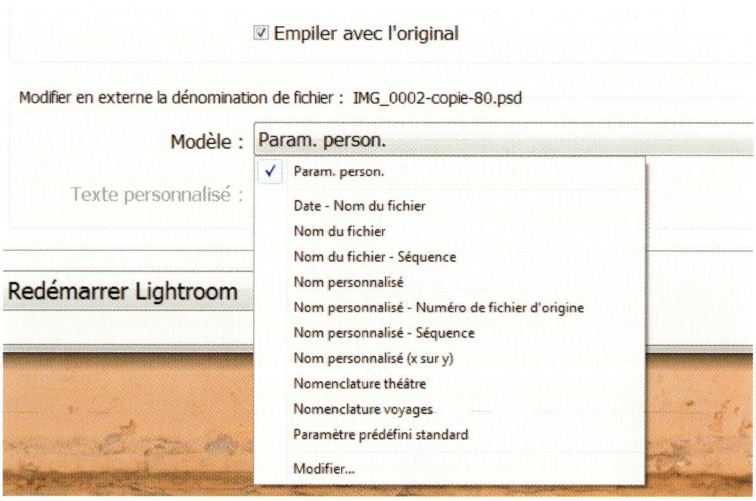

8 Pour ouvrir une photo dans un éditeur externe, passez par le menu *Photo*, puis *Modifier dans* qui déroule la liste des éditeurs disponibles. Autre solution un peu plus rapide, optez pour le menu contextuel du clic droit sur l'image à ouvrir, puis *Modifier dans*. Les deux éditeurs externes principaux bénéficient d'un accès direct via un raccourci clavier. Pour envoyer une image à Photoshop, entrez le raccourci [CMD CTRL] + [E]. Pour accéder à l'éditeur externe secondaire privilégié, entrez [CMD CTRL] + [OPT ALT] + [E].

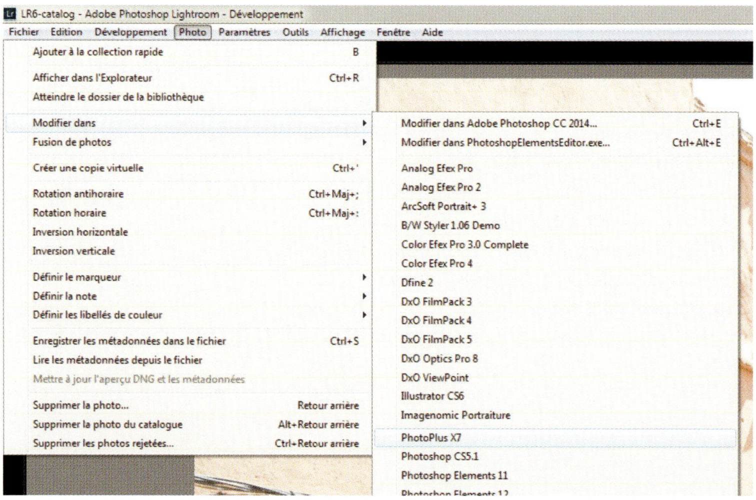

9 Avant d'envoyer la photo à l'éditeur externe, Lightroom propose plusieurs options : une copie avec ou sans les corrections Lightroom ou l'envoi de l'original. Cette dernière option n'est disponible que si l'original est un JPEG, Lightroom n'ayant pas prévu d'envoyer des RAW. Si le terme « copie » est adapté au JPEG, il peut prêter à confusion pour le RAW qui doit être développé pour donner naissance à un fichier bitmap. On parle alors plus volontiers d'exportation que de copie, même si Adobe n'a pas différencié les légendes en fonction du type de fichier traité. Dans les options de copie figurent les paramètres fixés dans les préférences, que vous pouvez modifier ponctuellement.

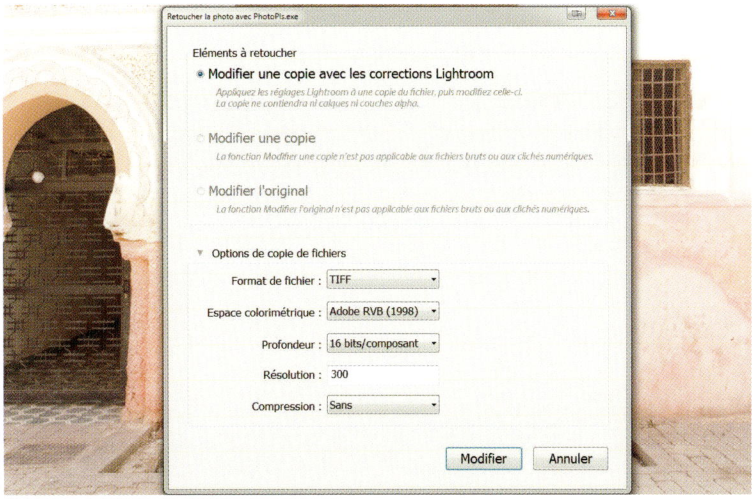

10 Une fois la retouche achevée, la copie modifiée est enregistrée dans le catalogue de Lightroom. On voit ci-contre la vignette du RAW original empilée avec une interprétation en noir et blanc. L'empilement garantit aux images de rester groupées dans le Film fixe ou sur la Grille du module Bibliothèque quelle que soit la méthode de tri choisie. Un simple clic sur le nombre de photos de la pile déroule toutes les versions de l'image, un nouveau clic sur l'une d'entre elles recrée la pile (voir TP 49).

11 Quel que soit le logiciel que vous utilisez, veillez à bien écraser l'original à la fin de l'intervention – original qui n'est en réalité que la copie exportée – sinon l'image enregistrée ne sera pas renvoyée dans Lightroom. Privilégier l'écrasement est assez inhabituel, comme le suggère par exemple cet avertissement de PaintShop Pro, mais c'est une nécessité pour que l'image finale bénéficie d'une importation automatique dans le catalogue.

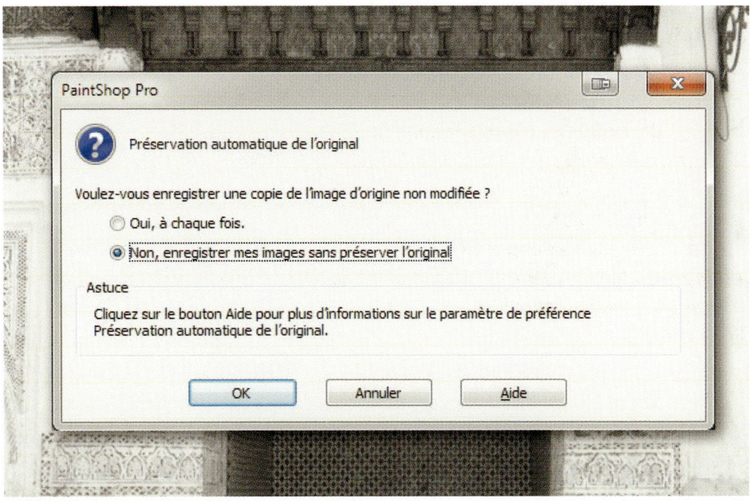

TP 53

Créer une action Photoshop et l'utiliser en droplet dans Lightroom

Les actions Photoshop peuvent renforcer le potentiel de Lightroom sans alourdir le flux de travail. Dans ce TP, vous allez créer une action simple puis la transformer en droplet, avant d'utiliser ce dernier dans le module d'exportation de Lightroom. Vous pourrez également tester des actions créatives très réussies.

Photoshop est le compagnon idéal de Lightroom avec lequel il partage le moteur de développement Camera Raw, ce qui assure une compatibilité totale du travail réalisé sur les fichiers RAW. Au-delà des affinités, il en est le meilleur complément pour les opérations nécessitant des outils avancés que Lightroom ne possède pas. La difficulté est de trouver entre les deux logiciels une articulation simple qui ne nuise pas trop à la fluidité des retouches. Pour toutes les tâches qui peuvent être automatisées, les actions Photoshop (anciennement nommées scripts) sont des outils remarquables et plus simples d'emploi qu'il n'y paraît. Mieux encore, elles peuvent être transformées en droplets et appelées directement depuis l'interface d'exportation de Lightroom ! L'objectif de ce TP est moins d'apprendre à créer des actions qu'à les insérer dans le flux de travail avec Lightroom.

1 Les actions Photoshop, anciennement nommées scripts, constituent un palier dans la maîtrise de Photoshop. La création d'une action n'est pourtant rien d'autre que l'enregistrement d'une série de commandes destinée à automatiser une tâche. Pour cela, ouvrez le panneau Actions (OPT/ALT + F9), choisissez ou créez un dossier (nommé *Ensemble d'actions*) et cliquez sur le bouton *Nouvelle action* (voir flèche). Il vous suffit alors de nommer l'action puis de l'enregistrer (la couleur n'est qu'un élément distinctif visuel). Pour démarrer l'enregistrement, cliquez sur le bouton circulaire.

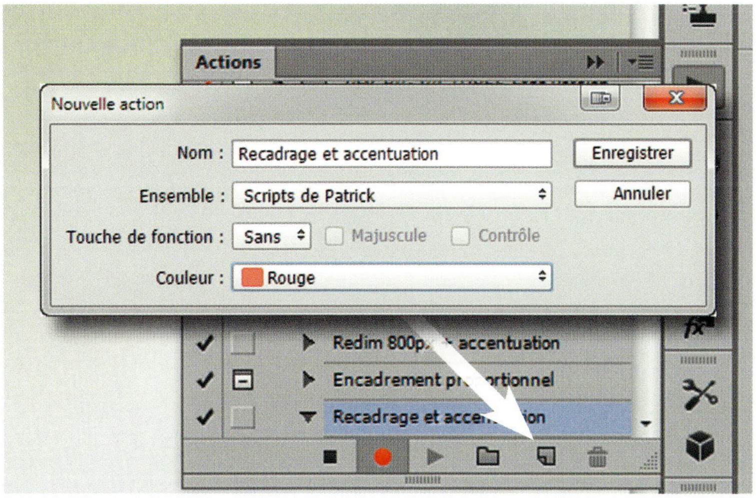

2 Dans cet exercice, vous allez créer une action très simple qui consiste à redimensionner une photo et lui appliquer une accentuation de sortie (ce que Lightroom ne sait faire que de façon très rustique dans le module d'exportation). Libre à vous d'affiner l'action en ajoutant par exemple une conversion dans un espace de couleur.
Pour redimensionner l'image avec une gestion automatique de l'orientation portrait ou paysage, passez par le sous-menu *Fichier* | *Automatisation* | *Adapter l'image*, l'outil *Redimensionner* ne convenant pas à une action automatisée. Choisissez la valeur en pixels que vous désirez.

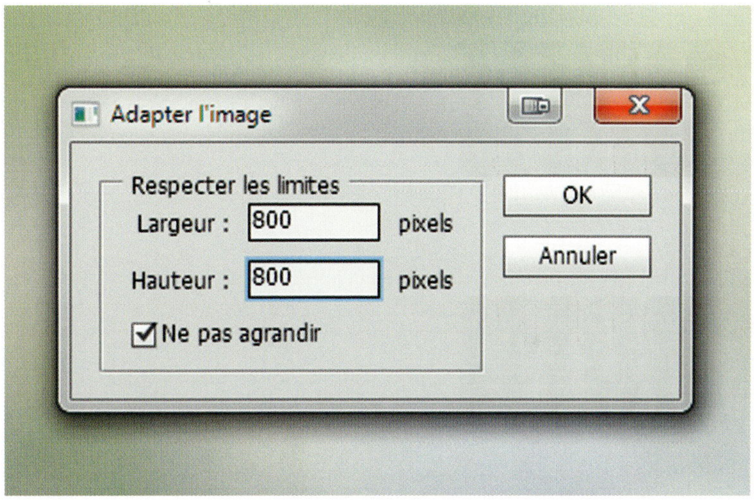

3 Après avoir validé et vérifié que l'étape s'est bien enregistrée dans le panneau Actions, ouvrez l'outil *Netteté optimisée* dans le menu *Filtre* | *Renforcement*. Il s'agit d'une alternative simple et performante à l'outil *Accentuation*. La visualisation à 100 % vous permet d'ajuster le *Gain* en fonction de la taille d'image que vous avez choisie. Un *Rayon* de 1 px donne satisfaction dans la plupart des situations. Veillez toutefois à créer des actions différentes selon le type de sujet. Si vous faites croustiller un portrait comme un paysage, vous pourriez vous fâcher avec votre modèle...

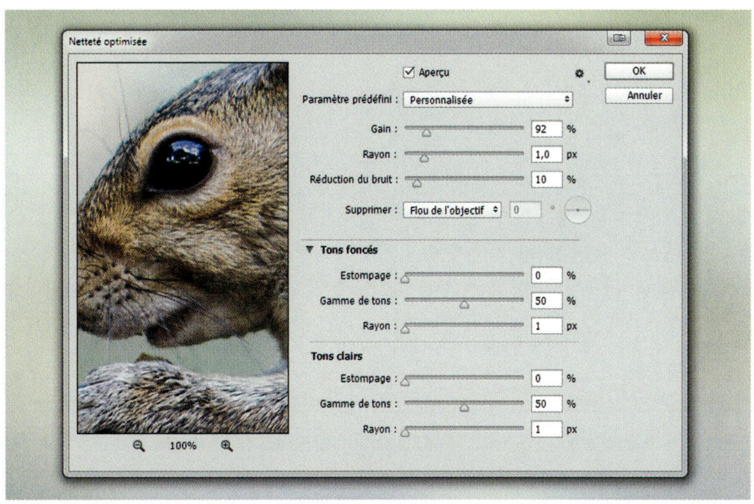

4 Une fois la série d'opérations achevée, enregistrez le fichier. Procédez de façon conventionnelle avec un *Enregistrer sous*. Choisissez attentivement le format du fichier de sortie ainsi que sa compression s'il s'agit d'un JPEG. En revanche, dans le contexte de la création d'un traitement par lots ou d'un droplet, peu importe son nom, car il sera redéfini. Un fichier toto.jpg fait alors très bien l'affaire.

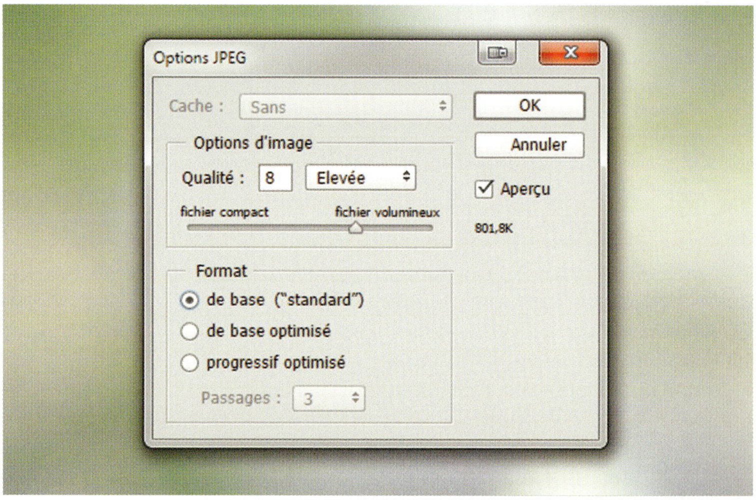

5 La série d'opérations étant achevée, arrêtez l'enregistrement de l'action en cliquant sur le bouton carré. La couleur du bouton circulaire passe alors du rouge au noir. L'action est alors définitivement enregistrée et les différentes opérations sont listées de façon explicite dans le panneau. Si vous avez commis une erreur ou si vous désirez changer la valeur d'un paramètre (par exemple le niveau de compression du JPEG), supprimez l'étape en la sélectionnant puis en cliquant sur l'icône de la poubelle. Placez le curseur de la souris sur l'étape précédente, démarrez l'enregistrement en cliquant sur le bouton circulaire, refaites l'étape supprimée (et seulement elle) et arrêtez l'enregistrement.

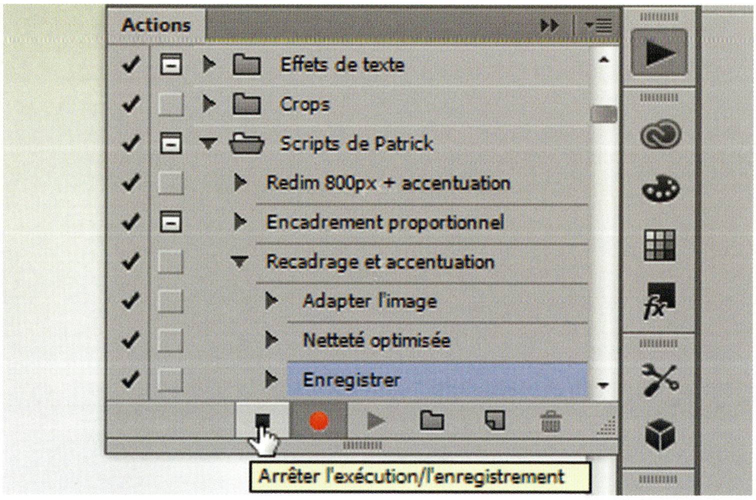

6 Vous allez à présent créer un droplet afin de pouvoir utiliser votre action dans Lightroom. Le droplet est un avatar de l'action sous forme de fichier exécutable, donc utilisable à l'extérieur de Photoshop. C'est cependant bien Photoshop qui exécute les opérations enregistrées : il s'ouvre automatiquement lors de l'exécution du droplet. Pour créer le droplet, allez dans le menu *Fichier | Automatisation* et sélectionnez *Créer un droplet*. Choisissez le nom et l'emplacement du droplet, puis désignez l'action à exécuter. Choisissez le dossier qui recevra les images traitées et cochez la case *Priorité sur les instructions d'action "Enregistrer sous"*. Vous pouvez alors définir un modèle de nom pour les fichiers de sortie.

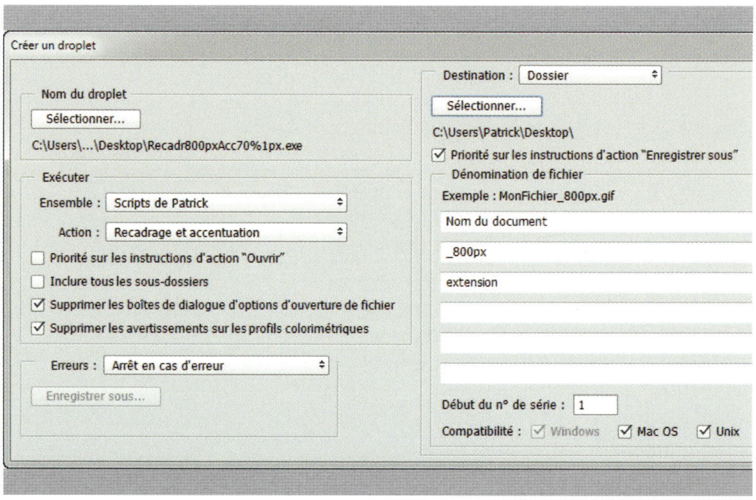

7 Le droplet est la dernière opération exécutée par le module d'exportation. Il se loge dans la partie *Post-traitement* où il suffit de le sélectionner (dans le menu déroulant). Cependant, pour être listé, il faut qu'il ait été placé au préalable dans le dossier *Export Actions*. Adobe a eu la délicatesse d'offrir un moyen d'accès direct à ce dossier qui est enfoui dans les entrailles du disque. L'option *Atteindre maintenant le dossier Export Actions* ouvre un explorateur de fichiers. Il ne vous reste qu'à y copier le droplet pour qu'il soit immédiatement pris en compte, sans besoin de redémarrer Lightroom.

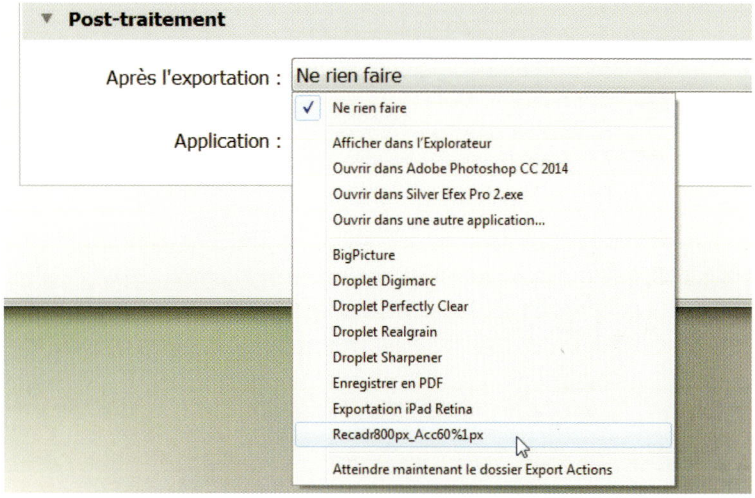

8 Un peu hors sujet dans le cadre de ces TP sur Lightroom, mais très pratique : le droplet peut s'utiliser hors de Photoshop, mais aussi hors de Lightroom. Si les photos à traiter sont rassemblées dans un dossier, il vous suffit de glisser-déposer celui-ci sur l'icône du droplet (ou sur le raccourci que vous aurez placé sur votre bureau) pour que l'action soit appliquée à la totalité des photos présentes dans le dossier. Les images de sortie seront écrites dans le dossier spécifié lors de la création du droplet. La manipulation fonctionne également avec une image unique ou un groupe d'images sélectionné dans l'explorateur de fichiers.

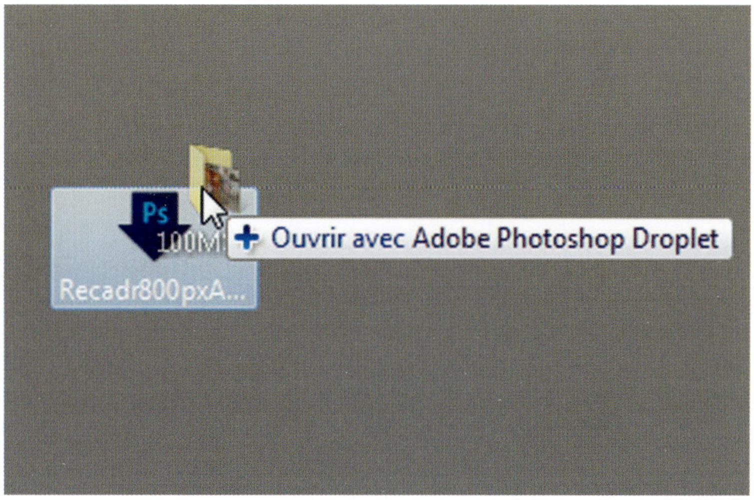

9 Au-delà des actions que vous pouvez créer vous-même pour répondre à un besoin, sachez que le Web regorge de ressources très souvent gratuites parmi lesquelles de nombreuses actions. L'illustration d'ouverture de ce TP et celle ci-contre sont deux exemples amusants d'actions créatives. Elles sont proposées gratuitement (pour une utilisation non commerciale) par le site *http://www.panosfx.com/*. Si vous appréciez les filtres, vous trouverez un vaste choix sur le site de créateurs *http://deviantart.com/*, dans la rubrique des ressources *Photoshop Actions*. Vous n'aurez qu'à les installer dans Photoshop et les transformer en droplets pour y accéder dans Lightroom.

TP 54 Travail combiné avec les objets dynamiques de Photoshop

Les objets dynamiques de Photoshop ont des propriétés qui s'apparentent au fonctionnement non destructif de Lightroom et de Camera Raw. Ils sont protégés de toute altération et ils restent éditables indépendamment des retouches et des effets qui leur ont été appliqués. Ils sont donc à privilégier dans un flux de travail avec Lightroom où Photoshop est appelé de façon ponctuelle, pour des retouches complexes invoquant des calques ou des masques précis, trop difficiles à réaliser avec le Pinceau de retouche. À l'issue du traitement dans Photoshop, les images résultantes sont enregistrées au format PSD (qui préserve tous leurs constituants) et sont renvoyées automatiquement dans le catalogue de Lightroom.

1 Pour ouvrir une photo, RAW ou JPEG, on tant qu'objot dynamiquo dans Photoshop, passez par le menu *Photo* | *Modifier dans*. Solution plus ergonomique, le menu contextuel du clic droit sur la photo sélectionnée offre un accès similaire, comme on le voit sur l'illustration ci-contre. Notez que si une photo unique est sélectionnée, seule l'option d'ouverture en tant qu'objet dynamique est disponible. Les trois autres options ne sont actives que dans le contexte d'images multiples destinées à la création de panoramas ou d'images HDR, ou à une ouverture dans des calques superposés.

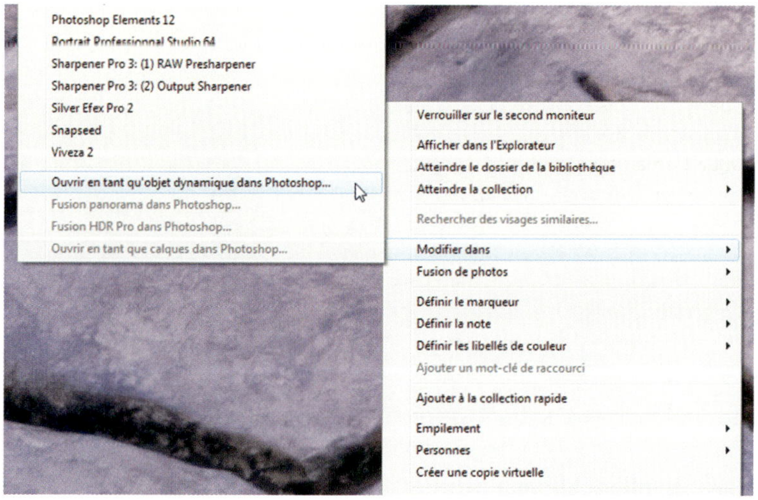

2 Pour distinguer les objets dynamiques des calques d'image classiques, Photoshop ajoute un petit pictogramme dans le coin inférieur droit de la vignette. Si les traitements effectués au moyen de calques de réglages restent inchangés, les filtres acquièrent également un statut dynamique au lieu de s'appliquer directement sur l'image. Il en va de même pour le très utile outil *Tons foncés/Tons clairs* qui n'est pas logé dans le menu *Filtre* et n'est pas disponible en calque de réglage.
Les filtres dynamiques sont modifiables à tout moment, ce qui constitue un avantage notable.

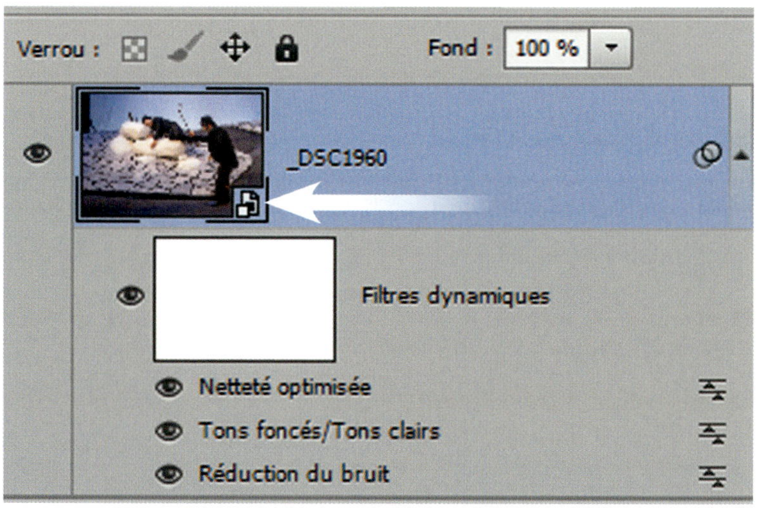

3 Si vous double-cliquez sur la vignette de l'objet dynamique dans le panneau Calques, il s'ouvrira dans Camera Raw en affichant toutes les corrections effectuées dans Lightroom – c'est l'un des intérêts du partage du même moteur de développement entre Lightroom et Photoshop. Une fois les modifications réalisées dans Camera Raw, les retouches faites dans Photoshop seront appliquées au fichier modifié. La non-destructivité et la réversibilité du travail en objets dynamiques sont donc complètes. En revanche, les modifications faites dans Camera Raw ne seront pas répercutées sur le fichier original dans Lightroom, car Photoshop travaille avec une copie virtuelle.

4 Dans le cas où ce n'est pas un fichier RAW, mais un JPEG ou un TIFF qui est ouvert en tant qu'objet dynamique dans Photoshop, Camera Raw le prendra en charge. En revanche, si le fichier est un bitmap qui ne provient pas de Lightroom, mais d'un développement indépendant dans Photoshop, c'est Photoshop lui-même qui ouvrira l'objet dynamique dans une fenêtre à part, en lui affectant l'extension PSB (voir flèche).

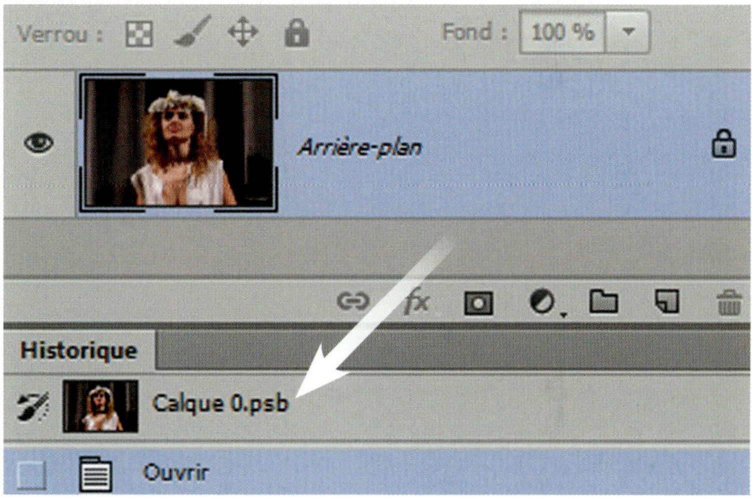

5 Les objets dynamiques sont également présents dans Photoshop Elements, mais Adobe n'a pas mis en place de lien direct avec Lightroom comme pour le grand frère Photoshop. Un développeur du site The Photo Geek propose, en donation libre, le plug-in TPG Elemental qui crée le lien manquant. Petite différence ergonomique, ce lien est accessible par le menu *Fichier | Module externe - Extras*. Comme il n'existe pas de version française, notez que les objets dynamiques sont nommés *Smart Objects* en anglais.
http://thephotogeek.com/lightroom/elemental/

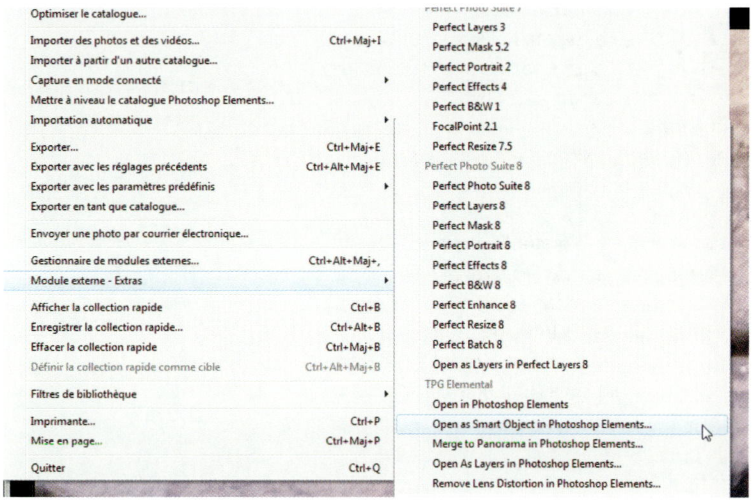

TP 55

Installer et invoquer un module externe

Un module externe est une application dotée d'une interface gérant les interactions avec Lightroom. Selon sa nature et son type d'intervention dans le flux de travail, il s'intègre en totalité ou se contente d'un simple échange de fichiers avec Lightroom. Les grands éditeurs commerciaux offrent généralement une installation automatique du module, sans que le photographe ait besoin d'intervenir. En revanche, les modules proposés par des développeurs indépendants requièrent une installation manuelle qui n'est pas toujours simple. Nous examinons ici le tronc commun de cette installation ainsi que les voies d'accès aux modules installés. Les paramétrages additionnels sont évoqués dans les travaux pratiques concernés.

1 Lightroom est doté d'un Gestionnaire de modules externes accessible par le menu *Fichier*. Son interface permet d'installer de nouveaux modules et de paramétrer les modules déjà installés. Une pastille verte à la gauche du nom des modules signale leur bon fonctionnement. En cas de dysfonctionnement ou de désactivation, la pastille est jaune, rouge ou grise. Les éventuelles mises à jour sont signalées lors du lancement du logiciel. Le bouton *Modules complémentaires Adobe* renvoie à la plate-forme web d'Adobe qui rassemble un grand nombre de modules de tous types, dont beaucoup sont gratuits ou sur donation.

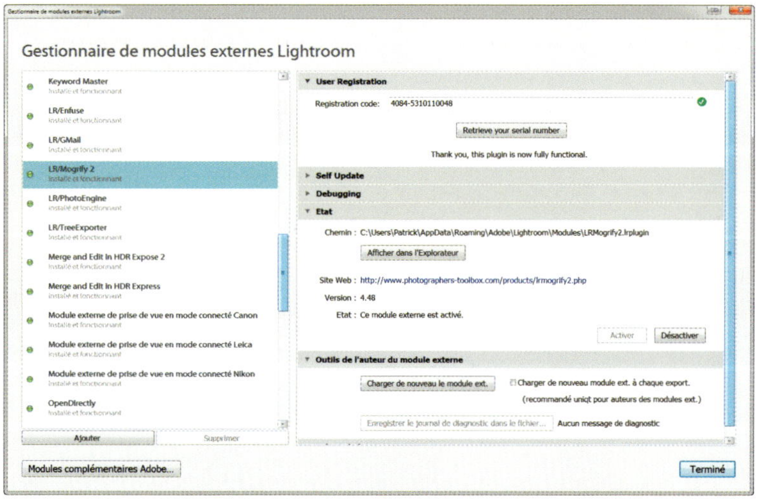

2 Installer un module depuis le Gestionnaire de modules externes est la solution la plus simple. Il suffit de cliquer sur *Ajouter* et sélectionner le dossier suffixé lrplugin, ou lrdevplugin, que vous aurez au préalable dézippé. Les modules peuvent être stockés n'importe où sur le disque, mais mieux vaut ne pas les disperser et choisir un dossier à l'abri d'un effacement accidentel. La solution alternative d'installation consiste à copier directement le module dans le dossier contenant les données privées de Lightroom. Comme il s'agit de la seule méthode d'installation disponible pour les *templates* de galeries web, vous trouverez un descriptif de la procédure d'installation dans le TP 42.

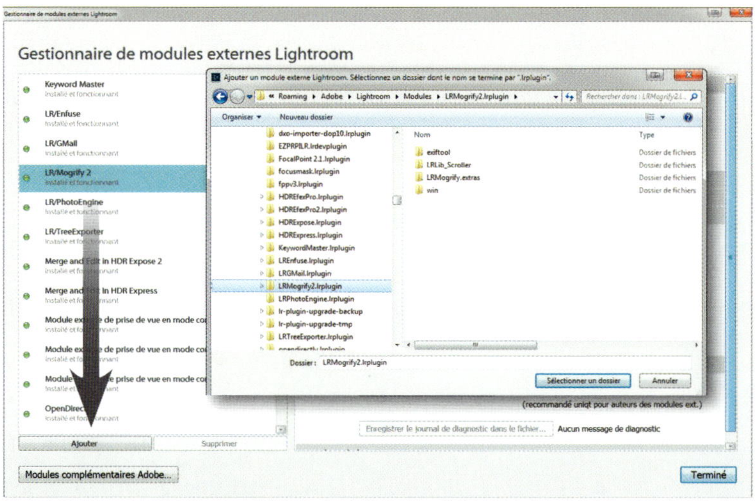

3 Une fois l'installation accomplie, l'accès au module dépend de son type et de son mode de fonctionnement. Les Services de publication sont situés au bas du panneau de gauche du module Bibliothèque. Ils requièrent *a minima* le paramétrage du lien avec le lieu de destination des images (galerie distante, stockage dans le Cloud, etc.). Un clic droit au-dessus du nom du service ouvre la boîte de dialogue du menu contextuel. Dans la liste des actions à accomplir figure l'option *Modifier les paramètres* qui ouvre directement le Gestionnaire des modules externes (voir TP 38, 39 et 40).

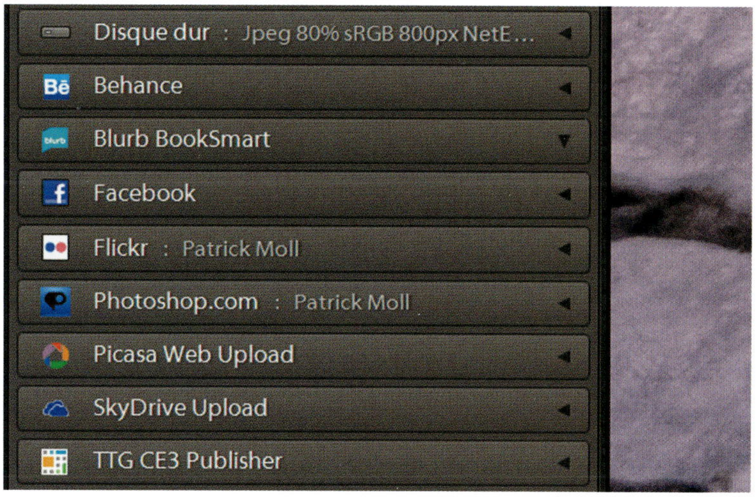

4 De nombreux modules sont accessibles par le menu *Fichier* de l'interface d'exportation ou par un clic droit au-dessus des vignettes des images sélectionnées. Le menu déroulant *Exporter vers* rassemble toutes les options d'exportation, certaines bénéficiant de paramètres prédéfinis ou d'actions de post-traitement. Une fois paramétrées, les options du module peuvent être enregistrées en tant que paramètre prédéfini de l'utilisateur en vue d'une utilisation ultérieure. Celui-ci devient alors directement accessible dans le menu *Exporter* du clic droit, ce qui évite de passer par l'interface d'exportation et accélère le flux de travail.

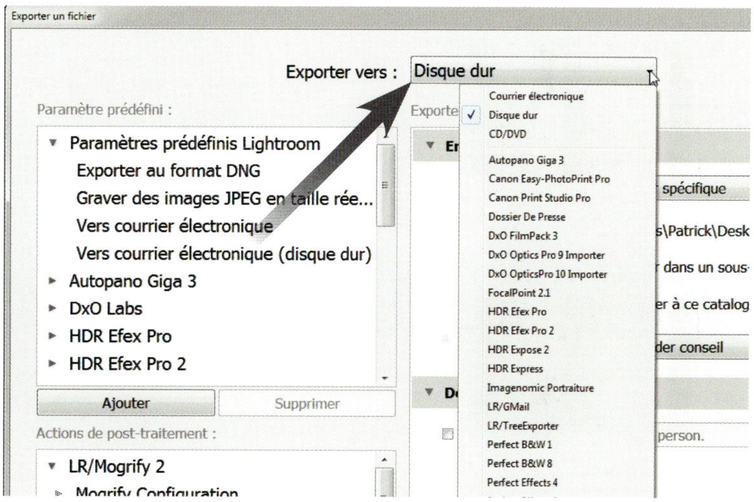

5 Une troisième catégorie de modules externes est accessible par le sous-menu *Module externe - Extras* présent dans les menus *Fichier* et *Bibliothèque*. L'éparpillement des accès n'est pas simple à gérer, mais il est imposé par la nature très diverse des modules externes.

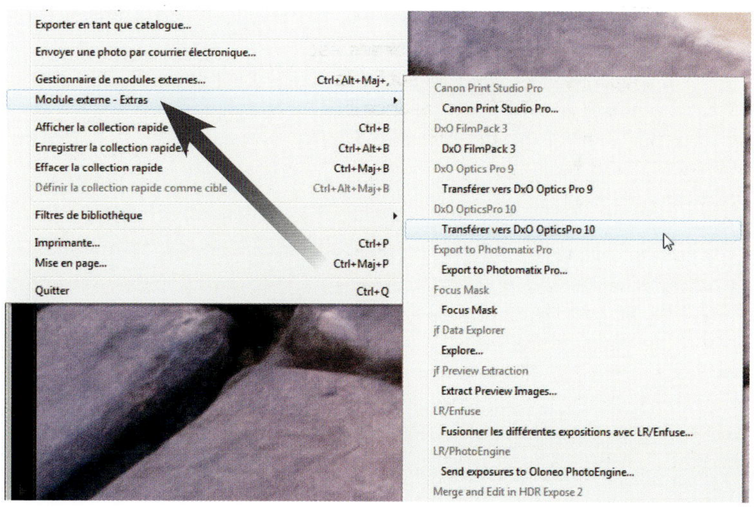

TP 56

Flux de travail avec Lightroom et DxO Optics Pro

Depuis l'arrêt du développement d'Aperture par Apple, Lightroom est devenu le seul logiciel capable de prendre en charge la totalité du flux de travail du photographe. Pour autant, du strict point de vue du développement des fichiers RAW, certains de ses concurrents ont des points forts très tentants. C'est notamment le cas de DxO Optics Pro dont la fonction de réduction du bruit est exceptionnelle, de même que la qualité de ses modules de correction optique. La mise à disposition par DxO Labs d'un module externe permet de bénéficier du meilleur des deux mondes : le développement de tout ou partie des RAW dans DxO Optics Pro, la gestion des images, le catalogage, la diffusion et l'impression dans Lightroom !

1 DxO Labs est un éditeur français dont la spécialité a longtemps été la correction automatique des défauts optiques. C'est aujourd'hui son module de réduction du bruit qui est devenu incontournable pour les photographes prenant beaucoup de clichés à haute sensibilité. Si on ajoute la fonction d'homogénéisation du piqué sur l'ensemble de l'image, la gestion du contraste fin et du microcontraste, le Smart Lighting et la nouvelle fonction ClearView, DxO Optics Pro devient assez irrésistible.
Le module externe d'importation/exportation lui permet de s'intégrer aisément dans un flux de travail avec Lightroom.

2 Le module externe DxO Optics Pro (version 9.5 et ultérieures) pour Lightroom est installé automatiquement sur Windows, et lors du premier lancement du logiciel sur Mac. Vous n'avez donc aucune intervention manuelle à réaliser. Dans le Gestionnaire de modules externes, vous constaterez qu'en réalité deux modules sont utilisés : le premier pour l'importation, le second pour l'exportation.

3 Le principe de fonctionnement du module externe DxO Optics Pro est inhabituel : au lieu du classique passage par la fonction d'exportation en bitmap de Lightroom, c'est le fichier RAW qui est envoyé à DxO Optics Pro. Ce dernier renvoie *in fine* le fichier corrigé dans le catalogue de Lightroom où il vient s'empiler avec l'original. Les algorithmes des deux logiciels étant incompatibles, c'est un fichier bitmap (ou DNG linéaire) qui est renvoyé. Il reste modifiable dans Lightroom, mais n'a plus le même potentiel que le fichier RAW. Il faut donc particulièrement soigner l'ajustement de la balance des blancs dans DxO Optics Pro, car de retour dans Lightroom, elle ne pourra plus être corrigée qu'à la marge.

4 Pour envoyer une photo ou un groupe de photos sélectionnées dans le Film fixe, ouvrez le menu *Fichier* | *Module externe - Extras* et cliquez sur *Transférer vers DxO Optics Pro* (version 9.5 ou ultérieure). Notez que c'est le fichier RAW original qui est envoyé à DxO Optics Pro, sans les corrections que vous avez éventuellement faites dans Lightroom pour la raison d'incompatibilité évoquée à l'étape précédente. Il n'est jamais inutile de rappeler qu'un RAW contient – par définition – les données brutes de la prise de vue et qu'il ne peut être modifié. Seules des interprétations au format bitmap en sont issues.

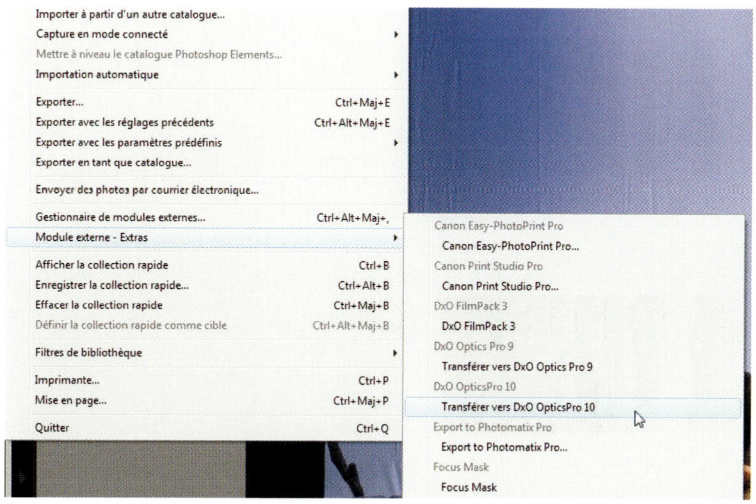

5 Les photos sélectionnées arrivent dans DxO Optics Pro et sont insérées dans un projet, sorte de collection façon DxO. Le transfert et la création des aperçus initiaux sont assez rapides.

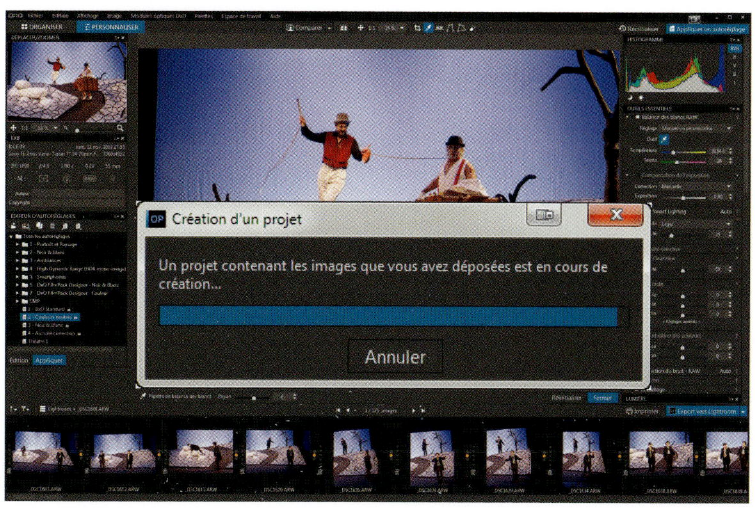

6 Si vous utilisez DxO Optics Pro pour la première fois, ou si les photos transférées ont été prises avec un appareil ou un objectif nouveau, vous pourrez voir apparaître une boîte de dialogue signalant la disponibilité d'un ou plusieurs modules de corrections optiques. Cochez les combinaisons proposées afin que les modules soient installés. Ceux-ci étant assez lourds et très nombreux, DxO Labs a fait le choix de ne pas les intégrer par défaut dans Optics Pro. Il faut donc les installer au fur et à mesure des besoins. Rassurez-vous, le téléchargement est rapide et l'installation est automatique.

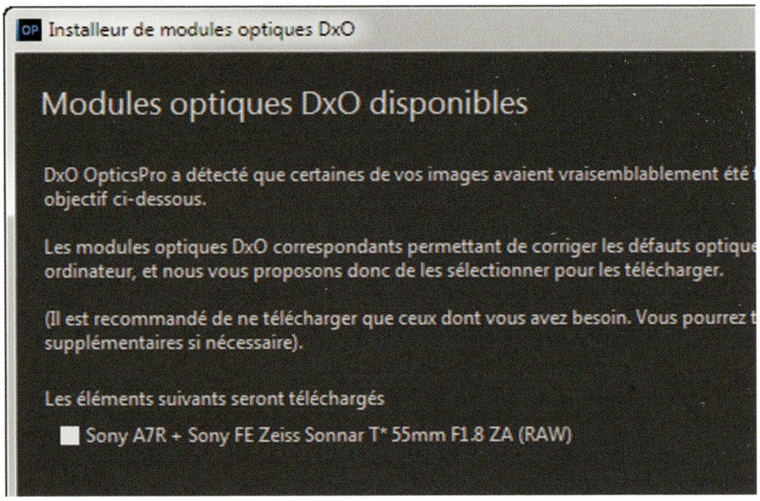

7 Dans l'onglet Organiser, le panneau Projets s'est enrichi d'un nouveau projet nommé Lightroom. Les suivants seront nommés Lightroom (1), Lightroom (2), etc. Ces projets, simples collections de photos, peuvent être renommés ou supprimés à l'envi.

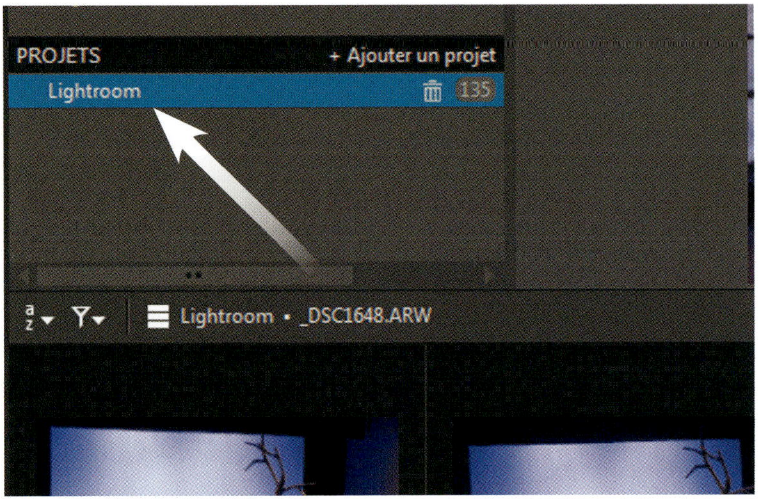

8 Lorsque vos corrections sont achevées, il reste à renvoyer les photos dans le catalogue de Lightroom. L'origine des fichiers étant identifiée par DxO Optics Pro, l'export vers Lightroom est proposé par défaut au bas du volet de droite. Notez que d'autres cibles d'export sont proposées, notamment vers Flickr et Facebook.

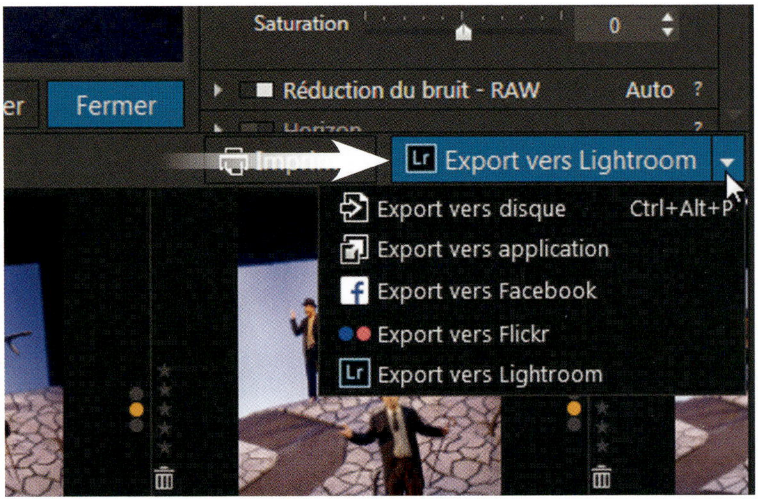

9 Dans les options d'export vers Lightroom, choisissez le format du fichier, sa qualité et le profil ICC qui lui sera intégré. Évitez scrupuleusement l'export en JPEG, car vous réduiriez considérablement le potentiel d'amélioration du fichier dans Lightroom. Même si vous considérez que vous n'y toucherez plus, choisissez le TIFF 16 bits sans compression ou le DNG linéaire, qui sont à peu près équivalents et préservent un maximum d'informations.

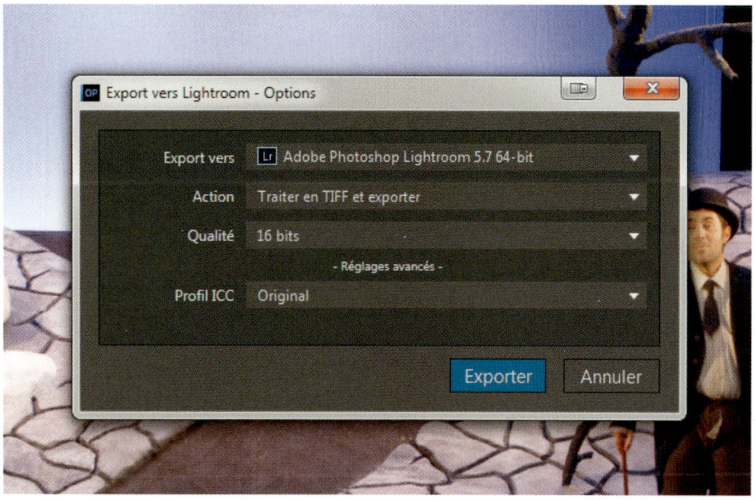

10 Si vous avez opté pour la réduction du bruit PRIME de DxO Optics Pro, le traitement peut être très long. Le cas échéant, soyez patient : il ne s'agit pas d'un dysfonctionnement de l'un des logiciels ou du module d'exportation. Une fois de retour dans le catalogue de Lightroom, l'image issue de DxO Optics Pro s'empile avec l'original et son nom gagne le suffixe DXO.

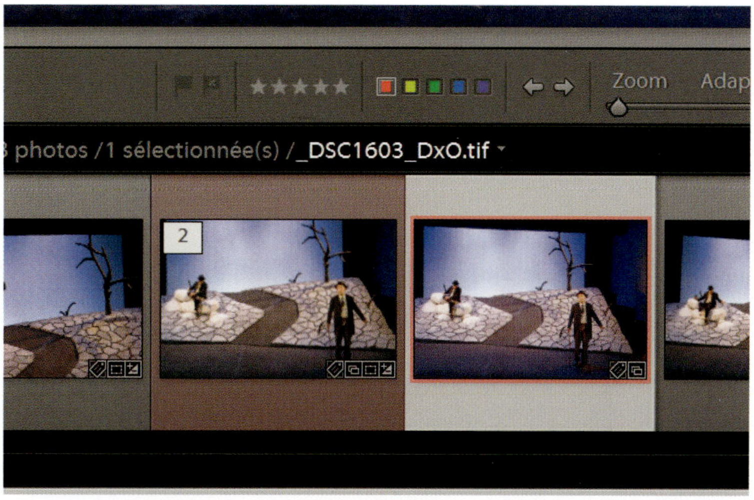

11 Afin d'identifier aisément les photos traitées par DxO Optics Pro, chaque export crée automatiquement une collection dans un ensemble nommé DxO OpticsPro. La date et l'heure de l'export tiennent lieu de nom. Libre à vous de le modifier.

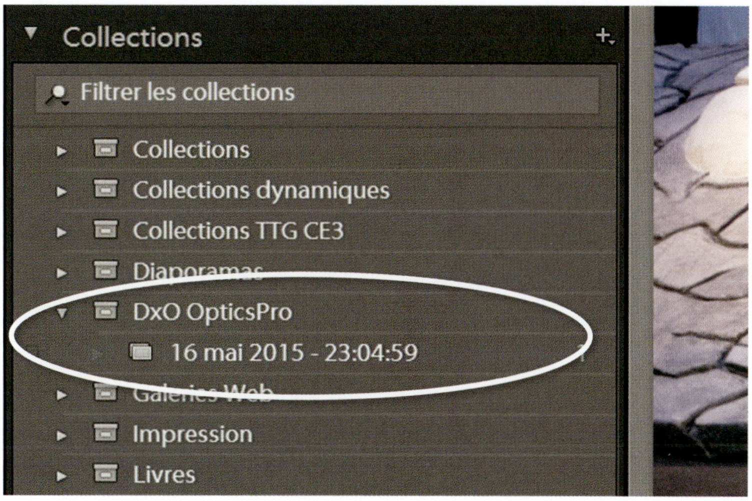

TP 57 Convertir en noir et blanc avec le plug-in Silver Efex Pro

Le plug-in Silver Efex Pro est un must pour la conversion et l'interprétation des images en noir et blanc. Ce TP s'appuie sur le vaste choix de rendus prédéfinis et met en œuvre les outils du plug-in, dont la fameuse technologie U-Points.

Fichier : LR6_TP57.ARW

L'arrivée de la couleur à l'époque argentique et sa large adoption par le grand public avaient marginalisé le noir et blanc en l'affublant, souvent à tort, d'une connotation élitiste. Le numérique aurait pu l'achever, mais c'est l'inverse qui s'est produit grâce à la variété des outils logiciels dédiés à la conversion en noir et blanc. En argentique, le choix du rendu se limitait à celui du type de film si l'on ne tirait pas soi-même ses clichés. Le potentiel et la souplesse du numérique ont pleinement fait entrer le noir et blanc dans le monde de l'interprétation. Si l'outil de conversion intégré à Lightroom ne démérite pas, son potentiel reste loin de celui – considérable – du plug-in Silver Efex Pro. Vendu désormais en lot avec l'ensemble des plug-ins de la Nik Collection, c'est un investissement que l'on ne regrette pas.

1 Silver Efex Pro est le plug-in phare de la Nik Collection que Google a racheté au début de l'année 2013 à l'éditeur allemand Nik Software. Il appartient à un ensemble de plug-ins dont le champ d'intervention couvre une grande partie du flux de travail du photographe : traitement des tonalités et des couleurs avec Viveza, filtres photo avec Color Efex Pro, traitement du bruit avec Dfine, accentuation avec Sharpener Pro, traitement HDR avec HDR Efex Pro et rendus créatifs avec Analog Efex Pro. Les plug-ins ne sont plus vendus individuellement, mais la collection complète est proposée au prix de 119 €, soit beaucoup moins cher que le prix du seul Silver Efex Pro auparavant !

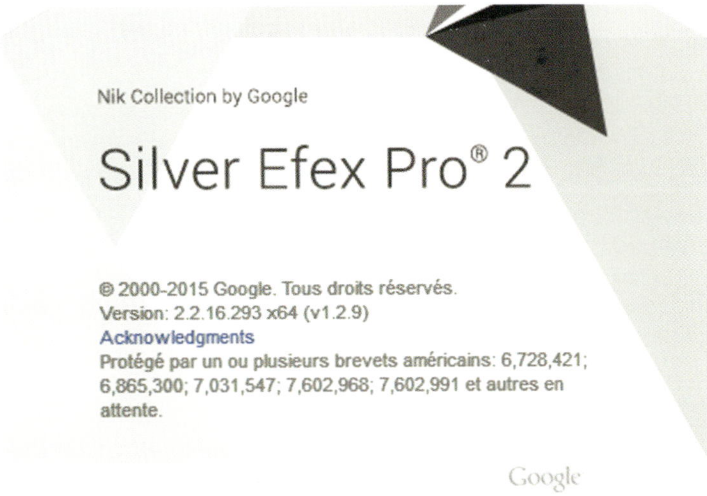

2 Pour évaluer le potentiel de Silver Efex Pro, quoi de mieux qu'une photo prise à la tombée du jour, sous-exposée, sans contraste et, pour dire les choses franchement, d'une tristesse accablante. Vous allez non seulement sauver cette photo de la corbeille, mais créer une interprétation noir et blanc très tonique !

3 Silver Efex Pro réclamant une image bitmap, JPEG ou TIFF, il faut la préparer dans Lightroom avant de l'exporter. L'idée est d'offrir au plug-in la meilleure base de départ possible, en prenant garde de ne pas détériorer les tonalités par des corrections trop appuyées. Commencez par vous rendre dans le panneau Corrections de l'objectif, cochez les trois options de l'onglet *Basique* et cliquez sur le bouton *Complet* de l'outil Upright (voir TP 24). Dans les Réglages de base, poussez le curseur *Exposition* jusqu'à +1,30 IL. C'est peu, mais Silver Efex Pro n'en demande pas plus.

4 Faites un clic droit sur la vignette de l'image dans le Film fixe, allez dans *Modifier dans* et choisissez Silver Efex Pro dans la liste des modules et éditeurs externes. Dans la boîte de dialogue d'exportation, choisissez le format TIFF 16 bits sans compression et l'espace de couleur Adobe RVB. La photo est exportée dans ses dimensions maximales et le fichier TIFF, encore en couleur, vient se loger dans une pile en compagnie du RAW original. Il est alors immédiatement envoyé à Silver Efex Pro qui affiche la conversion par défaut, dite *Neutre*.

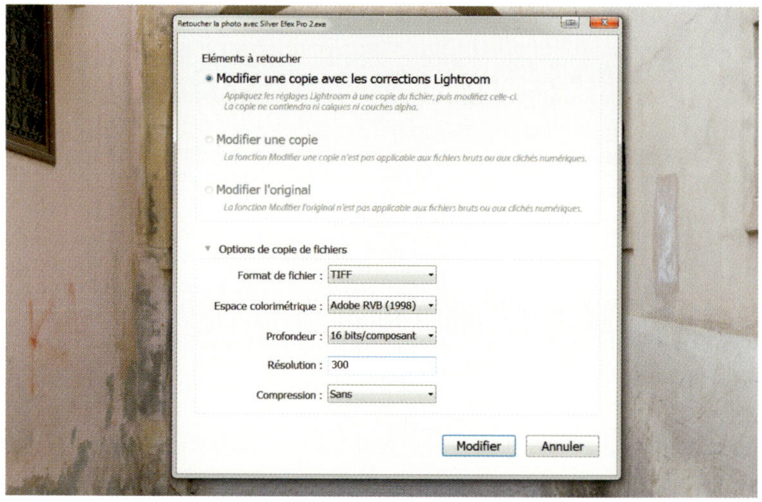

5 L'interface de Silver Efex Pro dispose de deux panneaux latéraux entourant la fenêtre d'image. Ils sont tous deux escamotables, simultanément en appuyant sur la touche de tabulation ou individuellement en cliquant sur les icônes situées à chaque extrémité de la barre d'outils supérieure.

6 La partie gauche de cette barre permet de gérer le type d'affichage : état courant de l'image, aperçu fractionné avant/après et images avant/après côte à côte. Le bouton *Comparer* produit une bascule ponctuelle entre l'état courant de l'image et l'état initial afin de visualiser rapidement le travail déjà accompli.

7 Par défaut, le panneau de gauche affiche le navigateur de types qui est l'un des points forts du plug-in. Avant de l'évoquer, il est important de savoir que près de lui se trouve un outil important : le navigateur d'historique, accessible en activant son onglet au bas du volet de gauche. Ce navigateur affiche la totalité de vos interventions sur l'image de façon très explicite. À tout moment, vous pouvez revenir à un point antérieur de votre travail. Un clic sur une action affiche l'état correspondant sans effacer ce qui suit, les actions ultérieures étant seulement grisées. Toutefois, si vous faites une retouche à partir de ce point, la mémoire des actions ultérieures est perdue.

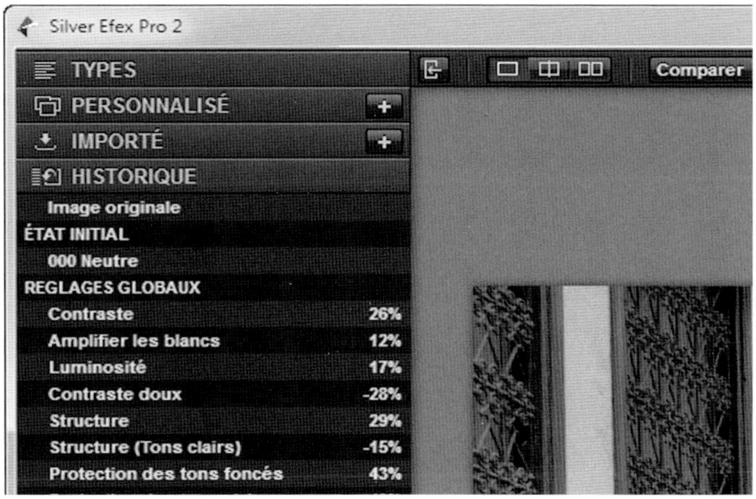

8 Le navigateur de types propose une grande variété de rendus prédéfinis qui sont autant de points de départ potentiels pour le travail de conversion. Que vous désiriez créer une interprétation douce, dure, contrastée, tonique ou simulant des films argentiques anciens, vous trouverez sans difficulté un rendu proche de votre projet de conversion. Le rendu Film noir ci-contre est une bonne option pour créer une ambiance sombre, presque inquiétante, mais nous allons faire un autre choix beaucoup plus clair et tonique.

9 Les styles clairs sont trop doux pour être dynamisés comme nous espérons le faire. Le rendu prédéfini n° 24 nommé *Contraste complet et structure* est en revanche une bonne base de départ. Bien que l'image ait déjà beaucoup gagné en caractère, elle manque encore de tonus.

10 Les outils du panneau de droite s'utilisent dans l'ordre proposé. Poussez la *Luminosité* à 50 %, le *Contraste* à 30 %, laissez l'amplification des blancs et des noirs à leur maximum et tirez le *Contraste doux* à –100 %. Le résultat est plaisant et déjà très éloigné de l'image de départ.

11 Le curseur « magique » de Silver Efex Pro pour produire des images toniques est nommé *Structure*. Il procède à un renforcement du microcontraste avec un très bon contrôle des halos que ce type de traitement génère souvent. Poussez le curseur général à son maximum, ceux des *Tons clairs* et des *Tons moyens* à 80 % et celui des *Ombres* à –30 %. Le rendu, saisissant, fait ressortir la variété des textures. Toutefois, le mur du fond, très clair, attire un peu trop le regard.

12 Pour assombrir la partie haute du mur et elle seule, nous allons faire appel à la botte secrète de la Nik Collection : la technologie U-Points. Son principe de fonctionnement est de repérer dans une zone circulaire ajustable tous les pixels dont les caractéristiques sont proches de celles du point de contrôle. Vous pouvez alors appliquer plusieurs types de corrections dont l'intensité est pondérée, pour chaque pixel, par son niveau de proximité avec le point de contrôle.

13 Pour créer un point de contrôle, appuyez sur le bouton *Ajouter un point de contrôle* et cliquez à l'endroit choisi sur l'image. Ce point peut être déplacé par simple cliquer-glisser. Le premier curseur règle le diamètre du cercle qui définit la zone d'influence du réglage. Pour une bonne précision, mieux vaut créer plusieurs points de contrôle de petite amplitude qu'un seul qui déborde trop de la zone d'intérêt.

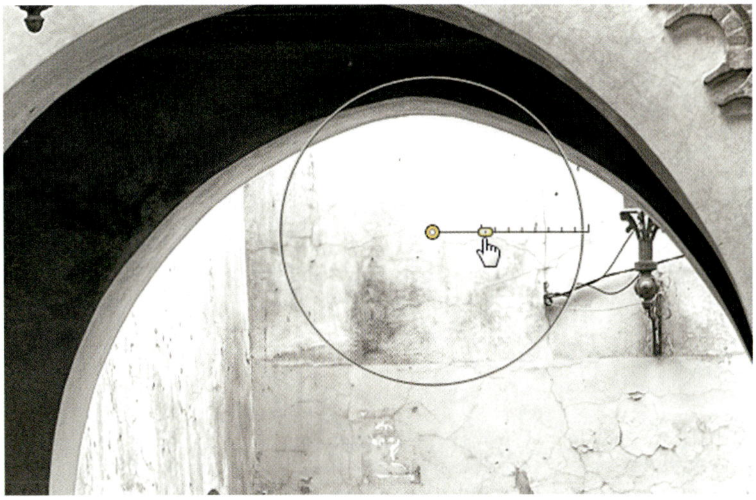

14 Une fois le cercle défini, tirez les curseurs de réglage. Ici, seul celui de *Luminosité* nous intéresse. Faites-le glisser vers la gauche jusqu'à son minimum. Le mur s'est localement bien assombri.
Si besoin, dupliquez le point de contrôle avec le raccourci CMD/CTRL + D et positionnez les points ainsi créés de manière à bien recouvrir la partie haute du mur.

15 Les couleurs et les textures étant assez peu différenciées sur la photo d'origine, l'intervention a inévitablement débordé. Pour affiner la qualité du masque, il faut déposer des points de contrôle protecteurs sur les zones proches du mur qui n'avaient pas besoin d'être corrigées. Pour cela, créez de nouveaux points de contrôle en laissant les curseurs à leur valeur par défaut. Ils contrecarrent ainsi les effets indésirables des points de contrôle actifs. Ici, l'arche claire a été protégée de l'assombrissement. Le résultat final est visible en grand format sur la photo d'ouverture du TP.

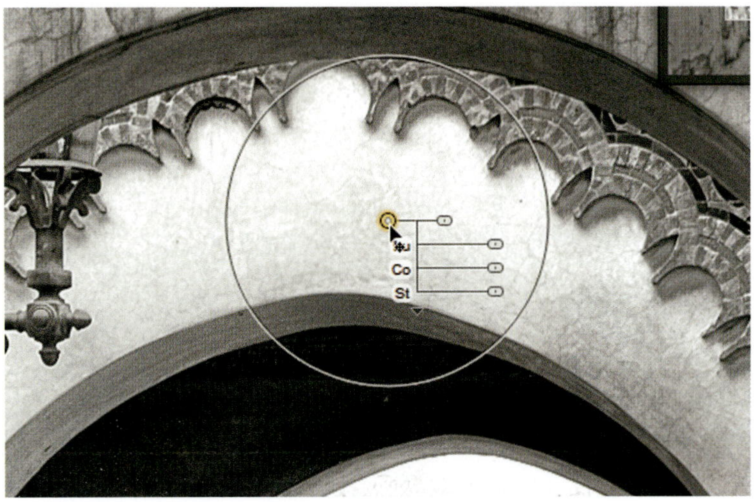

TP 58

Finaliser une image et créer une bordure annotée avec LR/Mogrify

Dans ce TP, vous allez finaliser la préparation d'une image pour le Web (redimensionnement, filigrane et accentuation de sortie) et créer une double bordure annotée de façon automatique en puisant dans les données EXIF. Les premières étapes sont dédiées à l'installation – délicate – du module LR/Mogrify.

Créé par le développeur Tim Armes, le module externe multifonctions LR/Mogrify a connu un grand succès avec les premières versions de Lightroom dont le module d'exportation n'était pas aussi riche qu'aujourd'hui. Avec Lightroom 6/CC, LR/Mogrify conserve un grand intérêt en proposant des fonctions et des combinaisons d'opérations originales, voire exclusives. L'une des plus précieuses est l'accentuation de sortie par masque de flou, Lightroom ne proposant qu'un outil très rustique sans véritable contrôle pour l'utilisateur. La fonction de redimensionnement possède également des propriétés originales, notamment un choix d'algorithmes très performants (comme le Lanczos). Enfin, pour créer une bordure multiple ou des annotations, LR/Mogrify est ce qui se fait de mieux et de plus complet. Proposé en donation, c'est un must pour les photographes.

1 Le module externe LR/Mogrify (version 2) est en téléchargement libre. La version gratuite est pleinement fonctionnelle, mais limitée à une dizaine d'images en exportation par lots. La version non bridée est accessible par une donation d'un montant que vous fixez librement. L'acquisition d'une licence doit être considérée comme un soutien aux développements passés et à venir du module. LR/Mogrify est disponible au téléchargement à l'adresse suivante : *http://www.photographers-toolbox.com/products/lrmogrify2.php*

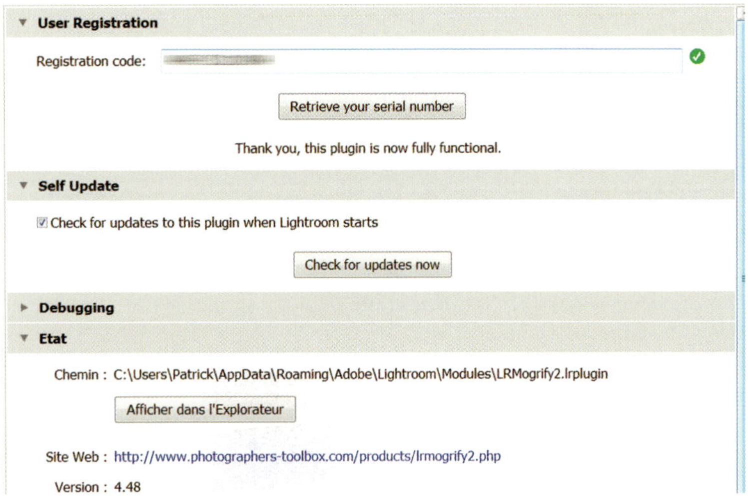

2 Si l'installation du module ne pose pas de problème particulier (voir TP 55), son paramétrage est délicat sur Windows. LR/Mogrify s'appuie sur ImageMagick, un logiciel tiers intégré dans le module pour Mac, mais que les utilisateurs de Windows doivent installer eux-mêmes. Un lien vers la page web d'ImageMagick est disponible sous le bouton de téléchargement du module. Récupérez la *Windows Binary Release* correspondant à votre système d'exploitation et installez-la.

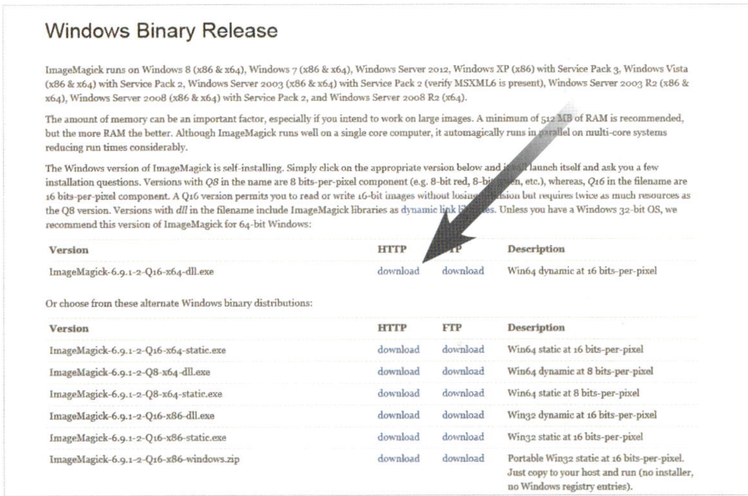

3 Si LR/Mogrify présente des dysfonctionnements sur PC, c'est probablement que certaines librairies ne sont pas disponibles sur votre ordinateur. Dans ce cas, allez sur la page descriptive des modalités d'installation du module, puis téléchargez le *Visual C++ 2008 Redistributable Package* correspondant à votre système d'exploitation. Choisissez la version x86 si votre système est 32 bits, et installez les deux versions x86 et x64 si votre système est 64 bits.

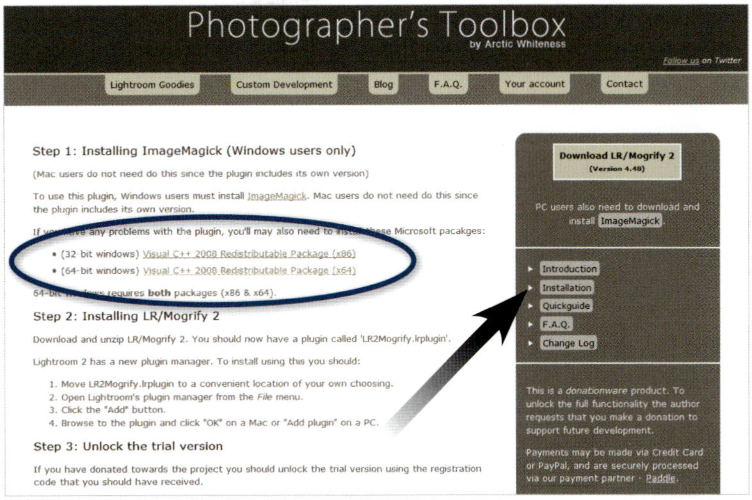

4 La première action à réaliser après l'installation du module est l'activation des outils dans le volet Actions de post-traitement. Chaque fonctionnalité doit être activée individuellement par un clic sur le bouton *Insérer*. Il est cependant inutile d'encombrer l'espace central par des outils que vous n'envisagez pas d'utiliser. Le seul qui doit être impérativement activé est Mogrify Configuration, tous les autres étant facultatifs. Notez que vous n'aurez pas à refaire cette opération à chaque utilisation de LR/Mogrify, l'activation des outils étant définitivement mémorisée. Si l'un d'entre eux ne doit plus servir, désactivez-le en cliquant sur *Supprimer* après l'avoir sélectionné.

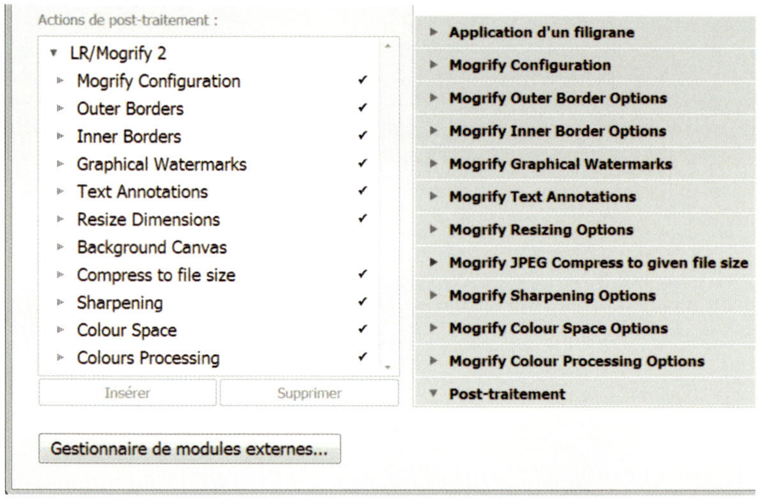

5 Ultime et indispensable paramétrage préliminaire, le renseignement du chemin de l'exécutable mogrify.exe dans l'onglet *Mogrify Configuration*. Cliquez sur *Choose* pour ouvrir l'explorateur de fichiers et recherchez mogrify.exe (ou simplement mogrify si vous avez choisi de masquer les extensions). Vous le trouverez dans un dossier d'application portant le préfixe ImageMagick suivi d'un numéro de version.

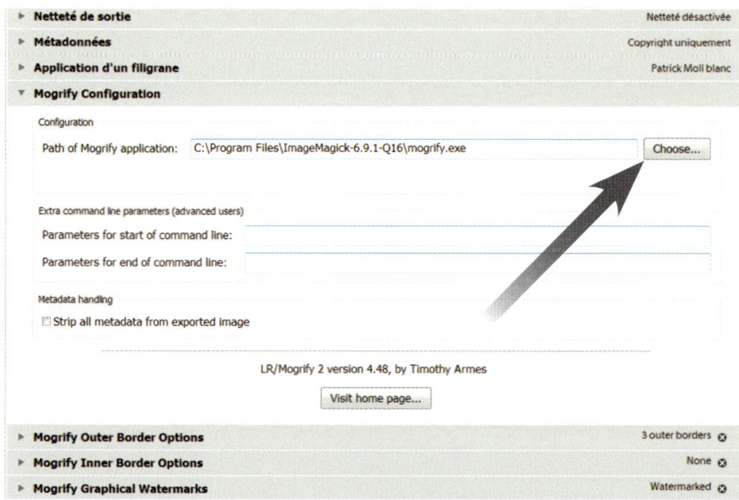

6 Choisissez à présent dans votre photothèque l'image que vous allez encadrer et annoter en veillant, s'il s'agit d'un JPEG et non d'un RAW, à ce que ses données EXIF soient présentes. Pour le vérifier, utilisez la touche I qui affiche en surimpression une sélection d'informations. Si aucune donnée EXIF ne s'affiche, c'est que les métadonnées ont été supprimées lors de l'exportation. L'objectif de ce TP est de créer une triple bordure simulant un cadre et une Marie-Louise, puis d'inscrire sur l'une des bordures plusieurs informations sur l'image. Parmi celles-ci figureront des paramètres de prise de vue puisés automatiquement dans les données EXIF.

7 Nous allons dans un premier temps fixer plusieurs paramètres d'exportation, en commençant par le redimensionnement. Une option cruciale à choisir est la prise en compte des bordures dans le calcul. Si vous cochez l'option *Fit any outer borders into the target size*, la dimension maximale prescrite sera celle de l'image finale bordures comprises, et non celle de la photo à l'intérieur des bordures. Cela permet de contrôler la taille maximale de l'image finale, ce qui est important dans un contexte de publication sur une galerie qui impose des dimensions fixes. Choisissez de préserver le ratio d'aspect et optez pour l'excellent algorithme de Lanczos que Lightroom ne propose pas par défaut.

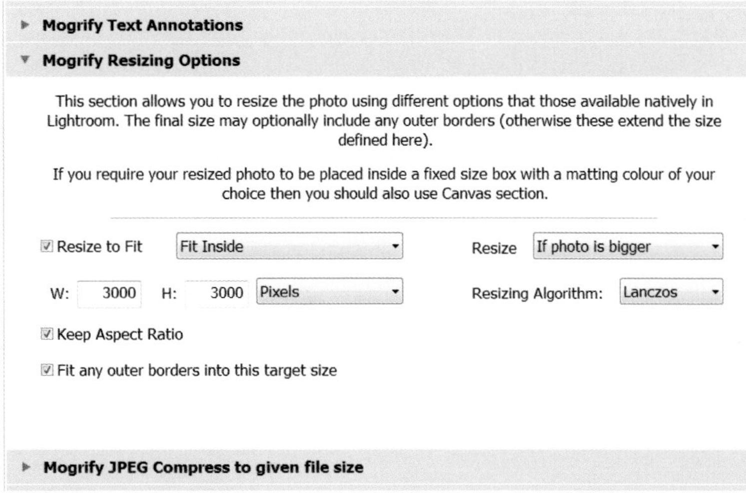

8 L'accentuation de sortie est l'un des points forts de LR/Mogrify. L'option *Unsharp Mask* (masque de flou) s'apparente à l'outil d'accentuation de Photoshop. Le rayon (*Radius*) est exprimé en pixels, de même que l'écart-type (*Sigma*). La valeur 1 correspond à une accentuation de sortie classique pour ces deux paramètres. L'intensité (*Amount*) est exprimée en valeur décimale, quand celle de Photoshop est en %. Une valeur de 0.3 correspond donc à 30 dans Photoshop. Quant au seuil (*Threshold*), une valeur de 0.05 correspond à environ 12 dans Photoshop. Notez que les valeurs proposées ci-contre ne sont pas universelles. Elles doivent être ajustées en fonction du type de sujet et de la taille finale de l'image.

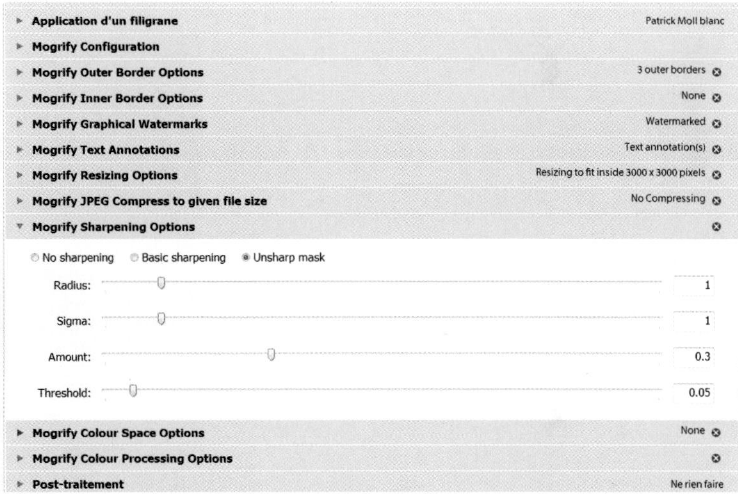

9 Vous allez créer une première bordure noire assez fine dont l'épaisseur vaut 1 % de chaque dimension. Sélectionnez *Height* pour les bordures haute et basse et *Width* pour les bordures gauche et droite. En cliquant sur le bouton + situé à droite de l'indication du nombre de bordures (*items*), une nouvelle bordure est activée. Fixez cette fois une épaisseur proportionnelle de 2 %, en choisissant le blanc. Définir ainsi des bordures en pourcentage et non en pixels permet de rendre l'exportation universelle, car indépendante de la taille de l'image.

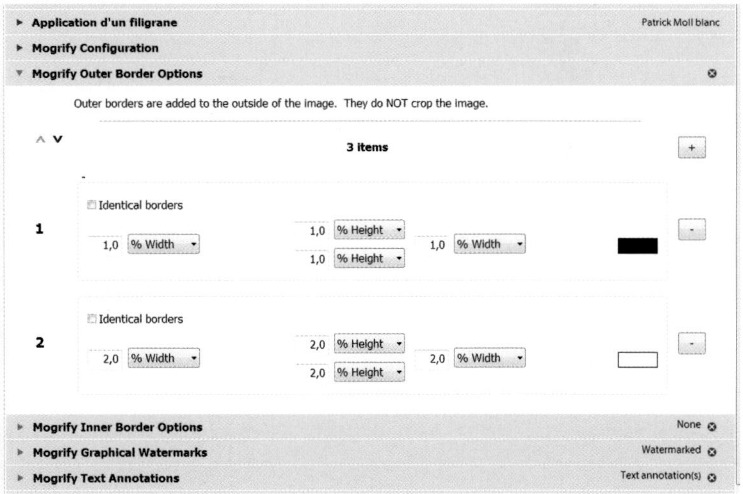

10 Créez à présent la troisième bordure extérieure qui recevra les annotations. Nous avons choisi ici de ne pas accroître l'épaisseur du bord qui recevra l'annotation, mais libre à vous de le faire. Une bordure grise, large de 6 %, a été fixée.

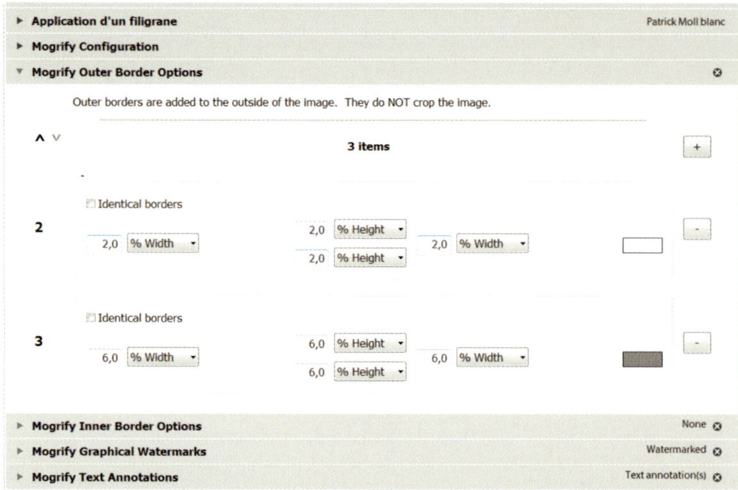

11 La triple bordure est achevée et l'exercice peut fort bien s'arrêter là. Si vous ne disposez pas de cadre ou de Marie-Louise, vous aurez créé un bon substitut. Un simple sous-verre fait alors l'affaire pour accrocher la photo à un mur et la protéger des agressions extérieures. Voyons tout de même comment inscrire une annotation sur la bordure inférieure.

12 Avant de créer le texte de l'annotation, il convient de choisir une typographie : nom de la police (vous avez accès à toutes celles installées sur votre ordinateur), taille, couleur et niveau d'opacité. Par cohérence avec le principe de proportionnalité des bordures, fixez une taille de police en pourcentage (ici 2 %). Reste alors à choisir l'orientation – horizontale ou verticale – de l'annotation, sa position et son décalage par rapport aux bords. Les valeurs indiquées ci-contre ont été obtenues à la suite de plusieurs essais. N'hésitez pas à faire de même jusqu'à parvenir au résultat espéré.

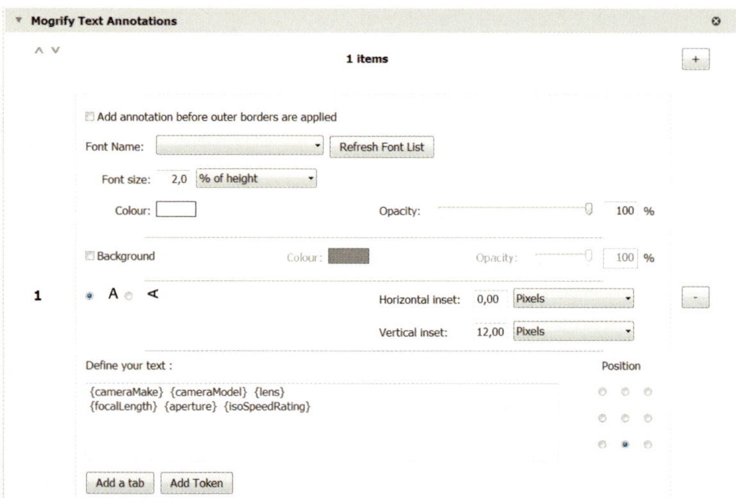

13 Pour composer le texte de l'annotation, vous disposez de tous les caractères disponibles dans la police choisie, mais également d'un vaste choix de métadonnées accessibles par le bouton *Add Token*. Ces métadonnées sont classées en trois types dans la boîte de dialogue : les basiques qui contiennent les informations sur le fichier (nom, taille, type, mots clés, notation, libellé de couleur, etc.), les IPTC (informations sur l'auteur, description de l'image, etc.) et les données EXIF (caractéristiques de l'appareil photo et de l'objectif, date de capture, paramètres de prise de vue, données de géolocalisation, etc.).

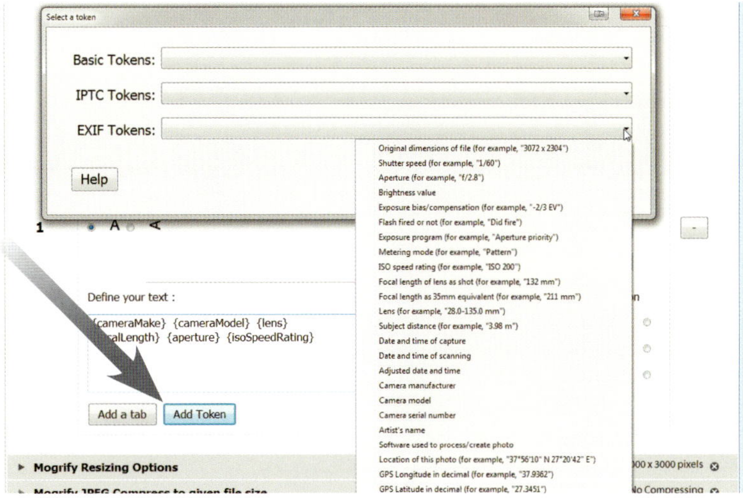

14 Dans notre illustration, destinée par exemple à une publication sur un forum pour un examen collégial des paramètres de prise de vue, nous avons ajouté six métadonnées EXIF disposées sur deux lignes et séparées par plusieurs espaces afin d'assurer une bonne lisibilité. Il n'est pas nécessaire de connaître le métalangage utilisé par LR/Mogrify, chaque information étant insérée *via* le menu déroulant *EXIF Tokens* de la boîte de dialogue (voir l'illustration de l'étape précédente).

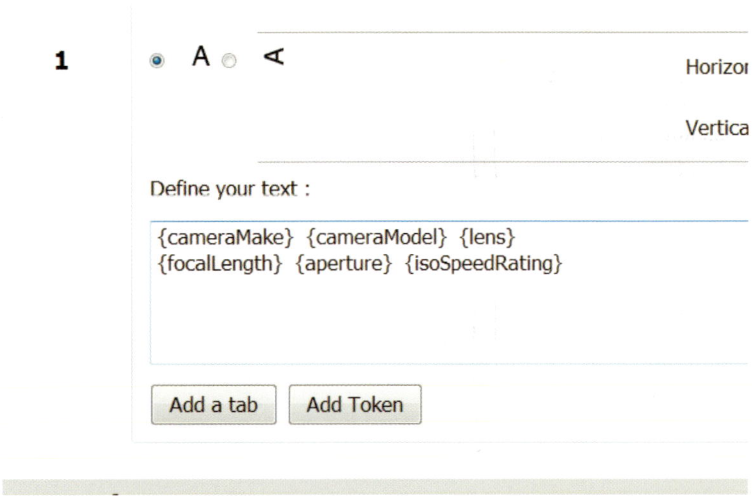

15 L'annotation ainsi créée peut s'appliquer automatiquement à n'importe quelle image en puisant les informations nécessaires dans ses métadonnées, qu'il s'agisse d'un RAW ou d'un JPEG. On voit ci-contre le résultat obtenu pour notre photo de départ.

Vous pouvez ajouter autant d'annotations que de besoin en cliquant sur le bouton + situé à droite de l'indication du nombre d'annotations (*items*). Ajoutez par exemple le titre et/ou le descriptif de la photo sur la bordure supérieure, ou encore votre nom à la verticale sur l'une des deux bordures latérales.

TP 59

Sélection complémentaire d'éditeurs et de modules externes

Si les fonctionnalités de Lightroom s'accroissent à chaque nouvelle version, elles restent limitées par le principe fondateur du logiciel : le codage paramétrique qui garantit un traitement non destructif des images. Cette contrainte forte laisse de la place aux logiciels tiers qui disposent d'une interface avec Lightroom. Parmi eux figurent de grands éditeurs, mais aussi une pléthore de développeurs indépendants qui proposent des modules gratuits ou sur donation libre. Nous avons présenté dans ce chapitre plusieurs de ces éditeurs et modules externes. Comme il n'était pas possible d'aller au-delà dans le cadre de cet ouvrage, voici une sélection complémentaire que nous vous invitons à tester.

1 Parmi les grands éditeurs de plug-ins pour Photoshop et Lightroom, Nik reste le plus connu. Longtemps réservé aux professionnels, son rachat par Google s'est accompagné d'une très forte baisse de prix qui a mis la collection complète à la portée de tous les photographes (119 € au lieu de 499 $ auparavant). Si Silver Efex Pro est le plug-in phare de la Nik Collection (voir TP 57), les autres sont d'un niveau équivalent, tous intégrant la fameuse technologie U-Points. HDR Efex pour le HDR, Dfine pour la réduction du bruit, Viveza pour le traitement des couleurs et des tonalités et Sharpener Pro pour l'accentuation sont tous des outils majeurs dans leur domaine d'intervention. *https://www.google.com/nikcollection/*

2 DxO FilmPack est le principal concurrent de Silver Efex Pro pour la conversion en noir et blanc. Toutefois, ces deux plug-ins abordent le noir et blanc de façon différente. Si Silver Efex Pro est remarquable en matière de rendus créatifs, DxO FilmPack est ce qui se fait de mieux pour la simulation de films argentiques, au point d'être adopté par le grand photographe Sebastião Salgado. Créativité d'un côté, justesse de l'autre, Silver Efex Pro et FilmPack sont plus complémentaires que concurrents, FilmPack ajoutant au noir et blanc la simulation des films couleur. L'édition Essential coûte 79 €, l'édition Elite 129 €. *http://www.dxo.com/fr/photographie/logiciels-photo/dxo-filmpack*

3 Les sept plug-ins qui composent la Perfect Photo Suite de l'éditeur onOne sont un bon complément à Lightroom, notamment Perfect Mask 5 qui est capable de créer des sélections complexes et Perfect Layers qui propose une gestion des calques. D'autres plug-ins (Portrait, B&W, Effects et Focal Point) ajoutent à Lightroom une touche de créativité. De très haut niveau, ces plug-ins sont vendus à un prix assez raisonnable : 149 $ pour l'ensemble de la Suite, avec des périodes de promotion fréquentes. Notez que la Perfect Photo Suite est également utilisable de façon autonome et qu'elle n'est disponible qu'en langue anglaise.
http://www.ononesoftware.com/products/suite7/

4 Topaz Labs est le troisième éditeur à proposer une suite logicielle capable d'affronter la plupart des situations, pour de la retouche réaliste ou créative.
Le *bundle* pour Lightroom contient onze plug-ins, certains comme Adjust, ReMask, Detail ou InFocus étant particulièrement performants.
Le *bundle* Topaz est cependant plombé par son tarif très élevé – 299 $ – comparé à celui de ses concurrents. Les plug-ins peuvent cependant être achetés individuellement à des prix allant de 30 à 100 $. Ils ne sont disponibles qu'en anglais.
http://www.topazlabs.com/

5 Comme nous l'avons vu dans le TP 52, Lightroom peut adopter n'importe quel éditeur d'images en tant qu'éditeur externe. Si Photoshop est le complément idéal de Lightroom, sa disponibilité exclusive sur abonnement dans le Creative Cloud peut fâcher et suggère d'examiner attentivement la concurrence. Si Gimp est l'éditeur qui propose le plus de fonctionnalités, il n'est pas le plus ergonomique ni le plus agréable à utiliser.
Corel PaintShop Pro et Serif PhotoPlus sont – de ce point de vue – de meilleures alternatives, proposés à moins de 100 €.
http://www.paintshoppro.com/fr/
http://www.serif.com/int/fr/photoplus/

6 Lightroom ne sait envoyer que des exports bitmap des fichiers RAW à d'autres logiciels. Pourtant, l'articulation avec un autre logiciel de développement est une solution praticable, comme le montre le TP 56 avec DxO Optics Pro qui dispose de son propre module de transfert. Pour les autres logiciels, John Beardsworth a créé le module externe Open Directly. La version gratuite ne permet d'enregistrer qu'un seul logiciel externe, tandis que la version payante – 18 € – en autorise jusqu'à six, comme on le voit ci-contre. *http://www.beardsworth.co.uk/lightroom/open-directly/*

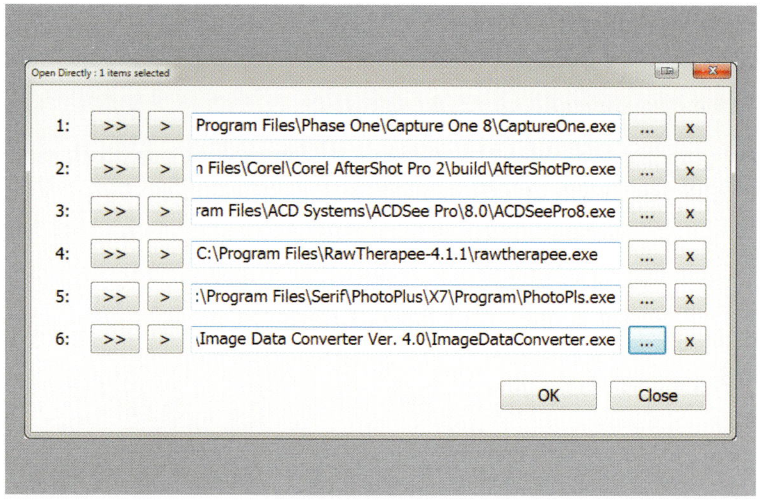

7 Si le fonctionnement non destructif de Lightroom préserve les originaux de toute modification, ceux-ci restent à la merci d'une suppression involontaire. Pour protéger n'importe quel fichier catalogué dans Lightroom, original ou bitmap exporté, Jeff Friedl propose sur donation le module PhotoSafe qui s'installe dans le panneau Services de publication. Pour verrouiller un fichier, il suffit de le glisser-déposer dans la collection par défaut de PhotoSafe, puis de cliquer sur *Publier maintenant* dans le menu contextuel du clic droit. Autre solution, passer par le menu *Modules externes - Extras*, puis choisir *Add to PhotoSafe*. *http://regex.info/blog/lightroom-goodies/photosafe*

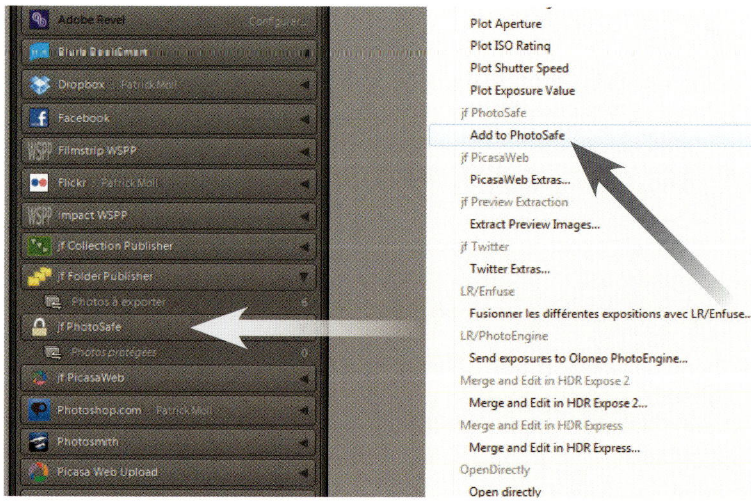

8 Le module d'exportation de Lightroom enregistre les images dans un dossier cible unique, sans prise en compte de leur emplacement d'origine. Cela rend leur gestion assez délicate, surtout lorsqu'on a opté pour un classement hiérarchique profond de ses photos. Plusieurs modules externes proposent d'exporter un lot d'images en répliquant tout ou partie de la hiérarchie des dossiers sources tels qu'ils apparaissent dans le catalogue de Lightroom. Parmi eux, nous avons choisi Folder Publisher écrit par Jeff Friedl. Proposé en donation, vous pouvez le télécharger gratuitement sur le site de l'auteur : *http://regex.info/blog/lightroom-goodies/folder-publisher.*

9 Le module externe Data Plot écrit par Jeff Friedl fait partie de ces utilitaires qui ne sont pas indispensables au quotidien, mais présentent ponctuellement un grand intérêt. Il s'agit ici d'examiner les données EXIF d'une série de photos afin de produire des statistiques d'utilisation des focales, des ouvertures, des sensibilités, etc. Appliqué sur la totalité du catalogue, ce module est un bon révélateur de votre pratique photo et peut vous assister dans le choix d'un nouveau matériel ciblé sur vos besoins.
http://regex.info/blog/lightroom-goodies/data-plot

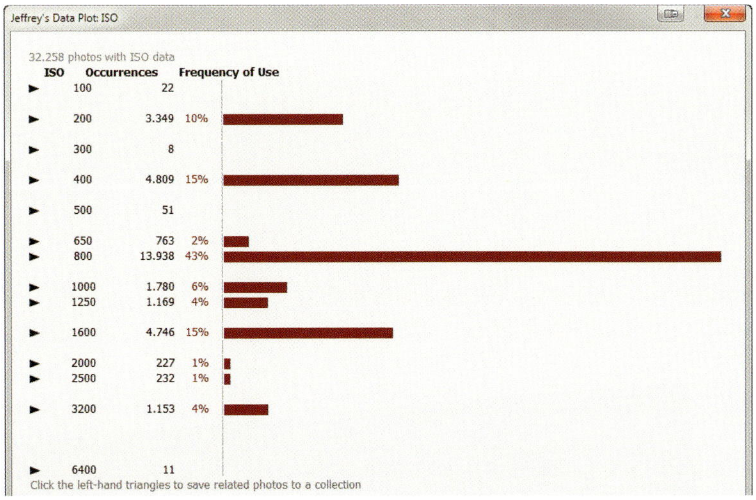

10 Le stockage dans le Cloud est une pratique en plein essor qui deviendra, à n'en pas douter, massive lorsque le câble sera généralisé avec de hauts débits montants. Plusieurs services de publication sont déjà disponibles pour Dropbox, OneDrive, Google Drive et d'autres encore.
Ils fonctionnent avec des collections ou des albums automatiquement publiés sur l'espace web du service Cloud. Le module d'Alloyphoto pour Dropbox coûte 15 $, ceux de Photo Upload 9 € chacun.
http://alloyphoto.com/plugins/dropbox/
http://www.newpproducts.com/lightroom-plug-ins/photo-upload/

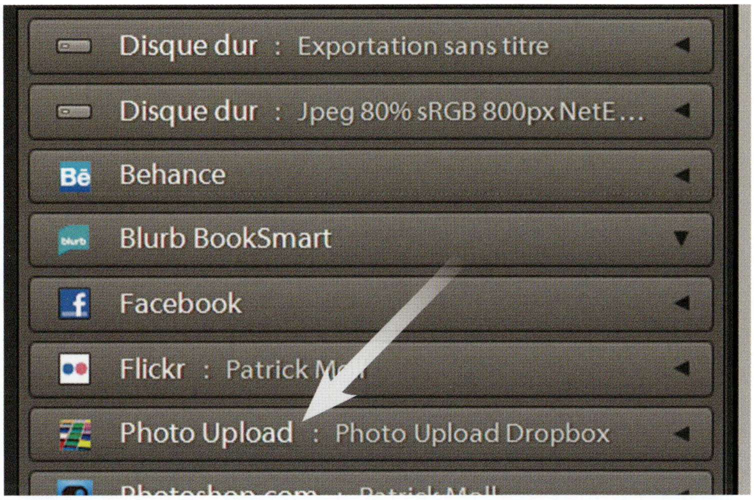

11 L'application Photosmith pour iPad est un excellent supplétif de Lightroom pour un photographe en déplacement. Toute la partie amont du flux de travail peut être accomplie en mode déconnecté : vidage de carte mémoire, visualisation des photos, tri, notation et renseignement des métadonnées. Une fois de retour, il ne reste qu'à synchroniser le travail réalisé dans Photosmith avec le catalogue de Lightroom, opération qui fonctionne si besoin dans les deux sens. L'application iPad coûte 20 €, ce tarif incluant le module externe qui s'installe avec les services de publication. Contrairement à l'application Lightroom mobile, Photosmith n'est pas réservé aux abonnés Creative Cloud.
http://www.photosmithapp.com/

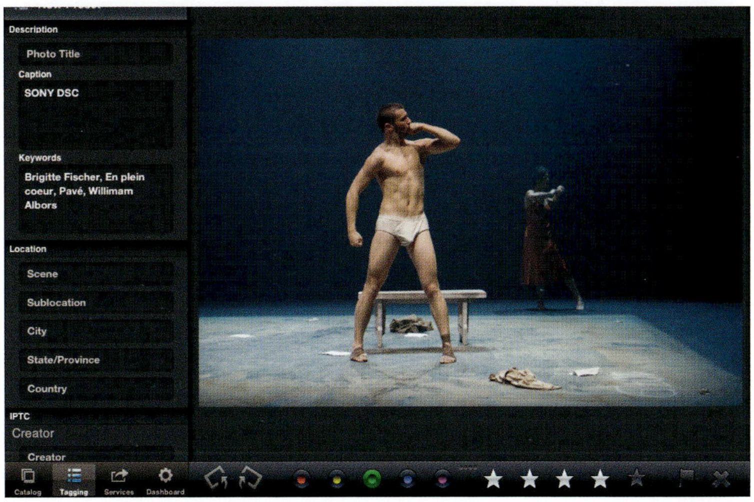

TP 60

Synchroniser et retoucher des photos dans Lightroom mobile

Réservé aux abonnés au Creative Cloud d'Adobe, donc à Lightroom CC, Lightroom mobile est un bon substitut de Lightroom qui donne un accès à distance – et synchronisé – au marquage, à la notation, au recadrage, aux réglages de base et à plusieurs jeux de paramètres prédéfinis créatifs.

Lightroom mobile, disponible pour iOS et Android, est en téléchargement gratuit sur l'App Store et sur le Play Store. Hélas, si vous n'êtes pas abonné au Creative Cloud – version Photo ou complète – ce TP ne s'adresse pas à vous. Ainsi en a décidé Adobe qui considère cette application mobile comme la récompense de votre engagement dans la durée. Lightroom mobile n'est pas une application de retouche photo autonome comme tant d'autres, elle fonctionne sur un principe de synchronisation avec Lightroom, toute intervention sur une photo étant immédiatement répercutée sur les autres périphériques, mobiles ou non. Fonctionnant avec des aperçus dynamiques qui conservent l'essentiel des qualités d'un RAW dans un format réduit, Lightroom mobile est capable de réaliser une bonne partie du tri, de la notation et des corrections de base des photos.

1 Commencez par télécharger l'application Lightroom mobile sur l'App Store ou le Play Store. Elle peut désormais être utilisée sur tous les types d'appareils, smartphones ou tablettes. Pour des raisons de proximité du format 16:10 avec celui des vignettes de ce livre, les captures ont été faites sur une tablette Android, mais les deux applications sont quasiment identiques sur les deux systèmes d'exploitation. Les rares différences seront évoquées aux étapes concernées.

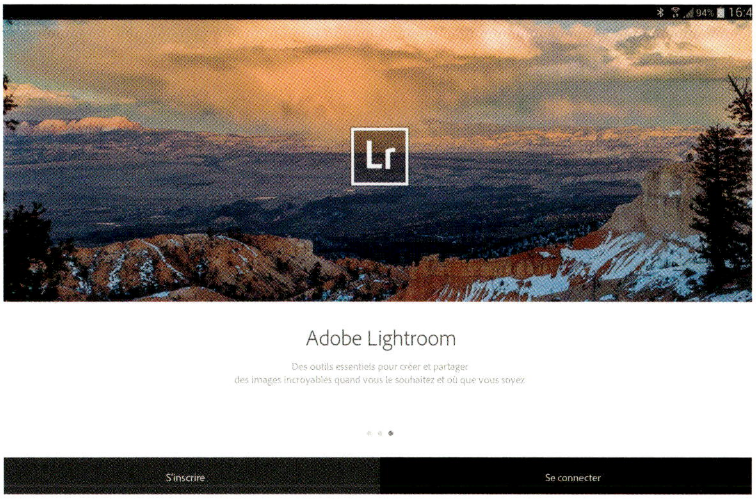

2 La page d'accueil de l'application vous demande de vous connecter ou de vous inscrire. C'est même une condition *sine qua non* pour utiliser Lightroom mobile. Si vous êtes abonné au Creative Cloud, vous disposez normalement d'un compte Adobe. Entrez votre adresse e-mail et votre mot de passe afin qu'Adobe puisse faire le lien avec votre version bureau de Lightroom.

3 Pour accéder au panneau de réglage de Lightroom mobile, appuyez sur le petit logo de Lightroom situé dans le coin supérieur gauche. On voit ci-contre, côte à côte, le haut du panneau sur Android (à gauche) et sur iOS (à droite). La seule différence est l'option qui permet de stocker les données sur la carte SD. Les iPhone et les iPad n'ayant pas d'emplacement pour carte SD, cette option est réservée aux appareils fonctionnant avec Android.

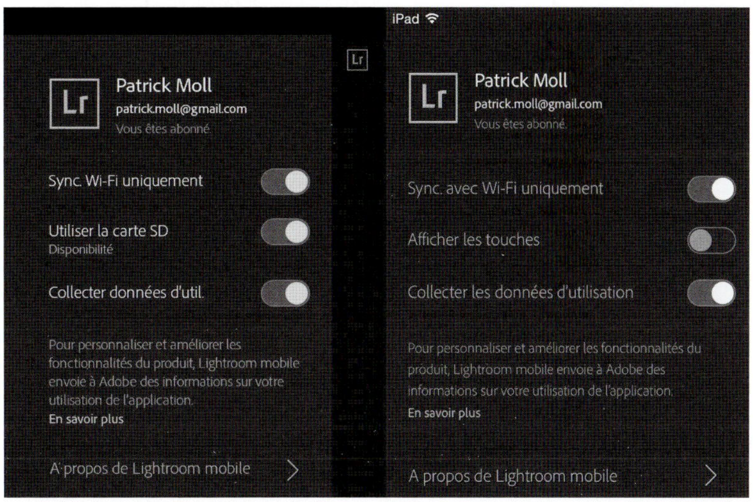

4 Nous verrons en fin de TP comment créer une collection à partir des photos prises avec le périphérique mobile. Pour l'heure, lancez Lightroom et sélectionnez un lot de photos afin d'amorcer la synchronisation avec l'application mobile.

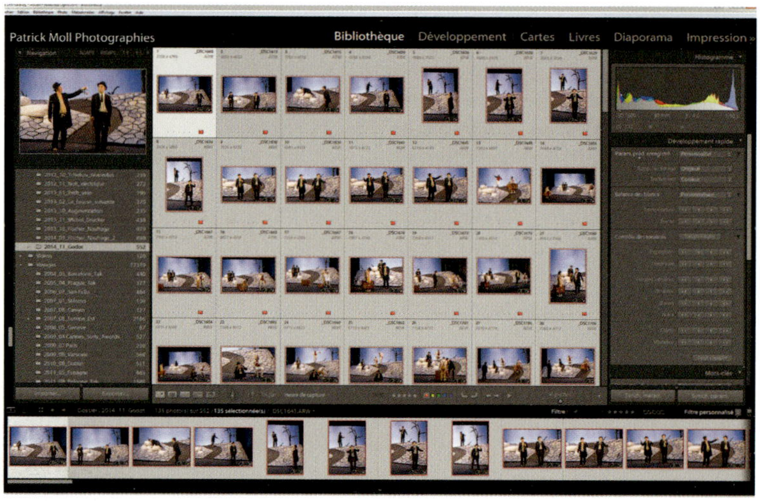

5 Cliquez sur la Plaque d'identité pour dévoiler les options qui s'y cachent. Cliquez sur *Synchroniser avec Lightroom mobile* pour sortir la fonction automatique du mode Pause dans lequel elle doit se trouver. Sur la droite, une double barre signale que la synchronisation est active.

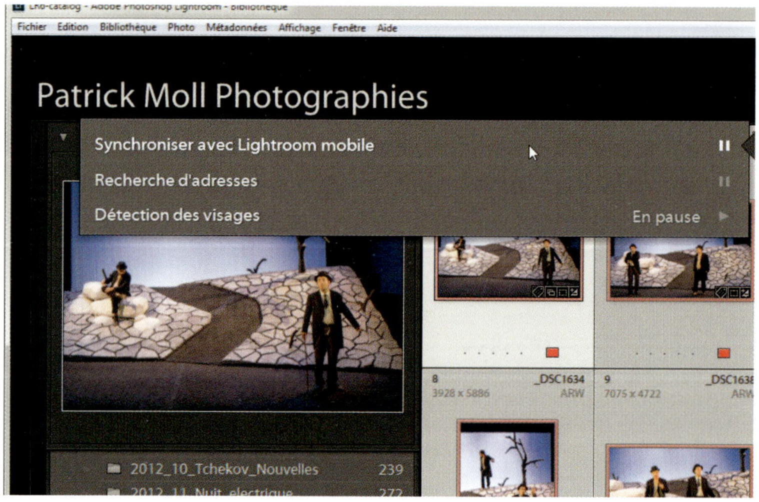

6 Lightroom ne synchronise pas des photos, mais des collections de photos. Il faut donc créer une collection contenant les photos sélectionnées. Comme expliqué dans le TP 13, cliquez sur le bouton de création de collection et cochez les options *Inclure les photos sélectionnées* et *Synchroniser avec Lightroom mobile*. Placez de préférence vos collections synchronisées dans un ensemble de collections dédié – ici nommé explicitement *LR Mobile* – afin de les repérer rapidement.

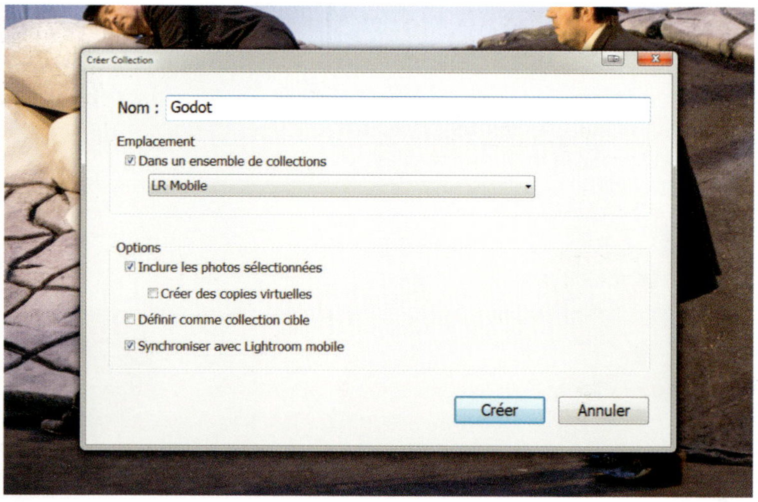

7 Dans le panneau Collections, un petit symbole représentant une double flèche signale les collections synchronisées avec Lightroom mobile. Si vous avez oublié de cocher l'option lors de la création de la collection, cliquez sur le petit carré qui se transformera en double flèche. Vous noterez que les Ensembles de collections ne sont pas éligibles à la synchronisation.

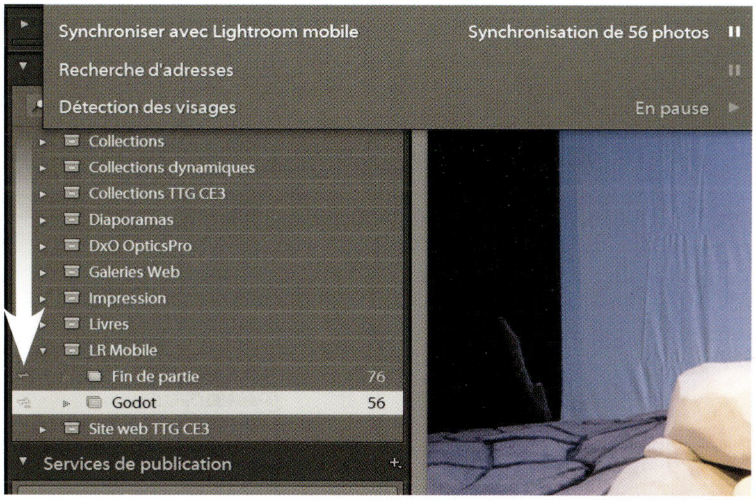

8 Dès que la synchronisation est lancée, les photos commencent à arriver sur Lightroom mobile, pour peu que l'appareil soit connecté à Internet (ou via un réseau mobile si vous ne limitez pas la connexion au seul WiFi). Le processus est assez long, car Lightroom doit créer des aperçus dynamiques (voir TP 46) et les transférer via le Cloud d'Adobe.
Dès que l'application mobile a reçu le premier aperçu dynamique, vous pouvez pénétrer dans la nouvelle collection par un simple clic sur l'extrait d'image choisi pour la représenter.

9 La collection s'affiche en mode grille, les photos ayant une hauteur constante. Les images au format portrait occupent donc logiquement une surface moindre que celles au format paysage. En cliquant sur le nom de la collection, des options de tri et de filtrage apparaissent. Elles sont légèrement différentes sur iOS où un affichage des photos par tranches horaires (mode Divisions) est proposé en plus de l'affichage brut.

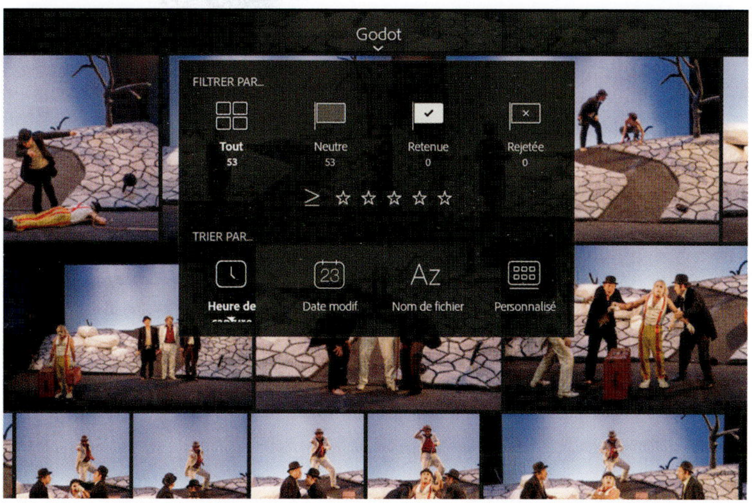

10 Appuyez sur une vignette pour l'afficher en grande taille. Passez à la suivante ou à la précédente par un balayage horizontal vers la gauche ou vers la droite. Une pression à deux doigts active ou désactive l'affichage des métadonnées EXIF et de l'histogramme dans les coins supérieurs de l'interface. Pour zoomer et dézoomer, écartez ou pincez avec deux doigts. Une pression simple avec un doigt affiche l'image plein cadre en supprimant toutes les informations, une autre pression les fait revenir.

11 Pour naviguer plus vite que le glisser séquentiel d'une photo à la suivante, cliquez sur le petit bouton Film fixe sous l'image. Vous retrouvez alors la configuration classique de Lightroom avec un accès direct aux photos. Faites glisser le Film fixe vers la droite ou vers la gauche pour accéder rapidement aux photos éloignées de celle affichée.

12 Ce mode de visualisation des photos en grand format est aussi destiné au tri et à la notation. Comme l'indique l'incrustation d'aide ci-contre, la Révision rapide se fait par glissement haut/bas. Selon les appareils, les modalités alternatives de marquage et de notation sont différentes : clic direct sur la valeur retenue (note ou drapeau) ou clics successifs sur l'icône jusqu'à aboutir au résultat escompté.

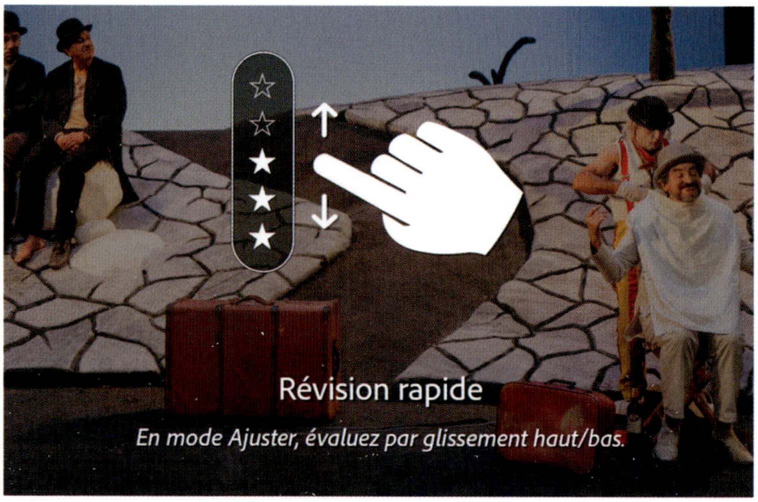

13 Le deuxième outil logé sous l'image commande le recadrage. Faites pivoter l'image par glisser à l'extérieur du cadre. Un glisser à l'intérieur du cadre déplace l'image sans modifier le cadrage. Vous avez accès à une grande variété de ratios d'aspect prédéfinis, tous listés ou présentés sous la forme d'un menu. Dans ce dernier cas, appuyez sur la case *Aspect* pour afficher tous les ratios proposés. Une pression à deux doigts modifie la grille du cadre. Une double pression avec un doigt réinitialise le recadrage.

14 Parmi les ratios d'aspect proposés, deux sont particulièrement intéressants : d'une part le ratio original, d'autre part le recadrage libre, comme ci-contre. Dans ce mode, faites glisser sans contrainte les coins du cadre. Les solutions pour faire pivoter l'image ou réinitialiser le recadrage restent disponibles et identiques.

15 Le troisième outil donne accès à des paramètres prédéfinis regroupés par catégories : *Création*, *Couleur*, *Noir et blanc*, *Détail* et *Effet* (avec parfois des oublis de traduction). Cliquez sur l'intitulé d'une catégorie pour afficher les rendus prédéfinis dotés d'une petite vignette d'aperçu. Ci-contre, *Ton sépia* – de la catégorie *Création* – a été choisi.

16 Enfin, la dernière petite icône donne accès à tous les réglages de base présents dans le module Développement ou dans le panneau Développement rapide du module Bibliothèque. Les réglages modifiés sont affichés en gras, ceux par défaut en maigre. Cliquez sur l'intitulé d'un réglage pour pouvoir le modifier.

17 Le principe de fonctionnement est identique pour tous les réglages : une règle graduée s'affiche entre l'image et les cases des réglages, la valeur en cours étant matérialisée par un point blanc. Faites glisser ce point pour modifier le réglage. Une pression sur l'image fait disparaître les outils, ne laissant que la règle graduée et l'image qui est alors affichée en plus grande taille. Une nouvelle pression sur l'image fait revenir les cases des réglages. Vous pouvez à tout moment annuler une action en appuyant sur la flèche courbe logée dans un des coins de l'interface. Le cas échéant, elle se double d'une flèche courbe inversée destinée à rétablir les actions annulées.

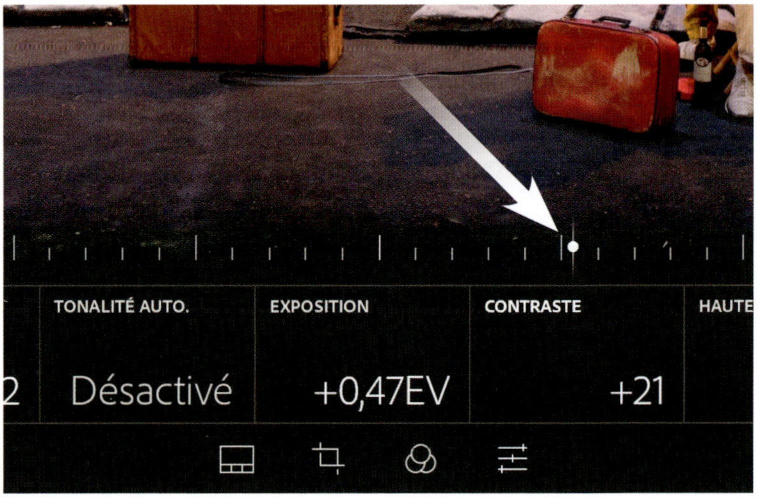

18 Pour évaluer votre travail de retouche, faites régulièrement appel au mode avant/après qui se gère par pression simultanée de trois doigts. Le réglage le plus à droite, nommé *Rétablir*, annule les retouches faites sur le périphérique mobile lors de la session en cours (option *Version ouverte*) ou depuis l'importation (option *Version importée*). Deux autres rétablissements encore plus radicaux sont proposés : *Tout*, qui annule également les corrections faites dans Lightroom Desktop, et *Tonalités simples*, qui réinitialise les réglages aux valeurs par défaut de Lightroom.

19 Le bouton situé dans le coin supérieur droit révèle plusieurs options d'enregistrement, de partage, de déplacement ou de suppression d'images. La petite icône en forme de nuage, qui peut se trouver dans le coin supérieur droit ou gauche selon les appareils, permet de forcer les synchronisations en attente.

20 Si Adobe propose aussi Lightroom mobile sur smartphone, c'est moins pour retoucher les images que pour créer des collections synchronisées à partir des photos prises avec le périphérique lui-même. Pour cela, cliquez sur le symbole + dans le coin supérieur droit de l'interface d'accueil et nommez votre collection. Lightroom mobile propose alors d'y ajouter des photos en suggérant les différents lieux où elles sont stockées.

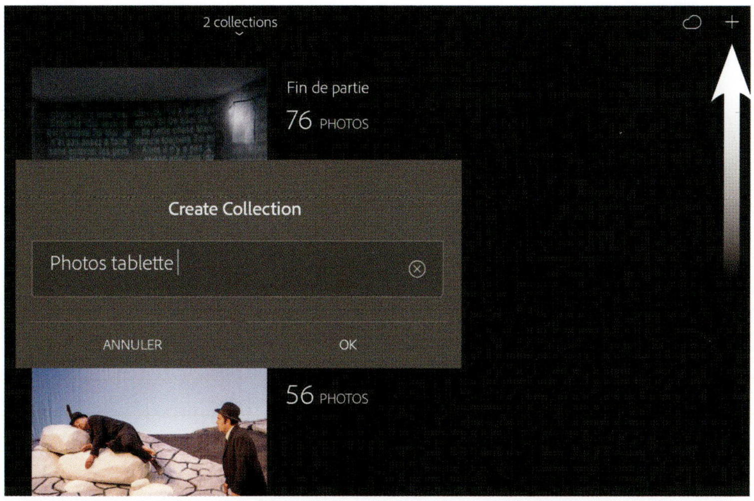

21 Comme les collections issues de Lightroom, celles créées sur Lightroom mobile sont aussitôt synchronisées et automatiquement rangées dans un ensemble de collections nommé *Depuis Lr mobile*. Vous pouvez alors les retoucher dans le confort du grand écran de votre ordinateur, même si le travail peut être amorcé sur le périphérique pour peu que son écran ne soit pas trop petit.

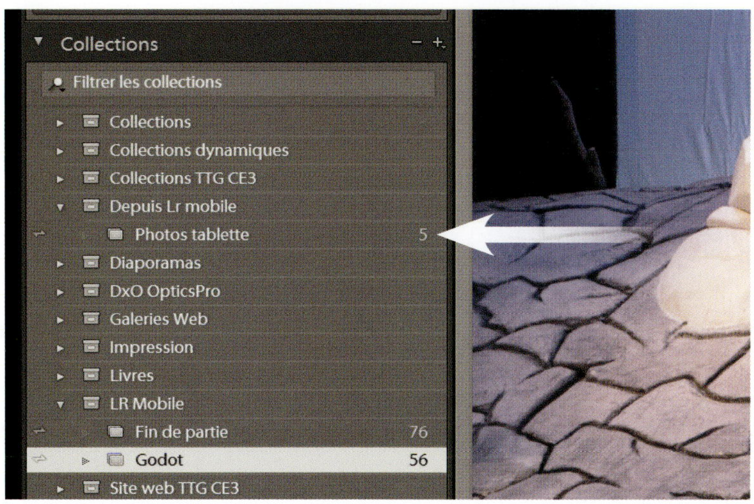

Gérer les photos dans le Cloud avec Lightroom Web view

TP 61

Complémentaire des applications de bureau et mobile, Lightroom Web view est la troisième modalité d'accès aux photos synchronisées dans le Cloud d'Adobe. Il se contente d'un navigateur Internet pour afficher, organiser et gérer le partage des collections de photos.

Lightroom Web view est une solution alternative pour gérer vos photos synchronisées dans le Cloud d'Adobe via Lightroom. Nul besoin d'une tablette ou d'un smartphone, ni même d'installer une application : un simple navigateur Internet suffit. Vous accédez alors à l'ensemble de vos collections de photos dans une interface qui présente des similitudes avec celle de Lightroom mobile. Vous pouvez visionner vos images, les supprimer ou en ajouter, les trier, les noter et les partager, mais Adobe ne vous autorise pas à les modifier. Lightroom n'est donc pas vraiment entré dans l'univers du *Cloud computing*. Pour l'heure, le Cloud d'Adobe est essentiellement une plateforme de stockage et de synchronisation dont l'accès est réservé aux abonnés au Creative Cloud, à l'instar de Lightroom mobile.

1 La page web dédiée à Lightroom sur le site d'Adobe résume les modalités d'accès et de gestion des photos pour les abonnés au Creative Cloud : l'application de bureau, le Web view et l'application mobile. L'intérêt de Lightroom Web view est double : il se contente d'un simple navigateur Internet et gère le partage et les commentaires des photos. Connectez-vous avec votre Adobe ID pour accéder à vos photos. L'adresse de la page est : *https://lightroom.adobe.com/*

2 Une fois connecté, Lightroom Web view affiche les collections synchronisées dans le Cloud. Le bandeau supérieur propose de créer une collection à partir de photos présentes sur l'ordinateur. Vous pouvez y intégrer n'importe quel type d'images, Lightroom n'étant pas limité au développement des fichiers RAW (ce qu'il n'est jamais inutile de rappeler). Dans la partie droite du bandeau soulignant les vignettes figurent trois icônes qui donnent accès aux options de manipulation et de partage des photos.

3 La vignette de couverture d'une collection est celle qu'on voit le plus fréquemment. Il est donc judicieux de choisir la photo la plus représentative. C'est précisément ce que propose l'option *Modifier la collection*. Cliquez sur *Choisir la couverture* et sélectionnez l'image la plus pertinente dans la collection. Cette option vous permet également de renommer la collection.

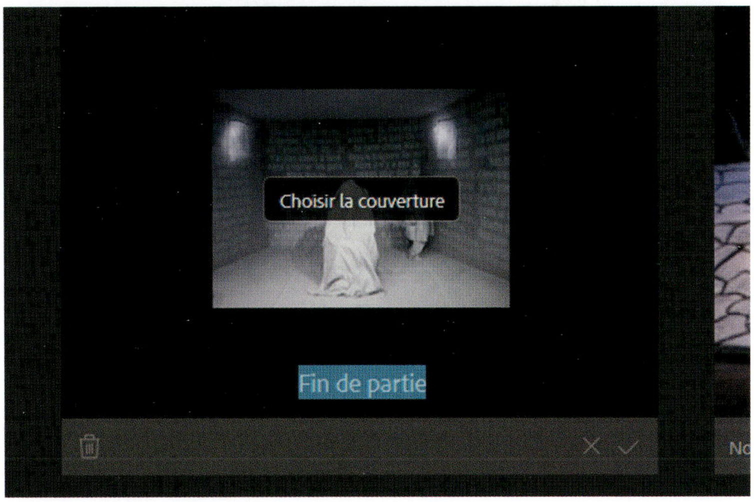

4 Les options de partage, accessibles par l'icône de gauche, sont d'un intérêt majeur si vous désirez diffuser vos photos via la plateforme d'Adobe. Cliquer sur le bouton *Partagé* génère un lien d'accès que vous pouvez diffuser sur Facebook, Twitter ou Google+. Vos photos ne seront visibles que par les personnes disposant du lien, et seront téléchargeables si vous cochez l'option idoine sous les logos des réseaux sociaux.

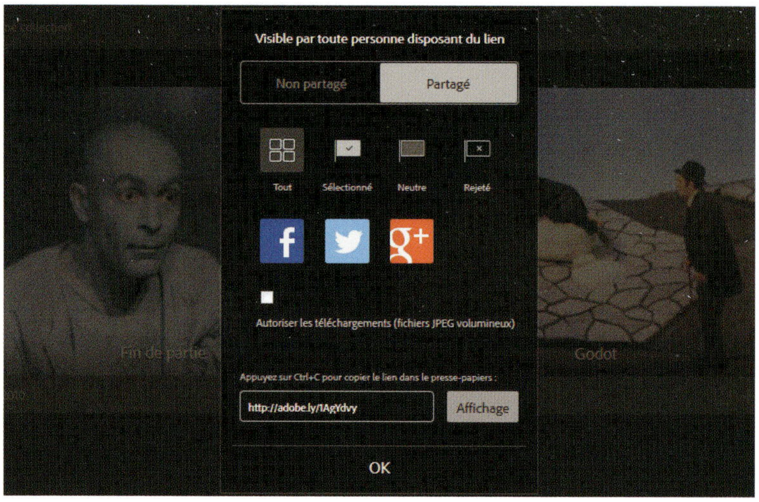

5 Cliquez sur la vignette d'une collection pour accéder à l'affichage des miniatures des photos en mode *Galerie de piste*, ainsi qu'Adobe l'a nommé dans le module Web (voir étape 9, TP 41). Leur taille s'adapte à celle de la fenêtre du navigateur, selon le principe du *Responsive Web Design*. Les notes sont affichées dans le coin inférieur gauche, le marqueur dans le coin supérieur gauche.

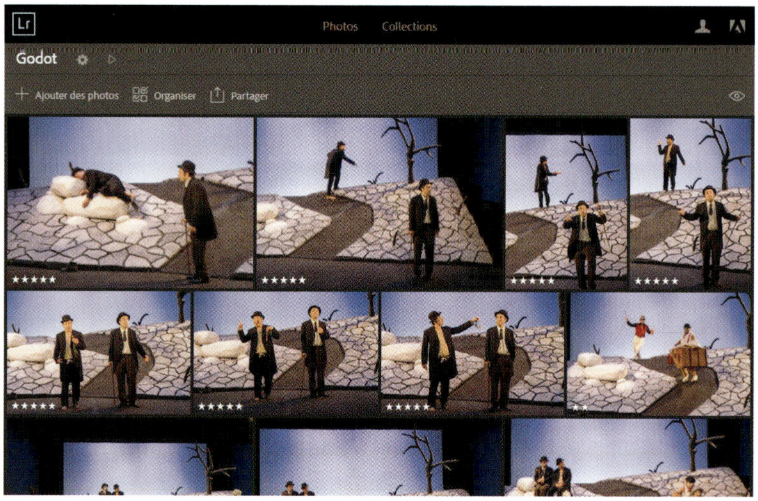

6 L'icône en forme d'œil située dans la partie droite du bandeau supérieur recèle les options de filtre et de tri. Vous pouvez ainsi restreindre l'affichage en fonction du marqueur, trier les photos selon l'heure de capture ou imposer un ordre personnalisé. Si vous êtes gêné par la présence du marqueur et de la note sur les miniatures, cliquez sur *Afficher les calques de badge* pour griser l'option et masquer l'affichage de ces informations.

7 En affichage *Galerie de piste*, vous pouvez ajouter des photos et gérer le partage de la collection, mais aussi l'organiser en retirant, déplaçant ou copiant des photos. Pour cela, cliquez sur le bouton *Organiser* et sélectionnez une ou plusieurs photos, ce qui fera apparaître un bandeau turquoise contenant les options de manipulation.

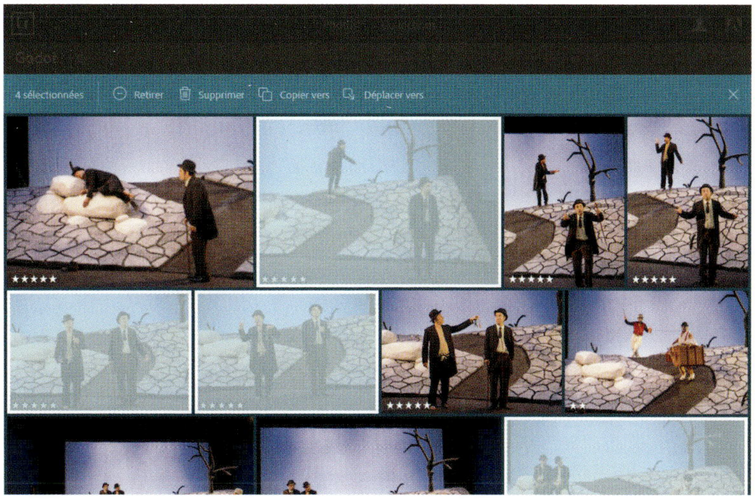

8 Pour visualiser les photos en grande taille, cliquez sur une miniature. Seul ce mode d'affichage autorise la modification du marqueur et de la note. Circulez entre les photos en cliquant sur les chevrons *Suivant* et *Précédent* qui apparaissent à droite et à gauche de l'image lors du survol de celle-ci par le pointeur de la souris. Si vous préférez une visualisation automatisée des images, notez qu'en affichage *Galerie de piste* une petite icône située à droite du nom de la collection lance un diaporama.

9 Le bouton *Afficher l'activité et les informations*, logé dans le coin inférieur droit, donne accès à quelques données EXIF de la photo ainsi qu'à l'activité qu'elle a générée. Dès lors qu'elle est partagée, une image peut recevoir des appréciations et des commentaires et donner lieu à une discussion. Si l'on reste loin de la convivialité des réseaux sociaux, ce contexte offert par Adobe peut être réservé à une partie « choisie » de vos amis, ceux auxquels vous aurez fait parvenir le lien d'accès aux collections partagées.

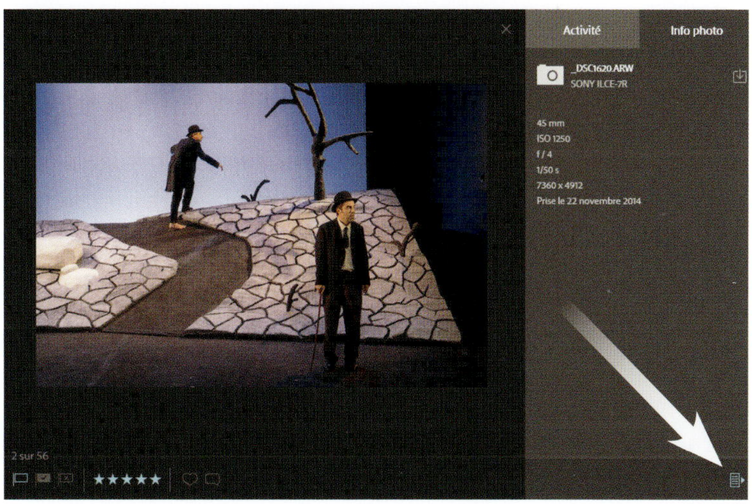

Du même auteur

LE FORMAT RAW
Développement et flux de production

Sommaire

Fondamentaux du flux de production.
Format RAW et logiciels de développement.
Organiser, visionner et cataloguer.
Développer les fichiers RAW.
Éditer, retoucher et optimiser.
Imprimer, diffuser et sauvegarder.
Annexes.

72687 - (I) - (3,5) - CSB 135° - AUT - API
Dépôt légal : Juillet 2015
Imprimé en France par Loire Offset Titoulet à Saint-Étienne